KB184437

동북아해역
표류인 취재 기록

유방필어, 고려풍속기, 비변사등록

옮긴이

허경진 許敬震, Hur Kyoung-jin
사단법인연민학회 이사장

고인덕 高仁德, Ko In-duck
연세대 인문학연구원 전문연구원

전영숙 田英淑, Jun Young-suk
연세대 중국연구원 전문연구원

안재연 安哉姸, Ahn Jae-yeon
국립한국문학관 학예연구사

동북아해역 표류인 취재 기록
유방필어, 고려풍속기, 비변사등록

초판발행 2024년 11월 30일

옮긴이 허경진 · 고인덕 · 전영숙 · 안재연

펴낸이 박성모
펴낸곳 소명출판
출판등록 제1998-000017호
주소 06641 서울시 서초구 사임당로14길 15 서광빌딩 2층
전화 02-585-7840
팩스 02-585-7848
이메일 somyungbooks@daum.net
홈페이지 www.somyong.co.kr

ISBN 979-11-5905-998-8 93910
정가 45,000원

이 책은 2017년 대한민국 교육부와 한국연구재단의 지원을 받아 수행된 연구임.(NRF-2017S1A6A3A01079869)

부경대학교 인문사회과학연구소
해역인문학 자료총서 ╱ **09** ╱

동북아해역
표류인 취재 기록

유방필어, 고려풍속기, 비변사등록

허경진 외 옮김

Coverage Reports of East Asian Drifters

 부경대학교 인문사회과학연구소와 해양인문학연구소는 해양수산 인재 양성과 연구 중심인 대학의 오랜 전통을 기반으로 연구 역량을 키워 왔습니다. 대학이 위치한 부산이 가진 해양도시 인프라를 바탕으로 바다에 삶의 근거를 둔 해역민들의 삶과 그들이 엮어내는 사회의 역동성에 대한 연구를 꾸준히 해 왔습니다.

 오랫동안 인간은 육지를 근거지로 살아온 탓에 바다의 중요성에 대해 간과한 부분이 없지 않습니다. 육지를 중심으로 연근해에서의 어업활동과 교역이 이루어지다가 원양을 가로질러 항해하게 되면서 바다는 비로소 연구의 대상이 되었습니다. 그래서 현재까지 바다에 대한 연구는 주로 조선, 해운, 항만과 같은 과학기술이나 해양산업 분야의 몫이었습니다. 하지만 수 세기 전부터 인간이 육지만큼이나 빈번히 바다를 건너 이동하게 되면서 바다는 육상의 실크로드처럼 지구적 규모의 '바닷길 네트워크'를 형성하게 되었습니다. 이 바닷길 네트워크인 해상실크로드를 따라 사람, 물자뿐만 아니라 사상, 종교, 정보, 동식물, 심지어 바이러스까지 교환되게 되었습니다.

 바다와 인간의 관계를 인문학적으로 접근하여 성과를 내는 학문은 아직 완성 단계는 아니지만, 근대 이후 바다의 강력한 적이 바로 우리 인간인 지금, '바다 인문학'을 수립해야 할 시점이라고 생각합니다. 바다 인문학은 '해양문화'를 탐구하는 차원을 포함하면서도 현실적인 인문학적 문제에서 출발해야 합니다.

 한반도 주변의 바다를 둘러싼 동북아 국제관계에서부터 국가, 사회,

개인 일상의 각 층위에서 심화되고 있는 갈등과 모순들이 우후죽순처럼 생겨나고 있습니다. 근대 이후 본격화된 바닷길 네트워크는 이질적 성격의 인간 집단과 문화의 접촉, 갈등, 교섭의 길이 되었고, 동양과 서양, 내셔널과 트랜스내셔널, 중앙과 지방의 대립 등이 해역海域 세계를 중심으로 발생하는 장이 되었기 때문입니다. 해역 내에서 각 집단이 자국의 이익을 위해 교류하면서 생성하는 사회문화의 양상과 변용을 해역의 역사라 할 수 있으며, 그 과정의 축적이 현재의 모습으로 축적되어 가고 있습니다.

따라서 해역의 관점에서 동북아를 고찰한다는 것은 동북아 현상의 역사적 과정을 규명하고, 접촉과 교섭의 경험을 발굴, 분석하여 갈등의 해결 방식을 모색하여, 향후 우리가 나아가야 할 방향을 제시해주는 방법이 우선 될 것입니다. 물론 이것은 해양 문화의 특징을 '개방성, 외향성, 교류성, 공존성 등'으로 보고 이를 인문학적 자산으로 확장하고자 하는 근본적인 과제를 수행하는 일이기도 합니다.

부경대 인문한국플러스사업단은 바다로 둘러싸인 육역陸域들의 느슨한 이음을 해역으로 상정하고, 황해와 동해, 동중국해가 모여 태평양과 이어지는 지점을 중심으로 동북아해역의 역사적 형성 과정과 그 의의를 모색하는 "동북아해역과 인문네트워크의 역동성 연구"를 수행하고 있습니다. 이를 통해 우리는 첫째, 육역의 개별 국가 단위로 논의되어 온 세계를 해역이라는 관점에서 다르게 사유하고 구상할 수 있는 학문적 방법과 둘째, 동북아 현상의 역사적 맥락과 그 과정에서 축적된 경험을 발판으로 현재의 문제를 해결하고 향후의 방향성을 제시하는 실천적 논의를 도출하고자 합니다. 이를 바탕으로 본 사업단은 해역과 육역의 결절 지점이며 동시에 동북아지역 자치 갈등의 현장이기도 한 바다를 연구의 대상으로 삼아 현재의 갈등과 대립을 해소하는 방안을 강구하고, 한 걸음 더 나아가 바다와 인간의 관계를 새롭게 규정하는 '해역인문학'을 정립하기 위해 노력하고 있습니다.

부경대학교 인문한국플러스사업단이 추구하는 '해역인문학'은 새로운 학문을 창안하는 일이기 때문에 보이지 않는 길을 더듬어 가며 새로운 길을 만들어 가고 있습니다. 2018년부터 간행된 '해역인문학' 총서 시리즈는 이와 관련된 연구 성과를 집약해서 보여주고 있으며, 또 이 총서의 권수가 늘어가면서 '해역인문학'의 모습을 조금씩 드러내고 있습니다. 향후 지속적으로 출판할 '해역인문학총서'가 인문학의 발전에 기여할 수 있는 노둣돌이 되기를 희망하면서 독자들의 많은 격려와 질정을 기대합니다.

부경대 인문한국플러스사업단 단장 김창경

기획의 변

　부경대학교 인문한국플러스^{HK+}사업단은 전근대 동북아시아 해역네트워크 현상의 한 사례로서 표류기^{漂海録}에 주목해왔다. 이에 지금까지 『아시아의 표해록』²⁰¹⁹을 필두로 『조선표류일기』²⁰²⁰, 『청국표류도』²⁰²² 등 국내에 소개되지 않은 중요한 자료를 발굴하여 번역 출판하였다. 『아시아의 표해록』은 한국, 중국, 일본, 대만의 대표적인 표류 기록을 모은 것이고, 『조선표류일기』는 일본인들이 조선에 표착한 뒤 귀국하는 과정을 적은 것이며, 『청국표류도』 역시 일본인들이 중국 곧 청나라에 표착했다가 일본으로 돌아갔던 내용을 기록한 것이다. 세 권의 표해록은 모두 표류 당사자 또는 그들의 얘기를 듣고 기록해 준 이들에 의해 작성된 것이다.

　당시 동아시아 지역에서 해상교류를 포함한 해상활동의 정도는 해금海禁과 전해展海 정책의 실시에 따라 달라졌기에 정확히 알 수는 없지만, 해안가 사람들을 중심으로 해서 해상에서의 활동은 꾸준히 있었을 거라고 추측할 수 있다. 그리고 이 사람들은 대체로 식자층이 아닐 확률이 높다. 그래서 표류라는 일종의 해상사고인 조난을 당해 무사히 귀환을 했다고 하더라도 그것이 기록으로 남는 일은 많지 않았다. 이런 많은 해상사고 가운데서 우리가 접하고 있는 표해록은 조난이라는 위험한 상황에서 구사일생을 한 사람들이 직접적이든 간접적이든 기록으로 남겨진 것이다. 앞에서 얘기한 책들은 이러한 이들의 기록인데, 이런 표류기 종류와 다른 매우 특이한 형태의 표류기가 존재한다. 즉, 표류민이 표착한 국가지역의 민간인이 이들을 자발적으로 찾아가 만남을 요청하고 나눈 이야기를 기록한 것이 그것이다. 항해의 이유, 표류와 표착하기까지의 경위, 표류민의 수, 배에 실은 물건 등을 적은 기록으로 일반적인 표류기와 다를 바 없으나, 표착국가의 지식인이 표류민을 살피고, 필답으로 의사소통하고, 인상과 감회를 적은 "인터뷰" 형식이라는 점에서 큰 가치를 가진다.

이 책은 동아시아 지역의 이런 성격의 글을 모아보자는 기획에서 출발했다. 중국의 「고려풍속기高麗風俗記」1741는 중국 절강浙江에 떠내려온 조선인을 인터뷰한 내용을 기록한 것이라면, 일본의 『유방필어遊房筆語』1780는 일본에 표류한 중국인을 인터뷰한 내용이다. 이처럼 한중일의 표류민에 대한 표착지역 민간인에 의한 기록을 모았지만, 실제로 소기의 성과를 거두지는 못했다. 특히 조선에서는 사적으로 찾아가 이국의 표류민을 직접 만나 인터뷰를 하는 것은 금지되었기 때문에 위의 두 책과 같은 자료를 발굴하지 못했다. 대신 공적인 조서와 기록, 예를 들어 『조선왕조실록』, 『비변사등록』 혹은 각 지방지에 이와 같은 내용이 있어 전해지고 있다. 이에 「고려풍속기」, 『유방필어』, 그리고 『비변사등록』에 실린 표류 관련 기록을 모아 한 권으로 엮었다.

이 책을 통해 한중일 각 나라에서는 자국의 영토에 떠내려온 외국인을 어떻게 바라보고 어떻게 대했는가를 비교해 봄으로써 전근대 동아시아 삼국의 타자에 대한 이해의 한 단초를 발견하기를 바란다.

부경대 인문한국플러스사업단 HK교수 서광덕

14세기에서 19세기 동아시아에서 나온 민간 표류기는 구사일생으로 살아 돌아온 이들이 남긴 기록으로, 그 당시의 정치 상황, 해금 정책, 선박기술과 항해술 등을 고려해 볼 때 수가 많다고 하면 오히려 이상할 정도다. 20세기부터 한국을 비롯하여 중국과 일본, 베트남 등지에서 이루어진 연구성과 덕분에 중요한 표류기 상당수가 번역되었으나, 그 수는 여전히 적다.

당시 배를 탄 사람들의 절대 다수가 글자를 모르는 상인이나 배를 다루던 사공 등이고, 식자층인 관리, 승려, 무관 등은 극소수였다. 식자층은 자신의 경험을 스스로 붓을 들어 옮겼으나, 동아시아의 주요 문자였던 '한자'를 모르는 이들이 표류 경험을 전할 때는 구술을 하는 수밖에 없었다. 민간에서 나온 '표류기' 혹은 '표해록'은 식자층의 저작이든, 구술을 한 것이든 결국 고국에 돌아가 남긴 기록이다. 그런데 이런 표류기 종류와 달리 표류민이 표착한 국가의 민간인이 이들을 자발적으로 찾아가 만남을 요청하고 나눈 이야기를 기록한 것이 이 책 제1부에 실린 『유방필어遊房筆語』와 「고려풍속기」이다.

1780년, 중국 남경南京에서 출발하여 일본 나가사키[長崎]에 무역하러 떠난 중국 상선이 태풍을 만나 표류하여 일본 치쿠라[千倉]에 표착하였다. 당시 일본의 한학자[漢學者]인 이토 란덴[伊東藍田]이 표착지에 가서 중국선원들과 필담하며 표류사건의 전말을 상세히 기록하여 책을 남겼는데, 그것이 『유방필어』이다. 원순호元順號가 표류한 치쿠라 해역은 나가사키에서 4천여 리 떨어진 곳으로 에도에 아주 근접해 있었다. 당시 중국 선박의 표류가 빈번했지만 대부분 일본의 서부 해역에 표류하였기 때문에, 실제로 에도 부근에까지 표류한 선박은 원순호가 유일하다. 선주 심경첨은 서적 유통에 기여하였고, 부선주 방서원은 후지산을 그려 후대 일본 화가들에게 영향을 끼쳤다.

17세기 이래로 동아시아 각국이 폐쇄적인 대외정책을 표방함에 따라서 표류사건과 관련 기록은 단순한 해상사고의 차원을 넘어서서, 당대 '동아시아 세계질서'와 '문화적 교류 상황'을 들여다 볼 수 있는 중요한 창구로 작용하였다. 이 점에서 이토 란덴의 『유방필어』의 의미를 찾을 수 있다.

「고려풍속기高麗風俗記」는 청淸 제주화齊周華, 1698~1767가 조선인이 표류하여 고향 절강 천녕사天寧寺에 머무른다는 이야기를 듣고 직접 몇 지인과 찾아가 필담을 나눈 내용을 기록한 글이다. 제주화의 삶은 결코 순탄하지 않았다. 병으로 다리가 불편해졌으며, 여유량呂留良 문자옥文字獄 사건에 연루되어 5년간 영어의 몸이 되었다가 1767년 끝내 목숨을 잃었다. 몸이 불편해진 뒤 이름을 외롭고 고독하며 상처를 입었다란 의미로 '독고손獨孤損', 자호를 발을 절뚝거리는 선인이라는 뜻으로 '파선跛仙'이라 지었다. 핍박받고 낮은 자리에 있었던 청의 지식인이 왜 조선 표류인에게 관심을 가졌을까. 불편한 몸을 이끌고 찾아가 어렵게 필담으로 나눈 조선인과의 대화를 굳이 글을 남긴 이유는 무엇일까. 자신이 쓴 글로 인해 청 왕조에 의해 핍박받았던 그라 더욱 의아해진다. 그의 삶을 반추해보면 그 이유를 조금이나마 짐작할 수 있다. 명나라 유민으로서 황종희黃宗羲, 여유량呂留良, 1629~1683은 강렬한 민족의식을 바탕으로 화이華夷의 구분을 엄격히 했다.

그런 여유량을 지지하는 상소문을 올려 감옥에 갇혔던 제주화가 소중화小中華라 불리던 조선 사람들이 실제로는 어떤지 눈으로 확인하고 싶었을지 모른다. 멸망한 명나라에서 받들던 공자의 예절과 정신을 따르는 조선을 보고 위로를 받고자 했던 것은 아닐까. 실제로 「고려풍속기」에서 제주화는 조선인이 예의와 법도, 의복 차림새까지 모두 절도 있다고 칭찬한 뒤, "엎어지고 자빠지는 다급한 때에도 사유四維를 온전히 펼치고 오상五常을 능히 두텁게 함이 진실로 중국이 미치지 못하는 바이다. 과연 기자箕子의 교화가 멸망하지 않았는가? 또한 실제 천성이 그러할까? 어찌하여 풍속의 후함이 이들에게 있단 말인가?"라며 문장을 마무리한다. 그가 표류한 조선인의 풍습과 일상에서 읽고자 한 것은 사라진 명의 법도와 예의, 그것은 자신의 신념과 그에 대한 확신이었을지 모른다.

제2부는 『비변사등록備邊司謄錄』에 수록된, 조선에 표류해 온 다른 나라 사람들과 관련된 공문서 가운데 대표성을 지녔다고 인정되는 것들을 골라 번역하였다. 조선의 관리가 표착인漂着人들이 표류해 오게 된 정황 등을 조사한 표착자와의 문답기問答記인 문정별단問情別單, 표착 사건을 처리하는 과정에서 임금에게 올리는 보고문인 계문啟文, 임금의 명령문인 전교傳敎 등인데, 문정별단의 조선 측 질문으로 당시 조선인들이 표착인들을 통해 해외의 어떠한 소식을 알고 싶어 했는지, 또 상인이나 뱃사공, 어부 등 서민이 대부분인 표착인들의 대답을 통해서는 당시 그들 본국 서민들의 구체적 생활상을 알 수 있어서 매우 흥미롭다. 뿐만 아니라 계문과 전교 등 공문서를 통해서는 당시 조선 측에서 표착 사건을 어떠한 방식으로 처리하였는지, 그 정책 방향을 보다 직접적으로 살펴볼 수 있다. 예를 들어 표착인들이 많은 화물을 가지고 있었을 경우 그것을 침몰

된 배에서 건져낼 것인가의 문제, 화물을 건져내었을 때의 처리 과정, 또는 표착인들과 표착지 거주민들의 사이에서 발생할 수 있는 각종 문제 등을 구체적으로 살펴볼 수 있다. 이와 같은 미시적 사항뿐만 아니라 당시 조선 조정에서 각종 표착 사건을 처리하기 위하여 수립해 놓은 기본적인 방향성도 살펴볼 수 있다. 물론 조선의 표착 사건에 대한 당시 조정의 정책 등에 대해서는 논문 등 연구 문헌을 통해 더욱 손쉽게 확인할 수 있을지도 모른다. 하지만 당시의 공문서를 직접 읽어 보는 것은 나름대로 비전공자인 독자들께도 1차 사료를 읽는 재미를 느끼게 해줄 것으로 생각되었기에 본서에서는 문정별단뿐만 아니라 관련 공문서들도 번역 수록하기로 하였다. 이상과 같은 생각으로 『비변사등록』으로부터 선정하여 수록한 표착 사건에 대해서는, 가능하면 그 사건과 관련된 모든 공문서를 수록하여 사건이 처리되어 가는 과정에 대한 하나의 스토리를 보여주고자 하였는데, 결과적으로 공문서의 특성상 서로 비슷한 부분도 있을 것이다. 하지만 본서에 수록된 모든 공문서를 읽게 되면 조선 조정의 일 처리 방식이 시간이 흘러감에 따라 어떻게 변하였는가, 또는 변하지 않았는가를 독자께서 직접 확인해 볼 수 있는 기회를 갖게 될 것이다.

제2부에서는 『비변사등록』에 수록된 문서만을 대상으로 하여 선정하였기에 그에 따른 한계도 존재한다. 즉 『비변사등록』에 문정별단이 수록된 표착 사건은 표착인들이 타고 온 배가 파손되어 육로陸路를 통하여 본국에 돌아가고자 하는 경우에 한하며, 육로를 통하여 귀국할 경우에는 일단 서울을 거쳐 북경으로 보내었는데, 이러한 경우는 중국과 유구琉球국의 표착인들에 해당된다. 즉 지리적인 위치상 조선에 표착해 온 사람들이 많았을 것으로 생각되는 일본의 경우에는 수로水路로 돌려보내는

것이 원칙이었기에 표착인들이 서울에 들르지 않았으므로『비변사등록』에는 일본 출신의 표착인에 관한 문정별단이 존재하지 않으며, 또한 서양인들에 관한 문정별단도 역시 존재하지 않아서 본서에는 수록하지 못하였다. 하지만 일본과 서양인들의 표착에 관련된 공문서 가운데 대표성이 있다고 인정되는 계문 등을 수록하여 당시 일본과 서양의 표착인에 대한 정책이 어떠하였는지 보여주고자 하였다. 일본 표착인에 대한 문정별단은『각사등록各司謄錄』,『지영록知瀛錄』등에 실려 있으며,『각사등록』에서는 매우 드물지만 서양의 표착인에 관한 문정별단도 찾아볼 수 있다. 또한『비변사등록』에 표착인들과 관련된 문정별단이 나타나는 것은 숙종 연간부터인데, 이것은 아마도 그때쯤부터 조선에 표류해 온 사람들에 대한 정책이 어느 정도 확립되었기 때문인 것으로 생각되어 본서에서는 숙종 이후의 문서를 수록 대상으로 하였음을 밝혀 둔다.

아울러『비변사등록』은 국사편찬위원회에서 이미 번역하여 온라인으로 공개하고 있기에 제2부를 번역하는 데에 있어서 참고가 되었으며, 본서의 뒷부분에 첨부한『비변사등록』의 한문 원문은 국사편찬위원회의 온라인 자료, 국사편찬위원회에서 출간한 종이책『비변사등록』에 수록된 탈초본 원고, 규장각의 온라인 원문 이미지, 일부『승정원일기承政院日記』에 수록된 것은『승정원일기』까지 참고하여 번역자가 나름대로 교감한 결과인 것도 밝혀 둔다. 끝으로 제1부의『유방필어』는 허경진, 고려풍속기는 안재연, 제2부 제1장 (선역)비변사등록의 사건번호 1~8까지는 고인덕, 사건번호 9~22까지는 전영숙이 번역과 교감했음을 밝혀둔다.

역자 일동

차례

발간사   3
기획의 변   6
역자 서문   8

제1부 중일의 동아시아 표류인 취재 기록 ──────────── 15

제1장 『유방필어』 일본 민간인의 중국인 취재기   17
      『유방필어』 부록   49
제2장 「고려풍속기」 중국 민간인의 조선인 취재기   61
      「고려풍속기」 해제   68
제3장 회환표인回還漂人의 문정별단問情別單을 써서 들인다는
      비변사備邊司의 계와 그 별단別單   76

제2부 조선의 외국 표류인 취재 기록 ──────────────── 85

      (선역)비변사등록 조선 정부의 외국 표착 선박 취재문서   87

제3부 취재 기록 원문 ──────────────────────── 393

      游房筆語   395
      高麗風俗記   417
      濟州漂還人, 問情別單(備邊司謄錄)   423
      (選)備邊司謄錄   429

      역자 소개   576

제1부

중일의
동아시아 표류인
취재 기록

제1장

『유방필어』
일본 민간인의 중국인 취재기

서문

우리나라가 흥성해지자, 중국 사신[1]을 상국에 초빙하지 않았다. 우리나라까지 오는 길은 중국[2]에서 아주 멀리 떨어져 있어 나룻배 한 척으로 항해하기에는 하늘과 땅 만큼이나 까마득하니, 삼성參星과 상성商星[3]에 비할 바가 아니다. 쿠라우라[瓊浦][4] 시가지에서 다만 한두 명의 유사有司 외

---

1 본문의 황화지사(皇華之使)는 천자의 사신을 뜻한다. 『시경(詩經)』 「소아(小雅) 황황자화(皇皇者華)」에 "밝고 고운 꽃은 저 언덕과 저습한 곳에 피어 있는데, 부지런히 가는 사신 일행은 매양 미치지 못할까 염려하네[皇皇者華, 于彼原隰, 駪駪征夫, 每懷靡及]"라고 하였는데, 황황자화(皇皇者華)를 줄여서 황화(皇華)라 한 것이다. 조선에서 중국 사신과 창화한 시문을 편집하여 『황화집(皇華集)』을 여러 차례 간행하였다.

2 원문의 '禹服'은 우왕이 다스렸던 구주(九州)를 가리키는데, 『서경(書經)』 「중훼지고(仲虺之誥)」에 나오는 "만방을 표정(表正)하여 우왕이 옛날에 행하셨던 것을 잇게 하다[表正萬邦, 纘禹舊服]"라는 구절에서 따온 것이다. 복(服)은 왕기(王畿) 이외의 강토로 중국의 구주(九州)의 땅을 가리킨다.

3 원문의 '삼상(參商)'은 삼성(參星)과 상성(商星)을 가리키는 말로, 서로 만나지 못함을 뜻한다. 삼성은 동쪽에, 상성은 서쪽에 있어 별 하나가 나오면 다른 별이 져서 한꺼번에 볼 수 없다. 상성은 신성(辰星)이라고도 하는데, 한나라 양웅(揚雄)이 『법언(法言)』 「학행(學行)」에 "나는 삼성과 신성이 나란히 있는 것을 보지 못하였다[吾不覩參辰之相比也]"라고 하였다.

4 나가사키(長崎)의 옛이름인 '쿠라노우라(瓊ノ浦, 타마노우라(たまのうら))를 가리킨다.

제1장_『유방필어』 – 일본 민간인의 중국인 취재기   17

에는 화객華客과 만나는 것을 허락하지 않았다. 하물며 동도東都[5]에서 쿠라우라까지는 사천 리나 될 만큼 머니, 어찌 객사客舍 문 밖에 서서 그 모습이라도 바라보고 기침소리나 들으면서 오래 머물 수 있겠는가. 학자들이 중국 사신 만나지 못하는 것을 당연하게 여기면서도, 멀리 날아가 서방의 사람[6]을 만나볼 생각을 하지 않은 적이 없었다.

청淸나라 남경南京의 상선商船이 지난해 11월[7]에 쿠라우라로 오다가 바다 위에서 큰 태풍을 만나 큰 바다[8]에서 일곱 달이나 떠돌아 다녔는데, 올해 여름에 우리 일본日本 산동방山東房의 치쿠라[千倉]에 이르러 마을 사람들이 구해 주었다. 배와 78명이 함께 해안에 상륙한 날이 우리나라 안에이[安永][9] 9년 경자[1780] 5월 2일이었다.

키넨[龜年][10]이 그 소문을 듣고 소매를 떨치고 일어나 나의 친구 두세 명과 함께 작은 배를 사서 바다를 달려 방房으로 갔다. 남경南京의 심천협沈天協, 복주福州의 정무성鄭茂盛과 치쿠라의 바닷가에서 오랜 벗처럼 사귀었다.[11]

5　천황이 거주하던 교토(京都)가 서쪽에 있어 서도(西都)라고 불렸으므로, 막부(幕府)가 있던 에도(江戶)를 동도(東都), 또는 도쿄(東京)라고 불렀다.
6　원문의 "逖矣, 西土之人"는 『서경』 「목서(牧誓)」의 "멀리서도 왔도다, 서쪽 땅의 사람들이여[逖矣, 西土之人]"라는 구절에서 인용한 것이다.
7　원문에 '客冬'으로 되어 있는데, 난외주(欄外註)에 "본집에는 '客冬'이 '客歲中冬'으로 되어 있다[本集客冬作客歲中冬]"라고 하였다.
8　원문의 "명발(溟渤)"은 명해(溟海)와 발해(渤海)의 합칭으로 보통 큰 바다를 가리킨다. 김세렴의 「해사록(海槎錄) 문견잡록(聞見雜錄)」에, "일본은 큰 바다 동쪽에 있으니 그 지형이 비파와 비슷하다[日本在溟渤東, 其地形類琵琶]"라는 내용이 보인다.
9　고모모조노 천황(後桃園天皇)이 사용한 연호로, 1772년부터 1781년까지 10년 동안 사용하였다.
10　『유방필어』의 저자인 이토 란덴(伊東藍田)의 이름으로, 자는 기키[龜季]이다.
11　원문은 '傾蓋'인데, 수레를 멈추고 일산을 기울인다는 뜻으로, 길에서 잠깐 만나 사귀지만 오래 사귄 듯함을 뜻한다. 『사기(史記)』 권83 「추양열전(鄒陽列傳)」에 "속에에 '백발이 되도록 오래 사귀어도 처음 사귄 듯하고, 수레를 멈추고 일산을 기울여 잠깐 만났어도 오래 사귄 듯하다'라고 하였으니, 그 까닭은 무엇인가. 서로를 아느냐 모르느냐에 달려 있다[諺曰, 白頭如新, 傾蓋如

비록 말이 통하지 않으나 붓으로 혀를 대신하여 막역하게 이야기하며[12] 하루 종일 기뻐하였다. 치쿠라는 서울에서 삼백 리 밖에 떨어지지 않았으나, 단호蜑戶[13] 차정鑑丁[14]이나 사는 궁벽진 곳이어서 촌선생들이 밀시하였는데, 심씨와 정씨 두 사람은 나를 만나서 크게 기뻐하였다. '육지에 오른 이래로 공公처럼 위로하고 달래주는 자가 없었다.'고 한다. 배에 있던 사람들이 양천良賤 모두 나에게 손을 모아 늘어서서 절하며[15] 우리말로 "선생, 선생"이라 부르니, 참으로 천년에 한번 만날 기회였다.

비록 상인이었으나 화하華夏의 사람이니, 어찌 조선이나 류큐에서 온 자들과 같이 말할 수 있겠는가? 내가 기뻐한 이유를 알만하다. 그래서 나는 치쿠라 바닷가에서 꼬박 하루를 보내며 청나라의 오늘 모습을 표류객들에게 실컷 물어서 견문을 넓히고자 하였다. 그러나 애석하게도 사고가 일어나서, 내가 하려던 일을 다 이루지 못하고 돌아왔으니, 참으로 유감스럽다.

그러나 필담筆談을 나눈 것이 수십 장이나 되어 이미 권질을 이루었으니 숙원을 조금이나마 풀었지만, 이 또한 중국인들로부터 버선을 신고 가려운 곳을 긁는다[16]는 놀림이나 받을 듯하다. 이로 말미암아 입을 열

故, 何則, 知與不知也]"라고 하였다.
12 원문은 '班荊'으로, 친구 간에 길에서 이야기를 나눔을 뜻한다. 『춘추좌씨전』에 "오거가 정나라로 달아났다가 다시 진나라로 달아나는데, 성자가 진나라로 가던 길에 정나라 교외에서 둘이 만나 자형나무 잎새를 깔고 앉아서 함께 밥을 먹으면서 복귀에 대한 이야기를 나누었다[伍擧奔鄭, 將遂奔晉, 聲子將如晉, 遇之於鄭郊, 班荊相與食, 而言復故]"라고 한 데서 나온 표현이다. 『춘추좌씨전(春秋左氏傳)』 양공(襄公) 26년.
13 옛날 중국 광동(廣東)·복건(福建) 지역의 앞바다에는 통치자들의 박해를 받던 사람들이 흩어져 살았는데, 이들은 육지로 올라오지도 못하고 호적에 편입되지도 못하여, 배를 집으로 삼아 생활하였다고 한다. 이들을 단호(蜑戶)라고 하였다.
14 차호(鑑戶)라고도 하는데, 어염(漁鹽)을 생업으로 하는 백성들을 가리킨다.
15 뒤에 "至效〇"라고 적혀 있는데 한 글자가 빠져서 번역하지 못했다.
16 원문은 '隔韈'인데, 문맥상 '隔鞾搔癢'의 뜻으로 쓴 듯하다.

어서 그들의 입을 다물게 하려 한다.

안에이 9년 경자¹⁷⁸⁰ 추8월 란덴 토 키넨¹⁷ 쓰다

『유방필어游房筆語』

일본 동도東都 토 키넨東龜年 지음
옛추越中¹⁸ 야 마사노리埜正則 교정¹⁹

청나라 남경南京의 상선이 지난 겨울 11월 5일에 바다로 나가²⁰ 우리나라 서해의 나가사키에 오다가 중도에 구풍颶風²¹을 만나 큰 바다에서 일곱 달이나 떠돌아다녔다. 우연히 우리나라 후지산 동쪽²²의 아와노주[安房州] 치쿠라[千倉] 바닷가에 이르렀다가 주민들이 구해주어 육지에 오르게 되었으니, 안에이[安永] 9년 경자¹⁷⁸⁰ 하5월 2일이었다. 치쿠라 바닷가는 오오카[大岡] 효고[兵庫] 코베츠유[侯別邑] 코츠토무라[忽戸村] 뒤에 있다.

조정에서 아사이[朝夷] 현윤縣尹 이나가키후지[稻垣藤] 자에몬[左衛門]에게

---

17 한문 식으로 자기 이름을 지칭한 경우의 발음이다. 사전에 실린 이름은 이토 란덴(伊東藍田, 1734~1809)으로 에도시대 중후기의 유학자이다. 소라이학을 계승하여 분고(豊後, 현 大分縣) 히지번(日出藩)에서 종사하였다. 본성(本姓)은 히시다[菱田], 이름은 키넨(龜年), 자는 키키(龜季). 통칭은 카네구라(金藏) 또는 젠우에몬(善右衛門). 별호는 텐유칸(天遊館), 저서로는 『심부고주(心賦考註)』, 『서유기행(西游紀行)』, 『남전선생문집(藍田先生文集)』 등이 있다.
18 옛 지명으로 현재의 토야마현(富山県)이다.
19 국회도서관 명원관총서본에는 "아들 이쇼 교정(男惟肖校)"라고 적혀 있다.
20 원문은 '浮海'인데, 『논어』 「공야장(公冶長)」에 "나의 도가 행해지지 않으니, 뗏목을 타고 바다로나 나갈까 보다[道不行, 乘桴浮于海]"라고 탄식한 공자(孔子)의 말을 가져다 쓴 것이다.
21 남쪽 바다에서 불어오는 큰 바람이다. 『남월지(南越志)』에 "구풍이란 사방 바람을 갖춘 것인데 항상 5~6월에 일어난다[颶風者, 具四方之風也, 常以五六月發]" 하였다.
22 원문은 '山東'인데, 문맥상 '후지산 동쪽'으로 번역하였다.

명을 내려, 그곳에 가서 정황을 알아보게 하여 처리에 편하도록 하였다. 나는 이 소식을 듣고 기쁜 마음을 주체할 수 없었다. 내가 친한 엣추越中의 마사노리[壁正則] ○○○土準23에게 소개를 받아서 이나가키[稻垣] 현윤縣尹의 이복吏目24 가운데 좋은 인연을 얻게 되었다. 그의 하인에게 선물을 주고 여러 통의 서신을 얻어서 동도東都 잔세죠[山生精]·상양常陽 덴세쥰[田生順]·월후越後 히세칸[樋生寬] 등 세 명과 함께 갔다. 진실인지 허탄한 것인지 살펴서 가부를 의논하고, 그달 21일 저녁에 떠났다.

밤에 에도바시[江戶橋] 아래에서 배를 사서 새벽바람을 기다렸다. 22일 동이 틀 무렵에 닻줄을 풀고 에이다이바시[永代橋] 아래를 지나 시나카이[支那海]에 이르러 돛을 올리니, 마침 서북풍이 서서히 불어와 물길 180리를 살같이 달렸다. 아침에25 소난하쿠슈[總南百首] 항구에서 뭍에 올라 반점飯店에 들어가 아침식사를 하니 해가 이미 삼간三竿26이나 올라왔다. 일행 4명은 모두 배를 달리느라 고생이 심했기에 술을 시키고 목욕하면서 한참 휴식을 취하였다.

오후에 또 작은 배 한 척을 사서 해안을 따라 70여리를 가서 아와[安房]27 나코무라[那姑村]에 이르러 배를 버리고 뭍에 올랐다. 작은 시내를 건

23　표기가 확실치 않다.

24　낮은 관직명이다. 지방관의 보좌관 역할인데 명나라 때에는 한림원, 태상시 외 유수(留守), 안무(安撫), 도지휘사(都指揮司), 천호소(千戶所) 등에 설치하였고, 청나라 때에는 태의원(太醫院) 오성병마사(五城兵馬司) 및 각 주(州)에 설치하였다. 문서를 담당하거나 형옥(刑獄) 및 관서의 사무를 담당하였다.

25　원문은 '崇朝'이다. 『시경』「하광(河廣)」에 "누가 송나라를 멀다고 했나, 아침 전에 갈 수 있는 것을[誰謂宋遠, 曾不崇朝]"이라는 구절에 보이는데, 정현(鄭玄)이 전(箋)에서 "'崇'은 '終'과 같다. 아침이 끝나기 전에 간다는 뜻으로, 가까움을 비유한다[崇, 終也, 行不終朝, 亦喻近]"라고 설명했다.

26　대나무 장대 셋을 이은 길이인데, 해가 높이 뜬 것을 말한다. 『남제서(南齊書)』 권12 「천문지상(天文志上)」에 "해가 높이 삼간이나 솟았다[日出高三竿]"라는 말에서 유래한다.

27　현재의 지바현(千葉縣) 남부 지역. 율령제(律令制) 하에서는 도카이도(東海道)에 속하였고,

너 밭 사이에 난 길로 여러 마을을 지나 늦은 밤에 오카다무라[岡田村]에 이르러 장장莊長에게 부탁하여 산사山寺에서 잤다.

23일 새벽에 출발해 산 하나를 넘어 동쪽으로 20여리를 지나 마키타무라[槇田村]에 이르렀다. 현윤縣尹이 장장莊長의 집에 투숙하였기에 나는 장객莊客을 불러 현윤의 일꾼을 통해 여러 통의 서신을 꺼내 은근히 이목吏目을 달랬더니, 이목이 화객華客 보는 것을 허락해 주었다.

그러나 4명이 함께 보는 것은 허락하지 않았다. 그래서 먼저 가서 코츠토[忽戶]의 이웃 마을인 기타아사이[北朝夷]라는 곳에 집을 빌려 숙박했는데, 치쿠라 바닷가에서 몇백 보 떨어진 곳이었다. 중국 배와 그 사람들의 그림자를 또렷하게 손가락으로 셀 수 있었으니, 우리들의 기쁨을 알 만할 것이다.

이튿날인 24일이 되어 내가 덴세[田生]와 함께 새벽에 이불에서 밥을 먹고[28] 마키타무라로 가자, 이목이 옷을 갈아입고 발을 싸매게 하고는 검은 베로 만든 외투에 경졸輕卒이라고 쓴 기호를 꿰매고 3명의 소리小吏 뒤를 따르게 하였다. 날이 밝아 먼저 갔다. 또 기타아사이를 거쳐 코츠토무라[忽戶村] 뒤 바닷가에 있는 중국 표류민 수용소[華客所]에 이르렀다.

대 울타리는 밖으로 세 겹이나 설치되었고, 문은 두 겹이나 세웠으며, 내문內門으로 들어가면 왼쪽에 몇 칸 작은 집을 지어 청청廳으로 삼았는데 오오카후[大岡侯]의 유사有司가 표인漂人들이 달아나는 것을 기찰譏察하였다.

1871년에 폐번치현(廢藩置縣)에 의해 키사라즈현(木更津縣)에 속하였지만, 1873년에 키사라즈현과 인바현(印旛縣)이 합병하여 지바현이 되었다.

28 원문의 '蓐食'은 이른 새벽 이불에서 급하게 먹는다는 뜻이다. 『사기(史記)』 권92 「회음후열전(淮陰侯列傳)」에 "정장의 아내가 그를 미워하여 새벽밥을 지으면 이불 속에서 먹어 버리고는, 밥 먹을 때쯤 한신이 가면 밥을 차려 주지도 않았다[亭長妻患之, 乃晨炊蓐食, 食時信往, 不爲具食]"라는 이야기가 실려 있다.

노졸奴卒들이 몽둥이를 들고 주민들이 대 울타리 안으로 드나드는 것을 검문하였다.

면적[29]이 2·3백 보는 되는 곳에 3채의 장옥長屋을 만들었는데, 모두 길이가 40보는 되었다. 갈대로 지붕을 덮고 거적으로 벽을 가렸으며, 집의 높이가 겨우 너댓 자 밖에 되지 않아 허리를 굽히고[30] 드나들었다. 몹시 지저분해서, 마치 도하都下의 어린아이들이 어미 개를 키우는 우리 같았다.

표인漂人들이 그 안에서 나와 대나무상자에서 옷감·약재·그릇[尊罍]·자기磁器 및 의복 따위를 꺼내 볕에 말렸는데, 모집에 응한 수십 명의 촌민들이 서로 뒤섞여 그 일을 나누어 했다. 표인漂人들은 양천良賤 가릴 것 없이 모두 머리를 깎은 모습이었고, 정수리에만 둥글게 조 남긴 머리털을 땋아서 묶었으며, 작은 모자로 덮었다. 형태가 이곳의 소립小笠 같은데 마치 모자를 쓰지 않은 듯했으며, 머리털을 두 가닥으로 묶어서 등 뒤로 늘어뜨렸다.

양인良人들은 대개 반드시 모자를 썼는데 모두 검은 색이었으며, 위에는 금빛 꼬투리를 달고 진홍색 실로 장식하였다. 발에는 버선을 신지 않고 뒤축이 없는 명주신을 신었으니, 어찌 초혜草鞋라고 하겠는가? 그 옷은 좁은 소매[袖]에 소매[袂][31]가 없고, 사폭邪幅[32]으로 바지를 만들었으며,

---

29 원문의 '廣袤'는 토지의 면적을 가리키는 말로, 광(廣)은 가로로 동서의 길이를 말하고, 무(袤)는 세로로 남북의 길이를 말한다.

30 원문은 '傴僂'인데, 허리를 굽힌 공손한 자세이다. 『춘추좌씨전(春秋左氏傳)』소공(昭公) 7년 조에 "정고보가 솥에 명(銘)을 새기기를, '대부가 되면 고개를 숙이고, 하경(下卿)이 되면 등을 구부리고, 상경(上卿)이 되면 몸을 구부린다[一命而傴, 再命而僂, 三命而俯]'고 하였다" 하였다.

31 소매가 길어서 한자로는 명칭이 여러 가지이다. 저고리의 몸통과 만나는 부분은 각(袼), 중간 부분은 몌(袂), 소매 끝에 선을 두른 부분 즉 소맷부리는 거(祛), 손이 나오는 끝부분은 수구(袖口)라고 한다.

원령圓領[33]을 걸쳤다. 의복제도가 우리나라의 발석襪襫[34]과 같은데 소맷부리가 없으며, 길어야 겨우 넓적다리까지 내려오고 치마가 없다.

양인良人과 천인賤人의 제도가 다르지 않다. 다만 천인賤人은 모두 검붉은 색의 무명베를 입고 온 몸이 순색純色[35]이며, 신을 신지 않은 맨발이었다. 양인良人은 흰 명주를 사용하는데 소매와 바지가 같은 색이고, 옷에 검은 비단을 사용하지 않는다. 원령 아래는 모두 주옥이나 금은으로 된 옷끈[36]을 사용하여 양쪽의 옷깃을 묶어 봉했다. 관직에 있는 군자에게는 따로 반드시 제도가 있으니, 청나라 태조황제太祖皇帝가 달단韃靼[37] 출신으로 화하華夏[38]를 통일하여 중국의 황제가 된 뒤에 호복胡服을 제도화하였다.

그 나머지는 서안書案이나 필연筆硯이 유막帷幕에 알맞게 갖춰져 있어, 비록 어려운 형편에 처해져 있었지만 모두 깨끗하고 우아하여 몹시 사랑스러웠다. 또 횃대와 장대에 두툼한 요와 큰 이불을 널어 햇볕에 말렸는데, 금수錦繡와 소전練氈이 눈에 찬란했으니 참으로 소봉素封[39]의 대상大商

---

32 폭이 좁은 피륙으로 남자의 바지나 고의를 지을 때, 바지 허리로부터 달아 내린 긴 헝겊(마루폭)의 안쪽에 대어 통을 보충하는 헝겊.

33 깃을 둥글게 만든 공복(公服).

34 [원주] 자전(字典)에 "발석(襪襫)은 사(簑, 도롱이)이다." 했으니 비웃이다.

35 순색(純色)은 정색(正色)과 같은 뜻으로, 청(青), 황(黃), 적(赤), 백(白), 흑(黑)의 원색(原色)을 말한다.

36 [원주] '釦'의 음은 '구(口)'인데『정자통(正字通)』에 "세상 사람들이 옷끈을 '釦'라고 한다" 하였다.

37 'Tataru'의 음역으로 만주 북부에 살던 몽고의 한 부족인데, 구체적으로는 원(元)이 망하고 난 뒤에 사막(沙漠)의 북쪽으로 도주한 후 남아 있던 몽고족들을 가리키는 말로 많이 썼다. 청나라 태조는 여진족 출신이니, 란덴이 제한된 정보를 기록한 것이다.

38 중국 고대에 중원(中原) 지역을 사방 만이(蠻夷)의 지역과 구분하여 부르던 이름이다.『사기』「천관서(天官書)」에 "필수(畢宿)와 묘수(昴宿) 사이를 천가라 한다[昴畢間爲天街]"라고 하였는데, 장수절(張守節)의『정의(正義)』에 "천가 두 별이 필수와 묘수의 사이에 있어 나라의 경계를 주관하니, 천가의 남쪽은 화하(華夏)의 나라가 되고, 천가의 북쪽은 이적(夷狄)의 나라가 된다[天街二星, 在畢昴間, 主國界也, 街南爲華夏之國, 街北爲夷狄之國]"라고 하였다.

39 벼슬하지 않으면서도 봉군(封君)에 비할 만큼 부유한 자를 가리켜 이르는 말이다.『사기(史

이었다.

지금 이 집이 좁고 더러워서 표인漂人들이 몸을 들여놓을[40] 수가 없었
으므로 장인匠人들을 불러 모아 낡은 집을 철거해 와서 객사客舍로 고쳐
짓느라고 어지럽고 복잡하여 더욱 염증이 났다.

내가 먼저 두 소리小吏를 따라 물가에 가서 표류해 온 선박을 관찰해보
니, 표류해 온 선박이 물가에서 30여 보 떨어져서 물에 잠겨 있었다. 배
의 길이는 30여 간間이고, 중창中艙은 너비가 10간이었으며, 돛대는 높이
가 8장 2척이나 되는데, 뱃머리에 또 작은 돛대가 하나 있었다. 배꼬리
에 다락이 있는데 너비가 사방 8간이고 높이가 일정하였으며, 지붕은
모두 검은 색으로 칠해졌다. 다락방의 좌우에 각각 세 개의 창문을 설치
하고 창문의 틀은 흰 색으로 칠했는데, 볼록하게 밖으로 튀어나왔고, 위
에는 자주색의 시렁이 있었다.

그 밖에도 기둥·문미·들보·횃대는 모두 자주색으로 칠해졌고, '해
약안란海若安瀾'[41]이라는 편액이 달려 있었다. 그러나 30보 밖에 있는데다
가 비스듬히 보여, 편액의 모양이나 글자 형태를 자세히 살펴볼[42] 수는

記)」「화식전(貨殖傳)」에 "요즘 관직의 녹봉도 없고 작읍(爵邑)의 수입도 없으면서 즐거움이
관직과 작읍이 있는 사람과 비등한 자들이 있는데 그들을 이름하여 소봉(素封)이라 한다[今有
無秩祿之奉爵邑之入, 而樂與之比者, 命曰素封]" 하였다.

40 원문의 '容膝'은 무릎을 겨우 들여놓을 정도로 집이 좁고 가난하다는 뜻이다. 송(宋)나라 시인
육유(陸游)의 「동재잡서(東齋雜書)」에 "문이 낮아 수레가 드나들지 못하고, 방이 좁아 무릎을
겨우 들여놓네[門低不通車, 室隘劣容膝]"라고 하였다. 『검남시고(劍南詩藁)』 권66.

41 『초사(楚辭)』「원유(遠遊)」에 "해약으로 하여금 풍이를 춤추게 한다[令海若舞馮夷]"라는 구절
이 있는데, 왕일(王逸)의 주에 "해약은 해신(海神)의 이름이다" 하였다. 이 글에서는 "해약이
물결을 평안하게 한다"는 뜻으로 썼다. 강희맹이 지은 「창해사(滄海辭)」에 "海若安流"라 하거
나 홍양호가 지은 「이견대기우문(利見臺祈雨文)」에 "海若安波"라고 쓴 표현도 다 같은 뜻이다.

42 [원주]『자전(字典)』에 "'諦'는 '審(살피다)'이다"라고 하였다.

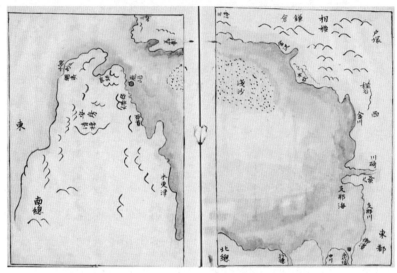

〈그림 1〉 아와노주 일대의 얕은 모래[淺沙]와 작은 구비[小曲].
츠쿠바대학 소장본 지도에 채색으로 그려져 있다.

없었다. 선복船腹은 검은색으로 칠하고 희고 둥근 구멍 하나와 희고 네모
난 구멍 세 개로 장식하였으며, 뱃전의 물속에 들어가는 곳도 모두 흰
색으로 칠해졌다.

표류해 온 선박은 비록 얕은 밀물 모래와 진흙탕 속에 엉켜 있었지만
모래 위에 짧은 기둥이 많이 세워져 있었고, 여러 가닥의 큰[43] 새끼줄로
묶어서 떠내려가는 것을 대비하였다. 이곳은 외진 바다의 작은 구비小曲
이어서 평평한 모래가 베처럼 동쪽으로 펼쳐졌는데, 마침 동풍이 불어
와 거센 파도에 사람들이 서 있었다. 비록 30여 보밖에 떨어지지 않았
지만, 표류해온 선박까지 작은 배를 타고 갈 수가 없었다. 그래서 다시
객사로 돌아왔다가 이따금 중국인들이 행장을 꾸리는 곳에 가 보았다.
마침 어떤 표객漂客은 약물藥物을 가져왔고, 옷을 가져와 말리려고 하는

---

43 장서각본에 '火'로 적혀 있지만 난외에 붉은색으로 '大'라 수정하였고, 다른 이본들에도 모두
'大'로 적혀 있어서 '大'로 번역하였다.

표객도 있었으며, 창 밖에 기대어 이를 잡는 표객도 있었다. 창 안에서 우연히 담소를 나누는 표객도 있었고, 땅에 앉아서 망치를 가지고 구멍을 뚫어 기계를 수리하는 표객도 있었으며, 처마 아래에 앉아서 생선을 자르는 표객노 있고, 부엌 아래에 걸터앉아 불을 때는 표객도 있었다.

표객들은 두목들을 볼 때마다 과시하고 뻐기다가 가리키고 웃으며 말하기를

"일본 마가日本馬廎"

라고 하였다. "일본 마가日本馬廎"란 중국 뱃사람과 상선들이 자주 나가사키長崎에 오면서 우리말을 조금 알기에 욕하는 말인데, '마가馬廎'는 본래 (진나라) 이세二世의 마록馬鹿44 고사이니 백치白癡를 가리키는 말이다.

그때 소리小吏 3명은 모두 이미 떠나고 나 혼자 그곳에 남아서 늦게 돌아왔는데, 천한 일을 하는45 뱃사람이 와서 내가 외투에 차고 있던 기호를 보고 천하게 여겨 끌어당기며 모욕하고 놀렸다. 나는 즉시 허리 아래에서 붓을 뽑아 곧바로 은근한 뜻을 써서 전하였다.

"여러분들께서 다행히 위태롭고 어려운 상황에서 벗어나 탈없이 상륙하셨으니 지극히 축하합니다. 지극히 축하합니다."

대답하지는 않았지만 모욕하고 놀리던 짓은 멈추고 서로 바라보며 어지럽게[絮]46 말을 했는데 대개 문자를 모르는 자들 같았다. 얼마 뒤에 또

---

44 말과 사슴이라는 뜻으로, 시비(是非)와 흑백(黑白)을 비유하는 말이다. 진(秦)나라의 환관 출신 승상(丞相)인 조고(趙高)가 신하들의 마음을 떠보기 위하여 이세 황제(二世皇帝)에게 사슴을 말이라고 속여 바친 지록위마(指鹿爲馬)의 고사에서 유래한 것이다. 『사기(史記)』 권6「진시황본기(秦始皇本紀)」.

45 원문은 '廝養'인데, 군중(軍中)에서 나무를 해 오거나 밥을 짓거나 하는 천한 일을 하는 병졸이다.

46 [원주] 자전(字典)에 "'絮'의 음은 '衶'이니 헌 솜[緼]이다" 하였고, '緼'의 자주(字註)에 "'緼'은 '緋(얽힌 줄)이다[緼, 緋也]" 하였으며, '緋'의 자주(字註)에 "'緋'은 어지러운 실이다[緋, 亂糸

한 사람이 왔는데, 먼저 왔던 한 사람이 나의 필어筆語를 펼쳐서 보여주기에 내가 다시 써서 물었다.

"선주船主께서는 어디 계십니까? 가리켜 주시면 고맙겠습니다."

뒤에 온 한 사람이 가리켜 주었는데, 달려온 선주가 그 배서背書를 어루만지며 말하였다.

"큰 선박이 오다가 큰 태풍을 만나 표류하여 여기까지 왔는데, 배에 있던 사람들이 평온하고 청복을 누리니 지극한 축복이 만만입니다."

선주는 단아하고 피부가 흰 부상富商이었는데, 나이는 마흔쯤 되어보였다. 그때 상자들을 지휘하고 단속하며 행장을 꾸리는 곳에 있다가, 나의 필어筆語를 보고 허리춤을 더듬으며 붓을 꺼내 답을 썼다.

"귀국의 은혜를 입어 구원받았으니, 은혜가 큽니다. 고맙고도 고맙습니다."

란덴 : 귀성貴姓은 무엇이고, 화명華名은 무엇입니까?

천협 : 남경南京 선주船主 심경첨沈敬瞻입니다.

란덴 : 표지表字[47]는 무엇인지요?

천협 : 천협天協입니다.

란덴 : 읽기 어려워 부끄럽습니다. 창졸간이라 초서草書를 알아볼 수가 없으니, 다시 여쭙겠습니다.

천협 : 천협天協입니다.

也]"라고 하였다.

47 자(字)를 이른다. 옛날에 성인이 되었다는 표징으로 관례(冠禮)를 행하고 본명과 연관된 자를 지어주었는데, 자는 그 덕을 나타내는 것이기 때문에 또 '표자(表字)'라고도 하였다.

란덴 : 선주船主께서는 대상大商이시니 비록 이렇게 번잡한[48] 곳에 계시더라도 멀리 버림을 받지는 않을 것입니다. 고결한 인품[49]을 뵐 뿐만 아니라 귀하신 성자姓字까지 알게 되어, 외람되게도 환대[50]를 받았습니다. 이는 참으로 천재일우千載一遇의 기회이니, 춤이라도 추고 싶어서 어쩔 줄 모르겠습니다.

천협이 웃음을 띠우고 끄덕였는데, 몹시 기쁜 표정으로 붓을 가져다 썼다.

"상륙한 이래 오늘에 이르기까지 공公처럼 위로해주신[慰藉][51] 분이 없었습니다."

란덴 : 이같은 해난海難을 당한 것이 어느 달 어느 날이었습니까?

천협 : 지난 겨울 11월 5일에 나가사키로 가다가 중도에 험난한 바람

---

48 [원주] 자전(字典)에 "鬧는 奴敎의 반절(反切)이다. '擾(어지럽히다)', '不靜(고요하지 않다)', '喧闐(시끄럽다)', 또는 '猥(뒤섞이다)'라는 뜻이다"라고 하였다.

49 원문의 '芝眉'는 '자지미우(紫芝眉宇)'의 준말인데, 사람의 고결한 인품과 덕행을 칭송하는 말이다. 당(唐)나라 원덕수(元德秀)의 자가 자지(紫芝)인데, 평소에 행실이 뛰어나 천하 사람들이 모두 우러러 보았다. 재상 방관(房琯)이 원덕수를 볼 때마다 감탄하기를, "자지의 미우를 대하노라면, 명리의 마음이 죄다 없어지게 된다[見紫芝眉宇, 使人名利之心都盡]"라고 하였는데, 여기서는 심경첨의 고결한 인품과 덕행을 칭송한 말이다. 『구당서(舊唐書)』권193「원덕수전(元德秀傳)」.

50 원문은 '靑眄'인데, '靑眼'과 같은 뜻으로 썼다. 『진서(晉書)』「완적전(阮籍傳)」에 "그의 어머니가 죽으니 혜희(嵇喜)가 조상 왔는데 완적이 백안시(白眼視)하였으므로 불쾌한 마음으로 돌아왔다. 혜희의 아우 강(康)은 그 말을 듣고 술과 거문고를 가지고 갔더니 적(籍)이 청안(靑眼 검은 눈자위)을 보였다" 하였다.

51 [원주] 자전(字典)에 "藉는 慈夜의 반절이다[藉, 慈夜反]"이라고 하였다. 『전한서(前漢書)』「설광덕전(薛廣德傳)」에 "광덕의 사람됨이 온아하고 온자함이 있었다[廣德爲人溫雅有醞藉]"하고, 그 주에 "너그럽고 넓어서 넉넉한 것이다[寬博有餘也]"라고 하였다. 『후한서(後漢書)』「외효전(隗囂傳)」에 "광무(光武)가 평소에 그의 풍성을 듣고 남다른 예(禮)로 보답하였으니, 위로가 참으로 두터웠다[光武素聞其風聲, 報以殊禮, 所以慰藉之良厚]"고 하였다.

을 만났습니다.

이때 보던 사람들이 모두 달려들어 두 사람의 필어筆語를 빼앗았다. 심지어는 손을 내 품속에 넣어서 나의 책을 뒤져서 가져가기까지 하였다. 나를 화인華人으로 오인誤認한 것이다. 나중에 내가 필어를 편집할 때에 또 잊어버렸다. 내가 감히 기휘忌諱한 것이 아니므로 그 말을 감추었다.

란덴 : 지난번 객사客舍에 갔을 때에 선주船主처럼 보이던 분이 3명 있었습니다.

이때 마침 바닷바람이 불어서 필어筆語를 덮쳐 몇 걸음 날아가게 하자, 표인漂人들이 다투어 쫓아가서 빼앗아 갔다.

란덴 : 공과 같은 분이 3명입니까?
천협 : 그들은 배에 있는 월여인月侶人입니다.
란덴 : '侶'[52]는 '似'자입니까? '侶'자입니까?
천협 : '侶'자입니다.
란덴 : 배에는 모두 몇 명이 있습니까?
천협 : 79명이었는데 안에서 병으로 1명이 죽었으니 지금은 실제로 78명입니다.
란덴 : 제가 어릴[童丱][53] 때부터 귀국의 성인聖人의 도道를 배웠고, 성정

---

52 심경첨이 '侶'자의 중간 획을 끊어지게 썼으므로 물어본 것이다.
53 [원주]『자전(字典)』에 "'丱'의 음은 '慣(관)'이다" 하였다.『시경(詩經)』제풍(齊風)에 "總角丱

이 또한 귀국의 서책 읽기를 좋아하여 반백에 이르렀습니다. 그리하여 여러 현인들이 표류하여 이곳에 이르렀다는 소식을 듣고 소매를 떨치고 일어나[54] 한두 명의 친지와 더불어 수 백리를 멀다하지 않고 작은 배를 타고 왔습니다. 지금 78명 중에는 반드시 공과 같이 기품이 있고 학문이 큰 사람이 있을 것이니, 다행히 소개해 주시면 그분에게 나아가 가르침을 받겠습니다. 만일 말씀드린 대로 된다면 그 기쁨이 어떻겠습니까? 제가 감히 바랄 수 있는 바가 아닙니다.

천협 : 배를 통하는 사람은 모두 생업을 위해 먼 곳에 장사를 다니는 사람들이라 학문할 겨를이 없었습니다. 하물며 공과 대적할 자가 있겠습니까. 우리들이 상륙할 때에 이 바닷가 갯벌[55]에 무뢰배들이 몹시 많아, 거동이 힘들었습니다. 옥사屋舍를 짓고 화물 상자를 건져 올리는 일을 모두 왕부王府에 청하여 날마다 왕령이 내려왔으며, 위에 청한 바가 제대로 전달되기에 어려움이 많았습니다. 공께서 다행히도 통사通事가 되어 이곳에 와 계시니 크게 다행입니다. 크게 다행입니다.

今"라고 하였는데, 정현(鄭玄)의 전(傳)에 "총각(總角)은 두 갈래 다팔머리를 모은 것이고, 관(丱)은 어린아이이다[總角, 聚兩髦也. 丱, 幼稺也]" 하였으며, 주희(朱熹)의 전(傳)에 "관(丱)은 두 뿔의 모양이다[丱, 兩角貌]" 하였다.

『시경』 제풍(齊風) 「보전(甫田)」 제2연 "예쁘고 아름다워라. 머리털을 묶어 쌍상투를 틀었구나. 얼마 안 있다 만나 보면, 불쑥 관을 쓰고 있으리[婉兮變兮. 總角丱兮. 未幾見兮. 突而弁兮]"에서 한 구절을 가져다 동관(童丱)을 설명한 것이다.

54 원문의 '投袂而起'는 다급한 마음을 비유적으로 표현한 내용이다. 『춘추좌씨전(春秋左氏傳)』 선공(宣公) 14년 기사에 "초자가 듣고서 소매를 떨치고 일어나 신발은 질황에서 받아 신었고, 칼은 침문 밖에서 받아 찼고, 뒤따라 온 수레를 포서의 저자에서 올라탔다[楚子聞之, 投袂而起, 屨及於窒皇, 劍及於寢門之外, 車及於蒲胥之市]"라고 하였다.

55 [원주] 자전(字典)에 "'潟'의 음은 '昔(석)'인데, 갯벌(鹵地)이다"라고 하였다.

란덴 : 우리들은 소인이어서 비록 대정大廷의 상령上令을 알지 못하지만, 표객들을 위해서 옥사를 짓고 화물상자를 건져 올리는 등의 자잘한 일들까지 정부가 작은 일들을 친히 하지 않으니, 하물며 감히 성청聖聽을 더럽히겠습니까? 현윤縣尹이 계조計曹에 시키면 이같이 작은 일들은 모두 계조의 장직長直이 마땅히 지휘 처치할 것입니다. 지금 소리小吏나 이목吏目들은 대체로 문자를 알지 못하는데다가 이곳은 외진 바닷가 어부[56]들이나 사는 궁벽진 곳이어서 촌학구村學究도 또한 씻은 듯이 없습니다. 그러므로 일마다 가로막힐 뿐입니다. 삼가 바라건대 조정은 지극히 인자하신 데다가 공公들도 이웃 나라의 표객漂客이니 어찌 사랑으로 보호하고 긍휼이 여기는 은전이 없겠습니까? 상上의 재가가 반드시 며칠 지나지 않아 내려지리니, 공들도 위에 돌아가기를 청하고 잠시 기다려 보십시오. 깊이 염려하지 마십시오. 못난 이 사람이 역설譯舌, 역관을 대신하는 것은 개인적인 생각으로는 불가합니다만, 본디 작은 일이니 요컨대 현윤縣尹의 처지에 달려 있을 뿐입니다.

천협 : 여기에서 나가사키까지 몇 리입니까?

란덴 : 모두 사천 리입니다.

천협 : 지금 제가 뱃사람 78명의 부모와 처자식을 위해 서신 한 통을 써서, 몸에 탈이 없음을 알리려 합니다. 나가사키에 도착하면 당선唐船이 있으니, 공의 은택을 입음이 클 것입니다.

56　원문은 '蛋戶'인데, 각주 10번에서 설명하였다.

란덴 : 조난객들의 지극한 정은 참으로 마음이 아프나, 이것도 또한 현윤이 마땅히 처치하는 일이라서, 우리 같은 소인은 절대로 사사로이 서신을 전해드릴 수 없습니다. 용서를 바랍니다. 용서를 바랍니다.”

그때 장장莊長의 무리가 장객莊客들을 인솔하고 와서 장莊에 있는 일꾼들에게 짚을 만든 새끼줄이 얼마나 있는 물어보았다. 손짓을 하며 전했지만, 서로 잘 통하지 않았다. 그래서 내가 장장에게 '새끼줄이 얼마나 있느냐?' 물어보니, '약간방若干房'이라고 답하였다. 우리말로 새끼줄 한 묶음을 한 방房이라고 하였다. 그러나 나도 역시 그 길이가 몇 길尺이나 되는지는 알 수 없었다. 그래서 또 '모두 몇 심尋이나 되느냐?'고 물어보니 '500심尋'이라고 하였다. 그래서 심경첨에게 '500심'이라고 써서 보여주었다.

천협 : 넉넉히 준비되었습니다.

서로 보며 웃었다. 이때 사람들이 떠들썩해지더니 얼마 뒤에 노졸奴卒이
"현윤공縣尹公께서 오십니다"
라 외쳤다. 장객들은 모두 땅에 엎드려 절하였다. 나는 곧바로 달아나 문 왼쪽에 있는 청사 뒤에 피하였다. 표객들도 나를 따라 온 자가 삼사십 명은 되었는데, 나를 둘러싸고 둥글게 앉았다.

이곳은 문 왼쪽 청사 뒤에 있는 무廡의 아래인데, 가로가 겨우 10홀笏,

세로가 겨우 20홀 남짓하였다. 종노從奴들이 쉬는 곳이라 늦게 따라온 표객들은 바짝 붙어 섰을 뿐, 앉을 수가 없었다. 종노들은 그 밖에 붙어 서서 구경하였는데, 심지어는 벽에 구멍을 뚫고 엿보는 자까지도 있었다. 참으로 담장을 두른 것 같았다.[57]

표객 가운데 나이가 24~25세 되어 보이는 사람이 있었는데, 내 앞에 와서 붓을 가지고 자기 손바닥에 글씨를 썼다.

"팔 물건이 있습니까?"

란덴 : 우리나라에 전형典刑[58]이 있으니, 어찌 법을 어기고 팔겠습니까?

다시 물었다.

란덴 : 화명華名은 무엇인지요?

원휘도 또한 손바닥에 글을 썼다.

"원휘元輝입니다."

내가 또 물었다.

---

57 원문의 '如堵墻'은 구경꾼들이 죽 늘어서서 본다는 뜻의 표현이다. 『예기』 「사의(射義)」에 "공자가 확상포에서 활쏘기를 했는데, 보는 사람들이 담장을 두른 듯이 많았다[孔子射於矍相之圃, 蓋觀者如堵墻]"에서 나온 표현이다.

58 예전부터 전하여 내려오는 법도를 말한다. 『시경』 「대아(大雅) 탕(蕩)」에 "비록 노성한 사람은 없으나, 그래도 전형은 남아 있다[雖無老成人, 尙有典刑]"라고 하였다.

란덴 : 표지表字는 무엇인지요?

얼굴빛이 자못 부끄러워지기에, 내가 붓을 가져다 종이를 펼쳐 그에게 주면서 억지로 쓰게 했지만, 쓰려고 하지 않았다. 그래서 또 물었다.

란덴 : 표지表字가 없습니까?

원휘가 다시 손바닥 안에 쓰기를, "없습니다"라고 하였다.
이때 여러 표객 가운데 유일하게 머리가 희끗하고 나이가 쉰 서너살 되어 보이는 사람이 와서 나하고 마주하여 함께 필어筆語를 하지고 하였다. 머리가 희끗한 노인이 나를 마주보고 편안히 앉아서 절을 한 번 하였다. 나도 답례로 절을 하였다.

란덴 : 큰 배가 바다에 떠서 오다가 불행하게도 큰 태풍을 만나서 돛이 파손되고 키가 부러져 큰 바다에 표류한 지가 일곱 달이나 되었으니 그 사이에 걱정과 근심이 얼마나 크셨겠습니까? 저는 듣기만 해도 오히려 놀라워 심장이 뛰니, 하물며 공들께서야 친히 그 위험한 바다를 건너오시지 않았습니까? 비록 그렇다지만 배에 탔던 78명이 하늘의 도움으로 큰 복을 받아 이곳에 이르러 상륙하셨으니, 참으로 파총破塚에서 빠져나온[59] 셈이라 만

---

59 진(晉)나라 고개지(顧愷之)가 은중감(殷仲堪)의 참군(參軍)이 되었을 때 무명 돛배를 중감에게 빌려 타고 집으로 휴가를 가다가 파총(破塚)이란 곳에서 풍랑을 만나 크게 낭패를 당했는데, 고개지가 중감에게 글을 보내면서 "지명이 파총이란 곳에서 진짜 파총처럼 되어 빠져나왔는데, 행인도 안온하고 무명 돛폭도 아무 탈이 없다[地名破塚, 眞破塚而出, 行人安穩, 布帆無恙]"라고

만 축하드립니다."

급히 쓰다보니 모두 초서로 썼다.

천진天臻 : 나는 초서에 익숙치 않으니, 볼 수 있게 고쳐 써 주십시오.

곧바로 고쳐 써서 보여 주었다.

천진 : 육지에 오른 이래 선생같이 갖가지로 위로해 준 사람이 없었습
　　　니다.

정鄭이 여러 난인難人들을 돌아보며 '선생, 선생'이라고 말하자, 삼사십
명 되는 난인들이 모두 나를 가리키며 이구동성으로 '선생, 선생'이라고
말하였다. 우리나라 말과 크게 다르지 않았다.

란덴 : 선생의 성명은 무엇입니까?"
천진 : 복주福州 출신으로 성은 정鄭, 이름은 대岱입니다.
란덴 : 귀하신 자는 무엇입니까?
천진 : 무성茂盛입니다.
란덴 : 귀하신 호는 무엇인지요?
천진 : 천진天臻입니다."

해학적으로 쓴 포범무양(布帆無恙)의 고사가 전한다.『진서(晉書)』권92「고개지(顧愷之)」.

란덴 : 제가 어렸을[60] 때부터 중화中華 성인聖人의 도道를 듣고 배우기를 즐겼으며 책 읽기를 좋아하여, 늙음이 이른 것도 알지 못하였습니다. 그러기에 대청大淸의 여러 손님들께서 동해에 표박漂泊하였다는 소식을 듣고 한 번 만나뵙기를 달게 여겨, 심신이 날아오르는 것을 금할 수 없었습니다. 그래서 한두 명의 친지와 함께 열흘치의 식량을 싸들고 일엽편주一葉片舟를 타고, 수백리 길을 멀다하지 않고 이곳에 왔습니다. 다행히도 여러 손님들 가운데 노장老丈같이 우아한 분이 계셔서, 비록 이같이 괴로운 곳에 계시면서도 저를 친히 응대해 주시니 지극히 행복합니다. 이 지극한 행복은 죽어도 썩지 않을 것입니다."

천진 : 선생의 말씀을 듣고 있노라니, 얼굴에서 땀이 납니다.[61]

란덴 : 78명 가운데 반드시 정 선생처럼 풍채 있고 우아한 군자가 있을 텐데, 어느 분입니까?

정씨는 담뱃대를 흔들면서 머뭇거리다가 서로 마주보고 쓴 웃음을[62]

---

60 원문의 '髫齔'은 머리를 뒤로 늘어뜨리고 이를 갈 무렵의 7~8세쯤 되는 어린아이를 이르는 말이다.

61 원문의 '한안(汗顔)'은 한유(韓愈)의 「유자후제문(祭柳子厚文)」에 나오는 말로, "서툰 목수가 나무를 깎으면 손가락에 피가 나고 얼굴에 땀이 난다[不善爲斵, 血指汗顔]"라고 하였다.

62 [원주] 자전(字典)에 "'冷'은 '寒'이다"라고 하였다. 『남사(南史) 제(齊)』「악예전(樂豫傳)」에 "사람들이 저공을 비웃느라 지금까지 이가 시리다[人笑褚公, 至今齒冷]"라고 하였다. '이가 시리다'는 말은 입을 벌려 웃느라 이가 드러나는 것을 '시리다'고 표현한 듯하다. 남조(南朝) 송(宋)나라 때 저연(褚淵)이 명제(明帝)로부터 유명(遺命)을 받았는데, 뒷날 남제(南齊)의 고제(高帝)가 된 소도성(蕭道成)이 명제의 어린 아들인 후폐제(後廢帝) 유욱(劉昱)을 폐위시키려 하자, 저연이 적극적으로 도와 일을 성사시켰다. 이런 저연의 행동에 대해 남제의 악예(樂豫)가 단양윤(丹陽尹) 서효사(徐孝嗣)에게 "왕위를 흔드는 일이 있을 거라고 밖에 소문이 자자한데, 그대는 무제(武帝)의 특별한 은혜와 중한 부탁을 받은 만큼 여기에 가담해서는 안 될 듯하오. 사람들이 저공을 비웃느라 지금까지 이가 시리다오[人笑褚公, 至今齒冷]"라고 한 데서 나온 말이다. 『남제서(南齊書) 권55 악예열전(樂預列傳)』

짓고는, 마침내 붓으로 썼다.

천진 : 모두 비슷합니다.
란덴 : 그렇다면 여러 현인들 가운데 선생이 가장 큰 배움이 있는 것
       이니, 실로 탄복할 만합니다.
천진 : 저는 어려서 한두 해 공부했을 뿐이니, 어찌 감히 큰 배움이 있
       다고 자칭하겠습니까.
란덴 : 선생의 겸손한 덕이 빛을 발하니,[63] 더욱 존경스러운 마음이 듭
       니다.

이때 전생田生이 나를 따라와 있었는데, 여러 표인들이[64] 그가 의원醫員
이라는 사실을 알고 곧바로 팔뚝을 내밀어 진맥診脈 받기를 청하는 자가
여러 명이었다. 옷을 벗어 아랫배를 노출시켜 아픈 곳을 보이는 이도 있
고, 바지를 벗어 종기가 난 곳을 보이는 자도 있었다. 전생田生은 붓을 들
어 증세에 맞게 처방處方을 써 주었는데, 마침 현졸縣卒이 와서 전생을 데
리고 가 표인들의 숙소를 보게 하였다.
   그제서야 다시 천진天瑧과 필담筆譚을 주고받았는데, 표객들이 전생의
깎은 머리를 보고 의원인 줄 알았다고 한다. 뱃사람들이 나가사키에 자
주 왔기 때문에 알았던 것이다.

---

63 원문은 '謙光'이니 『주역』 「겸괘(謙卦) 단사(彖辭)」의 '겸존이광(謙尊而光)'을 줄인 것으로,
    존귀한 이의 겸손한 덕이 밖으로 성대하게 드러나 빛을 발한다는 뜻이다.
64 장서각본을 비롯한 모든 이본에 원문이 '飄人'으로 되어 있지만, 문맥에 맞게 '漂人'으로 수정
    입력하고 번역하였다. 아래의 '漂客' 경우도 마찬가지이다.

란덴 : 복주福州에서 남경南京까지는 몇 리나 됩니까?

천진 : 320리입니다.

란덴 : 6정町이 1리里입니까?

300보步가 1리인데[65] 란덴은 방금 6정이 1리냐고 물어보았으니, 창졸간에 내가 비록 속습俗習을 면치 못한 것이긴 하지만 부끄럽고도 부끄럽다.

천진 : 복주에서는 10리를 1포圃라고 합니다.

이 대답은 아마도 질문과 어긋난 듯하다. '포圃'와 '포鋪'가 통하는 것인가.

란덴 : 무성茂盛 족하께서는 시詩에 대하여 말하기를 좋아하십니까?

천진 : 나는 생업 때문에 밖으로 나돌아 다니느라고 필연筆硯에 오랫동안 소원했으니, 웃음거리가 될 수 없습니다.

란덴 : 너무 심하게 겸손하지 마십시오. 지금 노장老壯께서 무리 가운데 계시니, 마치 들판의 학鶴이 닭 떼 가운데 있는 것 같습니다.

정鄭의 얼굴이 몹시 기쁜 빛이 되더니, 나를 향하여 손을 모으고 절하였다. 그리고 나서 붓을 잡고 썼다.

---

65 주척(周尺)은 6자를 1보(步)로 하고, 300보를 1리(里)로 한다[周尺, 六尺爲步, 三百步爲里]. 『동국여지지(東國興地志)』

천진 : 이곳에서 왕부王府까지는 몇 리나 됩니까?

란덴 : 이곳에서 동도까지는 겨우 삼백 리입니다.

천진 : 나가사키까지는 몇 리입니까?

란덴 : 다 해서 사천 리입니다.

천진 : 제가 몇 줄의 서신을 만들어서, 뱃사람들과 소식을 통하려 하니, 공께서 나가사키 당관唐館에 전달해 주실 수 있습니까.

란덴 : 공들의 지극한 정은 참으로 마음 아프나 이것은 현윤이 처리하는 일이니, 저같은 소인이 사사로이 전달하면 관아에 죄를 짓게 됩니다. 인정이 없다고 여기지 말고, 양해해 주시길 바랍니다.

천진 : 귀국의 두목들 가운데는 문자를 아는 사람들이 하나도 없어서 일이 많이 지체됩니다. 그래도 선생 같은 분이 한 사람 있어서 일이 낭패를 당하지 않고 긴요하게 되었습니다.

란덴 : 그 말씀을 듣고 보니 제가 진퇴유곡進退維谷입니다. 저들은 본래 바닷가 외진 고을의 소리小吏들일 뿐입니다. 도하都下에 있는 자들은 삼척동자三尺童子라도 또한 학문을 하고 문자를 알지만, 귀방貴邦의 인물들은 천성이 문장文章과 재화才華를 갖추셨으니 참으로 존경스럽습니다.

여러 표객들이 나의 답을 보고 몹시 기쁜 표정으로 다 같이 나를 향하여 손을 모으고 늘어서서 절하며 '존경합니다'라고 말하였는데, 우리나라 발음과 크게 다르지 않았다. 어떤 표객은 다가와서 나의 등을 어루만지고, 어떤 표객은 나의 넓적다리를 쓰다듬었다. 모두 손을 모으고 절하였으며, 나도 또한 손을 모으고 답례로 절하였다.

전생田生이 다시 와서 나를 보고는 내 붓을 가져다가 천진天臻과 서너 차례 필어筆語를 주고받았다.

마침 내가 담배를 몹시 피우고 싶었는데, 표객 가운데 서너 자쯤 되어 보이는 담뱃대를 들고 선 사람이 있었으므로 다가가서 빌렸다. 내가 연초煙草를 문질러 연배烟盃에 담고 담뱃불을 빌리려고 손가락으로 '席'을 쓰고 겨우 '烟'자를 썼는데, 옆에 있던 한 사람이 곧바로 일어나 긴 담뱃대를 가지고 와서 나의 연배烟盃와 합하고는 빨아들여 담뱃불을 옮겨 주었다. 닦아서 나에게 주기에, 내가 받아서 빨뿌리에 입을 대고는 빨아들였다. 자리에 있던 사람들이 모두 환하게 웃었다.

이때 현졸縣卒이 다시 와서 전생田生을 불러, 현윤을 따라 먼저 돌아갔다. 나는 좀 더 머물며 필담을 나누었다.

란덴 : 먼저 심천협沈天協과 함께 몇 차례 필어를 주고받았으니, 파조巴調[66] 한 장을 지어 드리고 싶습니다. 전달해 주실 수 있을런지요.

천진 : 그러겠습니다.

그래서 어제 자면서 구성해놓은 시를 써서 정鄭에게 주었다.

---

66 자신의 시를 평범한 노래라고 겸손하게 표현하였다. 송옥(宋玉)의 「대초왕문(對楚王問)」에 "영중(郢中)의 가객(歌客)이 〈하리곡(下里曲)〉·〈파인곡(巴人曲)〉을 노래하면 국중(國中)에서 그것을 이어 화답하는 자가 수천 인이요, 〈양아곡(陽阿曲)〉·〈해로곡(薤露曲)〉을 노래하면 국중에서 그것을 이어 화답하는 자가 수백 인인데, 〈양춘곡(陽春曲)〉·〈백설곡(白雪曲)〉의 경우는 국중에서 그것을 이어 화답하는 자가 수십 인에 불과하니, 이것은 곡조가 고상할수록 화답하는 자가 더욱 적기 때문이다"라고 하였다.

漂泊憐君到海東　표류하여 바다 동쪽에 이른 그대들 가여워라.

囏虞兩歳紫瀾中　괴롭고 걱정하며 두 해를 붉은 물결 가운데 보내셨네.

懷鄕絶域看斜日　고향 그리며 외딴 곳에서 지는 해를 바라보다가

上岸殊方恨颶風　이역異域의 뭍에 오르니 태풍이 한스럽겠구려.

客似孤驪破冢出　떠밀려 온 나그네는 파총에서 나온 것 같고,[67]

船如長劒斷蛟通　배는 장검에 베어진 교룡[68] 같구려.

窮愁猶有新編就　궁박한 시름 가운데 오히려 시를 새로 지으니

應奪玄虛賦筆工　현묘한 재주 빼앗아 붓을 놀리신 게지.

급하게 달려 써서 대청大淸 남경南京 선주이신 대고大賈 심천협沈天協의 객사 창 아래에 드립니다. 몰래 던져놓으니, 칼을 들고 노하지나 않으시면 몹시 다행 이겠습니다.

일본日本 동도일민東都逸民[69] 절하며.

정鄭이 높은 소리로 서너 번 읊어보더니, 또 여러 표인漂人들에게 전해 보이며 '선생, 선생'이라고 하였다.

---

67 '破冢出'의 고사는 각주 47번에 설명하였다.

68 원문의 '蛟通'은 '蛟龍'의 오기이다. 왕포(王褒)의 「성주득현신송(聖主得賢臣頌)」에 "물에서는 교룡을 베고, 뭍에서는 무소 가죽을 끊는다[水斷蛟龍, 陸剸犀革]"고 하였다.

69 학문과 덕행을 지니고서도 초야에 묻혀 벼슬하지 않는 사람을 가리킨다.『논어(論語)』미자(微子)에 "일민은 백이(伯夷)·숙제(叔齊)·우중·이일·주장·유하혜(柳下惠)·소연(少連)이다. 공자가 말하기를 '뜻을 굽히지 않고 몸을 욕되게 하지 않은 사람은 백이와 숙제이다'라고 하였다. (…중략…) 나는 이들과는 달라서 가한 것도 없고 불가한 것도 없다[逸民, 伯夷·叔齊·虞仲·夷逸·朱張·柳下惠·少連, 子曰, 不降其志, 不辱其身, 伯夷叔齊與. (…중략…) 我則異於是, 無可無不可]"라고 하였다. 이 글에서는 단지 벼슬하지 않은 사람이라는 뜻으로 썼다.

천진 : 선생의 성姓과 자字는 누구이신지요?

란덴 : 누추한 이름으로 어찌 선생의 귀를 더럽히겠습니까? 다행히도 다시 만나게 되면 사실대로 아뢰겠으니, 공손치 못한 잘못을 바다같이 넓은 도량으로 용서해 주십시오.

내가 성동成童[70] 때에 나가사키의 역관 이오호伊快鳳에게 중국어 발음을 배운 적이 있는데, 많은 일본인들이 떠들어댔을[71] 뿐만 아니라 삼십 년 전의 오래된 일이라 지금은 모두 잊었다. 다만『대학大學』의 첫 장을 써서 가르침을 받아보고 싶었다.

란덴 : 大學之道 云云.[72] 선생께서 번거로우시지만 몇 번 소리 내어 읽어주시면, 제가 삼가 듣겠습니다. 언어가 통하지 않는 이유는 음音과 운韻이 다르게 울리고, 읽는 방법이 거꾸로 되어있기 때문이니, 엎드려 청합니다."

정씨가 (중국어 발음으로) 몇 차례 소리 내어 읽기를 "대학의 도는 명덕明德을 밝히는데 있고, 백성을 새롭게 함에 있으며 지극한 선善에 머묾에

---

70   『예기』「내칙(內則)」에 "나이가 열셋이 되면 음악을 배우고 시를 외며 작에 맞추어 춤을 춘다. 성동에는 상에 맞추어 춤을 춘다[十有三年, 學樂誦詩, 舞勺, 成童舞象]"라고 하였는데, 정현(鄭玄)이 주석에서 "성동은 15세 이상이다"라고 하였다.

71   원문은 '衆楚咻之'이다.『맹자』「등문공 하(滕文公下)」에 "한 명의 제나라 사람이 가르치고 많은 초나라 사람들이 떠들어 대면 날마다 매를 때리면서 제나라 말을 배우게 하더라도 그렇게 될 수 없을 것이다[一齊人傳之, 衆楚人咻之, 雖日撻而求其齊也, 不可得矣]"라고 한 데서 온 말이다.

72   란덴이 정대(鄭岱)에게『대학』의 첫 구를 써 보였는데, 아래에 정대가 "大學之道在明明德, 在親民, 在止於至善."이라고 읽어주는 부분에 전문을 적었으므로 여기에서는 앞의 넉 자만 보여준 것이다.

있다"⁷³ 하였다. 나 또한 여러 번 소리 내어 읽으니, 이제는 기억이 났다. 그런 뒤에 (그 발음을) 국자國字로 부기附記하였다.⁷⁴

란덴 : 기억이 났습니다. 고맙습니다.

이에 시 한 수를 지어 정鄭에게 증정하였다.

班荊海畔坐濤聲　바닷가에 앉아 파도소리 들으며 이야기를 나누노라니
目擊相歡莫逆情　즐겁게 오가는 눈빛에 막역한 정이 담겨 있네.
援筆無論言語異　서로 말은 달라도 붓의 도움으로 마음 통하니
風流醞藉鄭先生　풍류 있고 온자하신 정선생이여.

천진선생天臻先生 서안書案에 동도일민東都逸民 절하며 드리다

정씨가 자랑하며 여러 표인들에게 보인 뒤에 붓을 잡고 썼다.

천진 : 〈양춘곡陽春曲〉 같은 고상한 곡조는 내 재주가 미치지 못하지만, 감히 창화시唱和詩를 지어 보겠습니다.⁷⁵

73　大學之道在明明德, 在親民, 在止於至善.
74　란덴이 『대학』 첫 구절의 원문 옆에 정대가 읽어준 중국어 발음을 요미가나로 이렇게 적어 놓았다. ダアホッヂドクサイミンミンタノサイチンミインサイチイウチユイゼエン(다아 혹 치 도쿠 사이 밍 밍 타노(이) 사이 친 밍 사이 치이 우 츄이 젠).
　　참고로 이 구절을 일본어로 요미쿠다시를 달아 읽으면 이렇게 표기되고 발음된다. 大学の道は明德を 明らかに するに 在(다이가쿠노 미치와 메이토쿠오 아키라카니 스루니 아리), 民を 親たにするに 在り, 至善に 止まるに 在り(타미오 아라타니 스루니 아리, 시젠니 토도마루니 아리).
75　정대(鄭岱)가 창화시(唱和詩)를 짓겠다고 했지만, 그 아래에 시가 적혀 있지는 않다. 란덴이 심경첨에게 증정한 한시 경우에도 "어제 자면서 구성해놓은 시를 써서 정(鄭)에게 주었다[於是書所宿構詩, 附鄭]"고 했으니, 정대도 그날 밤에 자면서 구성했다가 이튿날 만나면 써 주려고

나는 음식 준비를 해오지 않았기 때문에 한참 전부터 이미 몹시 배가 고팠다. 몰래 촌주村酒를 사다가 허기를 달랬는데, 이 무렵에 몹시 취하자 여러 표객들이 팔을 끼고서 우스개소리를 하며 즐거워했다. 갑자기 현졸縣卒이 나타나더니 나를 두세 번 떠나게 하고, 마침 해도 서산에 졌다. 그러나 난인難人들은 여전히 내 옷깃을 잡아당기며 희학질하고 억지로 붙들었다. 더욱 신나고 떠들썩해지자 현졸이 다시 나타나 나를 강제로 떠나게 하였다. 내가 붓을 들어 글씨를 써서 정씨와 여러 사람들에게 보였다.

란덴 : 오늘의 기이한 만남은 참으로 천년에 한번 만날까 말까 한 만남이니, 내일 다시 만나서 청안靑眼을 뵐 수 있다면 정말 행복하겠습니다.
천진 : 명일을 기약합시다.

나머지 난인들도 모두 명일을 기약한다고 하면서, 일어서서 나를 배웅해 주었다. 어떤 사람은 등을 어루만지고, 어떤 사람은 손을 잡았으며, 두 손을 모으고 머리를 숙여 예의를 갖추었다. 나도 또한 두 손을 모으고 머리를 숙여 답례를 갖추고 문을 나와 떠났다.

노졸奴卒이 몽둥이를 들고 여러 난인들이 문 밖에 나와서 나를 전송하지 못하게 가로막고 제지하였다. 나는 이미 문을 나섰기에 혼자 옛길을 찾아서 돌아왔는데, 사사롭게 만난 것이 스스로 즐거웠다. 비록 나가사

구상한 듯하다. 그러나 그 다음날에는 란덴과 표인들의 만남이 금지되어, 한시 창화는 끝내 이뤄지지 않았다.

키長崎에 노닐러 갔다고 해도 화객華客을 만나는 것은 법으로 금지되어 있으니, 오늘의 일은 참으로 눈 먼 거북이가 물에 뜬 뗏목을 만난[76] 것과도 같다.

이튿날 아침 일찍 가서 심경첨과 정대, 여러 사람들을 다시 만나고, 밀렸던 이야기를 맘껏 주고받았다. 먼저 현윤縣尹의 관사에 이르러 외투에 꿰맨 기호와 발싸개를 풀러서 돌려 주었다. 또 이튿날 일찍 다시 가서 보겠다고 청하고, 두텁게 사례한 뒤에 나왔다.

다시 코츠토[忽戶]에 이르렀더니 여러 촌村에서 중국 선박을 맘껏 구경하던 것이 엄격하게 금지되었다. 나그네들이 이틀 묵는 것을 허락하지 않았기에 (나의 일행인) 3명도 이미 떠나, 오래 된 인연 덕분에 촌 서쪽에 있는 사이요지[西養寺]에 투숙하였다.

나도 역시 길을 찾아서 사이요지에 이르러 미처 여장旅裝도 풀지 못했는데, 현리가 이정里正을 데리고 와서 급히 나하고 전생田生을 불렀다. 가 보니 어제 본 겸傔이 나와서 내가 표인들과 주고받은 필담장筆譚狀에 대해 백방으로 물어보았다. 나는 올바른 대답을 피하였다. 어찌 감히 사실대로 고하겠는가? 겸은 들어와서 듣다가 나가서 묻기를 여러 번 하였다. 그의 졸개가 주부리主簿吏가 나가자 우리 두 사람에게 책망하고 나무라며 말하였다.

---

76 원문의 '盲龜之值浮査'는 불경『잡아함경(雜阿含經)』에 나오는 구절로, 어려운 상황에서 만난 뜻밖의 행운을 가리킨다. 부처가 아난다에게 말했다. "아난다야. 아주 넓은 바다에 수명이 무량 겁이고 눈이 먼 한 거북이가 살았는데, 백년에 한 번씩 물 위에 떠올라 머리를 내민다. 이 바다에 물결에 떠다니는 구멍 난 나무 한 토막이 있는데, 바다 물결에 표류하며 바람에 따라 동으로 서로 떠 다닌다. 눈 먼 거북이가 백 년에 한 번 물에 떠올라 머리를 내미는데, 그 나무토막의 구멍을 만날 수 있겠느냐?[大海有一盲龜壽無量劫, 百年一出其頭, 海中有浮木, 止有一孔, 漂流海浪, 隨風東西。盲龜百年一出其頭, 當得遇此孔不?]"

"화인華人들이 두 사람의 필어筆語 때문에 문제가 생겨 선주 심경첨沈敬瞻이 위에 청했으며, 우리는 두 사람에게 화인華人들을 보게 해준 것 때문에 지금 소청받게 되었으니 불가不可한 것이 이미 심하다. 그러므로 지금 심경첨을 비롯한 여러 사람들에게 입을 닫고 말하지 못하게 하였으니, 두 사람도 비록 동도東都로 돌아간 뒤에라도 입 열기를 삼가서 감히 공개적으로 말하지 말라. 만약 공개적으로 말하면 두 사람에게 죄를 내리리니, 하물며 다시 볼 수 있겠는가?"

이 말을 듣고 우리 두 사람은 머리를 조아리며 사죄하고 떠났다. 사이요지로 돌아가 남은 사람들과 의논하고, 돌아갈 짐을 꾸렸다.

이튿날 25일 아침 일찍 떠나 옛길로 갔다. 오카다무라에 들려 장장莊長의 집에 고맙다는 인사를 전하였다. 나코[那姑]에 이르렀지만 비가 와서 배를 탈 수 없기에, 바닷가를 따라서 육지 길로 갔다. 키네미네[木根嶺]를 넘고 제해교諸海嶠를 건너서 밤에 난소햐쿠슈[南總百首] 항구에서 잤다.

바닷가 노인들로부터 '햐큐슈[百首] 뱃길은 세시歲時에 반드시 전복될 위험이 있다'는 말을 많이 들었다. '아무리 현지인이라도 자중하는 사람은 그 위험을 무릅쓰지 않는다'고 한다. 우리들은 처음에 그런 사실을 알지 못했기에, 길에서 들은 말을 가볍게 여겼다. 결국 위험한 배를 탔다가 요행히 목숨은 건졌지만, 배를 탔다가 고생이 심하였다. 그래서 그런 사실을 기록하여 뒤에 오는 사람들에게 경계로 삼고자 한다. 이야말로 숙오叔敖가 뱀을 묻어준[77] 뜻이 아니겠는가?

---

77 춘추시대 초(楚)나라 손숙오(孫叔敖)가 어렸을 적에 놀러 나갔다가 양두사를 보고는 죽여서 묻어 버리고 돌아와 어머니를 뵙고 울었다. 어머니가 그 까닭을 묻자, 대답하기를 "머리 둘 달린 뱀을 본 사람은 죽는다고 들었는데, 아까 제가 그 뱀을 보았으므로 어머니를 떠나서 죽을 것이 두려워 웁니다[聞見兩頭之蛇者死, 嚮者吾見之, 恐去母而死也]"라고 하므로, 어머니가 이르기를

26일이 되자 새벽을 기다려 육지 길로 키사라즈[木更津]에 이르러 고깃배를 사서 밤중에 집에 돌아왔다.

안에이 9년 경자[1780] 5월 28일
란덴 토 키넨[藍田東龜年]이 동도東都 곽북신장郭北新莊 초당에서 쓰다

"그 뱀이 지금 어디 있느냐?[蛇今安在?]" 하자, "다른 사람이 또 볼까 두려워 죽여서 묻어 버렸습니다[恐他人又見, 殺而埋之矣]"라고 하였다. 그 어머니가 이르기를 "내가 들으니, 음덕이 있는 사람은 하늘이 복으로 보답한다고 한다. 너는 죽지 않을 것이다[吾聞有陰德者, 天報以福. 汝不死也]"라고 하였는데, 나중에 재상이 되었다. 가의(賈誼)의 『신서(新序)』권1「잡사(雜事) 1」에 이 고사가 실려 있다.

토 키넨[東龜年] 편집

야 마사노리[埜正則] 교정

표인[漂人]의 간구[懇求]

본 선박은 키도 없고 돛도 없이 어렵게 달리다가 이 항구에 들어와 귀국의 빠르고 작은 배 한 척을 구해 배를 저어서 목숨을 구했습니다. 다행히도 다시 더디지 않았으니, 감격스러운 은혜가 큽니다.

남경南京 선주船主 심경첨沈敬瞻

본 선박은 당선唐船[1]으로 일본과 통상通商한 지 이미 오래 되었고, 조난遭難 당한 배를 많이 구조해 주었습니다. 현재 선체船體가 부서져서 화물들이 물에 젖었으니, 시간이 늦어지면 이 화물들을 쓰지 못하게 됩니다. 아울러 78명의 의물衣物 상자들도 모두 건져 올리지 못해, 현재 각 사람들이 추위로 몹시 고생하고 있으며, 혹시 병이 걸려 죽으면 살아나지 못할 것입니다.

대두목大頭目의 넉넉하신 은혜로 반드시 오늘 건져 올리면 감사한 은혜가 클 것입니다. 그러지 않으면 오늘 먼저 의물衣物 상자라도 건져 올리고, 제가 다시 왕령王令을 기다리겠습니다.

심경첨沈敬瞻

1 　からふね. 중국 배, 또는 중국풍으로 긴조한 배를 가리킨다.

본 선박이 귀국에서 재난을 당해 현재 부서지고, 각 화물들은 물속에 빠져 왕법王法이 오기를 기다리다가 이미 다 망가졌습니다. 지금 먼저 대두목께 사음沙呿을 구해 작은 배 수십 척에 붙이고, 오늘 맑아야 하는데 현재 오늘 바람이 자고 물결도 고요합니다. 혹시라도 바람이 불면 건져 올릴 수 없습니다. 현재 조난을 당한 지 3일이나 되어서 여러 모양의 화물과 옷상자들이 물에 빠져 있습니다. 늦어지면 조금도 도정陶程이 없으니, 빨리 작은 배를 내어주시어 건져 올리게 해 주십시오.

심경첨沈敬瞻

배에 탔던 인원수 계개計開[2]

선주(船主)	심경첨(沈敬瞻)[3]	나이 42세	소주(蘇州)	마조(媽祖)에게 제사한다.[4]
재부(財副)	고영원(顧寧遠)	나이 29세	송강(松江)	동(仝)
부선주(副船主)	방서원(方西園)[5]	나이 45세	신안(新安)	동(仝)
과장(夥長)	소맹감(蘇孟堪)	나이 40세	하문(廈門)	동(仝)
총관(總管)	임천종(林天從)	나이 39세	복주(福州)	동(仝)
사공(舵工)	간득의(簡得意)	나이 43세	하문(廈門)	동(仝)
동(仝)	용정옥(龍廷玉)	나이 44세	절강(浙江)	동(仝)
동(仝)	동양사(童兩使)	나이 39세	하문(廈門)	동(仝)
목려(目侶)	이달사(李達使)	나이 38세	동(仝)	동(仝)
	왕정현(王廷顯)	나이 42세	동(仝)	동(仝)
	임득해(林得海)	나이 37세	동(仝)	동(仝)

---

2 공문(公文) 등에 사용하는 관용어(慣用語)로, 문서 끝에 어떤 사항이나 물명·금전 등을 열거할 때 첫머리에 표시하는 말이다. 그림 뒤에 덧붙인 설명에 의하면, 이 명단은 란덴이 그 자리에서 조사하여 기록한 것이 아니라 원순호(元順號)가 나중에 나가사키 행성에 제출한 명단인 듯하다.

왕태산(王太山)	나이 43세	동(仝)	동(仝)
진비광(陳丕光)	나이 37세	동(仝)	동(仝)
주유사(周柔使)	나이 32세	동(仝)	동(仝)
진백준(陳伯俊)	나이 30세	동(仝)	동(仝)
진우부(陳友富)	나이 28세	동(仝)	동(仝)
정조흥(鄭朝興)	나이 33세	동(仝)	동(仝)
주문사(周文使)	나이 45세	동(仝)	동(仝)
임양사(林諒使)	나이 28세	동(仝)	동(仝)
이동보(李同寶)	나이 40세	복주(福州)	관제(關帝)[6]에게 제사지낸다.
장이수(張以修)	나이 38세	동(仝)	동(仝)
유칙수(劉則帥)	나이 40세	동(仝)	동(仝)
주수독(朱守瀆)	나이 38세	동(仝)	동(仝)
임득성(林得星)	나이 30세	동(仝)	동(仝)
진상습(陳相習)	나이 33세	동(仝)	동(仝)
진상단(陳尚丹)	나이 31세	동(仝)	동(仝)
진래복(陳來福)	나이 22세	동(仝)	동(仝)
강득전(姜得傳)	나이 38세	동(仝)	동(仝)
장청제(張清第)	나이 33세	동(仝)	동(仝)
유난제(劉蘭弟)	나이 30세	동(仝)	동(仝)
강래진(姜來進)	나이 30세	동(仝)	동(仝)
왕진원(王振元)	나이 28세	동(仝)	동(仝)
임금순(林金順)	나이 30세	동(仝)	동(仝)
정구사(鄭久使)	나이 38세	동(仝)	동(仝)
황희사(黃希使)	나이 26세	동(仝)	동(仝)
유숙원(劉叔遠)	나이 34세	동(仝)	동(仝)
황위사(黃魏使)	나이 37세	동(仝)	동(仝)
고면사(高棉使)	나이 28세	동(仝)	동(仝)
유양청(劉良清)	나이 28세	동(仝)	동(仝)
선안경(銭安慶)	나이 28세	절강(浙江)	삼관(三官)[7]에게 제사지낸다.
진요사(陳邀使)	나이 22세	하문(廈門)	동(仝)
임천신(林天伸)	나이 34세	동(仝)	동(仝)
임득흥(林得興)	나이 24세	동(仝)	동(仝)
진득조(陳得祖)	나이 28세	동(仝)	동(仝)

고윤제(高潤第)	나이 32세	동(仝)	동(仝)
진효립(陳孝立)	나이 44세	동(仝)	동(仝)
채원수(蔡元魁)	나이 28세	동(仝)	동(仝)
임기동(林其棟)	나이 30세	동(仝)	동(仝)
진조화(陳朝華)	나이 37세	동(仝)	동(仝)
유양흥(劉良興)	나이 39세	동(仝)	동(仝)
임양광(林良光)	나이 23세	동(仝)	동(仝)
위혜후(魏惠候)	나이 38세	동(仝)	동(仝)
장모제(張謨弟)	나이 28세	동(仝)	동(仝)
이예제(李禮弟)	나이 30세	동(仝)	동(仝)
유익제(劉益弟)	나이 30세	동(仝)	동(仝)
진효국(陳孝國)	나이 36세	동(仝)	동(仝)
소하송(紹河松)	나이 34세	동(仝)	동(仝)
주부명(周夫明)	나이 38세	동(仝)	동(仝)
우덕통(尤德通)	나이 40세	동(仝)	동(仝)
유돈기(劉敦祈)	나이 33세	동안(同安)	마조(媽祖)에게 제사지낸다.
진운경(陳雲卿)	나이 40세	동(仝)	동(仝)
풍현용(馮賢用)	나이 42세	동(仝)	동(仝)
오상사(吳象使)	나이 37세	동(仝)	동(仝)
진우화(陳友和)	나이 32세	동(仝)	동(仝)
고존광(高尊光)	나이 34세	동(仝)	동(仝)
유이숭(劉爾嵩)	나이 40세	동(仝)	동(仝)
양립후(楊立候)	나이 41세	동(仝)	동(仝)
곽송제(郭送弟)	나이 23세	동(仝)	동(仝)
정봉제(鄭鳳弟)	나이 28세	동(仝)	동(仝)
정자위(鄭子位)	나이 42세	동(仝)	동(仝)
주풍(朱豊)	나이 30세	동(仝)	동(仝)
고용문(高龍文)	경자년(1780) 4월 3일 배에서 병으로 죽었음.		
조영안(曹永安)	나이 40세	호주(湖州)	동(仝)
진영(陳榮)	나이 30세	소주(蘇州)	동(仝)
요재(姚才)	나이 30세	동(仝)	동(仝)
기고(紀高)	나이 34세	동(仝)	동(仝)
왕삼륭(王三隆)	나이 28세	동(仝)	동(仝)

이영흥(李永興)	나이 22세	동(仝)	동(仝)
왕진재(王進財)	나이 26세	송강(松江)	동(仝)

선원 합계 79인(병으로 죽은 1인 포함) / 실제 78인

3 원순호(元順號) 선장 심경첨은 나가사키 무역을 허락받은 중국 12대 거상(巨商) 가운데 한 사람으로, 나가사키에서 내항 상인에게 발급하는 신패(信牌)를 소지하고 있었다.

4 마조는 원래 송나라 초 복건(福建) 앞바다 미주도(湄洲島)에서 활동했던 실존 여성 임거(林翔)이다. 그녀는 생전에 뱃사람의 안전을 기원하는 일을 하였으며, 사후에 해양 보호신으로 승격되었다. 그 후 마조 신앙이 지역적으로 미주도 주변 연해안 지역에서 중국 해안과 내수 지역으로 급속도로 퍼져나갔고, 신앙영역에서도 해양 보호신에서 점차 인간의 출생과 길흉까지 관장하는 신으로 확대되었다. 중국 역대 조정은 이런 저런 연유로 마조에게 봉호를 계속 더했으며, 청나라 말기에는 천상 최고신의 반열까지 올려놓았다. 박현규, 「高麗·朝鮮시대 海路 使行錄에 투영된 媽祖 분석」, 『역사민속학』 제32호, 2010.

5 방서원(方西園, 1736~?)은 안휘성(安徽省) 휘주(徽州) 출신의 화가로, 당시에는 휘주를 신안이라 불렀다. 이름은 제(濟)이고 서원은 그의 호이다. 표착지인 치쿠라에서 나가사키로 이송되는 도중에 연도의 풍광을 보고 여러 폭의 그림을 그렸다. 후지산 그림에는 시도 써서 남겼다.

6 삼국시대 촉(蜀)나라 관우(關羽)의 신을 모신 사당이다. 민간에서 위무(威武)와 재복(財福)의 신으로 숭배되었다. 관우는 명나라 만력(萬曆) 22년인 1594년에 제왕의 작호를 받았으므로 '관제(關帝)'라고 일컫는다. 관우의 신령을 모신 사당을 관왕묘(關王廟)·관제묘(關帝廟)·관성묘(關聖廟) 등으로 부른다.

7 삼관대제(三官大帝)의 준말인데, 도교(道敎)에서 천계(天界)와 지계(地界), 수계(水界)를 관장하는 신인 천관(天官)·지관(地官)·수관(水官)을 가리킨다.

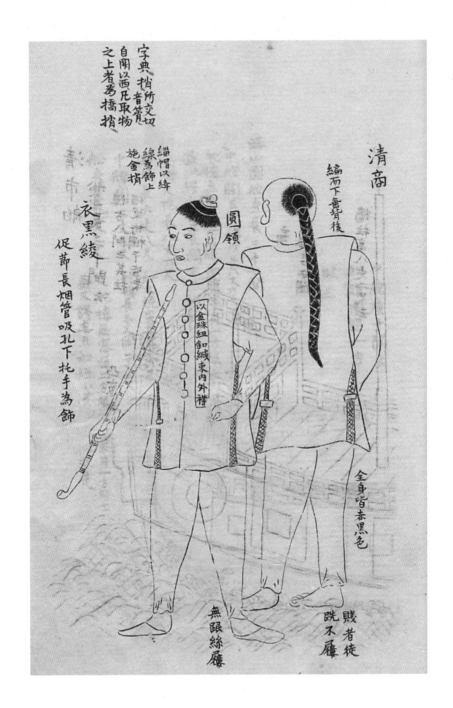

字典稍所交切
音箭
自開以西尼取物
之上者為橋稍

編帽以絳
線為飾上
施金稍

衣黑綾
促節長烟管吸孔下杞手為飾

圓領

以金珠紐織束内外禅

無跟絲履

清商

編而下無背後

全身皆赤黑色

賤者徒跣不履

〈그림 1〉

청나라 상인

(머리털을) 묶어서 등 뒤로 늘어뜨렸다.

온 몸이 모두 검붉은 색이다.

천인賤人은 맨발에 신을 신지 않았다.

원령圓領을 입었다.

검은 모자는 붉은 선으로 장식한 위에 금빛 꼬투리를 달았다.

금빛 주옥이나 옷끈을 사용하여 안팎의 옷깃을 묶어 봉했다.

검은 비단옷을 입었다.

짧은 마디로 된 긴 담뱃대의 구멍으로 들이마시는데, 아래로 손을 미는 것은 장식이다.

뒤축이 없는 비단신.

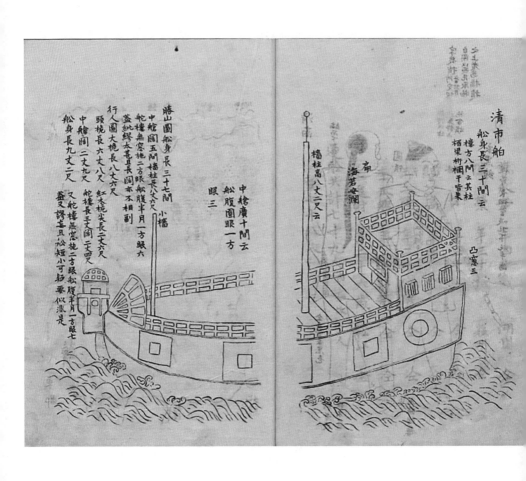

〈그림 2〉

청나라 상선

선박의 길이는 30간, 다락은 사방 8간, 기둥·상인방·들보·도리·난간이 모두 붉은색이다.

볼록한 창이 셋이다.

편액은 '해약안란海若安瀾'[8]이다.

돛대 기둥의 높이는 8장丈 3척尺이다.

중창中艙의 너비는 10간, 선복船腹에 원안圓眼이 하나, 방안方眼이 셋이다.

승산도勝山圖. 배 길이 37간.

중창 너비 5간, 돛대 길이 8장 6척.

타루舵樓에 창문은 없고, 방안方眼 두 개를 설치하였다. 선복船腹이 반달 모양이고, 방안方眼 하나에 덮개가 여섯이라고 했으니, 오류가 몹시 심하다. 게다가 길이와 너비도 또한 서로 맞지 않는다.

행인도行人圖. 큰 돛대 길이 8장 6척.

두頭의 길이 6장 8척. 홍대紅大의 뾰족한 길이 2장 6척

중창中艙 너비 2장 9척. 타루舵樓 길이 3장, 너비 2장 4척.

배의 길이 9장 2척.

타루에 창문이 없어 방안方眼 두 개를 설치하였다. 선복船腹이 반달 모양이고, 방안方眼 하나에 덮개가 일곱이라고 했으니, 오류와 망발이 심하다. 게다가 배의 길이가 짧고 작아서 의심스럽고, 옳지 않은 듯하다.

---

8 물귀신 "해약이 물결을 평안하게 한다"는 뜻이다.

<그림 3>

장서각 소장본『유방필어』에 그려져 있는 표착지 아와노[安房] 일대 지도

오른쪽 지도		왼쪽 지도	
鎌倉	카마쿠라	賀浦	카우라
三浦	미우라	三崎	미사키
金沢	카나자와	飛島	토비시마
相摸	사가미	百首	햐쿠슈
戸塚	토쓰카	姑那	코나
程谷(程ヶ谷)	호도가야	安房	아와
金川	카나가와	淸捷	키요스
川崎	카와사키	朝夷	아사이
支那川	시나카와	忽戸	콧토
支那海	시나카이	千倉	치쿠라
浅汲[9]	–	南總	난소
東都	동도	木更津	키사라즈
御浜	미하마		
永代矯	에이다이바시		
行德	교토쿠		
北總	호쿠소		

1. 필어筆語에서 이곳의 1리里를 10리라 하고, 6척을 1보步라 하였으며, 1보를 1간間이라 하고, 60보를 1정町이라 하였다.

1. 정대鄭岱와 원휘元輝 두 사람은 인원수와 명단에 보이지 않으니, 이상스럽다. 아마도 인원 수와 명단을 나가사키 행성[長崎行省]에 관례적으로 제출하면서 구투舊套를 그대로 둔 채로 사람 이름만 채워 넣고 그 숫자를 합하였을 뿐, 반드시 실제 인원인지는 조사하지 않은

---

9 이 지명은 확인되지 않는다. '淺岸'을 잘못 쓴 듯한데, 지명이 아니라 얕은 해안을 지칭하는 표기이다.

듯하다. 또 간간히 작호綽號[10] 같은 것도 있다.

1. 우리 나라에서는 좌도左道[11]를 가장 엄격하게 금지하는데, 사람마다 반드시 보리사菩提寺를 가지고 있다. 그러므로 인수계개人數計開에도 또한 마조媽祖·관제關帝 따위를 기록하여 자신이 서양西洋의 종교를 신봉하지 않는다는 사실을 입증하였다.

1. (앞장에 실린) 연해[12]도緣海圖는 의상意想에서 많이 나온 것이어서, 두찬杜撰[13]이 몹시 심하다. 후인이 시정해 주기를 기다릴 필요가 있다.

유방필어遊房筆語 필畢[14]

---

10 남들이 본명 외에 별명처럼 지어서 불러 주는 이름. 작명(綽名)이라고도 한다.

11 『예기』「왕제(王制)」에, "좌도(左道)를 가지고 정사를 어지럽히면 죽인다[執左道以亂政殺]"라고 보이는데, 진호(陳澔)는 『예기집설(禮記集說)』에서 좌도를 '이단 사도(異端邪道)'로 풀이하였다. 이 시기의 대표적인 좌도는 천주교(天主敎)이다.

12 대양(大洋)의 가장자리에 펼쳐진 바다. 반도(半島)나 열도(列島) 등으로 둘러싸인 바다를 뜻한다.

13 전거가 불확실하거나 격식에 맞지 않는 시문을 가리키는 말이다. 송(宋)나라 왕무(王楙)의 『야객총서(野客叢書)』에 "두묵(杜默)이 시를 짓는데 율격에 맞지 않는 것이 많았기 때문에 일이 격에 맞지 않는 것을 두찬이라 한다[杜默爲詩, 多不合律, 故言事不合格者, 爲杜撰]"는 내용이 있다.

14 내각문고본에는 이 아래에 "天明六丙午夏惟骨同校, 同秋九月東惟骨重校"라고 적혀 있어, 1786년 여름에 惟骨가 함께 교정하고, 9월에 다시 교정보았음을 알 수 있다.

제2장

「고려풍속기」
중국 민간인의 조선인 취재기

천태天台 지역의 독고손獨孤損 파선跛仙[1]

고려국은 요동의 동쪽, 여진女直[2]의 남쪽 지역에 있다. 즉 고조선이며

기자箕子[3]의 봉토다. 진晉 말엽에 고구려高麗를 함락시켰다. 수隋 양제煬帝가

---

1   저자 제주화(齊周華 : 1698~1768)의 고향은 절강성 천태로 자는 칠약(漆若), 호는 거산(巨
　　山)이다. 독고손(獨孤損)은 가명이고, 또 다른 호는 파선(跛仙)이다. 어려서부터 시문에 능했
　　으나 청 옹정 8년(1730), 여유량(呂留良)을 변호하는 글을 올려 옥고를 치뤘다. 건륭 원년
　　(1736) 출옥했으나, 유건을 버리고 도가의 복장을 한 채 30여년간 명산을 떠돌아 다녔다. 건륭
　　32년 절강순무(浙江巡撫) 웅학붕(熊學鵬)이 제주화의 글에 청 조정을 비난하는 내용이 있다고
　　고발하여 항주(杭州)로 압송되어 처형되었다. 저서『명산장부본(名山藏副本)』초판만 임해(臨
　　海) 박물관에 전한다. 민국시기 황종희(黃宗羲), 여유량(呂留良), 항세준(杭世駿) 4명과 더불
　　어 "사현(四賢)"이라고 불렸다. 항주 서호(西湖)에 사당, 사현사(四賢祠)를 지어 전해진다. 고
　　독하다는 의미의 가명이나 풍파를 만난 신선이라는 호 모두 제주화의 신세를 암시한다.
2   여직(女直)은 여진의 옛 이름이다. 만주 동북쪽에 살던 퉁구스(Tungus)계 종족으로, 수당(隋
　　唐) 때에는 말갈, 송나라에서는 여진(女眞)으로 불렸다. 1115년에 금(金)을 세웠고 후손이 청
　　의 태조(太祖)가 나와 전 중국을 통일했다. 지금의 만주족(滿洲族)은 그 후예다.
3   중국 고대 은(殷)의 현자로 기(箕) 나라에 왕이 되어 기자로 불리었다. 고조선(古朝鮮) 개국
　　설화에 따르면 기가 멸망한 후, 기자가 조선에 와서 예의(禮儀), 전잠(田蠶), 직조와 팔조지교
　　(八條之敎)를 가르쳤다.『사기(史記)』,『한서지리지(漢書地理志)』등의 기록을 근거로 중국에
　　서는 조선의 조상을 중국으로 보나, 기자 조선에 대한 고고학적 연구는 여전히 진행 중이며

침략했으나 정복하지 못하고, 수와 고구려 두 나라 모두 피폐해져 멸망했다. 명 홍무제洪武帝에 이르러 고려 국왕을 불러 봉하고 금인金印을 하사했다. 때에 맞춰 사신이 들어와 조공을 바쳤다. 후에 다시 조선으로 바뀌었으나 풍습을 이어 지금에 이르렀는데 조공을 더욱 성실히 했다. 『광여기廣輿記』에 "남녀가 무리를 지어 모여 서로 좋아하면 곧 결혼한다"라고 적혀 있으나 틀린 말이다. "문자를 알고 독서를 좋아하며, 관리들이 우아하고 위엄 있으며 법식을 따른다"라는 말에 이르러서는[4] 맞는 말이다.

건륭乾隆 신유辛酉년1741년 여름에 조선 전라도 출신 이십 여명이 같은 배에 올라 쌀을 팔러 항해했다. 돌연 거센 바람을 만나 표류하다 산동에 이르렀다. 또 돛대가 바람에 부러져 복건福建으로 밀려갔다가, 다시 바람에 밀려 태주台州에 도착했다. 관리有司[5]에게 이들이 천녕사天寧寺[6]에 머물고 있고, 관에서 음식을 주어 돌본다고 들었다. 내가 특별히 임해章安[7]로 가서 보았다.

그들의 얼굴은 자못 거무튀튀하고 살집이 있었다. 머리에 검은 모毛로 만든 큰 모자를 썼는데 모양은 초립草笠[8]과 같았고, 소매가 커다란 옷을 입었다. 음식을 먹을 때 젓가락을 사용하지 않았고, 동으로 만든 표주박 모양의 숟가락을 사용했는데, 숟가락의 손잡이 길이가 7, 8촌[9] 정도다.

정설은 아니다.

4 　雲은 云의 고자이다.

5 　유사(有司)는 관리, 벼슬아치를 뜻한다.

6 　천녕사는 당 정관(貞觀, 627~649)년간에 설립되었다. 강소성(江蘇省)에 있으며, 동남제일총림(東南第一叢林)이라고 불린다. 153.79미터 높이의 천녕사 보탑(天寧寺 寶塔)은 중국의 약 4,000개 탑 중 제일 높다. 진강(鎮江)의 금산사(金山寺), 양주(揚州)의 고민사(高旻寺), 영파(寧波)의 천동사(天童寺)와 함께 중국 선종의 4대 총림 가운데 하나다.

7 　장안의 옛 이름. 동한부터 당까지 태주(台州) 정치, 경제, 문화의 중심이었다.

8 　누른 빛깔의 매우 가는 풀로 결어 만든 갓의 한 가지.

9 　길이의 단위로 한 치를 촌이라 한다. 한 치는 한 자의 10분의 1 또는 약 3.03cm에 해당하므로,

음식을 모두 이치에 맞게 먹는데, 각자 지위에 따라 앉았다. 노인이 상석이고, 중년층이 그 다음에, 젊은이는 옆에 서서 시중을 들었다. 노인층과 중년층이 식사를 마친 후 젊은이들이 비로소 식사를 하는데, 대저 평시에도 이를 따랐다. 비록 환난 중이었으나, 장유유서의 질서를 소홀히 하지 않음이 이와 같았다.

일찍이 한 젊은이에게 술을 사오라고 명했다. 술은 정량으로 파는데, 우연히 양이 준 것을 알았다. 사람들이 그가 술을 훔쳐 마셨다고 의심하자 젊은이가 변명했다. 뭇 사람들이 그를 힐난하자 사과하고 마침내 승복하며, 스스로 엎드려 장형 받기를 청했다. 장형을 받고 나서 노인에게 읍을 하고, 다시 장형을 집행한 자와 사람들에게 읍을 하고 나서 사죄를 했다. 그런 뒤 방으로 피해 들어가 서러워 통곡했다. 절의 스님이 "술을 훔친 것은 작은 일인데, 어찌하여 질책했습니까?"라고 묻자 그들이 "술을 몰래 마신 것은 작은 일이나, 연장자의 술을 훔치는 것은 불경죄가 됩니다. 또한 잘못을 속이고 아니라고 강변하여 질책했습니다"라고 답했다. 형벌이 구차하지 않음이 이와 같았다.

때는 바야흐로 더운 절기였는데, 사람들은 여전히 봄옷을 입고 있었다. 관리가 초의를 만들어 관리에게 나누어주도록 했다. 그러나 그들은 모두 옷을 받고 감추어 두었다. 관리가 훈계하여 말했다. "옷을 입지 않으면 옷을 하사한 일이 허사가 된다. (이런 상황이) 불가하지 않으냐?" 얼마 지나지 않아 간간이 입는 자가 있었다. 스님이 묻기를 "당신들이 아직 옷을 입지 않으니, 무슨 연유입니까?"했다. 그들이 "아직 얼굴을 뵙

7, 8촌은 약 21~24cm에 이른다.

고 감사 인사를 드리지 못했습니다. 이런 이유로 감히 입지를 못했습니다." 스님이 다시 묻기를 "무슨 까닭에 옷을 입은 자가 있습니까?" 했다. 그들이 답했다. "이는 관리가 재촉하는 바람에 입었던 것이고, 진실로 예를 모르는 시골뜨기입니다"라 했다. 3일이 지나 읍령邑令[10]이 절에 와서 향을 피우고 불경을 독송했다. 그들은 각자 앞에 의복을 펼쳐 두고 줄에 맞추어 사례를 올린 후에 입었다. 의복衣服과 거마車馬를 소홀히 하지 않음이 이와 같았다.

무리 가운데 송생宋生이라는 자가 있었는데 수재라 했다. 꽤 문장에 통달했으나, (그 사실을) 감추고 있었다. 마침 스님 책상 위에 내 저서인『수교록需郊錄』한 권이 놓여 있었다. 그가 책을 보고 좋아했다. 이 책을 갖고 싶어 말을 더듬거리는 것을 보고, 스님이 그에게 바로 내어주니 몹시 좋아했다. 뒤이어 그에게 소리 내어 읽어보라 시켜 음을 알아보고자 했다. 그러나 음이 판이하게 달라 알아듣기 어려웠다. 다음날 송생이 보이지 않아 스님이 넌지시 살펴보니 그가 문을 닫고 책을 펼쳐 붓을 놀리고 있었다. 조용히 사미승을 시켜 몰래 살펴보니 바로 증정했던『수교록』이었다. 송생이 (우연히 얻은 책이란 뜻으로)『우득집偶得集』이라고 제목을 짓고 서문에 다음과 같이 적었다. "내가 늦은 봄 우연히 바다에 표류하다가 태주에 이르렀다. 천녕사라는 옛 사찰에 기탁해 머물렀다. 태주 고승과 명사들과 만났고, 또『수교록』한 권을 얻을 수 있었다. 마음을 가라앉히고 책을 펼쳐서 즐겨보았는데, 문득 도리를 깨달아 황홀히 얻은 바가 있었다. 이는 진실로 우연 중의 요행이다. 이런 까닭에『우득집』이라고

---

10 현령(縣令)을 뜻한다.

제목을 붙임으로써 기이함을 기록한다."이를 보니 수재라는 말이 거짓
이 아니었다. 문장 구사에 소홀히 하지 않음이 이와 같았다.

책상에 『광여기廣輿記』가 있어 내가 풍속 조목을 가리켜 같이 보았다.
그가 혼인 조목을 보고 손을 들어 지우는 동작을 하는 것이 심히 마음에
불만인 듯 했다. 내가 "그렇습니까? 그렇지 않습니까?" 물었더니, 그가
말하기를 "크게 틀렸습니다. 그렇지 않습니다" 했다. "도대체 어떠합니
까?"라고 묻자 "역시 부모의 명과 중매의 말을 따를 뿐입니다." 혼인 제
도가 구차하지 않음이 이와 같았다.

내가 "관리를 뽑는 의례는 어떠합니까?" 묻자 "향리를 천거함에 있어
품행이 먼저이고 문장이 나중입니다. 반드시 백성들이 믿고 따른 후에
가능합니다"라고 답했다. 현인 천거가 구차하지 않음이 이와 같았다.

두 달여 만에 교지를 받들어 육로로 고향으로 돌려보냈다. 가는 길을
따라 현관이 비용을 지급하니, 이들은 필히 무리 지어 관청 앞에 가서
머리를 땅에 대고 절을 한 뒤 떠났다. 이것을 보고 존경하지 않는 이들
이 없었다. 교제와 거취를 소홀히 하지 않음이 이와 같았다.

슬그머니 이들을 살펴보니 우연히 같은 배를 탔으나 아비와 아들, 형
과 동생, 백부와 숙부, 조카와 외삼촌이 아니었다. 또한 같은 곳에서 같
이 일하는 친구나 스승과 제자 사이도 아니었다. 사지에 떨어져 바다 끝
에서 목숨을 구했으니, 성대한 연회에서 몸과 마음이 편하며, 옷차림과
예의를 갖추고 꾸밀 때가 아니었다. 갑자기 왔다가 유유히 떠났고, 머나
먼 만 리에 갔으니, 다시 만날 기약이 없고 훗날의 광명을 도모하지 않
았다. 그런고로 여름날에 크고 작은 자긍심을 떨쳤다. 업어지고 자빠지
는 다급한 때에도 사유四維11를 온전히 펼치고 오상五常12을 능히 두텁게

함이 진실로 중국이 미치지 못하는 바이다. 과연 기자箕子의 교화가 멸망하지 않았단 말인가? 그렇지 않으면 실제 천성이 그랬단 말인가? 어찌하여 풍속의 후함이 이들에게 있단 말인가? 급히 『광여기廣輿記』를 고쳐, 예의 있는 나라를 욕되게 하지 않고, 다시 교화를 먼 곳까지 세우는 것 또한 군자의 의무이다.

해인海印 발문

조선高麗과 중국은 말이 서로 통하지 않으나 다행히 문자가 같았다. 마침내 각자 종이와 붓을 잡고 조목조목 대답하니, 자못 상세히 알 수 있었다. 매일 동정을 살피니 털끝만큼도 구차함이 없고, 무리 모두 예의에 따랐다. 거산巨山 선생이 소문을 듣고 백 리를 멀다하지 않고 방문했다. 이때 군중 가운데 소승엽少曾葉 선생, 말운진抹雲秦 선생, 약한장若翰蔣 선생과 함께 누추한 절 천녕사에 닷새 머물렀다. 풍속의 아름다움이 널리 퍼지지 않음이 없었다. 진실로 기술한 바와 같이 헛된 말이 없었다. 내가 선생의 『수교록需郊錄』을 증정하니, 그들이 기뻐 어쩔 줄 모르고 바로 능숙히 서문을 지었다. 내가 다시 절구 한 수를 지었다. "해풍이 손님을 보내 남쪽 하늘가에 머물게 되었으나, 환난을 견디고 긍지와 예의를 다했네. 『수교록』을 선물로 받고 고국으로 돌아가니, 거산의 문화와 가르침

---

11 국가를 유지하는데 필요한 예(禮 : 예절), 의(義 : 법도) 염(廉 : 청렴), 치(恥 : 부끄러움)의 네 가지로 『관자(管子)』 「목민편(牧民編)」에 나온다.

12 오상(五常)은 유교에서 인(仁)·의(義)·예(禮)·지(智)·신(信)의 다섯 가지 기본적 덕목이다.

이 조선을 덮도다." 여기에 기록을 덧붙인다.

천녕사 승 해인

후가번侯嘉繙의 발문

자질구레하고 잡다한 일은 일관되게 정리하기 어렵다. 이에 『유행편儒行篇』을 본받아 단락을 나누어 기록하니 손쉽고 자연히 맞게 되었다. 끝에 지극한 뜻을 펼치며 진중하게 한탄하니, 사람으로 하여금 상고上古의 인심과 풍속이 바뀌지 않았음을 다시 생각하게 했다. 거산 선생이 예전에 바다 밖 국가에 뜻을 두고 있었는데, 뜻밖에도 조선에서 스스로 찾아와 서로 좇아 만나니, 역시 하늘이 만든 만남이라 하겠다.

어리석은 표형表兄,[13] 임해의 이문彝門 후가번[14]

---

13 외사촌 형을 뜻한다.
14 후가번(1698~1746): 자는 원경(元経), 호는 이문(夷门)으로 임해 사람이다. 기이한 외모와 행적, 뛰어난 글재주로 알려졌다. "기운을 토해내니 문장이 되고, 붓에는 귀신이 붙었다(氣吐爲文, 笔有鬼神)"는 말을 들었다. 「고려풍속기」 발문에서 호를 이문(彝門)으로 적었는데 '이(夷)'와 '이(彝)' 모두 평탄하다는 뜻을 갖고 있어서 혼용한 것으로 추측된다.

「고려풍속기」 해제

14세기부터 19세기까지 후반으로 갈수록 동아시아 전역에서 표류기가 점차 많이 나왔다고 하지만, 그 수는 매우 한정적이다. 표착한 곳의 국가가 주첩, 조서, 지방지, 각종 공적 문건에 남긴 기록과 달리 개인이 남긴 표류기는 극히 적었던 이유는 여러 가지다. 우선 명, 청 시기 해금 정책과 같은 국가 정책상 개인이 바다에 나갔다는 사실을 밝히기도 어렵거니와, 항해 기술과 기상 예측 정보가 발달하지 않은 탓에 바다에 나갔다가 풍랑을 맞았을 경우 살아 돌아올 확률은 극히 낮았다. 구사일생으로 목숨을 구했다 하더라도 현지 적응과 송환 여정이 험난해 중도에 병사하거나 약탈, 사고 등으로 죽는 이도 적지 않았다. 무엇보다 표류와 귀국까지의 저간의 사정을 글자를 옮길 수 있는 식자층이나 벼슬아치가 표류를 하는 경우는 매우 드물었다. 천신만고 끝에 돌아와도 이를 기록으로 남길 경우, 고기잡이나 장사치들은 구술을 하고 식자층의 붓을 빌려야 했다.[1]

사정이 이렇기 때문에 민간의 '표류기' 혹은 '표해록'은 중국에서 볼 만한 것이 3개라 할 정도로 극히 적다. 우리나라의 경우, 제주도, 전라도, 경상도 바다를 중심으로 한 조선의 대표적 표해록이 20개 내외, 베트남은 8개 내외다. 사면이 바다로 둘러싸인 일본이 압도적으로 많지만, 에도 막부 시기에 나온 것 중 볼 만한 표류기를 꼽아도 20개를 넘지 않는다.[2] 각 국의 대표적 표해록은 보통 배를 타고 표류하기까지의 경

---

1   아시아문화연구소, 「선행연구」, 『동아시아 표해록』, 역사공간, 18~27쪽 참조.
2   위의 책, 371~419쪽 참조(부록 「표해기록일람」).

위, 표착한 곳에서의 조사와 송환 절차, 머무른 곳과 송환과정에서 겪은 일 등을 기록하여 대동소이하다. 예외 없이 직접 표류를 한 당사자가 직접 붓을 들었거나 식자층의 손을 빌려 기록했다.

국립아시아문화전당에서 연구를 시작했을 때 중국의 「고려풍속기高麗風俗記」1741와 일본의 『유방필어』1780에 주목한 이유는 기록 주체의 특이함 때문이었다. 표류민의 기록이 아니라 표착지 지식인이 멀리서 온 표류인들을 만나서 대담하고 내용을 적었다. 즉, 다른 표류기와 달리 이 두 편은 각각 청국의 지식인이 조선 표류인을, 일본의 지식인이 중국 표류인을 '인터뷰'하고 기록했다. 물론 언어가 통하지 않아 한자로 필담을 하였기 때문에 정보의 제한이 있었겠으나, 타지에서 온 이국의 표류민을 수고스럽게 만나서 기록을 남긴 의도가 자못 궁금했다.

「고려풍속기」는 1941년 청 제주회齊周華가 자신이 살고 있던 절강성浙江省 임해현臨海縣에 조선인이 표류했다는 소식을 듣고 지인들과 함께 천녕사天寧寺로 찾아가 직접 만났던 일을 기반으로 한 기록이다. 그는 조선인을 세밀하게 관찰하기도 하고, 직접 필담을 나누기도 했다. 한편, 1780년 무역을 위해 항해에 나선 중국 상선이 일본 아와노安房에 표착하였다. 당시 이토 란덴伊東藍田, 1734~1809이 중국 표류민을 방문, 필담을 나누었는데 아와노에서 만난 사람과의 필담이라는 뜻으로 『유방필어』를 저술하였다.[3]

---

3   이토 란덴은 오규 소라이(荻生徂徠)의 학문을 계승한 유학자로, 한학과 시문에 뛰어났으며『란덴선생문집(藍田先生文集)』, 『서유기행(西遊記行)』 등을 저술했다. 『유방필어』는 여러 판본이 간행되었다. 현재 일본 국립공문서관(國立公文書館), 일본국립도서관(日本國立圖書館), 도시샤대학(同志社大) 및 와세다대학(早稻田大學) 등에 소장 중이며 한국 한국학중앙연구원에도 소장되어 있다. 『해표이문(海表異聞)』과 같은 해외 문견록(聞見錄)을 모아놓은 책에도 수록되어 있다. 약 40여년의 시간차와 바다를 사이에 두고 멀리 떨어진 중국과 일본에서 각각

「고려풍속기」 판본 설명을 잠시하자면 「고려풍속기」 원문은 제주화의 문집인 『명산장부본名山蔵副本』에 수록되어 있다. 「고려풍속기」의 중요 판본으로는 이외에 두 개를 꼽을 수 있다. 1920년 장시張翅, 1885~1934가 『명산장부본名山蔵副本』 오류자를 교정하여 항주무림인서관杭州武林印書館에서 출판했다. 한편, 1987년 이 판본을 바탕으로 상해고적출판사上海古籍出版社에서 정리하여 『명청필기총서明清筆記叢書』로 냈다. 순천향대학교 박현규 교수의 연구에 따르면 쉬싼지엔徐三見[4]이 원본과 이 두 판본을 비교한 결과 많은 오류가 있다고 한다. 초판본 『명산장부본』은 현재 임해시박물관에 유일본으로 소장되어 있다.[5] 「고려풍속기」의 저자, 판본과 내용 분석은 이미 박현규 교수가 심도 깊게 연구를 했기 때문에 이번 해제는 빠진 부분을 보완하고자 했다.

우선 제주화의 집필 의도다. 「고려풍속기」는 제주화가 조선인이 표류하여 고향 절강 천녕사에 머무른다는 이야기를 듣고 직접 몇 지인과 찾아가 필담을 나눈 내용을 기록한 글이다. 제주화의 삶은 결코 순탄하지 않았다. 평생 여유롭지 않았으며 낮은 관직에 머물렀다. 병이 들어 다리가 불편해졌으며, 여유량 문자옥文字獄 사건에 연루되어 5년간 영어의 몸이 되었다가 1767년 끝내 목숨을 잃었다. 몸이 불편해진 뒤 이름을 외롭고 고독하며 상처를 입었다란 의미의 '독고손独孤損', 자호를 발을 절뚝

작성된 이 기록들은 18세기 동아시아 전역에서 전개되었던 타 문명간 대화, 타자의 문화에 대한 앎의 필요성, 이를 바탕으로 한 동시대를 살아가는 이민족과의 공존에 대한 중요성을 설파하고 있다.

4 徐三見, 「淸齊周華〈(名山蔵副本)初刻本與民國刻本〉」, 『文獻』, 1989.7, 258~265쪽(박현규, 『동아시아 해상 표류와 해신 마조』, 학고방, 2018, 17쪽에서 재인용).

5 박현규 교수가 직접 가서 촬영을 했고 이를 바탕으로 원본 전문을 2018년 『동아시아 해상 표류와 해신 마조』에 실었다. 안타깝게도 임해박물관과 연락을 시도했으나 답이 오질 않아 이번 출판은 박현규 교수가 수정 판본을 기준으로 원문을 싣고, 번역했음을 밝혀 둔다.

거리는 선인이라는 뜻의 '파선踄仙'이라 지었다. 핍박받고 낮은 자리에 있었던 청의 지식인이 왜 조선 표류인에게 관심을 가졌을까. 불편한 몸을 이끌고 찾아가 어렵게 필답을 해서 나눈 조선인과의 대화를 굳이 글을 남긴 이유는 무엇일까. 자신이 쓴 글로 인해 청 왕조에 의해 핍박받았던 전력이 있던 터라 더욱 의아해진다.

이는 그의 삶을 반추해보면 그 이유를 조금이나마 짐작할 수 있다. 명나라 유민으로서 황종희黃宗羲, 1610~1695, 여유량呂留良, 1629~1683은 강렬한 민족의식을 바탕으로 화이華夷의 구분을 엄격히 했다. 그런 여유량을 지지하는 상소문을 올려 감옥에 갇혔던 제주화가 소중화小中華라 불리던 조선 사람들이 실제로 어떤 어떤지 눈으로 확인하고 싶었을지 모른다. 멸망한 명나라에서 받들던 공자의 예절과 정신을 따르는 조선을 보고 위로를 받고자 했던 것은 아닐까. 실제로 「고려풍속기」에서 제주화는 조선인이 예의와 법도, 의복 차림새까지 모두 절도 있다고 칭찬한 뒤, "엎어지고 자빠지는 다급한 때에도 사유四維를 온전히 펼치고 오상五常을 능히 두텁게 함이 진실로 중국이 미치지 못하는 바이다. 과연 기자箕子의 교화가 멸망하지 않았는가? 또한 실제 천성이 그러할까? 어찌하여 풍속의 후함이 이들에게 있단 말인가?"라며 문장을 마무리한다. 그가 표류한 조선인의 풍습과 일상에서 읽고자 한 것은 사라진 명의 법도와 예의, 그것은 자신의 신념과 그에 대한 확신이었을지 모른다.

둘째, 제주화의 글은 18세기 조선 풍속과 문화에 대한 중요한 기록이다. 「고려풍속기」는 조선인의 장유유서 질서, 중매를 들어 결혼하던 풍습, 글자를 아는 선비의 행동거지 등을 들려준다. 예를 들어 몰래 술을 훔쳐 마신 젊은이에 대한 집단의 책망, 먼저 어르신이 밥을 먹고 나서야 젊은이들이 밥을 먹는 풍습, 옷을 나눠주었는데 감사 인사를 하고 나서야 옷을 입는 예의, 송생의 지식에 대한 열망 등을 상세히 그렸다. 이런 풍습은 오늘날까지도 한국에서도 대부분 이어지고 있다. 제주화는 조선 표류인이 깊은 감동을 선사해주었다며 예의에 있어 조선이 중국보다 낫다고까지 평한다. 글 말미에 조선의 혼인 풍습에 대한 잘못된 기록을 급히 수정하고 좋은 평판을 멀리 퍼뜨리는 것이 군자의 책무라고까지 했다. 「고려풍속기」의 편폭이 상당히 짧고, 천녕사에서 조선 표류민과 제주화가 잠시 만났을 뿐 송환의 전 과정을 파악하지 못해서 실제 이 표류 사건을 입체적으로 담지 못했다. 또한 한자 필담이라는 소통의 어려움으로 인해 내용이 자세하지 못하다. 그럼에도 불구하고 18세기 중국인이 남긴 조선 표류인 인터뷰라는 점에서 그 가치가 상당하다고 할 수 있겠다.

1741년 조선 표류인들이 임해에 도달하고 본국으로 돌아온 기록은 한국과 중국에서 모두 보인다. 조선에서는 『비변사등록備邊司謄錄』,[6] 『승정원일기承政院日記』,[7] 『통문관지通文館志』[8] 등에 기록이 남아 있다. 조선측 기록 중에 제일 상세한 것이 바로 『비변사등록』으로 영조 17년 11월 23일 자에 절강 임해에 표류했다가 북경을 통해 본국으로 송환된 사람

---

6 1617년(광해군 9)부터 1865년(고종 2)까지 조정의 국가최고 의결기관인 비변사에서 처리한 사건을 기록한 책이다. 영조 17년 11월 23일 자에는 비변사는 절강 임해에 표류했다가 북경을 통해 본국으로 송환된 사람들을 우대해서 고향으로 돌려보내는 일을 상주하니 영조가 윤허했다는 기록이 보인다.

7 조선시대에 왕명(王命)의 출납(出納)을 관장하던 승정원에서 매일매일 취급한 문서(文書)와 사건을 기록한 일기다. 조선시대의 최고 기밀 기록이며, 『비변사등록』, 『일성록(日省錄)』 등과 더불어 국사연구에 귀중한 사료로 국보로 지정되었다.

8 조선시대 사역원(司譯院)의 내력과 고대로부터 외국과의 통교(通交)에 관한 사적 및 의절(儀節) 등의 사실을 수록한 책. 조선시대 외교사 관계의 기본 자료가 될 뿐만 아니라 조선 후기의 정치·경제·제도·지리·문화의 연구에도 귀중한 자료이다. 특히 개항기 외국과의 교섭을 연차적으로 살필 수 있는 귀중한 문헌이다.

들을 우대해서 고향으로 돌려보내는 일을 상주하니, 영조가 윤허했다는 기록이 보인다. 부대 기록으로 이방수李邦綏가 표류인 명단,표류 과정, 송환 과정 등을 문정한 「제주도환인별정문단濟州道還人別情文單」이 있다.『승정원일기』에도『비변사등록』과 같은 내용이 아주 간략히 기술되어 있으나 별첨 기록은 없다.

이번 번역에서는 제일 자세한 기록인 조선의 『비변사등록邊司謄錄』을 같이 번역해 해제 뒤어 붙였다. 두 나라의 기록을 비교하는 것은 여러모로 흥미롭다. 첫째, 사실 관계의 확인이다. 표류민은 조선 정부에는 사실대로 보고한 반면, 중국에는 거짓으로 보고하거나, 제주화가 착오로 오기한 것이 보인다. 가령, 표류인의 수, 실명, 혹은 신분에 대한 차이가 보인다. 1741년영조 17, 건륭 6 2월 9일 제주도濟州道 사람 20명나주 상인 1명. 불명자 1명 포함이 말안장 등을 싣고 제주 해협을 건너 육지로 가다가 표류했고, 그 후 중국해역을 떠돌아다니다가 3월 21일에 절강 태주부 임해현에 도달했다. 이들은 제주 사람을 살해한다는 소문이 있는 유구에 표착될 것을 우려하여 전라도 영암군 소안도 사람으로 흉년이 들어 곡식을 구하려고 육지에 간다고 출신 지역과 항해 목적을 거짓 보고했고 이는 제주화의 글에도 나타난다. 얼마 후 태주 관부는 조선 표류민들을 임해로 이송시켰다. 조선 표류민들은 4월에서 6월까지 천녕사에 머물면서 청나라 조정의 훈령을 기다렸다. 그 후 이들은 항주, 북경을 거쳐 한반도로 귀환했다. 그런데 조선의 기록에 따르면 이들은 실제 제주인 18명, 나주 사람 1명, 그리고 사망자 1명으로 총 20명이다. 또한 세부 이름도 상이한 경우가 있다.

둘째, 조선의 기록에 따라 18세기 동아시아 표류민의 송환체제를 확인할 수 있다. 중국의 경우 1737년 이후 해난海難 구조에 대한 제도가 정비되었다. 이때 정비된 제도는 안전하게 호송하여 옷과 식량을 지급하고 선박을 수리해서 본국으로 되돌려 주는 것을 내용으로 한다. 중앙에서는 예부禮部와 호부戶部가 각각의 관련 사무를 관리하였으며, 지방에서는 각 지방관이 책임지고 표류민에게 음식과 돈, 생활용품을 주었다. 각국의 난민에 대하여 '멀리서 온 사람을 위로한다.'라는 중화中華의 왕도王道 사상에 근거해서 조공朝貢국가든, 비非 조공국가든 가리지 않고 모두 '일시동인一視同仁'으로 대우하고 본국으로 송환하였다.[9]

18세기 대체로 송환경로도 국가별로 정해졌는데 대체로 각국 조공사절의 경로를 따라 해당 항구나 국경도시로 보냈다. 조선 표류민의 경우 육로 송환이 원칙이었다. 먼저 북경으로 호송한 후 호남湖南의 봉황성鳳凰城을 지나 의주로 들어갔다. 표착지에 따른 송환경로를 정리하면 아래와 같다.

북경 회동관北京 會同館 → 산해관山海關 → 성경盛京

→ 봉황성鳳凰城 → 압록강 → 의주

---

9   뤼쉬펑(劉序楓),「淸代 中國의 外國人 漂流民의 救助와 送還에 대하여 — 朝鮮人과 日本人의 사례를 중심으로」,『동북아역사논총』28, 동북아역사재단, 2010, 134~135쪽. 당시 황제의 칙령은 다음과 같다. "짐은 다음과 같이 생각한다. 연해지방에는 외국선박이 풍랑을 만나 표류하다 중국 경내로 들어온 일이 늘 있어왔다. 짐은 천지만물은 모두 나와 평등하며, 내외를 차별하지 않는 마음을 품고 있다. 외국의 백성이 중화(中華)로 표류해 들어왔다면, 그들을 어찌 의지할 곳 없이 유랑하는 백성이 되도록 하겠는가? 이 이후로 이처럼 풍랑을 만나 표류하는 선박이나 사람이 있다면, 착해독무(著該督撫)는 관련된 관리들을 인솔하여 그들을 특별히 잘 위무해 줄 것이며, 비축해 놓은 공은(公銀)으로 의복과 식량을 제공하고 선박을 수리해 주고, 화물을 조사한 후 돌려주고, 본국으로 송환해 줌으로써 원지(遠地)의 백성들을 잘 어루만져주고자 하는 짐의 지극한 뜻을 보이도록 하라. 이를 오랫동안 본보기로 드러내고자 한다.『淸高宗實錄』卷52, 乾隆二十閏九月庚午條

「고려풍속기」에는 나와 있지 않으나, 조선의 기록을 보면 이 루트를 따라 송환이 이루어졌음을 확인할 수 있다. 즉 조선의 기록은 18세기 동아시아의 표류민 송환 체제가 잘 작동하고 있음을 증명하는 사례가 된다.

제3장

회환표인^{回還漂人}의 문정별단^{問情別單}을 써서 들인다는 비변사^{備邊司}의 계와 그 별단^{別單1}

비변사가 고하여 아뢰길,

"북경北京으로부터 돌아온 표류인 제주에 거주하는 김철중金喆重 등 18명, 나주羅州에 사는 이극중李克中 1명이 이 마을에서 저 마을을 거쳐 겨우 다 올라왔습니다. 그러므로 비변사 낭청郞廳2으로 하여금 자세히 문정問情토록 한 뒤, 함께 진술한 내용을 별단에 써서 (왕께서) 보시도록 준비하였습니다. 지금은 이곳에 머물라 하여 다시 물을 일이 없으므로 각 도道 큰길에 분부하여 잘 접대하여 고향으로 돌아가게 하고자 합니다. 다만, 관청의 말3에 짐을 부리되 차례로 바꾸어 주며, 만약 그 중 몹시 늙고 병들

1　이 글은 조선 표류인이 귀국한 후 비변사에서 취조한 내용을 기록한 글이다. 『비변사등록』 109책 영조 17년(1741년) 11월 23일에 기록되어 있다. 같은 사건을 중국과 조선에서 기록하여 비교하며 읽으면 흥미롭다. 자세한 내용은 앞의 해제 참조.
2　낭청(郞廳) : 조선시대 당하관(堂下官)을 달리 이르던 말.
3　쇄마(刷馬) : 관에서 쓰는 말.

어 보행이 어려운 자에게 타고 갈 관청의 말도 구하여 제공하라 하겠습니다. 이 백성들이 이역에서 표류하다 구사일생으로 죽다가 살아 돌아왔으니 각별히 불쌍히 여기어 돌본다는 뜻을 분부하심이 어떻겠습니까?"하니, (왕께서) 윤허한다고 답하셨다.

제주 표환인漂還人 문정問情별단

제주 아전[4]衙前 김철중金喆重 32세, 종 안익安益 50세, 선주船主 문융장文隆章 36세, 사공 한수빈韓守返 31세, 격군[5] 문의만文義滿 32세, 문필경文必景 31세, 김지완金之完 57세, 홍치완洪致完 61세, 홍의택洪義澤 40세, 한부신韓夫申 46세, 한도흥韓道興 37세, 장도성張道星 44세, 차덕환車德還 50세, 박차동朴次同 21세, 송석주宋石柱 18세, 이이웅李已雄 49세, 이의발李義發 33세, 김원창金元昌 33세, 나주 상인 이극중李克中 34세 등은 사뢰오대[白等][6]

너희들은[汝矣等][7] 어디에 사는 사람들인가, 몇 년 몇 월, 어디에서 바람을 맞았으며[8] 표류하다 정박한 섬의 이름은 무엇인가. 지형과 인물의 수는 어떠한가. 이른바 태주台州의 지형, 민속, 의복, 음식, 농사와 뽕나무 가꾸는 일, 해자, 군사 등은 어떠한가? 여러 달을 살았으니 언어도 서로 통할 수 있었을 터인데, 태주에서 배를 타고 출발하여 몇 달 만에 북경에 도착하였고 바닷길로는 몇천 리인가? 가던 길에 본 것 중 기억할 수

---

4   아전(衙前) : 조선시대, 중앙과 지방 관아에 속한 하급 벼슬아치.
5   격군(格軍) : 조선시대, 사공(沙工)의 일을 돕던 수부(水夫).
6   白等 : 이두어. 사뢰오되, 사뢰건대의 의미.
7   汝矣等 : 이두어, 너희들을 뜻함 .
8   是旀 : 구결, 이며를 뜻함.

있는 일을 하나씩 상세히 고하며,[9] 북경에 머무른 지 며칠 만에 길을 떠났으며 본 것과 대우는 어떠하였는가? 너희들 성명과 신상根脚[10]을 아울러 일일이 아뢰라며 추문推問하라고 하옵시기에[11]

저희들은 모두 제주목관[12] 관리를 받는 사람으로서 금년 2월 29일 사복시[13]에서 요청한 말 안장鞍裝 18부部를 배에 싣고 나오다가[14] 바다 가운데 이르러 갑자기 광풍을 만나 배를 통제할 수 없었고 키[15]가 부러진 뒤 갈 바를 몰라 어떨 땐 동쪽으로 어떨 땐 서쪽으로 무릇 42일간 갔습니다. 그간 오만가지 생각 끝에 혹여 표류하다 유구국琉球國에 도착하면 그 나라에서는 본래 제주 사람을 미워하여 살해될 걱정이 없지 않아[16] 지닌 호패號牌, 제주 두 글자가 쓰인 문서 및 돈 40여 냥을 함께 바다에 던졌습니다. 3월 21일 오시午時[17]경쯤, 떠다니다 사람이 없는 작은 섬에 이르렀습니다. 마주 보이는 지점에 막幕을 친 곳의 사람이 저희들을 보았습니다. 밤에 40여 명이 배 두 척을 타고 와서 지은 밥, 길어온 물, 먹을 쌀을 싣고 와서 글자를 써 묻기를 어느 나라 사람이냐 물었습니다.

---

9 爲旀 : 구결, 하며를 뜻함.
10 옛날 죄를 지은 죄인의 생년월일, 주소, 조상의 신원(伸冤) 따위를 기록한 사항.
11 敎是臥乎在亦 : 이두어, 하옵시는 것이므로, 하옵시는 것이기에를 뜻함.
12 牧官 : 고려와 조선시대, 지방 행정 단위의 하나인 목을 맡아 다스리던 정삼품(正三品) 외직 문관(文官).
13 조선시대, 궁중 가마나 말에 관한 일을 맡아보던 관아. 내사복(內司僕)과 외사복(外司僕)이 있었으며, 태조 원년 1392년에 설치했다 고종 2년인 1865년에 폐했다.
14 是白如可 : 이두어, -이옵다가, -이옵시다가를 뜻한다.
15 미목(尾木) : 키를 의미한다.
16 광해군 3년인 1611년 중국과 베트남의 상선이 제주도에 표착했는데 제주목사 이기빈(李箕賓)과 판관 문희현(文希賢) 등이 이들을 죽이고 재물을 약탈한 사건이 발생했다. 이들은 왜구의 배를 무찔렀다고 거짓 보고를 올리고 상까지 받았는데 결국 조선 조정에도 사실을 알고 이들을 유배시켰다. 항간에는 유구국의 왕자가 시해를 당하자 유구인들이 보복을 위해 조선을 침공하고 제주인이 유구국에 표착하면 살해한다는 소문이 떠돌았다.
17 午時 : 11~1시 사이.

저희들이 문자를 써서 보이며 조선국 전라도 영암군 소안도靈岩郡 所安島에
사는 사람으로 농사가 기근이 들어 곡물을 사기 위해 배를 탔습니다. 영
암군 도시포都市浦로 향하다가 바람에 떠밀려 여기에 이르렀다고 했습니
다. 이에 곧 밥을 주었으며[18] 밥을 먹고 나니 마음이 조금 진정되었습니
다. 또 글을 써서 당신들 나라는 곧 어느 지방이냐고 물으니 그들은 또
글을 써 곧 대당大唐 절강성浙江 태주부台州府 임해현臨海縣 지방 전잠도田蠶島
라고 하였습니다. 또 글을 써 보이며 "사람 목숨을 구해 살려 주십시오"
하니 또 답하여 쓰기를 "내일 다시 오겠습니다. 마땅히 그대들을 살려주
겠소."하고 곧 배를 타고 돌아갔습니다.

　다음날 과연 작은 배 5척에 각각 20여인이 타고 왔습니다. 저희들을
그들[19]의 배에 모두 태운 후 저희[20] 배를 그들의 배 뒤에 매고 노를 저으
며 10여 리를 갔습니다. 바람이 몰아치고 수심이 옅어 배를 더 이상 끌
지 못하고 닻을 바다 가운데에 내리고 하룻밤을 지냈습니다. 그들이 배
7척을 더 오라 부른 뒤, 곧 배를 끌고 그들이 있는 곳에 정박했습니다.
배에서 내려 저희를 거느리고 들어가 그들이 머무르는 곳 근처에 막을
치고 식량을 주고 권했습니다. 머무른 지 사흘 뒤에 서남쪽 바다에서 큰
배 2척이 기를 꽂고 왔기에[21] 저희들이 글을 써 "저것은 무슨 배입니
까?"라고 물으니 글을 써 답하기를 "이는 태주의 병선兵船입니다. 당신들
을 태우고 같이 갈 것입니다" 했습니다. 과연 포구에 와 정박하더니 다
음날 아침, 작은 배에 군졸 6~7명을 거느리고 와 뭍에 내렸습니다. 그

18　是白去乙 : 이두어, 이옵거늘.
19　其矣 : 이두어, 그들 .
20　矣等 : 이두어, 우리들 .
21　是白去乙 : 이두어, 하옵거늘 .

가운데 2인이 가마를 타고 앉아 저희들을 불러 문정問情하였거늘,

저희들이 당초 문답한 내용을 다시 써서 바치니 이어서 곧 각각 10명씩 나누어 태우고 돛을 올리고 돌아갔는데 저희들 배는 저들 배 뒤에 매었습니다. 배를 탄 지 이틀 뒤 비로소 태주지방 해문관海門關에 도착해 짐을 풀고 내렸습니다. 이른바 천총소千摠所[22]로 인솔하여 들어가 그들에게 식사 대접을 하게 했습니다. 그곳은 기와집이 아닌 곳이 없었고, 관사는 모두 여러 층의 누각樓閣으로, 크기가 우리나라 감영이나 병영監兵營과 같았습니다. 남자는 머리에 둥글고 우뚝 솟은 모양의 비단 모자[尒屹羅][23]를 썼고 몸에는 푸른 옷을 입었으며 발에는 검은 신 또는 수를 놓은 가죽신을 신었습니다. 여자는 머리에 쪽을 지었고 몸에는 긴 옷을 입었으며 발에는 분토分土[24]를 신었습니다. 분토의 모양은 뾰족했는데,[25] 머무른 지 2일 후에 작은 배로 옮겨 타고 장교將校[26]를 정하고 관문官文을 받았으며 태주부台州府로 압송되니 곧 4월 1일이었습니다. 태주부에서도 역시 문정問情을 하므로 또 앞서와 같이 공술供述[27] 했고 저희를 천녕사天寧寺에 두어 밥을 지어먹고 절 밖으로 출입하지 못하게 했는데 머무른 지 거의 3개월이 가까웠습니다. 그때 본 바를 말하면 4월초에 보리와 밀은 막 수확을 하였고 콩과 팥도 거두었습니다. 논의 벼는 향기를 내며 여물어 가

22　조선시대, 각 군영(軍營)에 속한 정삼품(正三品) 무관(武官) 벼슬. 훈련도감(訓鍊都監), 금위영(禁衛營), 어영청(御營廳), 총융청(摠戎廳), 진무영(鎭撫營) 따위에 두었다.

23　마흘라(尒屹羅) : 청 남자들이 쓰던 둥근 산 모양의 모자로 추측된다. 마(尒)는 오랑캐를 뜻한다. 흘(屹)은 우뚝 솟은 모양을 말한다.

24　분토 : 예전에 주로 상류급 노인들이 신던 마른신의 한 가지. 뒤축과 코에 꿰맨 솔기가 없고, 코끝이 넓적한데, 흰 분을 칠하였다. 분투혜(分套鞋), 투혜(套鞋)라고도 한다.

25　是白乎旀 : 이두어, -이사오며, -이시오며.

26　장교 : 각 군영과 지방 관아의 군무에 종사하던 낮은 벼슬.

27　행정 기관이나 법정에서 당사자, 증인, 감정인이 관계 사항을 구술 또는 서면으로 알리는 일을 뜻한다.

는 것도, 아직 덜 여문 것도 있었으며, 기장과 조도 씨를 뿌렸는데 쌀은 낟알이 길고 맛이 좋지 않았습니다. 저자거리의 남자는 채색비단을 짰고 온갖 물건이 저자거리에 가득하여 매우 번화하였습니다. 이른바 태주는 곧 옛 월越 나라이며 태주에 있는 부사府使는 곧 당상관堂上官[28]으로서 평시 출입할 때 가교駕轎[29]를 타고 홍개紅蓋[30]를 폈으며 목에는 염주를 걸었고 취수吹手,[31] 나장羅將,[32] 사령使令이 나팔羅叭을 갖추었고 군용軍容을 갖추고 지나갔습니다. 임해현臨海縣은 당하관堂下官인 듯 싶고 역시 가교에 청개靑蓋를 폈으며 염주는 없었고 평시에 출입하는 위엄이 부사의 행렬에 미치지 못했습니다. 태주부사의 성은 풍馮가요, 임해현감의 성은 진陳가이며 태주부와 임해현이 한 성안에 있고 이 외에 또 3~4명의 관원官員이 있는 곳이라고 합니다. 해문관海門關에 있을 때 보면 앞강 좌우에 배가 무수하였고 크기가 우리나라 전선戰船과 같았으며 모두 단청을 하였고 기를 꽂고 포를 쏘았으며 장수가 배에서 호령하였는데 일러 복건福建 대노아大老爺[33]라고 했습니다. 군졸은 모두 붉은 옷을 입었고 마치 우리나라 해상 훈련을 하는 것 같았는데 이틀 만에 파하였는데 그 후 다시 보이지 않았습니다. 해문관은 곧 태주지방으로서 그 거리가 백여 리요 물길로 말하면 밀물과 썰물로 인해서 다다를 수 있다고 합니다. 저희들 배가 해문관에서 태주로 보내져 나올 때에 배삯 은자 12냥을 주었고, 태주에서

---

28 조정에서 정사를 논의할 때 당(堂) 위에 앉을 수 있는 관직이라는 뜻에서 유래하였으며, 국가의 정책 결정에 참여하고 정치적 책임을 갖는 고위 관직이었다.
29 쌍가마로 가마 앞뒤로 손잡이가 있다.
30 개(蓋)는 커다란 우산 모양으로, 왕이나 관료 행차 시에 드리워 햇빛이나 비바람을 막고 위엄을 드러내는 용도로 쓰였다.
31 관악기를 불던 이.
32 조선시대 군아(郡衙) 사령 중 하나.
33 청대(淸代)에 주지사, 현지사를 높여 부르던 말이다.

4월부터 6월까지 머물렀는데 그 사이 홑옷, 푸른 옷, 버선, 신 등 각 한 점씩 지어주었고 매일 술 한 병을 주었는데 안주는 별로 주는 일이 없었습니다. 늘 속히 돌아가게 해달라는 뜻을 태주부에 써서 바쳤습니다. 태주부에서 항주순무도원포정아문杭州巡撫都院布政衙門에 보고하여 도부到付[34]를 받은 후에 6월 11일 태주부에서 술과 떡 등으로 잔치를 벌여 먹인 뒤 차원差員[35]을 정하고 초교草轎에 한 사람 당 각각 두 사람이 메고 육로로 간지 나흘 이었습니다. 본 곳을 말씀드리면 산천이 수려하고 큰길 중간 10리里 쯤에 보堡 하나를 설치했으며 팔첩교八疊橋, 신창현新昌縣, 천태현天台縣, 승현嵊縣 등 4곳을 지났습니다. 이른바 팔첩교는 사방이 첩첩하고 수목이 울창하였으며 이른바 천태산天台山[36]은 모양이 둥근 봉우리와 같았고 그 아래에 천태현이 있는데 성가퀴[城堞][37]는 모두 돌로 쌓았고 회로 발랐습니다. 성곽의 사람들은 다른 곳에 견주어 매우 많았고 성안을 지나갈 때 나와 보는 자가 계속 몰려들어 겨우겨우 지나갔으며 성을 벗어나 2~3리쯤에서 비로소 쉬었는데, 승현에 이르러 강을 건너야 하므로 대나무로 떼[筏]를 엮어 저희들을 태웠고 1일 후에 큰 강이 있어 떼에서 내려 배를 탔습니다. 하루가 지난 뒤 소흥紹興에 도착하여 배를 바꾸어 타고 항주杭州에 이르러 동악묘東嶽廟[38]에 들어갔는데 이 역시 사찰이었

---

34 관찰사(觀察使)가 수령의 장보(狀報)에 대하여 답하는 공문.
35 차원 : 차사원(差使員)의 준말. 중요한 임무를 지워, 관찰사(觀察使) 등이 파견하던 임시관원.
36 태주시 천태산은 중국 10대 명산 중 하나로 최고봉인 화정봉(華頂峰)이 1,136m다. 봉우리가 이어져 연꽃이 포개어 있는 듯 하고, 이 봉우리가 꽃의 중심에 해당하여 '화정'이라 부른다고 한다. 천태산은 천태종의 법맥을 잇고 있는 국청사(國淸寺) 등이 있다. 송대의 전탑이 유명하다.
37 성가퀴 : 성 위에 낮게 쌓은 담. 몸을 숨기고 적을 감시하거나 공격하는 용도로 쌓아 올린다.
38 예로부터 동악태산신은 사람의 생사를 장악하는 장수연년(長壽延年)의 신으로서 받들어졌으며, 전한 때에 황제가 태산을 요배(遙排)하기 위하여 가까운 태안에 관립 대묘(岱廟)를 만든 것에서 비롯한다. 동악은 당 개원13년(725년)에 천제왕(天齊王)으로 봉하여졌으므로 천제묘

습니다. 고개를 숙여 보니 세 면은 강에 임하여 있고 한 면은 큰 바다였습니다. 성곽의 사람은 다른 곳에 견주어 더욱 많았고 성안에 순무도원어사巡撫都院御史, 포정사布政司, 안교사按敎使, 급사給事, 인화현仁和縣이 있다고 했습니다. 대접은 좀 나았고 자못 멀리서 온 사람을 긍휼히 여기는 낯빛이었습니다. 포정아문에서 각각 은 2냥을, 순무아문에서는 각각 은 1냥을 주었는데, 머무른 지 열흘 쯤 뒤 7월 초 2일 작은 배 3척을 내어 차례차례 바꾸어 가며 북경北京으로 보냈는데 첫 번째 배는 차원이 타고 나머지 두 배에는 저희들을 태웠습니다. 그 가운데 김적金赤이 산남피山南皮 지방에 도착하여 병으로 죽었습니다. 그러므로 그곳에 묻어두었습니다. 배에서 내린 지 이틀 뒤 육로로 북경에 도착하니 곧 8월 22일이었습니다. 예부禮部에서 점고點考[39]한 뒤에 회동관會同館[40]에 들어가 있게 했습니다. 북경에 있을 때 저희들 19명에게 매일 먹을 쌀 1두 9승,[41] 양고기 2냥兩,[42] 염장鹽醬 소채 등을 갖추어 주었기에 직접 밥을 지어먹었습니다. 32일 머물러 있은 동안 두 차례 술을 주었을 뿐이었고 이 외에는 더 주는 것이 없었습니다. 9월 26일 통관[43] 서종맹徐宗孟을 시켜 거느리고 가게 하였는데 길에서 주는 것은 좁쌀밥에 불과했고 간혹 염장을 줄 뿐이

　　라고도 부른다. 태산신의 민간신앙이 널리 보급됨에 따라 각 지방에 행궁(行宮) 또는 분사(分祠)라고도 할 수 있는 동악행사(行祠)가 설립되고, 이것도 동악묘 또는 천제묘라고 하였다.

39　명부(名簿)에 일일이 점(點)을 찍어 가면서 사람의 수효(數爻)를 조사(調査)하는 일.

40　중국 원, 명, 청 때 외국 사신의 접대, 접견의 일 따위를 맡아보던 관청.

41　두(斗)와 승(升)은 각각 말과 되를 뜻한다. 부피를 재는 전통 단위로 되는 홉의 10배가 되는 양, 말은 되의 10배가 되는 양이다. 한 홉은 약 180mL, 한 되는 약 1800mL, 한 말은 18L 정도다.

42　전통 무게 단위로서 10돈 또는 37.5g이다. 16냥은 1근(斤)이 된다. 약 37.5그램중이고, 흔히 중국의 무게와 통화 단위의 일부를 일컬으나, 조선의 통화나 근세 일본의 금화에서도 같은 단위를 썼다.

43　사역원에서 통역과 번역을 담당하던 관리.

었습니다. 심양瀋陽에 도착하여 날씨가 꽤 추워 더 갈 수가 없었습니다. 그러므로 통관이 양가죽으로 만든 덧옷[背子]44 각 한 벌씩 사서 주었으며 봉성鳳城에 도착하고 의주義州에 이르기까지 다만 한 끼의 조밥만을 먹었습니다. 저희들은 비록 표류를 당했으나 경시京司45의 막중한 요청을 버려둘 수 없어 사복시에 바칠 말안장 18부를 행장에 같이 실어왔으며 이 물건을 저들 도처에서 묻기에 곡물과 바꾸기 위하여 실어왔다고 했습니다만,46 그 가운데 등자鐙子47 한 개는 저들에게 빼앗겼습니다. 저희들이 살아 본국으로 돌아온 것을 모두 우리 성상의 하늘과 같은 덕이옵니다. 다른 일과 잘 견주어 살피어 처분해 주소서.

---

44 위에 덧입는 소매가 짧은 옷 혹은 안에 받쳐 입는 내의 따위.

45 서울에 있던 관아(官衙)를 통틀어 이르는 말.

46 是如爲白在果 : 이두어, -이라고 하옵거니와, -이라고 하옵지마는.

47 말을 탔을 때 두 발로 디디게 되어 있는 제구(諸具). 안장에 달아서 말의 양쪽 옆구리로 늘어뜨리게 되어 있다. 말등자라고도 한다.

제2부

조선의
외국 표류인
취재 기록

(선역) 비변사등록
조선 정부의 외국 표착 선박 취재문서

사건번호 1
전라도 지도智島 표류 중국 산동山東 어부 3인[1]

숙종 10년¹⁶⁸⁴[2] 중국 산동山東 등주부登州府에 거주하는, 어부 3인이 전
라도 지도智島[3]에 표류해 온 사건이다. 외국인이 조선에 표류해 온 일은
이전에도 많이 있었을 것이나 『비변사등록備邊司謄錄』에 문정별단問情別單[4]
형식의 문서가 수록된 표류 사건 가운데에서는 이 사건이 시기적으로
가장 이르다는 점이 특기할 만하다. 본서에서는 『비변사등록』으로부터

---

1 이 책 제2부의 사건번호에 달린 제목은 원래 없었던 것으로 번역자들이 독자의 편의를 위해
   임의로 지어 붙인 것이며, 이하 동일하다.
2 『비변사등록』에서 찾아낸 이 사건과 관련된 문서 중 가장 먼저 작성된 문서의 작성일이 '숙종
   10년 1월 16일'이라고 표기되어 있는데, 이는 사건이 발생한 후에 얼마간의 시간이 지난 뒤에
   작성된 문서이므로 표류인들이 조선에 도착한 날짜는 그 보다 먼저일 것이나, 본서에서는 문서
   가 작성된 날짜를 기준으로 서술하고 있음을 밝혀둔다. 이하 다른 표류 사건들도 동일하다.
3 지도(智島) : 전라남도 신안군 지도읍(智島邑) 읍내리(邑內里)에 속하는 섬.
4 문정별단(問情別單) : '문정(問情)'은 '사정을 물어 본다'는 의미로 보통 표류해 온 사람들에게
   관원(官員)이 그 사정을 묻는다는 의미로 많이 사용되며, '별단(別單)'은 임금에게 올리는 문
   서에 덧붙이던 문서나 인명부(人名簿)라는 의미이다.

이 사건과 관련하여 전교傳敎 1건, 계문啟文 3건, 문정별단 2건, 도합 6건
의 문서를 찾아 모두 번역 수록함으로써 당시 조선에 표류인이 도착했
을 때의 처리 과정을 보여주고자 하였다.[5] 이러한 문서들 가운데 문정
별단 형식의 글에서는 문정관問情官과 표류인의 문답을 통하여 표류인들
의 신원과 표류하게 된 사정 외에 당시 조선 측에서 어떠한 일에 관심
을 갖고 있었는지 알 수 있으며, 또한 표류인들의 출신 지역에 관한 구
체적인 정보도 어느 정도 알 수 있는데, 특히 이 사건에는 이어진 문정
별단이 2건 남아 있어 그 내용이 상대적으로 풍부한 편이라는 점을 지
적할 수 있다.

『승정원일기承政院日記』에도 이 사건 관련하여 문정별단을 제외한 나머
지 4건의 문서가 수록되어 있다.

1-1

○ 문장 형식 : 전교傳敎

○ 국사편찬위원회 번역문 제목 : 全羅道 智島의 荒唐人을 本道에서 差
    使員을 정하여 押領하여 올려보내라는 傳敎

○ 원문 제목 : 없음

○ 일자 : 숙종 10년 1684년 1월 16일음

○ 출처 : 『비변사등록』 제38책

표류인이 발생하면 먼저 현지 지방관 주도하에 문정問情이 이루어지

---

5   본서에서 다루는 사건에 대해서는 가능하면 『비변사등록(備邊司謄錄)』으로부터 관련 문서를
    모두 찾아 수록하려고 하였으나 간혹 누락된 것도 있을 수 있다는 것을 미리 밝혀 둔다.

고, 그 후에도 대체로 서울에서 문정 역관譯官을 파견하는데, 아래의 문서는 경우에 따라서는 문정 역관을 파견하지 않고 표류인들을 올라오게 하였다는 것을 보여준다.

『승정원일기』302책탈초본 16책 숙종 10년 1월 16일에도 수록되어 있다.

> 이번 1월 16일, 임금이 뜸질을 받을 때 뵈었더니 이르기를,
> "전라도 지도智島의 국적 불명 외국인과 관련하여 수사水使6의 장계狀啓7대로 역관譯官8을 내려 보내 심문하는 것은 시일이 지연되고 상세하게 물어보는 것도 필시 불가능할 것이니, 역관을 내려 보내지 말고 전라도에서 차사원差使員9을 별도로 지정해 착실하게 호송하여 신속히 올려 보내도록 비국備局10에 분부하는 것이 좋겠다"라고 하였다.

1-2

○ 문장 형식 : 계문啓文

○ 국사편찬위원회 번역문 제목 : 智島에 漂流한 漢人들을 압송하여 관리할 일에 대해 아뢰는 備邊司의 啓

○ 원문 제목 : 없음

○ 일자 : 숙종 10년 1684년 1월 27일음

---

6 수사(水使) : 조선시대에, 각 도(道)의 수군(水軍)을 통솔하는 일을 맡아보던 정삼품(正三品) 외직 무관(外職武官) 벼슬.
7 장계(狀啓) : 벼슬아치가 임금의 명을 받들고 지방에 나가 민정(民情)을 살핀 결과를 글로 써서 올리던 보고.
8 역관(譯官) : 통역하는 일을 맡은 관리. 사역원(司譯院) 관원을 통틀어 일컫던 말.
9 차사원(差使員) : 중요한 임무를 지워, 각 도(道)의 관찰사(觀察使) 등이 파견하던 임시 관원.
10 비국(備局) : 비변사(備邊司)를 말한다. 조선 왕조 때 군국(軍國)의 사무를 맡아 처리하던 관아(官衙).

○ 출처 : 『비변사등록』 제38책

아래의 계문啓文에는 표류인이 발생하여 서울에 올라온 다음의 일 처리 과정이 자세하게 나타나 있다.
『승정원일기』302책탈초본 16책 숙종 10년 1월 27일에도 수록되어 있다.

비변사에서 아뢰기를,
"전라감사가 보고한 바를 보건대, 지도智島에 표류해 온 한인漢人들을 압송하여 4,5일 내에 서울에 도착시킨다 하니, 미리 해당되는 행정 관서官署11로 하여금 남별궁南別宮11의 남자 일꾼이 들어 있는 방을 수리하게 하여 머무르게 할 장소로 삼고, 음식물을 대접하는 일 등도 역시 전례에 의하여 행하도록 하며, 금군禁軍12 가운데 일처리에 밝은 사람을 하나 뽑아 호위하는 군병軍兵 7, 8인을 거느리고 특별히 지키도록 하여 잡다한 사람들이 출입하는 폐단을 없게 하고, 본 비변사 낭청郎廳13 1인과 2, 3인의 역관譯官으로 하여금 표류해 오게 된 사정을 상세히 조사한 후에 아뢰어 보고하고 일을 처리하게끔 하는 것이 어떠하겠습니까?"라고 하니, 윤허한다고 답하였다.

1-3

○ 문장 형식 : 계문啓文
○ 국사편찬위원회 번역문 제목 : 智島에 표류한 자들을 북경에 보내

---

11 남별궁(南別宮) : 조선시대의 별궁.
12 금군(禁軍) : 고려・조선시대에 궁중을 지키고 임금을 호위・경비하던 친위병.
13 낭청(郎廳) : 조선시대 때 당하관(堂下官)을 달리 이르던 말.

줄 것에 대해 아뢰는 備邊司의 啓

○ 원문 제목 : 없음

○ 일자 : 숙종 10년 1684년 2월 1일음

○ 출처 :『비변사등록』제38책

다음의 계문啓文에서는 표류인들이 서울에 올라오면 자문咨文을 지닌 역관譯官과 함께 북경으로 보내주었던 것을 알 수 있다.

『승정원일기』302책탈초본 16책 숙종 10년 2월 1일에도 수록되어 있다.

(문정별단은 2월 30일에 임금의 재가裁可를 받아 서록書錄하였다.)

비변사에서 아뢰기를,

"지도智島에서 발각되어 붙잡힌 표류 한인漢人 3인이 어제 저녁 압송되어 왔는데, 전에 계사啓辭[14]로 아뢴 바와 같이 본 비변사 낭청郎廳과 역관譯官 등으로 하여금 사정을 물어보게 한즉, 과연 고기잡이를 하다가 표류해 오게 된 사람들로서 사정을 물어 조사한 내용은 별단別單[15]으로 기록하여 올립니다. 이미 서울로 압송되어 왔으니, 일의 형편상 전과 같이 북경으로 보내줘야 할 터인데, 해당되는 행정 관서인 승문원承文院과 예조禮曹에 분부하여 문서를 만들고 자문咨文[16]을 가지고 갈 역관譯官을 정하여 신속히 파견하는 것이 어떠하겠습니까?"

라고 하니, 전교傳敎[17]하기를,

---

14 계사(啓辭) : 임금에게 아뢰는 글.
15 별단(別單) : 임금에게 올리는 문서에 덧붙이던 문서나 인명부(人名簿).
16 자문(咨文) : 조선시대 때, 중국과 왕복하던 외교 문서의 하나. 연경(燕京)과 심양(審陽)의 각 부(예(禮)·호(戶)·형(刑)·이(吏)·병(兵)·공(工))에   조회(照會)·통보(通報)·회답(回答)하던 외교 문서.
17 전교(傳敎) : 임금이 명령(命令)을 내림. 또는 그 명령(命令).

"계사^{啓辭}와 같이 하라. 이제 겨우 서울에 압송해왔으므로 좀 더 차분하게 사정을 물어본 뒤에 들여보내도 늦지 않을 것이니, 우선 너무 빨리 파견하지 않는 것이 좋겠다"라고 하였다.

1-4

○ 문장 형식 : 계문^{啓文}
○ 국사편찬위원회 번역문 제목 : 표류해 온 漢人들을 譯官이 押領케 하여 떠나보내고 문서는 추후 禁軍이 전해 주게 하자는 備邊司 郎廳의 啓
○ 원문 제목 : 없음
○ 일자 : 숙종 10년 1684년 2월 6일^음
○ 출처 :『비변사등록』제38책

다음의 계문^{啓文}에도 역시 표류인들을 북경에 보내는 과정이 나타나 있다.
『승정원일기』302책^{탈초본 16책} 숙종 10년 2월 6일에도 수록되어 있다.

본 비변사의 낭청^{郎廳}이 영상^{領相}·좌상^{左相}의 뜻으로 아뢰기를,
"표류 한인^{漢人}들에게 이제 더 물어볼 것이 없으니 먼저 역관^{譯官}으로 하여금 그들을 호송하여 출발하게 하고, 문서는 추후 수정해서 별도로 금군^{禁軍}을 선정하여 강을 건너기 전에 전하게 하는 것이 마땅할 것입니다. 이러한 뜻은 그저께 이미 주상 전하^{主上殿下} 앞에서 결정하였으니, 이를 거행하도록 분부하겠다는 뜻을 감히 아룁니다"라고 하니, 알았다고 답하였다.

1-5

○ 문장 형식 : 문정별단問情別單

○ 국사편찬위원회 번역문 제목 : 漂漢人 問情別單

○ 원문 제목 : 표류 한인의 문정별단[漂漢人, 問情別單]

○ 일자 : 숙종 10년 1684년 2월 30일음

○ 출처 : 『비변사등록』 제38책

지도智島에 표류해 온 산동山東 등주부登州府에 거주하는 장문학張文學 포함 3인의 신원과 표류하게 된 사정을 조사한 내용이다. 이러한 문정별단 형식의 글에서는 표류인들의 신원과 표류하게 된 사정 외에도 당시 조선인들이 어떠한 일에 관심을 갖고 있었는지 알 수 있으며, 또한 표류인들의 대답을 통하여 그들 거주 지역에 대한 구체적인 정보도 어느 정도 얻을 수 있다. 다만 표류인들이 고급 지식인이라기보다는 대체로 상인이나 선원 아니면 어부이었기에, 그들을 통하여 얻을 수 있는 정보도 비교적 단편적인 사항에 그친다는 점을 지적할 수 있지만, 다른 한편으로는 오히려 당시 중국 서민들의 구체적 생활상을 엿볼 수 있다고도 할수 있다.

표류 한인漢人의 문정별단

(갑자甲子 2월 1일, 임금의 재가裁可를 받았다.)

문 : 당신들은 어느 곳에 살며 성명은 무엇인가?

답 : 저희들 3인 중 1인은 장문학張文學으로 29세, 성城에서 사십 리 떨어진

곳인 유가왕사장劉家王舍莊에 살며, 1인은 고일론顧一論으로 28세이며 1인은 이수장李守長으로 23세인데 2인 모두 성城에서 4십 리 떨어진 녹양사綠楊舍에 살고 있습니다. 3인 모두 등주부登州府 봉래현蓬萊縣 관할의 백성입니다.

문 : 당신들은 등주登州에 있을 때 어떠한 신역身役[18]을 하였으며, 무슨 일을 업業으로 삼았는가?

답 : 저희들 3인은 모두 등주登州의 촌민村民으로서 배를 부리는 일을 업으로 삼고 있고, 이부吏部 사상서沙尙書의 배를 빌렸는데 1년에 은화銀貨 15냥兩을 세금으로 납부하고 있습니다.

문 : 당신들은 언제, 무슨 일로, 어디로 가다가 우리나라까지 표류해왔는가?

답 : 저희들이 고향에 있을 때는 봄과 여름마다 고기를 잡고, 가을과 겨울에는 숯을 팔아 생업으로 삼았습니다. 작년 9월 22일, 저희들 10인은 숯을 싣기 위해 배를 띄워 황성도黃城島에 이르렀는데, 황성도는 등주登州에 속해 있고 하루 걸리는 거리입니다. 23일 배를 돌렸을 때, 갑자기 미친 듯한 바람을 만나 돛대가 부러지고 닻줄이 끊겨 파도를 따라 흘러 다니다가 9일째에 이르자 물과 마실 것이 모두 바닥나버리고 배 안의 사람들이 굶주림에 쓰러져 인사불성이 되었는데, 갑자기 배가 석벽石壁 아래에 부딪쳐 왔다갔다 하였습니다. 우리들 세 사람은 급히 배에서 뛰쳐나가 물에 떠있다 해안에 올라 기어가다가 정신을 잃고 쓰러졌습니다. 다음날 아침 비로소 정신이 들어 일어나 바다 가운데를 보니, 파도는 하

---

18 신역(身役) : 나라에서 성인 장정에게 부과하던 군역과 부역.

늘에 닿을 듯 하고 타고 온 배는 어디로 갔는지 알 수가 없었으니 필시 물속에 가라앉아 버렸을 것입니다. 함께 배를 타고 왔던 최삼崔三, 고이 高二, 노대盧大, 장명지張明志, 왕삼王三, 이록李祿, 하례河禮 등 7인 역시 간 곳 이 없었으니 틀림없이 물에 빠져 죽었을 것입니다.

문 : 당신들 배가 파선破船된 것은 10월 초인데 12월 27일 비로소 발각되어 붙잡혔으니 그 날짜를 계산해보면 거의 석 달에 이른다. 그 사이 어느 곳에 머물렀으며, 어떻게 끼니를 이었는가?

답 : 섬의 이름은 알 수 없는데 섬 안에 20여 가구가 있어 돌아가면서 먹여 주어 혹은 밥, 혹은 죽으로 근근이 연명하였습니다.

문 : 당신들이 만약 같은 배를 탔다면 배가 파선된 후 자연히 함께 오게 되 었을 터인데 붙잡힌 곳도 다르고, 날짜 역시 선후가 있는 것은 왜 그러 한가?

답 : 저희들은 마침 담배를 싣고 가는 배를 만나서 이수장李守長, 장문학張文學 은 함께 그 배를 탔는데, 고일론顧一論은 산에 올라가서 내려오지 않았기 에 같은 배를 타지 못하고 나중에 다른 배를 탔으며 또 섬초에 걸리고 바람이 강하게 불어 여러 날을 지체하다 다른 곳으로 갔습니다.

문 : 운남雲南과 귀주貴州, 사천泗川, 섬서陝西 지역 등의 소식은 어떠한가?

답 : 저희들은 모두 나이가 어린 사람들이고, 거리도 멀리 떨어져 있기에 일 찍이 왕래한 일이 없어서 남방의 사정은 비록 자세히 알지는 못하지만 전해 듣기로는 천하가 평온무사하다고 합니다.

문 : 당신들은 동녕도東寧島의 정금사鄭錦舍 소식을 아는가?

답 : 정금사鄭錦舍의 이름은 전혀 알지 못합니다.

문 : 근래 바닷길에 해적이 출몰하는가?

답 : 남방에는 비록 간혹 있을지라도 산동山東에는 없습니다.

문 : 당신들은 북경北京에 가 본 적이 있는가?

답이수장 : 제가 18세 때 장사하는 일로 북경에 갔다 해를 보내고 집에 돌아온 적이 있습니다.

답고일론, 장문학 : 저희 두 사람은 아직 북경에 왕래한 적이 없습니다만 작년에 해변의 금문金汶 등 지역에 황제의 명으로 성지城池[19]를 수축修築하였다고 합니다.

문 : 무슨 일로 성지를 수축하였는가?

답 : 수축하게 된 곡절은 알지 못하나 전에 쌀장사 하러 갔을 때, 금문金汶 등의 지역에 가서 보니, 옛 성곽은 무너지고 오직 토성土城만 남아 있었습니다.

문 : 등주登州에는 어떠한 관원이 있는가? 또 군병軍兵이 있는가?

답 : 명明나라 때에는 군문軍門, 아문衙門:관청을 말함이 있었는데, 지금은 군문은 없애고 아문이 설치되어 있으며, 지부知府, 지현知縣, 통판通判의 3종 관원官員은 한인漢人이 담당하게 하고 있습니다. 또 총병總兵[20]의 3영營이 있는데, 1영은 수군水軍 3, 4백 명을 통솔하고, 1영은 기병 3, 4백 명을 통솔하며, 1영은 보병 3,4백 명을 통솔합니다. 병사들의 기예技藝로는 혹은 궁노弓弩:활과 쇠뇌를 지니고, 혹은 조총을 지니는데, 매년 3차례 훈련을 하며, 총병관은 요동遼東의 가달자假㺚子[21]로서 이李씨 성을 가진 사람입니다.

---

19 성지(城池) : '城'은 성벽이고, '池'는 성을 보호하기 위해 성 주위에 파놓은 연못인데, 합하여 '성읍(城邑)'을 칭하거나 성 둘레에 파놓은 연못을 칭하기도 한다.

20 총병(總兵) : 청대의 '총병'은 지방에 주둔하는 군대의 고급 무관으로 '총진(總鎭)'이라고도 한다.

21 가달자(假㺚子) : 조선에서 명청 교체기 때 요동(遼東) 지방의 삭발한 한인(漢人)을 낮추어 부르는 말.

문 : 등주登州에 지부知府가 설치되어 있다면 필시 통보通報[22]가 있을 텐데 당

　　신들 또한 들은 적이 있는가?

답 : 이른바 '통보'라는 이름을 가진 것이 무엇인지 모르겠습니다.

1-6

○ 문장 형식 : 문정별단問情別單

○ 국사편찬위원회 번역문 제목 : 漂漢人追後問情別單

○ 원문 제목 : 표류 한인의 추후 문정별단[漂漢人, 追後問情別單]

○ 일자 : 숙종 10년 1684년 2월 30일음

○ 출처 :『비변사등록』제38책

바로 위의 〈1-5〉 문서에 이어서 지도智島에 표류해 온 장문학張文學 포
함 3인에게 추가로 문정問情한 내용이다. 똑같은 표류인들과 문답한 문
정별단이 2종 이상 남아 있을 때는 보통 문정한 사람이 다른 경우이고,
그러한 경우에는 문답한 내용도 신원과 표류해 오게 된 경위 등 중복되
는 부분이 많은 것이 일반적인데, 〈1-5〉와 〈1-6〉 문서는 문정관問情官
이 누구인지 명시되어 있지 않으며, 그 내용도 중복되지 않고 〈1-6〉의
경우가 조금 더 심화된 질문들이어서, 아마도 같은 문정관이 계속 문정
한 것으로 생각된다. 따라서 문답한 내용도 1회 문정에 그치는 것보다
좀 더 다양하고 깊이가 있으며 풍부하다.

---

22 통보(通報) : 상급 기관에서 유관 정황을 서면 형식으로써 하급 기관에 통고하는 것. 또는 그
　　문서.

표류 한인漢人의 추후 문정별단

(갑자甲子 2월 3일, 임금의 재가裁可를 받았다.)

문 : 당신들이 기왕 고기잡이를 생업으로 한다면 보통 때 고기를 잡으면서 바다 가운데에서 닻을 내리고 그물을 걷어 올리는가, 혹은 고기 잡는 별도의 섬이나 바닷가가 있는가?

답 : 매번 그물을 걷어 올려 고기를 잡을 때는 해안을 따라 갑니다. 바다 가운데는 물살이 세고 깊어 손을 써서 그물을 올릴 수 없습니다. 황성도皇城島 서남쪽에 대죽도大竹島와 소죽도小竹島가 있는데, 명나라 때에는 일찍이 거주민이 있었지만 지금은 그 터전만 남아 있고, 섬 주위는 물살이 매우 거세어서 배를 대고 고기를 잡을 수 없습니다.

문 : 바다를 표류할 때 어느 곳을 지날 때부터 사나운 바람을 만났는가? 남풍인가, 아니면 북풍인가? 바람을 만나고 며칠 만에 우리나라 땅에 도착하였는가? 타고 온 배는 어느 곳에 이르러 부딪쳐 부서져버렸는가? 당신의 말을 들은즉, 바다 가운데에서 헤엄쳐서 해안에 이르렀다고 하지만 큰 바다는 헤엄쳐서 건너는 곳이 아닌데 몇 리나 헤엄쳐서 해안으로 나왔는가?

답 : 황성도에서 배를 돌릴 때 서북풍이 크게 일어나 하루 밤낮으로 비가 내렸습니다. 그래서 표류하다가 배가 뒤집히려 할 때 또 서남풍이 일어나 그 물결에 맡겼더니 9일째에 이르러 이 나라 땅에 도착할 수 있었습니다. 배가 부딪친 곳은 어느 섬인지 알지 못하나 해안으로부터 백 걸음을 넘지 않는 곳이어서 죽음으로부터 벗어나 살기 위해 황급히 배로부터 뛰쳐나와 헤엄쳐 언덕으로 나왔습니다.

문 : 당초 바람에 떠밀려 흘러갈 때는 서북풍이라는 것을 알 수 있었겠지만 큰 바다로 흘러나온 뒤로는 당신들이 굶주림에 쓰러져 동서를 분간할 수 없었을 텐데 어떻게 서남풍이라는 것을 알 수 있었는가?

답 : 황성도로부터 멀지 않았기에 정신이 조금 있었습니다. 또 뱃사람들은 평소에 나침반을 지니고 있고, 밤에는 자미성紫微星 : 작은 곰자리 별 가운데 하나 이 있는 곳을 보면 서남풍을 판별할 수 있습니다.

문 : 나침반을 가진 자는 누구이며 지금은 그것을 어디에 두었는가? 자미성 으로 어떻게 능히 서남풍을 판별할 수 있는가?

답 : 나침반은 당초 10인 가운데 하례河禮가 뱃사공으로서 몸에 지녔으나 죽었습니다. 자미성으로 방위를 판별한다고 말하였지만, 비단 자미성 뿐만 아니라 삼성參星, 항성亢星의 자리로도 역시 동서를 판별할 수 있습 니다.

문 : 당신들은 글자를 모르는데 어떻게 별 이름을 알고 있는가? 이 세 별 외 에 또 알고 있는 것이 있는가?

답 : 자미성은 정북正北향에 있고, 삼성과 항성은 동쪽에서 뜨는데 예로부터 전해오는 말을 들어서 이 세 별을 알고 있습니다. 이 외에 칠성七星, 구성 狗星을 알지만 다른 별은 알지 못합니다.

문 : 당신들이 이미 별 이름을 알고 있으니, 소성掃星 역시 알고 있는가?

답 : 소성이라면 월일은 기억하지 못하지만 강희康熙 18년1679에 나타났는 데 서쪽으로부터 나왔습니다.

문 : 그 별이 나타난 뒤에 사람들이 어떠한 징조라고 하던가?

답 : 저희들이 특별히 아는 바는 없고, 별이 나타난 뒤에 전해듣기로는 남방 에서 해마다 출병出兵이 있었으나 지금은 평온합니다.

문 : 배가 만일 작다면 필시 바다를 지날 수 없을 것이고, 만약 배가 크다면 또 당신들 10인이 부릴 수 있는 것이 아닐 텐데, 당신들 배는 길이와 폭이 얼마이며, 그 가운데 능히 몇 사람을 수용할 수 있는가?

답 : 저희들이 탄 배는 길이가 7파把: 아름, 두 팔을 벌린 길이이고 폭은 2파 반이어서 가까운 섬을 왕래할 수 있고, 저희들이 비록 10인이라도 배를 부릴 수 있었지만 큰 바다 가운데로는 타고 나가기 어렵습니다.

문 : 생각하건대 당신들이 표류할 때 처음에는 북풍을 만났고 또 서풍이 불었다고 했는데, 당신들이 이미 큰 바다에 들어간 뒤로는 필시 동서를 분별할 수 없었을 것이고 처음 바람을 만났을 때에는 아직 알 수 있었을 것이다. 혹자는 바닷길 중간에 녹해綠海, 백해白海, 적해赤海가 있다고 하는데, 당신들이 표류할 때 이러한 바다를 지났는가?

답 : 애당초 바람을 만난 곡절은 이미 말씀드렸습니다만 소위 녹해, 백해, 적해는 일찍이 들어 본 바가 없습니다.

문 : 당신들이 거주하는 곳은 황성도로부터 몇 리나 떨어져 있으며, 황성도로부터 철산취鐵山嘴까지는 몇 리이고, 장자도章子島까지는 몇 리이며, 피도皮島까지는 몇 리인가? 피도는 명나라 때 모문룡毛文龍의 군대가 주둔한 곳인데, 함락된지 이미 오래되었으니 당신들은 또 그것을 알 수 없을 것이다. 하지만 노인들이 전하는 말은 당신들도 필시 들어서 알 것이니 들은 바를 말해 주시오. 이른바 묘도杳島, 타기도鼉磯島는 어느 곳에 있는가?

답 : 황성도는 등주登州 북쪽으로 떨어져 있으며 수로水路로 600리이고, 황성도로부터 북쪽 600리 거리에 철산취가 있는데, 장자도, 피도는 단지 섬의 이름만 들었을 뿐 왕래한 일이 없어서 몇 리나 되는지 알지 못합니

다. 노인들이 전하는 얘기를 듣자면 피도는 명나라 때 모총병毛摠兵이 주
둔한 곳이며, 모총병은 간신 때문에 해를 입어 쌍도雙島에서 참형斬刑을
당했다고 합니다. 묘도는 등주 북쪽으로 40리 거리이며, 타기도는 묘
도 북쪽으로 60리 거리이고, 타기도 북쪽에 검도黔島가 있는데 몇 리나
되는지는 알지 못합니다.

문 : 남방의 조운漕運은 모두 등주登州와 내주萊州를 거쳐 천진天津으로 들어가
니 절강浙江과 복건福建의 상인들도 역시 산동山東에 올 때가 있는가? 그렇
지 않으면 관선官船 외에는 바다를 지나지 못하는가?

답고일론 : 제 부친으로부터 들은 바로는 명나라 때 남방의 상선商船이 등주에
왕래하였다고 합니다만 지금은 남방의 조운漕運과 상선은 모두 서
호西湖로부터 천진을 경과하여 통주通州로 들어간다고 합니다.

답이수장, 장문학 : 산동山東, 부상扶桑, 영해寧海, 문등汶登 등 지역의 조운선漕運船은
모두 등주登州 동쪽 바다를 지납니다.

문 : 전에 듣기로는 남방에 해적이 있어 청나라에서는 해변에서 고기잡이
하는 것을 절대 금지 시켰다고 하는데, 근래 언제부터 비로소 금지령이
느슨해졌는가? 산동 지방은 남방으로부터 아주 멀리 떨어져 있으니 본
래부터 이러한 금지령이 없었던 것인가? 7,8년 전에는 바다를 표류하
는 사람들이 전혀 없었는데, 근래에는 해변에서 왕왕 다른 나라의 배가
보이기도 한다. 혹은 과연 바다의 금지령이 조금 느슨해진 것인가?

답 : 강희康熙 18년1679 이전에는 바다 금지령이 매우 엄하여 상선商船과 고기
잡이배가 왕래할 수 없었는데, 18년 이후로는 황제의 명령으로 금지령
이 해제되어 지금은 보통으로 왕래하고 있습니다.

문 : 이전에 들은 바로는 명나라 옛 백성들이 간혹 가족 모두 바다 가운데의

섬으로 피난 가서 머리를 깎지 않고 스스로 경작하며 살아가고 있다고 한다. 등주登州와 내주萊州 근처에 혹 먼 섬이 있어서 이러한 사람들이 살고 있는가?

답 : 저희들은 나이가 어리고 무지하여 명나라 옛 백성이 섬에 피난하여 장발로 살아가고 있다는 것은 전혀 들어본 바가 없습니다. 비록 간혹 있다고 하여도 발각되면 즉시 죽임을 당할 것이니 어찌 그러한 사람들이 있겠습니까?

문 : 당신들은 모두 부모형제가 있으며, 어떠한 신역身役²³을 하고 있는가?

답 : 고일론은 부모 모두 계시고 형제가 5인 있으며, 장문학은 부모 모두 계시고 남동생이 하나 있고, 이수장은 부친만 계시고 모친은 안 계시며 형제는 없습니다. 모두 예속된 곳이 없는 백성입니다.

문 : 등주부登州府에 총병總兵 3영營이 이미 설치되어 있으니 당신들 형제 역시 반드시 소속처가 있을 터인즉 어찌 신역身役이 없는 백성이라고 말하는가?

답 : 총병관總兵官에 소속된 군병軍兵은 기예技藝가 있는 자로써 충당하는데 저희들은 기예가 없으므로 1년에 단지 은화 3전錢 6푼[分]을 내어서 장정壯丁의 신역에 응하고 있습니다.

23　신역(身役) : 나라에서 성인 장정에게 부과하던 군역과 부역.

사건번호 2

호남湖南 금오도金鰲島[24] 표류 중국 복건福建 상인 9인

숙종 12년1686, 중국 복건福建 출신의 홍첨洪添 등을 포함한 상인 9인이 장사차 일본 장기도長崎島로 가려다 호남湖南 금오도金鰲島에 표류해 온 사건이다. 본서에서는 『비변사등록』으로부터 이 사건과 관련하여 계문啟文 4건, 문정별단 1건, 도합 5건의 문서를 찾아 번역 수록함으로써 당시 조선에서 표류인이 발생하였을 때의 처리 과정을 보여주고자 하였다. 다만 사건 자체는 물론 다르지만 그 처리 과정이 앞에서 수록한 사건과 비슷할 수도 있는데, 그러한 경우 비슷한 문서를 제외시키기보다는 하나의 사건에 관련된 문서를 모두 수록하여 각 사건들마다 하나의 완결된 스토리story로 구성하여 독자들께 보여주고 싶었기에, 앞의 문서와 다소 중복되는 부분이 있어도 모두 번역하여 수록하였다. 즉 조선시대 조정의 일처리 방식이 시간이 흘러감에 따라 어떻게 변하는가, 또는 어떻게 변하지 않았는가를 독자께서 직접 확인해보는 기회를 갖는 것도 상당히 의미가 있을 것으로 생각되어 다소 비슷한 내용의 문서일지라도 모두 수록하였으니, 독자들께서는 각 문서마다 첨부된 해제를 보고 경우에 따라서는 스킵하고 읽어도 될 것이다.

『승정원일기』에도 이 사건 관련하여 2건의 계문啟文이 수록되어 있다.

---

24 금오도(金鰲島) : 금오도는 전라남도 여수시 남면에 딸린 섬이다.

2-1

○ 문장 형식 : 계문啓文

○ 국사편찬위원회 번역문 제목 : 湖南 金鰲島에 표류한 사람을 압송하는 일에 대해 아뢰는 備邊司의 啓

○ 원문 제목 : 없음

○ 일자 : 숙종 12년 1686년 8월 22일음

○ 출처 : 『비변사등록』 제40책

호남湖南 금오도金鰲島에 표류해 온 9인을 북경에 압송하는 절차에 대하여 비변사에서 임금에게 아뢰는 내용의 계문啓文인데, 조선측에서는 표류인들을 조선과 청나라의 접경 지역에 있는 청나라 관할의 봉황성鳳凰城25 인근까지만 압송해가고, 그 이후에는 청나라 측에서 압송하였음을 알 수 있다.

『승정원일기』317책탈초본16책 숙종 12년 8월 22일에도 수록되어 있다.

> 비변사에서 아뢰기를,
> "호남 금오도金鰲島에 표류해 온 9인을 북경까지 호송하는 일에 대해서는 이미 주상 전하께 아뢰어서 분부를 받았습니다. 신유辛酉년에 표류 한인漢人 26인을 들여보낼 때 표류하다 우리나라에 이르게 된 사연 및 장차 들여보내려 한다는 뜻을 자문咨文 : 외교문서으로 작성하였고, 별도로 역관譯官을 지정하여 먼저

---

25 봉황성(鳳凰城) : 조선과 청나라의 접경 지역에 있는 청나라 관할 성(城)으로서 조선 후기 조선 연행사와 청나라의 칙사가 오갈 때 통과하는 국경 관문인 책문(柵門)을 봉황성장(鳳凰城長)이 관리하였다.

(중국 측의) 아문牙門²⁶에 기별하여 알렸으며, 압송해갈 무신武臣과 역관을 또 차관差官²⁷으로 삼아 뒤이어 표류인들을 데리고 갔습니다. 갑자甲子년에 표류 한인 3인을 들여보낼 때에는 재자관齎咨官²⁸으로 하여금 그대로 데리고 가게 하여, 책문柵門²⁹에 들어간 뒤에는 표류 한인을 봉황성鳳凰城에 넘겨줌으로써 차례로 압송해 가게 하였으니 역관은 단지 자문만을 가지고 북경에 들어갔다고 합니다. 이번에는 표류 한인들을 압송하는 연유를 미리 저쪽에 알려줄 필요는 없을 것 같고, 자문을 가지고 가는 역관과 인솔해 가는 관원을 앞뒤로 보내는 것도 역시 폐해가 있으니 갑자년의 예에 따른다면 편리할 것 같습니다. 담당하는 행정 관서로 하여금 문서를 만들게 하고, 자문을 가지고 갈 역관을 정하여 그로 하여금 미리 행장을 꾸리게 하여, 표류 한인들이 올라오기를 기다려 즉시 데리고 가게 해야 합니다. 그리고 남도포南桃浦³⁰의 표류 한인들을 돌려보냈다는 보고가 재자관이 출발하기 전에 올라온다면 그 곡절을 낱낱이 들어 자문에서 나란히 언급하는 것이 마땅할 것입니다. 이로써 분부를 거행하는 것이 어떠하겠습니까?"라고 하니, 윤허한다고 답하였다.

---

26 아문(牙門) : 군영(軍營)의 경내(境內). 또는 관서(官署)나 일을 처리하는 기관을 말하기도 한다.
27 차관(差官) : 일정한 임무를 맡기어 벼슬아치를 파견함. 또는 그 파견되는 벼슬아치.
28 재자관(齎咨官) : 자문(咨文)을 보내기 위하여 파견하는 관원.
29 책문(柵門) : 청의 봉황성장(鳳凰城長)이 관리한 조선과 청의 국경 관문. 책문은 조선의 연행사(燕行使)와 청나라의 칙사가 오갈 때 통과하는 국경 관문으로 출입국 절차와 세관 통관 절차가 이루어지던 곳이다.
30 남도포(南桃浦) : 전남 진도(珍島)의 포구. 이곳에서 갑자기 남도포의 표류 한인이 언급되는 것은, 본 사건(금오도 표류사건)과 비슷한 시기에 전라도 남도포에도 한인들이 표류해 온 사건이 있었는데, 남도포 표류인들은 배를 타고 바닷길로 돌아가기로 결정되어 서울에는 올라오지 않았기 때문이다. 즉, 만약 본 사건의 재자관이 북경으로 출발하기 전에 남도포 표류 한인들을 본국으로 돌려보냈다는 보고가 전라도에서 올라오면, 본 사건의 재자관이 북경에 가지고 갈 자문에 남도포 표류사건에 대해서도 자초지종을 기재하는 것이 좋겠다는 의미이다.

2-2

○ 문장 형식 : 계문啓文

○ 국사편찬위원회 번역문 제목 : 全羅道 金鰲島에 표류한 사람을 서울로 압송하여 할 일들에 대해 아뢰는 備邊司의 啓

○ 원문 제목 : 없음

○ 일자 : 숙종 12년 1686년 8월 28일음

○ 출처 :『비변사등록』제40책

전라도 금오도金鰲島에 표류해 온 9인을 서울로 압송한 다음에 처리해야 할 과정에 대하여 비변사가 임금에게 아뢰는 계문啓文이다.

『승정원일기』317책탈초본 16책 숙종 12년 8월 22일에도 수록되어 있다.

> 비변사에서 아뢰기를,
>
> "전라도 금오도에 표류해온 사람들을 이미 서울로 압송하게 하였으니 머지않아 도착할 것 같습니다. 갑자甲子년의 선례에 따라 미리 해당되는 행정 관서로 하여금 남별궁南別宮의 일꾼이 들어 있는 방을 수리하게 하여 머무르게 할 장소로 삼고, 음식물을 대접하는 일 등도 역시 전례를 따라 거행하도록 하며, 금군禁軍 가운데 일처리에 밝은 사람을 하나 뽑아 호위하는 군병軍兵 7, 8인을 거느리고 특별히 지키도록 하여 잡다한 사람들이 출입하는 폐단을 없게 해야 합니다. 또한 본 비변사 낭청郎廳 1인과 말이 통하는 역관 몇 사람으로 하여금 그들이 표류하다 우리나라에 이르게 된 사정을 다시 자세히 물어보게 한 뒤 북경으로 압송하는 것이 마땅할 것입니다. 이로써 분부하심이 어떠하겠습니까?"라고 하니, 윤허한다고 답하였다.

2-3

○ 문장 형식 : 계문啓文

○ 국사편찬위원회 번역문 제목 : 全羅道 金鰲島에 표류한 사람을 압송해 왔으니 南別宮에 안치시키고 사정을 물어보게 하겠다는 備邊司의 啓

○ 원문 제목 : 없음

○ 일자 : 숙종 12년 1686년 9월 16일丙

○ 출처 :『비변사등록』제40책

금오도金鰲島에 표류해 온 9인이 서울에 도착하였음을 임금에게 아뢰는 비변사의 계문啓文이다.

> 아뢰기를,
> "전라도 금오도에 표류해온 9인을 비로소 압송해왔습니다. 전에 아뢴 바와 같이 남별궁에 머무르게 하고, 본 비변사의 낭청과 역관 등이 함께 가서 사정을 물어보고자 하는 것을 감히 아룁니다"라고 하니, 알았다고 답하였다.

2-4

○ 문장 형식 : 계문啓文과 문정별단問情別單

○ 국사편찬위원회 번역문 제목 : 金鰲島에 표류한 9명의 처리에 대해 아뢰는 備邊司의 啓/표류한 사람에게 사정을 물은 別單

○ 원문 제목 : 계문은 제목이 없고, 문정별단의 제목은 "표류 한인의 문정별단[漂漢人, 問情別單]"임

○ 일자 : 숙종 12년 1686년 9월 17일음

○ 출처 : 『비변사등록』 제40책

계문啟文은 비변사에서, 금오도金鰲島에 표류해 온 중국인이 서울에 들어온 다음 표류인 가운데 병자가 발생했을 때 등의 처리 방법에 대하여 임금에게 아뢰는 내용이다.

문정별단은 장사차 일본 장기도長崎島를 향하다 표류해 온 중국 복건福建 출신의 홍첨洪添 등 상인 9인에게 그들의 신원 사항과 표류하게 된 경위, 그 외에 중국에 관련된 일 등에 대하여 문답한 내용인데, 특히 다른 문정별단에 비하여 상대적으로 내용이 풍부한 편이다.

아뢰기를,

"금오도에 표류해 온 9인이 어제 들어온 후에 본 비변사 낭청과 역관 등으로 하여금 그 사정을 묻게 하였더니, 그 거주지 및 신원 사항과 배가 부서지게 된 곡절이 당초 호남에서 대답한 것과 똑같은데, 그 사정을 물은 내용을 별단別單[31]으로 써서 들여보냅니다. 이 외에 더 물어볼 것이 없으니 역시 서울에 오래 머물게 할 수는 없으며, 전에 결정한 바와 같이 곧 그대로 북경으로 압송해야 합니다. 그런데 그 중 1인이 길을 떠나올 때부터 한질寒疾에 걸려 오랫동안 낫지 않았다고 하니 억지로 길을 떠나면 심해질 우려가 있습니다. 의사醫司 : 의료에 관한 일을 맡은 관아로 하여금 약리藥理를 잘 알고 있는 의관醫官을 별도로 지정하여, 그 병에 맞는 약제를 찾아 주게 하면 치료에 좋을 것이니, 병이 나아지

---

31 별단(別單) : 임금에게 올리는 문서에 덧붙이던 문서나 인명부(人名簿).

기를 기다려 보내는 것이 마땅합니다. 또한 표류인 등이 올라올 때 전라도에 분부하여 비록 이미 유의襦衣[32]를 만들어 주게 하였지만, 앞으로 날씨가 점점 추워질 것이니 입고 있는 옷으로는 먼 길을 가기 어려울 것입니다. 호조戶曹에 서 전례에 따라 유의襦衣, 바지, 전립戰笠, 신발, 버선, 모자, 띠 등의 물건을 미리 준비한 뒤 기다려 나누어 주게 함으로써 조정에서 특별히 잘 대우한다는 뜻을 보여주는 것이 어떠하겠습니까?"라고 하니, 그렇게 하라고 답하였다.

표류 한인漢人의 문정별단

문 : 당신들은 성명이 무엇이며 어느 곳 사람인가?

답 : 저희들은 9인인데, 홍첨洪添은 42세, 홍승洪勝은 25세, 증의曾宜는 36세, 증부曾富는 28세, 가부柯富는 28세이고, 이상 5인은 복건福建 천주부泉州府 동안현同安縣에 살고 있습니다. 곽동郭棟은 53세, 진묘陳苗는 29세, 엽희葉 喜는 28세, 진방陳芳은 21세인데, 이상 4인은 장주부漳州府 용계현龍溪縣에 삽니다.

문 : 당신들은 복건 천주泉州와 장주漳州에서, 어떠한 신역身役에 응하였으며, 어떤 일을 생업으로 하였는가?

답 : 저희들 8인은 모두 상업을 업으로 삼고 있고, 증부曾富는 선장船匠 : 배를 만 드는 목수를 업으로 삼고 있으며, 신역은 없습니다.

문 : 당신들은 언제 무슨 일로, 어느 곳에서 배를 출발하였으며, 어디로 가 다가 우리나라에 표류해 오게 되었는가? 배를 함께 탄 사람은 몇 사람 인가?

32　유의(襦衣) : 남자가 입는 저고리.

답 : 저희들은 6월 2일, 매매賣買하는 일로 동안현同安縣 하문항廈門港을 출발하였으며, 장차 일본으로 가려는데 바다 가운데에서 갑자기 거친 바람을 만나 표류하다 귀국에 이르게 되었습니다. 함께 배를 탄 사람은 51인이었습니다.

문 : 당신들의 배는 어느 곳에 이르러, 어떤 방향의 바람을 만나 파선破船하게 되었는가?

답 : 저희들은 7월 5일 이른 새벽에 바다 가운데에서 동남풍을 만났고, 6일 날이 저물 무렵 파선되었습니다. 42인은 물에 빠져 죽었고, 저희들 9인은 부서진 배의 널빤지에 의지하여 표류하다 해안에 닿아 겨우 살아날 수 있었습니다.

문 : 당신들은 6월 2일에 항구를 나와 배를 출발하였는데 7월 5일 바람을 만나 파선되었으니, 날짜가 이미 한 달이 지났는데 그 사이 어디에 머물렀는가?

답 : 저희들은 바다 가운데에서 닻을 내리고 순풍이 불기를 기다리고 있었는데, 갑자기 미친 듯한 바람을 만나 표류해 오게 되었습니다.

문 : 당신들이 일본으로 향하고자 하였다면 어느 방향의 바람이 순풍이 되어 배를 나아가게 할 수 있으며, 며칠이면 마땅히 일본에 도달할 수 있고, 일본에 도착하면 어느 곳에서 배를 정박하고 매매를 하는가?

답 : 하문항廈門港으로부터 서남풍을 만나면 배를 출발하고, 7일이면 일본에 닿을 수 있습니다. 매매하는 곳은 장기도長崎島입니다.

문 : 당신들이 상업을 생업으로 하고 있다면, 가지고 있는 것들은 어떠한 물화物貨이며, 구입하는 것은 무슨 물건인가?

답 : 저희들이 가지고 있는 것은 방사주方絲紬 : 비단의 일종, 백사단자白絲段子 : 비단

의 일종, 백당白糖, 다엽茶葉, 약재藥材, 모변지牟邊紙 : 종이의 일종이고, 구입하는 것은 금, 은, 동의 세 가지 품목입니다.

문 : 동안현同安縣에는 어떠한 관원官員이 있는가?

답 : 동안현에는 지현知縣 1인, 참장參將 1인이 있습니다. 지현은 백성들을 다스리고 돈과 곡식을 관리하며, 참장은 군병軍兵을 전담하여 관리하고 있는데, 1천명을 거느리고 있으며 하문항廈門港 수군도독水軍都督에 속합니다.

문 : 천주부泉州府에는 어떠한 관원이 있는가?

답 : 천주에는 육군도독陸軍都督 1인, 도야道爺 1인, 지주知州 1인이 있습니다. 도독은 군병을 다스리고, 도야는 생선과 소금을 관리하고 세금을 징수하며, 지주는 백성들을 다스리고 돈과 곡식을 관리합니다.

문 : 복건福建에는 어떠한 관원官員이 있는가?

답 : 부원部院 1인, 군문軍門 1인, 포정布政 1인이 있는데, 부원은 1품品이고, 군문은 2품이며, 포정은 3품입니다. 부원은 복건에 속한 8주州의 군병과 백성을 통치하며, 군문과 포정은 복건에 속한 8주州의 돈과 곡식을 다스립니다.

문 : 동안현의 지현知縣, 천주의 지주知州, 복건의 3관원官員 및 참장參將은 어떤 사람을 파견하는가?

답 : 모두 한인漢人을 파견합니다.

문 : 군병을 다스리는 관원은 어떠한 기예技藝를 훈련하는가?

답 : 수륙水陸 군병의 기예는 모두 조총鳥銃, 궁시弓矢, 대도大刀, 장창長鎗, 방패防牌로 1년 중 봄과 가을에 훈련합니다.

문 : 동안현에서 복건까지는 며칠 걸리는 거리인가? 일찍이 왕래한 일이 있

었는가?

답 : 동안현에서 복건까지는 6일 걸리는 거리이고, 왕래한 적이 있습니다.

문 : 당신들이 배를 타고 행상行商을 업으로 한다면 바닷길에 금지령 없이 마음대로 왕래하는가?

답 : 전에는 바다 금지령이 있었는데, 작년에 비로소 바닷길이 열렸고, 행상에게서 세금을 받습니다.

문 : 전에는 무슨 연유로 금지령이 있었으며, 지금은 왜 금지령이 없는가?

답 : 전에는 정지룡鄭之龍의 아들 국신國信, 국신의 아들 금희錦喜, 금희의 아들 극상克塽이 대만도台灣島에 있으면서 어떤 때는 장주漳州, 천주泉州 등의 지역을 침략해왔기에 바다 금지령이 매우 엄했습니다. 지금은 극상이 갑자甲子년에 청나라에 귀순하여 현재 북경에 있기에 바닷길도 비로소 열렸습니다.

문 : 동안현으로부터 대만까지는 며칠 걸리는 거리인가?

답 : 만약 북풍을 만나게 되면 대만까지 2일이면 도착할 수 있습니다.

문 : 극상이 이미 북경에 있다면 대만에는 필히 다른 인물이 있을 것이니, 어떤 사람이 주관하고 있으며, 땅의 넓이는 얼마나 되는가?

답 : 작년부터 비로소 도독都督 1인, 지주知州 1인, 지현知縣 3인을 두기 시작하였는데, 모두 한인漢人을 파견하고 있습니다. 도독은 군병軍兵을 다스리고, 지주와 지현은 백성들을 다스리고 돈과 곡식을 관리합니다. 넓이는 남북으로는 평지 70리 외에 모두 큰 산이 있으며, 동서로는 1개월 걸리는 거리이지만 토지가 척박하여 거주민이 많지 않고, 재물과 곡식도 충분하지 못합니다.

문 : 대만과 당신들이 거주하는 곳은 거리가 이미 멀리 떨어져 있는데, 어떻

게 자세히 알고 있는가? 혹은 왕래한 적이 있는가?

답 : 저희들은 일찍이 왕래한 적이 없습니다. 극상이 귀순한 뒤, 청나라에서 대만의 지도를 그려서 나라 안에 유포시켜 그 넓이를 대략 알고 있습니다. 또한 양쪽을 왕래하는 사람이 있어서 그 재물과 곡식의 풍부함과 부족함, 인물의 많고 적음에 관하여 들었습니다.

문 : 당신들은 모두 부모 형제가 있는가? 어떠한 신역身役에 응하고 있는가?

답 : 홍첨洪添은 부친은 돌아가셨고 모친이 계시며, 남동생이 1인 있을 뿐인데 장사를 업으로 하고 있습니다. 홍승洪勝은 부친은 안계시고 모친과 형이 1인 있는데, 형은 유자儒者입니다. 곽동郭楝과 증의曾宜는 부모 모두 안 계시고, 처자식만 있을 뿐입니다. 증부曾富는 부모가 계시는데, 그 부친과 형은 모두 장사를 업으로 하고 있습니다. 진묘陳苗는 부친은 돌아가시고 모친이 계십니다. 가부柯富는 부친은 돌아가시고, 모친과 형이 1인 있을 뿐인데, 형 역시 장사를 업으로 하고 있습니다. 엽희葉喜는 부모 모두 안 계시고, 형제 역시 없습니다. 진방陳芳은 부모 모두 계시고, 부친은 장사를 업으로 하며, 남동생이 1인 있는데 나이가 어립니다.

문 : 근래 바닷길에 해적이 출몰하는 일이 있는가?

답 : 정극상鄭克塽이 귀순한 뒤에는 해적이 별로 없습니다.

문 : 당신들이 일본을 왕래할 때 노인路引[33]이 있는가?

답 ; 복건福建에는 호부낭중戶部郎中과 병부주사兵部主事가 있어서 행장行狀[34]을 만들어 주었는데, 파선될 때 잃어버렸습니다.

---

33 노인(路引) : 조선시대에, 관아(官衙)에서 병졸이나 장사하는 사람 또는 외국인에게 내주던 여행권(旅行券).

34 행장(行狀) : 외국인이나 군졸·상인 등에게 해당 관아에서 여행을 승인하여 내어 주는 증명서.

문 : 당신들은 부서진 배의 널빤지를 타고 겨우 살아날 수 있었다고 하였는
데, 소지한 물건이 많은 까닭은 무엇인가?

답 : 애당초 배가 부서질 때 소지하였던 물건을 물에 빠뜨려 잃어버렸습니
다. 해안에 올라온 뒤 약간의 물건이 파도에 밀려와서 건져냈습니다.

문 : 당신들은 배가 부서져 해안에 올라온 뒤 곡식을 얻지 못하였을 텐데,
8일 남짓한 기간 동안 어떻게 굶주림을 면하였는가?

답 : 저희들은 해안에 오른 뒤 해초만 먹어 거의 사경에 이르렀는데, 다행히
귀국 사람을 만나 이렇게 살아 있습니다.

문 : 하문항廈門港으로부터 일본으로 간다면 소위 대만臺灣은 지나는 길 근처
에 있는가?

답 : 대만은 정남쪽에 있고 일본은 동남쪽에 있어서 지나가는 곳이 아닙니
다. 하문과 대만은 모두 일본으로부터 7일 걸리는 거리입니다.

사건번호 3
제주 표류 청나라 상인 65인

숙종 13년1687, 청나라 소주부蘇州府 출신의 고여상顧如商, 장문달張文達 등
상인 65인이 장사차 일본 장기도長崎島를 향하던 중 제주에 표류해 오게
된 사건이다. 본서에서는 『비변사등록』으로부터 이 사건과 관련하여 계
문啓文 3건, 문정별단 1건, 도합 4건의 문서를 찾아 번역 수록함으로써
당시 조선에서 표류인이 발생하였을 때의 처리 과정을 보여주고자 하였
다. 계문에서는 나라의 체면과 명분상 그들을 소홀히 할 수도 없지만 65

인이나 되는 외국인을 서울에 체류시키는 것이 부담스러웠을 조선 조정
의 입장이 잘 나타나 있으며, 문정별단은 인원이 많은 만큼 문답한 내용
도 상대적으로 풍부한 편이다.

이 사건은 『승정원일기』에 관련 계문啓文이 2건 수록되어 있지만, 또한
이익태李益泰의 『지영록知瀛錄』에도 그들과 문답한 내용이 수록되어 있다.

3-1

○ 문장 형식 : 계문啓文

○ 국사편찬위원회 번역문 제목 : 濟州에 표류해 온 淸人들을 서울로
　압송할 때 역관을 보내고 承文院에서 咨文도 보내자는 備邊司의 啓

○ 원문 제목 : 없음

○ 일자 : 숙종 13년 1687년 4월 17일음

○ 출처 : 『비변사등록』 제41책

비변사에서 제주에 표류해 온 청나라 사람 65인을 서울로 압송하기
위하여 역관譯官을 파견하고, 또 표류인들을 북경으로 데리고 갈 역관의
지정, 자문咨文을 미리 준비하는 것 등 여러 과정에 대하여 임금에게 아
뢰는 계문啓文이다.

『승정원일기』 321책탈초본 17책 숙종 13년 4월 17일에도 수록되어 있다.

> 비변사에서 아뢰기를,
> "제주에 표류해 온 청나라 사람들을 서울로 압송한다는 뜻에 대해서는 이미
> 재가裁可를 받아 명령을 내려 알려주었습니다. 60여 인을 먼 길을 압송해 올

때는 말이 통하는 통역이 없어서는 안 될 것입니다. 사역원司譯院으로 하여금 한어漢語를 잘 하는 역관譯官 1인을 별도로 지정하여 급히 내려 보내 바닷가에서 기다리고 있다 데리고 올 수 있도록 하고, 또한 북경으로 압송할 때 자문咨文을 가지고 갈 역관譯官을 미리 정하여 길 떠날 준비를 하게끔 하며, 자문 역시 승문원承文院으로 하여금 기일보다 먼저 작성하도록 하여, 표류한 사람들이 서울에 도착하기를 기다려 즉시 보내는 것이 마땅할 것이니, 이렇게 분부하심이 어떠하겠습니까?"라고 하니 윤허한다고 답하였다.

3-2

○ 문장 형식 : 계문啓文
○ 국사편찬위원회 번역문 제목 : 濟州에 표류해 온 사람을 서울로 압송해 처리할 문제에 대해 아뢰는 備邊司의 啓
○ 원문 제목 : 없음
○ 일자 : 숙종 13년 1687년 5월 12일음
○ 출처 : 『비변사등록』 제41책

제주에 표류해 온 청나라 사람 65인을 서울로 압송해 오고 있는 도중에 비변사에서 그들이 서울에 도착한 다음 처리해야 할 일에 대하여 임금에게 아뢴 계문啓文이다. 이 계문에 의하면 표류인들에 대한 문정問情이 최소 3회 이루어졌음을 알 수 있다. 즉 처음 표류해왔을 때 해당 지역의 지방관 주도하에 1회 이루어지고, 그 다음 서울에서 해당 지역으로 파견한 역관에 의하여, 또 서울에 도착한 다음 비변사의 낭청과 역관 등에 의하여 문정이 행해졌다. 조선 조정에서 표류인들에 대하여 상당히 신경 썼음을 알 수 있다.

비변사에서 아뢰기를,

"제주에 표류해 온 사람들을 이미 서울로 압송하게 하였습니다. 연이은 차사원差使員[35]의 보고에 의하면 며칠 내로 도착할 것 같습니다. 전례에 의하여 미리 해당 행정 관서官署로 하여금 남별궁南別宮의 일꾼이 들어 있는 방을 수리하고 정돈하게 하여 머무를 장소로 삼고, 음식물을 대접하는 일 등도 역시 전례에 의하여 거행하도록 하며, 금군禁軍 가운데 일처리에 밝은 사람을 1인 선정하여 호위할 군졸 10여 인을 거느리고 특별히 지키도록 하여 잡다한 사람들이 출입하는 폐단을 없게 할 것입니다. 또한 호남에서 압송해 올 때 역관이 도중에 표류인들의 사정을 물어서 본 비변사에 알렸는데, 그 말의 내용을 살펴보니 당초 제주에 표착했을 때의 문답과 다름이 없습니다. 서울에 들어온 뒤에는 본 비변사의 낭청郎廳[36] 1인과 말이 통하는 역관 몇 사람으로 하여금 다시 표류해 온 사정을 자세히 물어보게 한 뒤 북경으로 압송 할 것입니다. 그리고 자문咨文을 가진 역관이 봉황성鳳凰城에 도착하여 표류인들을 넘겨준 뒤에는 곧 저들이 차례로 압송해갈 것이니, 역관은 오직 자문만 가지고 북경으로 들어가게 되는데, 이러한 것이 전후로 이미 시행되어 온 예입니다. 많은 사람들이 탈 수레는 필히 미리 정돈하고 기다려야 할 것이며, 그러한 연후에야 피차 낭패할 염려가 없을 것입니다. 작년에 표류 한인漢人들을 들여보낼 때 봉황성 사람이 의주義州로부터 미리 연락받지 못했다는 말을 했다고 하는데, 의주부윤義州府尹에게 분부하여 미리 봉황성에 사람들을 보낸다는 통보를 하게

---

35 차사원(差使員) : 중요한 임무를 지워, 관찰사(觀察使) 등이 파견하던 임시 관원(官員).
36 낭청(郎廳) : 조선시대 때 당하관(堂下官)을 달리 이르던 말.

하는 것이 어떠하겠습니까?"라고 하니, 윤허한다고 답하였다.

3-3

○ 문장 형식 : 계문啓文과 문정별단問情別單

○ 국사편찬위원회 번역문 제목 : 濟州에 표류한 중국인의 사정을 물은 別單을 올리는 備邊司의 啓

○ 원문 제목 : 계문은 제목이 없고, 문정별단은 "제주에 표류해 온 한인의 사정을 물은 별단[濟州漂漢, 問情別單]"

○ 일자 : 숙종 13년 1687년 5월 15일음

○ 출처 : 『비변사등록』 제41책

계문은 제주에 표류해 온 청나라 사람 65인이 서울에 들어온 다음 앞으로 처리해야 할 일에 대하여 비변사에서 임금에게 아뢰는 내용이다. 나라의 체면과 명분상 그들을 소홀히 할 수도 없지만 65인이나 되는 외국인을 서울에 체류시키는 것이 상당히 부담스러웠을 조선 조정의 입장이 잘 나타나 있다.

문정별단은 장사차 일본 장기도長崎島를 향하던 중 제주에 표류해 오게 된 청나라 상인 고여상顧如商과 장문달張文達 등 65인에게 그들의 신원과 표류 경위, 표류인들 출신지의 각종 상황 등을 물은 내용인데, 인원이 많은 만큼 문답한 내용도 풍부한 편이다.

『승정원일기』 322책탈초본 17책 숙종 13년 5월 16일에도 계문 부분만 수록되어 있다.

비변사에서 아뢰기를,

"제주에 표류해 온 사람 65인은 그저께 들어왔는데, 날이 이미 저물어 사정을 물어보지 못하고, 어제 비로소 본 비변사 낭청과 역관 등이 함께 가서 그 거주지와 신원 사항, 파선破船 곡절, 남쪽 지방 사정에 대하여 자세히 물어본 즉, 애당초 대답한 것, 제주와 호남에서의 것과 대체로 일치하여 그 사정을 물은 내용을 별단別單으로 기록하여 들였습니다. 이 외에 더 물어볼만한 일은 없으며, 수많은 외국인을 서울에 오래 머무르게 해서는 안 될 것이니, 전에 결정한 대로 곧 북경으로 압송해야 할 것입니다. 하여 의복, 전립戰笠, 신발, 버선, 모자, 띠 등의 물건을 전례대로 호조戶曹로 하여금 준비하게 하여 나누어 주었더니 저들이 모두 뜰에 내려와 머리를 조아리며 감사의 말을 하였다고 합니다. 그 가운데 몇 사람은 길에 오르면서부터 병을 얻어 차도가 없는데, 혹 지금 고통스러워하는 자가 있으면 형편상 강제로 길을 떠나게 하기는 어려울 것이니, 의사醫司로 하여금 약리藥理를 잘 알고 있는 의관醫官을 별도로 지정하게 하여 그 병에 맞는 약제藥劑를 찾아 줘서 잘 치료하고, 잠깐 1, 2일 동안 살펴보고서 보내는 것이 마땅할 것입니다. 이렇게 분부하심이 어떠하겠습니까?"

라고 하니, 윤허한다고 답하였다.

제주에 표류해 온 한인漢人의 사정을 물은 별단別單

문 : 당신들 성명은 각각 무엇이며, 어디 사람인가?

답 : 저희들은 65인입니다.

　　고여상顧如商 47세, 거주지는 소주부蘇州府 오현吳縣.

　　장문달張文達 44세, 거주지는 소주부 가정현嘉定縣.

　　왕준후王俊侯 60세, 거주지는 강서성江西省 무주부撫州府 낙안현樂安縣.

심종선沈從先 57세, 거주지는 소주부 숭명현崇明縣.

이득보李得甫 43세, 거주지는 소주부 장주현長州縣.

허명의許明義 64세, 거주지는 송강부松江府 화정현華亭縣.

이병공李秉公 38세, 거주지는 송강부 화정현.

심조선沈肇先 49세, 거주지는 절강성浙江省 호주부湖州府 오정현烏程縣.

공성지龔盛之 41세, 거주지는 강녕부江寧府 강녕현江寧縣.

주인우朱仁宇 32세, 거주지는 소주부 오현吳縣.

홍서도洪瑞圖 43세, 거주지는 강녕부 표수현漂水縣.

강운승姜雲昇 46세, 거주지는 강서성 무주부 임천현臨川縣.

도자상陶子祥 37세, 거주지는 절강성浙江省 소흥부紹興府 산음현山陰縣.

주체건周體乾 50세, 거주지는 영국부寧國府 영국현寧國縣.

진심가陳心嘉 30세, 거주지는 소주부 장주현.

유운소劉雲召 21세, 거주지는 소주부 오현.

왕천무王天武 40세, 거주지는 소주부 상숙현常熟縣.

증상공曾象功 32세, 거주지는 소주부 상숙현.

양무생場茂生 40세, 거주지는 양주부揚州府 강도현江都縣.

번의樊義 35세, 거주지는 소주부 숭명현.

조대曹大 55세, 거주지는 호광성湖廣省 한양부漢陽府 한양현漢陽縣.

곽서郭瑞 43세, 거주지는 장주부長州府 강음현江陰縣.

오림吳林 39세, 거주지는 소주부 오현.

유산劉山 46세, 거주지는 소주부 오현.

왕조王潮 55세, 거주지는 소주부 숭명현.

채선蔡先 26세, 거주지는 소주부 숭명현.

이도李道 37세, 거주지는 송강부松江府 상해현上海縣.

진경陳敬 41세, 거주지는 소주부 상숙현常熟縣.

임대林大 40세, 거주지는 장주부 정강현靖江縣.

왕마王麻 27세, 거주지는 장주부 강음현.

오삼吳三 30세, 거주지는 소주부 숭명현.

이이李二 27세, 거주지는 송강부 상해현.

강태姜太 30세, 거주지는 소주부 숭명현.

계사季四 24세, 거주지는 소주부 숭명현.

번삼樊三 28세, 거주지는 소주부 숭명현.

두을竇乙 43세, 거주지는 소주부 오현.

왕선王先 33세, 거주지는 소주부 장주현長州縣.

왕문王文 44세, 거주지는 소주부 가정현.

중이仲二 29세, 거주지는 소주부 장주현.

이계李桂 29세, 거주지는 소주부 장주현.

진수陳壽 34세, 거주지는 소주부 오현.

주승周勝 50세, 거주지는 회안부淮安府 산양현山揚縣.

채이蔡二 35세, 거주지는 송강부 상해현.

도이陶二 29세, 거주지는 소주부 숭명현.

오성吳聖 43세, 거주지는 휘주부徽州府 휴녕현休寧縣.

이우李宇 42세, 거주지는 소주부 장주현.

허상許詳 25세, 거주지는 소주부 장주현.

이용李龍 25세, 거주지는 소주부 장주현.

옹팔翁八 56세, 거주지는 복건성福建省 복주부福州府 민현閩縣.

옹내翁耐 30세, 거주지는 복건성 복주부 민현.

옹오翁五 36세, 거주지는 복건성 복주부 민현.

강건江揵 38세, 거주지는 복건성 복주부 후관현侯官縣.

정장鄭章 46세, 거주지는 복건성 복주부 후관현.

진수陳壽 48세, 거주지는 복건성 복주부 후관현.

강오江五 36세, 거주지는 복건성 복주부 후관현.

강삼江三 36세, 거주지는 복건성 복주부 후관현.

서원徐元 23세, 거주지는 송강부 화정현.

주명朱明 28세, 거주지는 소주부 숭명현.

오의吳義 26세, 거주지는 장주부 무석현無錫縣.

석명石明 25세, 거주지는 소주부 숭명현.

주화朱華 21세, 거주지는 소주부 오현.

주이朱二 15세, 거주지는 소주부 오현.

허원許元 16세, 거주지는 송강부 화정현.

이복李福 18세, 거주지는 송강부 화정현.

양보楊寶 25세, 거주지는 소주부 가정현.

문 : 당신들은 고향에 있을 때 어떠한 신역身役을 하였으며, 어떤 일을 생업
으로 삼았는가?

답 : 저희들은 평소 신역이 없고, 상업을 업으로 삼았습니다.

문 : 당신들은 언제, 어디에서 배를 출발하였으며, 어디를 향하다 우리나라
에 표류해왔는가? 함께 배를 탄 사람은 몇 사람인가?

답 : 저희들은 금년 2월 16일 호부戶部와 공부工部에 세금을 납부하고, 17일
배에 올랐습니다. 18일 오송구吳松口로부터 그대로 큰 바다를 향했는데,

22일 저녁 갑자기 동남풍이 불었으며, 저녁 3경更[37] 무렵 제주 정의旌義 지경에 도착하고서 배가 부서져버려 육지에 올랐습니다. 함께 배를 탄 사람은 70인인데 4인이 물에 빠져 죽었고, 그 나머지는 겨우 살아났으며, 또 1인이 병사하였습니다.

문 : 당신들은 배를 타고 행상하는 것을 업으로 하고 있다면, 가려고 한 곳은 어디인가?

답 : 저희들은 각자 물건을 가지고 장차 일본 장기도長崎島로 가려 하였습니다.

문 : 당신들이 가지고 있는 것은 어떠한 물건이고, 구입하고자 한 것은 어떠한 물건인가?

답 : 저희들이 가지고 있었던 것은 백사白絲 : 비단의 일종, 항능抗綾 : 비단의 일종, 주사走紗 : 비단의 일종, 인삼人蔘, 사향麝香, 약재藥材 등이며, 구입하려는 것은 은銀, 동銅, 소목蘇木, 해삼海蔘, 복어卜魚, 후추[胡椒] 등의 물건입니다.

문 : 당신들은 일찍이 장기도에서 몇 차례나 행상을 하였는가?

답 : 저희들은 을축乙丑년에서 정묘丁卯년까지 3회 왕래하였습니다.

문 : 당신들이 장기도에 갈 때, 오송구吳淞口에서 배를 띄우면 며칠 만에 도착하는가?

답 : 저희들이 만약 서남풍을 만난다면 4일 낮밤이면 도착할 수 있습니다.

문 : 당신들과 함께 동시에 출발하여 장기도로 가려고 하였던 배는 몇 척이나 되는가?

---

37 3경 : 경(更)은 일몰(日沒)부터 일출(日出)까지 하룻밤을 다섯으로 나누어 부르는 시간의 이름. 밤 7시부터 시작하여 두 시간씩 나누어 각각 초경(初更), 이경(二更), 삼경(三更), 사경(四更), 오경(五更)이라고 부른다. 그러므로 3경은 밤 11시에서 다음날 새벽 1시까지이다.

답 : 소주蘇州에서 저희들 등 3척의 배가 함께 출발하였는데, 갑자기 미친 듯한 바람을 만나 배가 나는 듯이 가버렸기에 2척의 배가 간 방향을 알지 못합니다.

문 : 당신들이 매년 바다를 항해한다면 필히 공문이 있어야 행상을 할 수 있을 텐데, 지금은 없으니 그 까닭은 무엇인가?

답 : 저희들이 호부戶部와 공부工部에 세금을 납부하자 전례에 따라 표첩標帖 : 증명서을 내어 주었는데, 지금은 파선되어 바다 속으로 흘러가버렸습니다.

문 : 당신들이 매년 바다 가운데를 왕래한다면 해변 지방 및 바다 가운데의 여러 섬들을 필시 지나면서 보아서 자세히 알고 있을 것이다. 대만도臺灣島는 어느 지방에 있는가? 옛 민閩과 월越 또한 어느 방향에 있는가?

답 : 민은 곧 현재의 복건성福建省이고, 월은 곧 지금의 절강성浙江省이며, 대만도는 정지룡鄭之龍이 거주하였던 지역을 말하는데, 일찍이 왕래한 일이 없습니다.

문 : 대만도가 곧 정지룡이 거주하였던 지역이라면, 정지룡의 후손이 대대로 그 곳에서 살고 있는가?

답 : 정지룡의 손자인 극상克塽이 계해癸亥년에 귀순한 뒤에 비로소 도독都督 1인, 지주知州 1인, 지현知縣 2인을 두었는데, 모두 한인漢人을 파견하였으며, 군병을 두어 지킨다고 합니다.

문 : 당신들은 배를 타고 행상하는 것을 업으로 하고 있는데, 바닷길에 금지령 없이 마음대로 왕래하는가?

답 : 계해癸亥년 이전에는 정극상鄭克塽, 오삼계吳三桂, 상가희尙可喜 등이 귀순하지 않아 바다의 방위가 매우 엄했지만 지금은 천하가 태평하여 바닷길

이 탁 트였습니다.

문 : 근래 바닷길에 해적이 출몰한 일이 있는가?

답 : 정극상이 귀순한 뒤로 별다른 해적이 없습니다.

문 : 신유^{辛酉}년간에 소주^{蘇州}인 고자영^{高子英} 등이 우리나라에 표류해 와서 북경에 영솔하여 보내주었는데, 몇 년에 고향에 돌아왔는지 모르는가?

답 : 고자영은 본래 소주 상숙현^{常熟縣} 태생으로 임술^{壬戌}년 4월 중 북경으로부터 그 거주지를 바꾸어 그대로 소주성^{蘇州城} 안으로 이사하였다고 합니다만, 서로 거리가 100여리 떨어져 있어 그 사람을 보지는 못했고, 단지 전해오는 말을 들었을 뿐입니다.

문 : 고자영과 함께 돌아간 사람이 많아서 수십 여 명에 이르는데, 그 가운데 필시 아는 사람이 있을 터인즉, 만나서 얘기를 하였는가?

답 : 고자영과 함께 집에 돌아온 자 수십 여 명 가운데, 조은상^{趙恩相}, 허이^{許二}, 허삼^{許三}, 잠유생^{岑有生}, 정공위^{鄭公違} 5인이 집에 돌아온 뒤 만나서 그들의 말을 들었는데, 초하루와 보름마다 향불을 켜놓고 두 손바닥을 마주 대고 빌며 귀국의 넓고 큰 은혜를 영원히 생각하겠다고 하였습니다.

문 : 당신들이 모두 소주^{蘇州}에 속하는 현^縣에 살고 있으니, 소주부^{蘇州府}의 관원 및 성^城 둘레를 하나하나 알려줄 수 있는가?

답 : 소주에는 무원^{撫院}이 1인 있어 군대와 백성을 다스리고, 포정사^{布政司} 1인이 있어 은전^{銀錢}을 관리하고, 독량도^{督糧道} 1인이 있어 경작지에 대한 세금을 관리하고, 병비도^{兵備道} 1인이 있어 군병과 백성 등을 관리하고, 소주 지부^{知府} 1인은 돈과 양곡을 관리하고, 기타 관량동지^{管糧同知}, 독량동지^{督糧同知}, 총포동지^{摠捕同知}, 통판직조부^{通判織造府} 등 80여 인을 모두 무원^{撫院}이 통솔합니다. 성^城의 둘레는 50리이며, 창문^{閶門}, 서문^{胥門}, 제문^齊

門, 누문樓門, 반문盤門, 대문對門의 6문이 있습니다.

문 : 당신들은 어떤 사람은 강서성江西省에 거주하고, 혹은 절강성浙江省에 거주하고, 혹은 복건성福建省에 거주하고, 혹은 호광성湖廣省에 거주하고, 혹은 강남성江南省에 거주하는데, 그 관원의 숫자가 모두 소주와 같은가?

답 : 4성省 관원의 다소는 소주부蘇州府보다 많지 않습니다.

문 : 소주부는 이 4성의 크기에 미치지 못하는 것 같은데, 관원의 많고 적음은 4성과 같으니 그 까닭은 무엇인가?

답 : 소주의 넓이는 비록 성省에 미치지 못하지만 인물이 아주 많고, 재화財貨가 모이는 것도 또 여러 성보다 더 많기 때문에 그러합니다.

문 : 4성 및 소주의 관원들은 어떠한 사람들을 파견하는가?

답 : 모두 한인漢人들을 파견합니다.

문 : 군병을 다스리는 관원은 때로 훈련을 실행하는 일이 있는가?

답 : 1년 중 봄철인 2월 15일, 가을철인 7월 15일에 의례적으로 훈련을 하며, 기병과 보병이 절반씩입니다. 강남성에는 3인의 대장大將이 있는데, 2인은 청인淸人으로 각각 1만의 청병淸兵을 거느리고 있으며, 1인은 성성省城의 안에 있고, 1인은 진강경구鎭江京口에 있습니다. (나머지) 1인은 곧 한인漢人으로 10만 여 군병을 거느리고 송강부松江府에 주둔하여 지키고 있습니다.

문 : 기병과 보병의 군병들이 사용하는 기구를 하나하나 가르쳐 줄 수 있는가?

답 : 기병이 사용하는 것은 통개筒箇 : 활과 화살꽂이, 장창長槍, 요도腰刀이고, 보병이 사용하는 것은 혹은 화살, 혹은 장창, 혹은 조총鳥銃, 혹은 방패防牌, 혹은 요도腰刀입니다.

문 : 소주부蘇州府에서 북경까지의 거리는 몇 리인가?

답 : 3천 6백 리입니다.

문 : 강서성江西省에서 북경까지의 거리는 몇 리인가?

답 : 5천 2백 리입니다.

문 : 송강부松江府에서 북경까지의 거리는 몇 리인가?

답 : 3천 8백 리입니다.

문 : 강녕부江寧府에서 북경까지의 거리는 몇 리인가?

답 : 3천 2백 리입니다.

문 : 절강성浙江省에서 북경까지의 거리는 몇 리인가?

답 : 4천 리입니다.

문 : 영국부寧國府에서 북경까지의 거리는 몇 리인가?

답 : 3천 6백 리입니다.

문 : 양주부揚州府에서 북경까지의 거리는 몇 리인가?

답 : 3천 리입니다.

문 : 장주부漳州府에서 북경까지의 거리는 몇 리인가?

답 : 3천 5백 리입니다.

문 : 회안부淮安府에서 북경까지의 거리는 몇 리인가?

답 : 2천 8백 리입니다.

문 : 휘주부徽州府에서 북경까지의 거리는 몇 리인가?

답 : 3천 8백 리입니다.

문 : 복건성福建省에서 북경까지의 거리는 몇 리인가?

답 : 7천 리입니다.

문 : 산동성山東省에서 북경까지의 거리는 몇 리인가?

답 : 1천 2백 리입니다.

문 : 육군은 훈련하는 일이 있다고 하였는데, 수군水軍을 총괄하여 다스리는 자는 어떠한 관원이며, 어떠한 기예를 훈련하는가?

답 : 소주에는 전선戰船 3백여 척과 수군 7천여 명이 있고, 기예는 조창鳥鎗 : 즉 조총(鳥銃), 활과 화살, 장창長槍, 대포大砲 등의 물건을 사용하고, 수군총병水軍摠兵이 주관하고 있습니다.

문 : 당신들 고향에서 농업과 잠업蠶業 및 요역徭役 [38]은 어떠한가?

답 : 강희康熙 19년에 극심한 수해를 입었는데, 그 후 지금에 이르기까지 농사가 풍년이 들어 은銀 1전錢의 가격이 쌀 10두斗 : 말에 이르며, 요역은 경작지 1무畝의 세금으로 단지 쌀 2두를 납부하는 외에 별다른 잡역雜役이 없습니다.

문 : 당신들은 해마다 장기도長崎島에 행상하러 가는데, 일본의 상인도 역시 강남江南에 교역하러 오는가?

답 : 저희들은 장사하여 이익을 쫓는 무리로서 바닷길이 위험한 것을 헤아리지 않고 일본으로 행상하러 가지만, 일본인은 나라의 금지령이 매우 엄하여 원래 왕래하는 일이 없습니다.

---

[38] 요역(徭役) : 예전에 국가가 백성의 노동력을 무상으로 징발하였던 수취 제도.

사건번호 4
전주^{全州}의 정체불명 표류 한인^{漢人} 유연^{劉連}

숙종 13년¹⁶⁸⁷, 전주부^{全州府}에서 한인^{漢人}을 자처하지만 모든 것이 불확실한 유연^{劉連}이라는 사람이 붙잡힌 사건이다. 당시 조정에서는 그의 신원을 밝히기 위하여 많은 노력을 하였는데, 본서에서는 『비변사등록』으로부터 이 사건과 관련하여 계문^{啓文} 7건, 보고서 1건, 문정별단 1건, 모두 9건의 문서를 찾아 번역 수록함으로써 그 처리 과정을 보여주고자 하였다. 이 사건의 구체적인 처리 과정을 살펴보면 유연의 출신지를 알아내기 위하여 마침 비슷한 시기에 제주에 표류해 온 청나라 상인들과 대질시키는 등 그 자체로서 상당히 흥미로운 이야기를 구성하고 있는 위에, 당시 조정에서 단지 한 사람의 표류인 신원을 밝히기 위하여 많은 시간과 인력을 사용하고 있어서, 당시 조선이 표류인 사건에 대하여 매우 민감하고 신중하게 대처하였음을 나타내 주고 있다는 점에서도 의미가 있다. 또한 뇌물 수수 등 당시 표류인과 표착지 거주민과의 사이에서 발생할 수 있는 일에 대하여 당시 조정에서 어떻게 대처하고 있었는지에 대해서도 알 수 있다.

이 사건은 『승정원일기^{承政院日記}』에도 관련 계문^{啓文}이 3건 수록되어 있다.

4-1

○ 문장 형식 : 계문^{啓文}

○ 국사편찬위원회 번역문 제목 : 全州府에 붙잡은 漢人의 압송에 대해 아뢰는 備邊司啓辭

○ 원문 제목 : 없음

○ 일자 : 숙종 13년 1687년 5월 2일음

○ 출처 : 『비변사등록』 제41책

전주부全州府에서 붙잡힌 한인漢人 1인을 서울로 압송해왔으니 잠시 비변사에 두고 문정問情한 뒤 처리하겠다는 것을 아뢰는 비변사의 계문啟文이다. 바닷가가 아닌 내륙 지방 전주에서 붙잡혔다는 점, 그 숫자도 1인이라는 점이 다른 표류 사건과 크게 구별된다.

비변사에서 아뢰기를,

"전주부全州府에서 붙잡힌 한인漢人 1인을 전라도에서 차사원差使員[39]을 지정하여 압송하였는데, 비로소 들어왔습니다. 잠깐 본 비변사에 머무르게 하고서 유사당상有司堂上[40]으로 하여금 직접 사정을 묻게 하고, 한어漢語를 잘하는 역관을 별도로 지정하여 상세하게 사정을 물어 그 실상을 파악하고 다시 아뢰어 처리하도록 하겠습니다. 음식을 접대하고 지키는 일 등은 전례에 의하여 거행하도록 해당 기관에 분부하심이 어떠하겠습니까?"라고 하니, 윤허한다고 답하였다.

4-2

○ 문장 형식 : 계문啟文

---

39 차사원(差使員) : 중요한 임무를 지워, 관찰사 등이 파견하던 임시 관원(官員).

40 유사당상(有司堂上) : 조선시대 때 종친부(宗親府), 충훈부(忠勳府), 비변사(備邊司), 기로소(耆老所) 등 사무의 책임을 맡은 당상(堂上).

○ 국사편찬위원회 번역문 제목 : 全羅道에서 올려보낸 표류 漢人을 압송해 역관을 시켜 물은 내용을 아뢰는 備邊司啓辭

○ 원문 제목 : 없음

○ 일자 : 숙종 13년 1687년 5월 3일음

○ 출처 : 『비변사등록』 제41책

전주에서 올라온 표류 한인漢人에게 역관譯官을 시켜 물은 내용을 아뢰는 비변사의 계문이다. 그 표류 한인은 언어가 알아듣기 힘들어서 한어漢語 역관과도 소통이 어려운 상황으로 언제부터 어떠한 연유로 혼자 떠돌게 되었는지 등 모든 것이 불확실하며, 그 이름도 자칭 유연리劉連里라고 하는데 그 마저도 확실하지 않다. 당시 표류인이 많이 발생하다보니 이와 같이 정체를 알 수 없는 사람이 표류인을 자처하는 경우도 있었음을 알 수 있다.

비변사에서 아뢰기를,

"전라도에서 올려 보낸 표류 한인漢人을 비변사에 압송해 온 다음, 한어漢語를 잘하는 역관으로 하여금 상세히 물어보게 하였는데, 그 언어가 주변부 민족의 말인 듯 알아듣기 어려운 위에 우리나라의 말이 섞여 있어서 거듭하여 두서를 가려 보려고 했지만 끝내 이해할 수 없었습니다. 다만 알아들을 수 있는 것을 취하여 말씀드리자면, 이곳에 온지 몇 년이나 되었는지 물으니 손가락을 일곱 개 구부리고 멈췄으며, 나이가 몇 살이냐고 물으니 곧 24세라고 하였고, 어떻게 표류해 오게 되었느냐고 물으니 고자영高子英이 친척으로 함께 표류해 왔다고 하였습니다. 고자영은 곧 신유辛酉년 지도智島에 표류해 온 한인漢人

으로 그때 떠돌게 된 사람인 것 같습니다. 그 살던 곳을 물으니 복건福建이라고 하는데, 이는 우리나라 발음으로 말하였습니다. 그 성명을 물으니 성姓은 묘금도卯金刀로 이루어진 유劉씨이고 이름은 연리連里라고 하는데, 자세히 알 수 없었습니다. 전에 표류해 온 고자영이 전한 죽은 사람과 살아 있는 사람 가운데 왜 당신 이름이 없냐고 하니, 단지 가슴을 가리킬 뿐이었는데, 그 의미를 추측하자면 병이 있어서 뒤쳐지게 되었다고 하는 것 같습니다. 7년 동안 거처한 곳을 물으니 산간山間 지방을 얘기하는데, 손으로 머리를 어루만지는 것이 승려를 따라서 탁발하였다는 것 같았습니다. 다만 우리나라에 머무를 것인지를 물으니 매우 기뻐하였으며, 북경에 보내준다고 말하니 곧 손으로 목을 가리킴으로써 참수당하는 것을 두려워하는 모양을 보였습니다. 또한 고려高麗는 주자朱子의 은혜를 크게 입었다고 하면서 연이어 죽음을 면할 수 있도록 애걸하였으며, 어떤 때에는 울면서 손으로 남쪽 하늘을 가리키며 입으로 알 수 없는 말을 하였습니다. 그 상태를 살펴보건대, 표류해 온 뒤에 도서 지역을 떠돌아다니다가 산간 지방에서 걸식하게 되었으며, 우리나라 말을 알아듣는 것 같지만 말이 분명하지 못하고, 그 본래의 말소리는 복건성福建省 깊은 곳의 사투리로서 말이 달라서 비록 한어漢語를 할 줄 아는 역관譯官 역시 알아들을 수 없습니다. 만약 조용한 곳으로 옮겨 두고 1,2인의 역관으로 하여금 함께 기거하게 하면서 그 동정을 살피고 그 언어를 듣게 하면 혹은 그 본말을 따져서 알아낼 수 있을 것 같습니다. 잠시 거처를 골라 한어를 잘 하는 역관 2인과 한 방에 거처하게 하면서 조용히 사정을 물어본 후에 비변사에 보고하여 알리게 하는 것이 어떠하겠습니까?"라고 하니, 윤허한다고 답하였다.

4-3

○ 문장 형식 : 계문啓文

○ 국사편찬위원회 번역문 제목 : 표류한 중국인을 관청에 알리지 않고 뇌물까지 받은 것으로 추정되는 朴立을 推問하자는 備邊司의 啓

○ 원문 제목 : 없음

○ 일자 : 숙종 13년 1687년 5월 9일을

○ 출처 : 『비변사등록』 제41책

전주에서 압송해 온 자칭 유劉씨 성姓의 한인漢人을 사역원司譯院에 머물게 하고, 한어漢語를 할 줄 아는 역관譯官 몇 사람으로 하여금 다시 그에게 사정을 묻고 그 동태를 살펴서 보고하게 한 결과를 아뢰는 비변사의 계문이다. 그 결과, 그가 당초 전라도 지도智島에 머무를 때 섬 주민인 박립朴立이라는 자에게 보검 한 자루를 선물로 주었다는 내용이 있어, 박립을 감영에 잡아 가두고 문초하여 그 실상을 알아내고자 아뢰는 계문이다.

비변사에서 아뢰기를,

"전라도에서 압송해 온 표류 한인漢人을 본 비변사에서 사정을 물어본 후에 사역원司譯院에 옮겨 두고, 한어漢語를 할 줄 아는 역관譯官 몇 사람을 별도로 지정하여 늘 함께 거처하면서 조용히 캐어 묻게 하였으며, 그 모습과 행동을 살피고 그 언어를 듣고서 본 비변사에 보고하여 알리도록 하였습니다. 이제 역관 등의 보고서를 보니, 물어보고 대답한 말이 이전에 비해 자못 상세하여 별도의 종이에 기록하여 주상 전하의 열람에 대비하였습니다. 다만 그가 말하는 바에는 실로 헤아려 알 수 없는 것이 있는데, 그는 비록 자신이 신유辛酉년에 표류해 온 사람이라고 하지만, 고자영高子英은 곧 소주부蘇州府에 거주하는 사람이고 이 사람은 스스로 복건福建에 거주하고 있다고 말하고 있습니다. 고자영은 장차 산동山東의 교주膠州로 가려고 하다 바람을 만나 표류하게 되었다고 말하였는데, 이 사람은 곧 장사일로 남만南蠻 지방을 향하다가 그대로 바람결에 떠돌게 되었다고 하니, 그 말이 서로 어긋나 의심할 만한 단서가 없지 않습니다. 또한 그는 당초 지도智島에 머무르게 되었을 때 섬 안의 거주민인 박립朴立이라는 이름을 가진 자가 그를 가엾게 여겨 머무르게 하고 마침내 살려주었기에, 고자영이 보검 한 자루로 그 주인에게 사례하였다고 말하였습니다. 소위 박립이라는 자는 국법을 두려워하지 않고 스스로 외국인과 접촉하여 머무르게 하고 관가에 고하지도 않았으며, 또한 뇌물을 받기에 이르렀으니 몹시 놀라운 일로서 엄중하게 살펴서 밝혀내지 않을 수 없습니다. 그간의 곡절을 우선 조사하여 따져 묻고 그 진실과 거짓을 알아낸 연후에 이 사람의 일을 처리할 수 있으니, 전라도 감사로 하여금 박립을 감영에 잡아 가두고 엄하게 문초하여 그 실상을 알아내어 신속히 아뢰어 보고하라는 뜻을 분부하심이 어떠하겠습니까?"라고 하니 윤허한다고 답하였다.

4-4

○ 문장 형식 : 계문啓文
○ 국사편찬위원회 번역문 제목 : 朴立을 추문한 내용을 咨文에 넣어야 하는데 지연될 근심이 있으므로 禁軍을 정해 파발마로 알리자는 備邊司啓辭
○ 원문 제목 : 없음
○ 일자 : 숙종 13년 1687년 5월 16일음

○ 출처 :『비변사등록』제41책

   바로 위의 문서에서 언급한 박립^{朴立}을 뇌물 수수죄 등으로 전라도 감영에서 문초하고 있는데, 그 내용을 북경에 보내는 자문^{咨文}에 넣기 위해 신속히 보고하게 할 것을 아뢰는 비변사의 계문이다.
   북경에 보내는 외교 문서인 자문을 통하여 조선에 표류해 온 중국 표류인들에 관한 내용을 청나라 측에 매우 신중하고 자세하게 보고하였음을 알 수 있다.
   『승정원일기』322책탈초본 17책 숙종 13년 5월 16일에도 수록되어 있다.

    비변사에서 아뢰기를,
  "전주에서 붙잡힌 한인漢人의 자백으로 하여 지도智島 사람 박립朴立을 전라도에서 감영監營에 잡아 가두고 그 실상을 문초하여 신속히 아뢰어 보고하게 하겠다는 것을 이미 주상 전하께 아뢰었고, 전라도에 알렸습니다. 제주에 표류해 온 한인을 북경으로 압송할 때 전주에서 붙잡힌 한인도 나란히 들여보낼 것을 이미 결정하였습니다. 박립을 문초한 내용을 마땅히 자문咨文 중에 넣어야 할 터인데, 전라도의 보고서를 만약 관례대로 올려 보내온다면 필시 늦어질 염려를 면치 못할 것이니 각별히 신속하게 보고하여 아뢰라는 뜻을 금군禁軍을 별도로 지정하여 역마驛馬로 알려주는 것이 어떠하겠습니까?"라고 하니 윤허한다고 답하였다.

4-5
○ 문장 형식 : 계문啟文

○ 국사편찬위원회 번역문 제목 : 全州에서 붙잡은 劉씨 성을 가진 자
와 濟州에 표류해온 사람을 이야기 시킨 것에 대해 아뢰는 備邊司
의 啓

○ 원문 제목 : 없음

○ 일자 : 숙종 13년 1687년 5월 16일음

○ 출처 : 『비변사등록』 제41책

전주에서 붙잡힌 유劉 씨 성을 가진 자를 앞의 사건 〈3〉에서 다룬 제
주에 표류해 온 청나라 각 성省 출신 사람들과 한 군데에 두고 서로 이야
기를 하게 한 결과에 대하여 아뢰는 비변사의 계문이다. 당시 이처럼 표
류인을 자처하며 떠돌아다니는 사람의 신원 파악을 위해 조정에서 상당
히 공을 들였음을 알 수 있다.

『승정원일기』 322책탈초본 17책 숙종 13년 5월 16일에도 수록되어 있다.

아뢰기를,
"전주에서 붙잡힌 유劉씨 성을 가진 사람을 남별궁南別宮에 압송해서 제주에 표
류해 온 사람들과 각각 이야기를 시켜서 그 진실과 거짓됨을 시험하겠다는
것을 이미 주상 전하 앞에서 아뢰어 결정하였으며, 이러한 뜻을 역관들에게
분부하였습니다. 역관들의 보고서를 접해 보니, 소위 유劉씨 성을 가진 사람
을 제주에 표류해 온 한인들이 있는 곳으로 데려가서 각 성省의 사람들과 한
군데에 모여 앉아 각기 그 사투리로써 다양한 측면으로 따져 묻게 하였으나
서로 간의 말이 전혀 통하지 않았습니다. 제주의 표류 한인漢人 등은 그가 결코
중원中原 사람이 아니라고 하였고, 유劉씨 성을 가진 자는 두려워서 어찌할 바

를 모르는 기색이었다고 합니다. 보고서의 내용은 별지別紙41에 기록하였으나, 표류 한인들이 말하는 바가 이와 같으니 그가 한인漢人이 아닌 것을 단정할 수 있을 것입니다. 이제 북경으로 들여보낼 일도 없고, 또한 역관들이 함께 기거하면서 다시 물어볼 단서도 없으니, 형조刑曹로 하여금 우선 구류시켜 놓게 하고, 지도智島 사람 박립朴立을 문초한 장계狀啓42가 올라오는 것을 기다려 그 신원 사항을 알고 난 연후에 다시 여쭙고 처리하는 것이 어떠하겠습니까?" 라고 하니, 윤허한다고 답하였다.

4-6

○ 문장 형식 : 보고서

○ 국사편찬위원회 번역문 제목 : 濟州에 표류한 漢人과 全州에서 압송한 사람이 문답한 이야기의 보고서

○ 원문 제목 : 제주에 표류해 온 한인과 전주에서 압송해 온 사람이 문답한 이야기의 보고서[濟州漂漢, 全州押來人, 問答說話手本]

○ 일자 : 숙종 13년 1687년 5월 16일을

○ 출처 : 『비변사등록』 제41책

전주에서 붙잡힌 유劉 씨 성을 가진 자와 사건 〈3〉의 제주에 표류해 온 청나라 각 성省 출신 사람들을 한 군데에 두고 서로 이야기하게 한 다음, 현장의 구체적 모습을 보고하는 보고서이다. 보고서의 주체는 현장

---

41 별지(別紙) : 편지나 서류 따위에 따로 적어 덧붙이는 종이쪽.
42 장계(狀啓) : 벼슬아치가 임금의 명을 받들고 지방에 나가 민정(民情)을 살핀 결과를 글로 써서 올리던 보고.

에 참석하였던 역관譯官일 것으로 생각된다.

제주에 표류해 온 한인漢人과

전주에서 압송해 온 사람이 문답한 이야기의 보고서

저희들이 분부를 들은 후, 곧 관소館所[43]에 가서 소주蘇州의 장문달張文達, 강서江西의 왕준후王俊候, 절강浙江의 심조선沈肇先, 호광湖廣의 조대曹大, 복건福建의 옹팔翁八 등 5,6인을 불러 말하기를, "한 걸인이 있는데 자칭 한인漢人이라고 하지만 말이 중원中原 말이 아닌 것 같다. 우리로서는 그 진위를 알지 못하여, 당신들과 서로 만나서 이야기 해 보고, 서로 묻고 대답하게 함으로써 우리의 의심을 해소하고자 하는데 어떠할 것 같은가?"라고 하니, 장문달 등이 말하기를, "과연 중원 사람이라면 이역에서 서로 만나게 되었으니 그 또한 다행한 일이 아니겠습니까? 그러므로 진실로 만나보기를 청합니다"라고 하였습니다. 저희들이 곧 전주에서 압송해 온 유劉씨 성을 가진 자를 불러 만나서 이야기 하도록 하였으니, 곧 각 성省의 사람들과 한 군데에 모여 앉아 각각의 방언으로써 다양한 방면으로 따져 묻게 하였으나 서로의 말이 전혀 통하지 않았습니다. 장문달 등이 저희들을 돌아보고 박장대소하며 말하기를, "이 사람은 결코 중원 사람이 아닙니다. 만약 미친 사람이 아니라면 필시 귀국 사람입니다. 어째서 중원 사람이라고 하여 저희들과 만나서 이야기 하게 하십니까?"라고 하였습니다. 대체로 여러 사람의 말을 들어보니 비단 서로 통하는 바가 전혀 없을 뿐만 아니라 유劉씨 성을 가진 자가 두려워하며 어찌할 바를 모르는 기색이고, 떨고 있는 모습이 현저하여 단연코 한인漢人이 아닌 것을 분명히 알 수 있습니

---

43 관소(館所) : 고려·조선시대에, 각 고을에 설치하여 외국 사신이나 다른 곳에서 온 벼슬아치를 대접하고 묵게 하던 숙소.

다. 감히 아룁니다.

4-7

○ 문장 형식 : 계문啓文

○ 국사편찬위원회 번역문 제목 : 智島에 사는 朴立을 추문한 내용을
아뢰는 備邊司의 啓

○ 원문 제목 : 없음

○ 일자 : 숙종 13년 1687년 5월 27일음

○ 출처 : 『비변사등록』 제41책

외국인인 유연劉連과 접촉하고서도 관에 보고하지 않고, 또 그로부터
뇌물까지 받은 지도智島 사람 박립朴立을 잡아다 문초한 결과를 아뢰는 비
변사의 계문이다.

　　비변사에서 아뢰기를,

"전라감사 이유李濡의 계본啓本[44]을 보니, 지도智島 사람 박립朴立을 잡아다 문초
한 후에 그가 자백한 내용을 일일이 보고하였습니다. 박립이 말하기를, 4,5년
전에 외국인 3인이 본진本鎭에 표류해 왔으며, 또 한인漢人 1인이 그의 집에 왔
는데 그의 부친 박응룡朴應龍이 굶주린 것을 불쌍히 여겨 밥과 술을 대접하고
하루 밤 재워 주었다고 합니다. 그는 섬을 돌아다니며 걸식을 하고, 모두 돌고
나면 그의 집에 왔는데, 10여 일이 되려고 할 때 간 곳을 모르게 되었다고 합

44　　계본(啓本) : 임금에게 보이는 서류.

니다. 이러한 내용과 유연劉連이라고 칭하는 사람이 말한 바의 지도 사람 박립이 그를 불쌍히 여겨 머무르게 하고 살려주었다는 얘기는 대체로 동일합니다. 그러나 기타 이야기는 서로 어긋난 점이 많습니다. 또한 전라도에서 유연劉連을 잡아다 사정을 물을 때 '등주登州'라는 말이 여러 차례 나온 것을 볼 때, 갑자甲子년 등주登州 사람 장운수張雲守 등과 같은 배를 타고 표류해 온 사람 같기도 하나 그 진위는 확실히 알기 어렵습니다. 역관 등으로 하여금 계본啓本 안의 내용을 가지고 유劉씨 성을 가진 자가 머무르는 곳에서 다시 자세히 물어보게 하고, 그가 대답한 바를 살펴보고서 처리하는 것이 어떠하겠습니까?"라고 하니, 윤허한다고 답하였다.

4-8

○ 문장 형식 : 계문啓文과 문정별단問情別單
○ 국사편찬위원회 번역문 제목 : 全州에 표류한 중국인의 사실을 문초한 별단을 올리는 備邊司의 啓
○ 원문 제목 : 계문은 제목이 없고, 문정별단은 "전주의 표류 한인에게 사정을 물은 별단[全州漂漢, 問情別單]"
○ 일자 : 숙종 13년 1687년 6월 1일음
○ 출처 :『비변사등록』제41책

비변사에서 유연劉連이라 칭하는 자를 다시 역관들로 하여금 문초하게 하고, 그 문답 내용을 문정별단問情別單으로 올리면서 아뢰는 계문 부분과 그 문정별단으로 구성된 문서이다. 계문에서는 문정한 결과로도 아직 유연劉連의 정체가 불분명하니 그를 역관과 함께 다시 전라도로 돌려보내 그가 끌어들인 사람들과 대질시킬 것을 아뢰고 있다.

『승정원일기』322책탈초본 17책 숙종 13년 6월 1일에 계문만 수록되어 있다.

비변사에서 아뢰기를,

"사역원司譯院의 유연劉連이라 칭하는 사람이 머무르는 곳에서 전라감사의 계본啓本 내용을 가지고 역관 장현張炫, 이승겸李承謙 등으로 하여금 다시 반복하여 따져 묻게 하였습니다. 역관들이 그 문답 이야기의 보고서를 본 비변사에 보고하여 알렸기에, 별단別單[45]으로 기록하여 주상 전하의 열람에 대비하였습니다. 그 사람이 전후로 대답한 말은 변화가 심하여 서로 어긋나며, 지금 이 보고서 안의 문답도 역시 말이 안 되는 것이 많습니다. 또한 문답할 때 모두 우리나라의 말을 사용하고 한어漢語는 간혹 한 두 마디 할 따름인데, 그 역시 익숙하지가 않으며, 전에 제주에 표류해 온 한인漢人들과 마주 앉히고 따져 물었을 때에는 서로 한 마디도 통하지 않아서 표류 한인들은 모두 결코 중원中原 사람이 아니라고 하였습니다. 우리나라 역관도 역시 혹 한인이 아닌 것 같다고 하며, 또한 그 사람됨이 겉으로는 우둔해보이나 음흉한 태도가 없지 않고, 그 용모와 행동거지를 볼 때 결코 우리나라 사람이 아니라고 하는데, 그러한 것의 진위는 실로 헤아리기 어려우며, 필히 그 신원身元과 내력을 확실히 알고 난 연후에 처리할 수 있을 것입니다. 그가 이미 고자영高子英과 함께 표류해 왔다고 한 일은 진기운陳起雲, 박립朴立 등과 한 군데서 대질시키면 그 허실을 변별할 수 있다고 말하니, 진기운과 박립, 두 사람을 붙잡아다 대질시키지 않을

---

45   별단(別單) : 임금에게 올리던 문서에 덧붙이던 문서나 인명부(人名簿).

수 없는데, 대질할 때 혹 다른 사람을 끌어들일 단서가 없지 않습니다. 멀리 떨어진 전라도에서 많은 사람을 붙잡아 상경시키게 되면 그 폐해가 가히 염려되며, 만약 공문서를 가지고 왕복하게 되면 지연될 우려가 있을 뿐만 아니라 또한 그 실제 정황을 알기 어려울 것입니다. 그런즉 유연劉連을 전라도로 압송하여 되돌려 보내 감영에 두고서 엄하게 지키고, 그가 끌어들인 사람들과 한 곳에서 대질시켜, 그 허실을 속속들이 살펴 밝혀서 서로 말하는 바가 일치된 후에 낱낱이 계문啓聞을 올리게 함으로써 일을 처리하고자 합니다. 또한 서울에 있을 때 함께 거처하면서 사정을 물어 본 역관 가운데 일에 밝은 자 1인도 동시에 내려 보내는 것이 마땅할 것입니다. 이로써 분부하심이 어떠합니까?"라고 하니, 그렇게 하라고 답하였다.

전주全州 표류 한인漢人의 문정별단

저희들이 사역원司譯院에 이르러 전주에서 떠돌던 유劉씨 성을 가진 사람과 이야기 할 때, 그의 말꼬리를 잡고 그에게 다음과 같이 물었습니다.

문 : 당초 당신이 전주 감영에서 사정을 조사받을 때 원래 등주登州 사람이라고 하였다가, 서울에 도착한 뒤로는 또 바꾸어서 복건福建 사람이라고 하니, 어찌하여 그 앞과 뒤가 어긋나는가?

답 : 등주는 라원羅原에서 단지 7일 걸리는 거리이며, 같은 성省으로서 그다지 멀지 않습니다. 그래서 전주에서는 등래登萊 사람이라고 대답하였고, 서울에서 조사 받을 때는 직접 살고 있는 곳으로써 대답하였습니다.

문 : 당신이 일찍이 말하기를, 지도智島에 표류해 왔을 때 박립朴立의 집에 머물렀고, 해를 보낸 뒤 비로소 육지로 나왔다고 하였는데, 이제 박립이 말하는 바를 들으니 겨우 10일 지난 뒤 이유 없이 나가서 간 곳을 몰랐

다고 하며, 또한 당신 말로는 노인 박립의 집에 머물렀다고 하였는데 소위 박립이라는 자는 나이가 겨우 20여 세인 사람이다. 당초 조사받을 때 왜 노인이라고 하였는가?

답 : 제가 지도에 표류해 왔을 때 박립의 집에 머무르고 해를 보냈거늘, 10일 뒤 나갔다고 하는 말은 진실로 근거가 없습니다.

답 : 제가 박립의 집에 머무를 때, 옆집 사람들이 모두 박립의 집이라고 말하기에 제가 어리고 무지하여 평소 귀에 익숙한 것을 우연히 말한 것입니다. 어찌 다른 뜻이 있었겠습니까? 대체로 큰 주인의 용모를 보니 머리카락이 반백이었습니다.

문 : 갑자甲子년에 등주登州에서 표류해 온 장운수張雲守 등 3인 역시 홍의도紅衣島에 표류해 왔는데, 당신은 장운수와 같은 배에 탔다가 뒤떨어진 것이 아닌가?

답 : 저는 신유년辛酉年에 고자영高子英과 같은 배를 탄 사람으로서 장운수는 평생 듣지도 보지도 못하였는데, 어찌 그를 알겠습니까?

문 : 당신이 고자영과 숙질叔姪 사이로서 신유년 같은 배를 타고 지도에 표류해 왔는데, 고자영 등은 그대로 서울로 올라가고, 당신은 몸이 아파서 홀로 뒤떨어졌다고 말하는 것은 이치에 맞지 않는 것 같아서 인근 사람에게 물었더니, 원래 그러한 일이 없었다고 하니 어째서 그러한가?

답 : 많은 말이 필요 없습니다. 신유년에 지도에 표류해 온 한인漢人들을 감영에 압송해 갔을 때, 통사通事 진기운陳起雲이라는 사람이 관官의 명령을 받고 지도에 와서 표류하게 된 사정 및 사람 숫자를 점검할 때 자영이 제가 어리고 병이 있어서 두고 갈 것을 진통사에게 청하였습니다. 진통사도 제가 어린 것을 불쌍히 여기고, 또한 병이 중한 것을 가엾게 여겨

서 그대로 섬 안에 두었기에 오늘에 이른 것입니다. 제가 자영과 동시에 표류해 온 일은 진陳, 박朴 두 사람과 한 곳에서 대질시키면 곧 그간의 허실을 판별할 수 있을 것입니다.

문 : 당신은 자영과 이별할 때 자영이 검 한 자루를 주인에게 주어서 그가 당신을 살리게 하였다고 말하였는데, 우리가 박립의 옆집 사람에게 듣기로는 검을 준 일은 전혀 없었다고 하니, 당신의 말이 허황된 말이 아닌가?

답 : 사적으로 준 물건은 박립도 마땅히 꺼리고 숨겼을 것이므로, 그대로 말했을 리가 절대 없으니, 비록 옆집이라고 하더라도 어찌 그 자세한 것을 알겠습니까?

진과 박, 두 사람의 일은 비록 자세히 알 수 없지만, 대체로 이 사람의 말은 전후가 바뀌고 서로 어긋나는 것이 한두 가지가 아니어서, 그간의 실상을 알기 어렵습니다.

사건번호 5

전라도 진도珍島 남도포南桃浦 표류
청나라 상인 113인과 그들의 화물

숙종 30년1704, 장사차 일본 장기도長崎島로 향하던 한인漢人 113인이 전라도 진도珍島 남도포南桃浦에 표류해 온 사건이다. 대규모의 상선이었던 만큼 그들의 배에는 많은 화물을 싣고 있었는데, 그 물건의 처리 과정을 본서에 수록하고 있는 문서들로부터 구체적으로 살펴볼 수 있다.

본서에서는『비변사등록』으로부터 이 사건과 관련하여 계문啟文 5건, 의론문議論文 4건, 문정별단 1건, 모두 10건의 문서를 찾아 번역 수록함으로써 그 처리 과정을 보여주고자 하였다.

이 사건에서는 표류인들의 짐을 덜어주기 위하여 조선의 상인들이 그들의 물건을 구입하는 일, 더 이상 인양할 수 없다고 판단되어 조정에서 포기하였던 물건이 시장에 나돌 때의 대처 방법, 또 조정에서 포기한 침몰된 물건을 개인이 사비로 건져냈을 때의 대처 방법 등, 표류선의 화물로 인하여 발생할 수 있는 여러 경우의 일을 당시 조정에서 어떻게 처리하였는지 구체적으로 보여주고 있다. 아울러 이러한 문제들을 처리하는데에 있어서 늘 청나라 측의 반응에 주의를 기울여야 했던 조선 조정의 입장도 잘 나타나 있다.

이 사건은『승정원일기承政院日記』에 관련 문서가 9건 수록되어 있다.

5-1

○ 문장 형식 : 계문啟文

○ 국사편찬위원회 번역문 제목 : 漂流船에 대한 지금까지의 처리를 보고하며 漂流船에 대해 馳啓하지 않은 日山津 兵使와 水使를 모두 推考할 것을 청하는 啓

○ 원문 제목 : 없음

○ 일자 : 숙종 30년 1704년 8월 7일음

○ 출처 :『비변사등록』제50책

본 문서는 당시 경상도와 전라도의 각 지방관들이 보내온 표류선漂流船

에 관한 보고를 개괄함으로써 당시 표류선에 대한 대처 방법의 전반적인 상황을 임금에게 아뢰는 계문으로, 각 지방관들의 표류선에 대한 처리 과정의 잘잘못을 가리면서 각종 표류선에 대하여 어떻게 대처하는 것이 옳은 방법인지를 자세히 설명하고 있다. 이 문서를 통하여 당시 조선에는 상당한 숫자의 각종 표류선들이 왔었고, 그들에 대한 대처 방법을 매뉴얼화하고 있었다는 것을 알 수 있다. 또한 같은 시기에 진도珍島 남도포南桃浦에 표류해 온 청나라 상인 113인에 대해서도 본 계문에서 언급하고 있다.

『승정원일기』 419책탈초본 22책 숙종 30년 8월 7일에도 수록되어 있다.

아뢰기를,

"경상좌병사慶尙左兵使 정홍좌鄭弘佐와 경상감사慶尙監司 김연金演의 장계狀啓를 연이어 보니, 울산蔚山의 옛 개운포開雲浦 앞바다와 동강東江, 일산진日山津 앞바다에 알 수 없는 당선唐船 : 중국의 배 2척이 연이어 표류해 와서 문자로 문답해 보니 모두 복건福建 사람으로서 일본과 장사하는 자들이었는데, 이미 경상도에서 무진戊辰년에 정탈定奪46한 본 비변사의 관문關文47에 의거하여 돌려보냈다고 합니다. 또 전라우수사全羅右水使 신찬申璨이 전후로 보내 온 장계를 보니, 진도珍島 남도포南桃浦 앞바다, 또 해남海南 증도甑島 앞바다에 다른 나라 배 2척이 역시 연이어 표류해 와서 문자로 문답하였는데, 남도포에 표류한 배는 자칭 청나라 장주潭州 사람으로 일본으로 장사하러 가는 자들의 배로서 노를 부러뜨려서 배에 타

---

46 정탈(定奪) : 신하들이 올린 몇 가지의 논의(論議)나 계책(計策) 중에서 임금이 가부(可否)를 논하여 그 어느 한 가지만을 택함.

47 관문(關文) : 상관(上官)이 하관(下官)에게 보내던 문서.

고 있던 116인 가운데 1인은 물에 빠지고, 2인은 바다 가운데 섬의 산 위에 있는데 데려 오기를 원한다고 하였답니다. 그래서 즉시 선격船格[48]과 그들 일행 중 1인을 같은 배에 태워 보내었고, 그 나머지 113인은 배 안에 이미 물이 가득 들어찬 데다 굶주리고 있었으므로 그 배를 진도군珍島郡 선창으로 돌려 정박시키고, 그 사람들은 관가官家의 건물 안에 머무르게 하고 음식을 대접하여 구호救護하였다고 합니다. 증도甑島의 표류 선박은 스스로 말하기를 복건福建 동안현同安縣 사람들로 행상行商차 일본에 가는 사람들이라고 하였는데, 본읍本邑에서 바로 군인들을 지정하여 지키게 하였고 전례에 따라 음식물을 대접하였다고 합니다. 표류해 온 당인唐人: 중국인들은 비록 육로陸路로 돌려보내지 않더라도 그 사람 숫자와 물건을 진공사進貢使[49] 편으로 보고한다는 것은 일찍이 기사 己巳년의 회자回咨[50]에 언급되었습니다. 지금 이 표류 선박은 애당초 해안에 정박하여 육지에 오르지 않았으니, 그 지방관이 어느 나라 사람인지를 물어서 안 뒤에 바다를 통하여 그 선박이 가고자 하는 곳으로 떠나게 하는 것이 곧 무진戊辰년에 결정된 원래의 뜻입니다. 그러나 처음에 이미 그렇게 하지 않았으니, 울산에 표류한 선박은 지방관이 이미 그들과 얼굴을 마주 하고 문답하였으며 진보鎭堡[51]의 변장邊將[52]으로 하여금 배를 띄워 지키도록 하였습니다. 그렇게 했으면 마땅히 상세히 사정을 묻고, 각 사람들의 성명과 거주지 및 배 안의 물건을 하나하나 개록開錄[53]하고, 또 선표船票를 살펴 베낀 후 위로 올려

---

48 선격(船格) : 조선시대, 수부(水夫)의 하나로 사공의 일을 돕는 사람을 이르던 말.

49 진공사(進貢使) : 공물(貢物)을 바치기 위하여 보내는 사신.

50 회자(回咨) : 회답으로 보내는 자문(咨文). 자문은 조선시대 때, 중국과 왕복하던 외교 문서의 하나.

51 진보(鎭堡) : 진영(鎭營)과 보루(堡壘)를 함께 일컫는 말.

52 변장(邊將) : 예전에, 변경을 지키는 장수라는 뜻으로 첨사, 만호, 권관을 통틀어 이르던 말.

53 개록(開錄) : 상급 관청에 보내는 문서 끝에 이름이나 의견 따위를 적음.

보내 보고한 뒤에, 땔감, 물, 식량, 반찬 중 급하다고 알려오는 것이 있으면 역시 마땅히 헤아려 찾아 지급함으로써 은혜를 베풀어 구조하는 뜻을 보였어야 했습니다. 그러나 당초 병사兵使가 지켜서 머무르게 하고, 그 뒤에는 감사監司가 단지 떠나보내 버렸으니, 모두 옳지 않았습니다. 일이 모두 멀리 떨어진 곳에서 일어났고, 이제 와서 비록 어찌할 수 없지만, 차후에는 그들이 정탈定奪의 본뜻을 더욱 자세히 알 수 있도록 변보邊堡[54]를 단단히 타일러 경계시킴으로써 임기응변臨機應變할 수 있도록 하는 것이 마땅할 것입니다. 남도포의 표류 선박은 이미 배가 부서져 육지에 내렸으니, 마땅히 지방관으로 하여금 음식을 잘 대접하여 구호救護하도록 하고, 그 배를 수리 보수하도록 하며, 술과 음식을 준비하여 위로한 뒤에 양식과 비용을 넉넉히 지급하여 신속히 돌려보내도록 해야 할 것입니다. 증도의 표류 선박은 선체가 부서지지 않았고, 사람도 또 육지에 내리지 않았으니, 오직 무진戊辰년의 정탈定奪 사항에 의거하여 그 진보鎭堡 측이 어느 나라 배인지 물어서 안 뒤에, 그들이 가고 싶은 곳을 가도록 그들에게 맡겼어야 마땅합니다. 그런데 이미 즉시 보내지 않고, 배를 이동하여 해안에 정박한 것 같으니, 역시 마땅히 술과 음식을 대접하고, 땔나무와 식량을 지급하여 돌아가게 해야 합니다. 또한 두 선척에 대해서는 마땅히 전례에 의하여 사정을 묻고, 표류인들의 성명과 거주지 및 배안의 화물貨物을 상세히 하며, 또한 선표船票를 살피고 베껴 보고하게 함으로써 자문咨文을 보낼 수 있도록 해야 할 것입니다. 문답할 때에는 역관譯官이 없을 수 없으니, 사역원司譯院으로 하여금 한어漢語 역관을 1인 골라서 파견하도록 하되, 말을 지급하여 밤낮으로 내려 보내어, 그로 하여금 상세히 사정을 묻도록 하는 것이 마땅할 것입

---

54 변보(邊堡) : 변경에 있는 성보(城堡)나 진보(鎭堡).

니다. 이러한 뜻으로 사역원司譯院 및 해당 감사처監司處, 병사처兵使處, 수사처水使處에 분부하시고, 이른바 일산진日山津에 선척이 표류해 온 사실의 전말에 대하여 감사監司는 본읍本邑이 보고한 바를 치계馳啓[55]하였으나, 병사兵使는 즉시 보고하지 않았으며, 수사水使는 전후로 표류해 온 선척에 대하여 아직 치계가 없으니, 변경邊境의 사정에 관련된 일이 특히 몹시 허술하므로, 병사, 수사를 나란히 추문推問하심이 어떠하겠습니까?"라고 하니, 윤허한다고 전교傳敎하였다.

5-2

○ 문장 형식 : 계문啓文과 문정별단問情別單

○ 국사편찬위원회 번역문 제목 : 서울에 들어 온 南桃浦에 표착한 1백 13명의 問情別單을 써 들인다는 계와 그 別單

○ 원문 제목 : 계문은 제목이 없고, 문정별단은 "전라도 진도에 표류해 온 한인의 문정별단全羅道珍島漂到漢人, 問情別單]"

○ 일자 : 숙종 30년 1704년 10월 19일음

○ 출처 :『비변사등록』제55책

계문은 전라도 진도珍島 남도포南桃浦에 표류해 온 113인이 2일 전 서울에 들어왔기에 앞으로의 처리 과정을 아뢰고, 아울러 그들의 사정을 물은 문정별단을 올린다는 내용이다.

문정별단은 장사차 일본 장기도長崎島를 향하다 남도포에 표류해 온 한인 113명의 신원과 표류 경위, 그 외에 그들 출신지에 관련된 문답으로

---

55   치계(馳啓) : 임금에게 급히 서면으로 상주함.

구성되어 있는데, 인원이 많은 만큼 문정별단의 내용도 상대적으로 풍부한 편이다.

『승정원일기』 421책탈초본 22책 숙종 30년 10월 19일에 계문만 수록되어 있다.

　아뢰기를,

"남도포南桃浦에 표류해 온 113인이 그저께 들어왔지만 날이 이미 저물어 어제 비로소 본 비변사의 낭청郎廳과 역관譯官 등에게 사정을 묻게 하였는데, 당초 진도珍島에 있을 때 문답한 내용과 대체로 동일하여 별단別單[56]으로 써서 들입니다. 그리고 그들이 조정에서 은혜를 베풀어 구조해 준 은덕恩德에 감축하여 사은의 계첩啓帖[57]을 만들어 사정을 묻는 낭청에게 내어 주었다고 하니, 그 계첩을 거두어서 주상 전하의 열람에 대비하고자 합니다. 표류해 온 사람들은 오래 머무를 수 없으니, 며칠 안으로 마땅히 보내어야 할 것입니다. 표류인들이 가지고 있었던 물품의 대금은 이미 내려 보낸 역관이 우리나라 상인들로 하여금 그들과 서로 상의하여 가격을 정하도록 하였으니, 호조戶曹로 하여금 전라도에서 올려 보낸 책자를 자세히 따지고 검토하게 하여, 그 숫자에 의거하여 즉시 대금을 차지역관次知譯官[58]에게 넘겨주어 표류인들 각자에게 나누어주게끔 하며, 유의襦衣와 바지, 전립戰笠, 신발, 버선, 모자, 띠 등의 물건 역시 전례에 따라 만들어 그들에게 나누어 주도록 분부하심이 어떠하겠습니까?"라고 하니, 윤허한다고 전교傳敎하였다.

---

56 별단(別單) : 임금에게 올리는 문서에 덧붙이던 문서나 인명부(人名簿).
57 계첩(啓帖) : 상황을 서술한 문서.
58 차지역관(次知譯官) : 책임지고 맡아하던 역관.

전라도 진도珍島에 표류해 온 한인의 문정별단問情別單

문 : 당신들은 어느 곳에 살고 있으며, 성명은 무엇인가?

답 : 저희들은 1백 13인입니다.

선주船主인 왕부王富, 즉 사관使觀의 나이는 55세, 거주지는 복건福建 천주부泉州府.

선호船戶인 왕유리王有利, 즉 신관臣觀의 나이는 34세, 거주지는 복건 정주부汀州府.

재부財副인 이시방李時芳의 나이는 58세, 거주지는 절강浙江 호주부湖州府 오정현烏程縣.

재부인 채진蔡陣의 나이는 50세, 거주지는 복건 장주漳州 용계현龍溪縣.

부객附客인 임삼林森의 나이는 40세, 거주지는 복건 천주부泉州府 동안현同安縣.

진란陳鸞은 32세, 거주지는 복건 천주부 동안현.

왕반王攀은 32세, 거주지는 복건 천주부 동안현.

시동施同은 29세, 거주지는 복건 천주부 진강현普江縣.

이사李仕는 65세, 거주지는 복건 천주부 남안현南安縣.

진구陳球는 56세, 거주지는 복건 천주부 동안현 하문소廈門所.

황선黃旋은 36세, 거주지는 복건 천주부 남안현.

이덕문李德聞은 23세, 거주지는 절강 호주부 오정현.

황쌍黃雙은 27세, 거주지는 복건 천주부 진강현.

채칠蔡七은 38세, 거주지는 광동廣東 조주부潮州府 해양현海陽縣.

오명吳明은 27세, 거주지는 복건 천주부 동안현.

주흥周興은 48세, 거주지는 절강 영파부寧波府 근현勤縣.

두태杜泰는 31세, 거주지는 복건 천주부.

진연陳連은 43세, 거주지는 복건 장주부 장포현漳浦縣.

진명陳明은 35세, 거주지는 복건 흥화현興化縣.

웅이熊二는 67세, 거주지는 복건 장주부 용계현龍溪縣.

진복陳福은 35세, 거주지는 복건 천주부 동안현.

황각黃却은 38세, 거주지는 복건 천주부 동안현.

심창沈暢은 30세, 거주지는 복건 장주부 장포현.

증첨曾添은 45세, 거주지는 복건 천주부 진강현.

이장李壯은 30세, 거주지는 복건 천주부 동안현.

반영潘榮은 26세, 거주지는 절강 항주부杭州府 인화현仁和縣.

서자법徐子法은 20세, 거주지는 절강 영파부 근현.

임사林士는 57세, 거주지는 절강 영파부.

오성吳成은 40세, 거주지는 복건 천주부 동안현.

임수林壽는 25세, 거주지는 복건 천주부 동안현.

주천조周天祚는 24세, 거주지는 복건 천주부 동안현.

진원陳怨은 31세, 거주지는 복건 천주부 동안현.

허하許夏는 49세, 거주지는 복건 천주부 동안현.

엽공葉公은 50세, 거주지는 복건 천주부 진강현.

임록林祿은 49세, 거주지는 복건 천주부 동안현 하문소廈門所.

양묘楊苗는 28세, 거주지는 복건 장주부 용계현.

임선林宣은 40세, 거주지는 복건 장주부 용계현.

임성林盛은 30세, 거주지는 복건 장주부 용계현.

채반蔡盤은 33세, 거주지는 복건 장주부 용계현.

홍남洪南은 23세, 거주지는 복건 천주부 남안현.

이거李居는 24세, 거주지는 복건 천주부 남안현.

홍쌍洪雙은 28세, 거주지는 복건 천주부 남안현.

황흠黃欽은 24세, 거주지는 복건 천주부 남안현.

임길林吉은 44세, 거주지는 복건 천주부 동안현.

손조孫助는 22세, 거주지는 복건 천주부 동안현 하문소.

진승陳勝은 30세, 거주지는 복건 천주부 남안현.

황찬黃燦은 35세, 거주지는 복건 천주부 진강현.

이군보李君甫는 33세, 거주지는 절강 영파부 근현.

양기룡楊起龍은 39세, 거주지는 절강 영파부 근현.

정덕보鄭德普는 25세, 거주지는 절강 영파부 자계현慈溪縣.

양무성楊茂盛은 38세, 거주지는 강남江南 소주부蘇州府 오강현吳江縣.

양오楊五는 31세, 거주지는 복건 천주부 진강현.

진붕陳鵬은 32세, 거주지는 복건 천주부 동안현 하문소.

하종何宗은 19세, 거주지는 복건 천주부 동안현 하문소.

장소張蘇는 24세, 거주지는 광동 광주부廣州府 신회현新會縣.

가선과장駕船夥長 하기何己는 65세, 거주지는 복건 천주부 동안현.

규인총간叫人總趕 진대년陳大年은 54세, 거주지는 광동 조주부 증해현澄海縣.

나타타공拿舵舵工 임언林嫣은 35세, 거주지는 복건 장주부 해증현海澄縣.

관범아반管帆亞班 백홀白笏은 46세, 거주지는 복건 천주부 안계현安溪縣.

관즙용압공管什用狎工 정일鄭一은 50세, 거주지는 복건 천주부 동안현.

관화직고管貨直庫 황치黃治는 50세, 거주지는 복건 천주부 동안현.

관정두정管椗頭椗 황희黃喜는 47세, 거주지는 복건 장주부 해증현.

관범삭대료管帆繚大繚 양음楊蔭은 30세, 거주지는 복건 천주부 동안현.

관소선삼판공管小船杉板工 진비陳備는 56세, 거주지는 복건 장주부 용계현.

사신향공祀神香工 이원필李元弼은 48세, 거주지는 절강 조주부 오정현.

규인부총간叫人付總趕 장람張藍은 38세, 거주지는 복건 장주부 용계현.

관외삭일천管桅繚一仟 임희林喜는 32세, 거주지는 복건 장주부 용계현.

관외삭이천管桅繚二仟 심장沈長은 43세, 거주지는 복건 장주부 장포현.

관외삭삼천管桅繚三仟 소응蘇應은 27세, 거주지는 복건 정주부汀州府 영정현
永定縣.

관정이정管椗二椗 대성戴成은 39세, 거주지는 복건 천주부 동안현.

관범삭이료管帆繚二繚 왕량王亮은 29세, 거주지는 복건 천주부 동안현.

관소선부삼판공管小船付杉板工 임태林泰는 22세, 거주지는 복건 장주부
해증현.

관범부아반管帆付亞班 임미林尾는 23세, 거주지는 복건 장주부 소안현沼安縣.

장화부직고裝貨付直庫 여기운余起雲은 45세, 거주지는 절강 영파부 근현.

자반총포煮飯總鋪 진희陳喜는 36세, 거주지는 광동 광주부 동완현東浣縣.

선초船梢 오총吳聰은 28세, 거주지는 복건 천주부 동안현.

장위莊爲는 35세, 거주지는 복건 천주부 동안현.

아대阿代는 30세, 거주지는 광동 광주부 신회현新會縣.

오천吳天은 29세, 거주지는 복건 천주부 동안현 하문소.

진이陳二는 30세, 거주지는 복건 천주부 동안현.

두봉杜鳳은 30세, 거주지는 복건 천주부 동안현.

심선沈旋은 39세, 거주지는 복건 장주부 장포현.

설주薛主는 30세, 거주지는 복건 천주부 동안현.

진손陳孫은 41세, 거주지는 광주 조주부 증해현.

오세린吳世獜은 34세, 거주지는 절강 영파부 근현.

시회施和는 33세, 거주지는 복건 천주부 진강현.

왕랑王郎은 35세, 거주지는 복건 천주부 동안현 하문소.

진각陳却은 27세, 거주지는 복건 천주부 동안현 하문소.

유귀劉貴는 46세, 거주지는 광동 광주부 남해현南海縣.

곽육郭六은 32세, 거주지는 광동 광주부 남해현.

오연吳軟은 21세, 거주지는 복건 천주부 진강현.

양오楊午는 38세, 거주지는 복건 천주부 동안현.

임반林伴은 24세, 거주지는 복건 천주부 동안현.

임습林習은 27세, 거주지는 복건 천주부 동안현.

임화林和는 37세, 거주지는 복건 천주부.

조발趙發은 24세, 거주지는 복건 천주부 동안현 하문소.

남육藍六은 27세, 거주지는 광동 조주부 증해현.

왕랑王郎은 19세, 거주지는 절강 영파부 근현.

채승蔡勝은 31세, 거주지는 복건 천주부 동안현 하문소.

곽매郭妹는 42세, 거주지는 광동 조주부 조양현潮陽縣.

진청陳淸은 36세, 거주지는 복건 천주부 진강현.

임손林孫은 37세, 거주지는 복건 장주부 소안현.

임엽지任葉之는 27세, 거주지는 절강 영파부 근현.

설수薛隨는 37세, 거주지는 복건 장주부 소안현.

이복李福은 41세, 거주지는 복건 천주부 안계현.

정수鄭壽는 36세, 거주지는 복건 흥화부興化府 보전현莆田縣.

임걸林乞은 50세, 거주지는 복건 천주부 동안현 하문소.

황복黃福은 64세, 거주지는 복건 천주부 동안현 하문소.

홍재洪才는 28세, 거주지는 복건 천주부 진강현.

왕재王材는 31세, 거주지는 절강 영파부 근현.

소시小厮 아재亞才는 19세, 거주지는 복건 천주부.

기봉起鳳은 26세, 거주지는 절강 조주부 귀안현歸安縣.

아조亞朝는 32세, 거주지는 복건 정주부汀州府.

문 : 당신들은 고향에 있을 때 어떠한 신역身役을 하였으며, 무슨 일을 업으로 삼았는가?

답 : 저희들은 평소에 신역은 없고, 장사를 업으로 하고 있습니다.

문 : 당신들은 무슨 일로 어디로 가려고 했으며, 어떻게 우리나라에 표류해 오게 되었는가?

답 : 저희들은 생계가 어려워 일본 장기도長崎島에 장사하러 가던 차, 바다에서 바람을 만나 귀국까지 표류해 오게 되었습니다.

문 : 당신들은 몇 월 며칠에 출항하였으며, 몇 월 며칠에 우리나라에 이르렀는가?

답 : 저희들은 금년 6월 11일 하문廈門을 떠났고, 장기도로 가려고 하였습니다. 7월 24일 저녁, 바다 가운데에서 갑자기 큰 바람을 만나 배의 키를 잃어버리고 돛대가 부러져 거의 침몰할 뻔했는데, 다행히 25일 귀국에 표류해 오게 되었습니다.

문 : 당신들이 하문廈門을 떠날 때 함께 장기도를 향했던 배는 몇 척이나 되며, 당신들과 같은 배에 탔던 사람은 몇 사람인가?

답 : 저희들 116인 가운데 물에 빠져 죽은 사람이 3인이고, 생존자는 113

인입니다. 하문에서 배를 출발하였을 때 함께 출발한 배는 없습니다.

문 : 일본은 일찍이 대국大國과 수호修好하지 않았는데, 당신들은 어떻게 왕래하면서 장사를 하게 되었는가?

답 : 일본은 비록 수호는 하지 않았지만, 조정에서 백성들이 왕래하면서 장사를 하는 것은 허락하였습니다.

문 : 일찍이 대국은 바다의 금지령이 매우 엄하여 외국과의 왕래를 허락하지 않았다고 하던데, 백성들의 장사를 허락하게 된 것은 몇 년부터인가?

답 : 전에 남쪽 지방이 평화롭지 않아서 바다 금지령이 매우 엄하였는데, 강희康熙 19년부터 비로소 바닷길이 뚫렸고, 백성들이 왕래하는 것을 허락했습니다.

문 : 남쪽 지방이 평화롭지 않았다고 하는 것은 무슨 일 때문인지 모르겠다.

답 : 정극상鄭克塽이 대만臺灣을 근거지로 삼아 지키고 있어서 바다 금지령이 있었습니다. 강희 19년 극상이 귀순한 뒤에 비로소 바다 금지령이 없어졌습니다.

문 : 당신들은 일본에 가서 교역交易할 때 언어가 달라서 어떻게 소통을 하는가?

답 : 장기도에도 역시 중국어를 할 줄 아는 사람이 있습니다.

문 : 당신들은 어떠한 물건으로써 어떠한 물건을 사 오는가?

답 : 가지고 가는 것은 소목蘇木・백당白糖・오칠烏漆・오당烏糖・서각犀角・상이象牙・흑각黑角・등황藤黃・우피牛皮・녹피鹿皮・어피魚皮・오연烏鉛・과등菓藤・대풍자大楓子・빈랑檳榔・은주銀珠・수분水粉 등이고, 구입해 오는 것은 홍동紅銅・금・은・포어鮑魚・해삼海蔘・칠기漆器・동기銅器 등입니다.

문 : 대국이 이미 통상을 허가하였다면 필시 물물 교역하는 일이 있을 텐데,

일본국 사람들도 역시 대국 땅에 장사하러 가는가?

답 : 일본국은 본국 사람이 다른 나라에 장사하러 가는 것을 허락하지 않습
니다.

문 : 당신들이 일본에 갈 때 배에는 정해진 숫자가 있을 텐데, 물화物貨에도
역시 일정한 제한이 있는가?

답 : 배는 80척이고, 은화銀貨는 120만 냥兩이 정해진 숫자입니다.

문 : 상선商船 80척, 은화銀貨 120만 냥은 누가 정했는가?

답 : 일본국 왕이 정했습니다.

문 : 무릇 정령政令을 실시하는 것은 마땅히 대국大國이 정하는 것이거늘, 선
척船隻, 물화物貨의 많고 적음을 일본국 왕이 어찌 멋대로 정한단 말인가?

답 : 이것은 일본국에서 이루어지는 교역이기에 그 나라가 숫자를 정하는
것입니다.

문 : 장기도에서 시장이 열릴 때 관원官員들이 시장을 감시하는가?

답 : 우리 배가 일본에 가서 교역할 때, 2인의 관원이 교역하는 일을 돌봅
니다.

문 : 당신들은 외국으로 행상하러 갈 때 증명서가 있는가?

답 : 원래 증명서가 있었는데, 바다에서 바람을 만나 배의 뒷부분이 파도에
맞아 부서져버렸기에 사람과 옷상자가 함께 물에 빠지면서 증명서가
떠내려갔습니다.

문 : 당신들의 증명서는 어떠한 관청 사람이 주관하여 만들어 주며, 장사하
는 일로 세금을 납부하는가?

답 : 증명서는 호부戶部의 납세 증명서 1장, 본 지방 지현知縣의 증명서 1장인
데, 세금으로 작은 배는 은전銀錢 20냥兩, 중간 배는 은전 30냥, 큰 배는

은전 40냥이고, 화물은 그 많고 적음에 따라 세금도 증감됩니다.

문 : 장기도는 복건福建의 어느 방향에 있고, 수로水路로 또 몇 리나 되는가?

답 : 장기도는 복건의 동북쪽에 있고, 수로로 3천 리입니다.

문 : 당신들은 일찍이 장기도에 왕래한 적이 있는가?

답 : 저희들 가운데 일찍이 장기도에 가본 적이 있는 사람은 아주 많습니다.

문 : 당신들은 해마다 바다를 오가면서 필시 기이한 일들을 들을 수 있을 것 같은데, 들어 볼 수 있겠는가?

답 : 바다 가운데를 왕래하는 길에 기이하여 들어 볼만한 일은 별로 없습니다.

문 : 당신들 가운데 많은 사람이 복건 천주부泉州府에 살고 있는데, 관원官員 및 성지城池 주변에 대하여 두루 일러줄 수 있겠는가?

답 : 천주부에는 부관府官 2인, 지현知縣 7인, 제독提督 1인이 있습니다.

문 : 부관, 제독, 지현은 각기 어떠한 일을 관리하는가?

답 : 제독은 군병을 관리하고, 지현은 돈과 곡식을 관리하며, 부관은 해무海務와 둔량屯糧을 관리합니다.

문 : 해무는 어떠한 일인가?

답 : 상선商船을 주관합니다.

문 : 제독 1인이 관리하는 군병은 얼마나 되는가? 군병은 육군인가, 수군水軍인가?

답 : 제독은 8부府의 군병 9천 명을 관리하고 모두 마병馬兵과 보병步兵이며, 수군水軍은 수사제독水師提督이 주관하고 아문衙門은 하문소廈門所에 있습니다.

문 : 제독이 관리하는 수군은 몇 명이나 되는가?

답 : 5개 영營에 1만 명의 군병이 있으며, 한 사람의 제독이 2천 명을 관리합니다.

문 : 이미 수군이 있으면 당연히 병선兵船을 보유하고 있을 텐데, 몇 척이나 되는가?

답 : 저희들은 장사꾼들이라서 그 숫자를 정확하게 알 수 없습니다.

문 : 이미 군병이 있다면 때때로 훈련하는 일도 있는가?

답 : 5일에 한 번씩 훈련합니다.

문 : 제독 한 사람이 관리하는 군병이 5일에 한 번씩 훈련한다면, 성城 안 여러 부府의 제독들이 혹 군병을 합하여 훈련하는 일이 있는가?

답 : 각 영營의 제독이 각자 5일에 한 번씩 훈련할 따름입니다. 원래 합동으로 훈련하는 일은 없습니다.

문 : 군병이 훈련할 때 사용하는 무기를 하나하나 알려줄 수 있겠는가?

답 : 훈련할 때 군병이 사용하는 것은 혹은 화포火砲, 혹은 창鎗, 혹은 장도長刀, 혹은 궁전弓箭, 혹은 등패藤牌 등을 지닙니다.

문 : 당신들 고향에서 농업과 잠업, 부역賦役으로 어떠한 것이 있는가?

답 : 작년 농사는 8할 정도를 수확하였습니다. 요역徭役[59]이라면, 경작지 1무畝 당 쌀 4승升 8홉[合]을 세금으로 납부하는 외에 다른 부역은 없습니다.

문 : 남방은 토지가 비옥하고 사람도 많으며 1년에 두 번씩 수확하고 누에를 칠 수 있으니, 농사와 양잠에 힘쓰면 먹고 입는 것에 자연히 여유가 있을 터인데, 어찌 꼭 멀리 물을 건너다 이와 같이 표류를 당할 필요가

---

59 요역(徭役) : 나라에서 백성(百姓)에게 구실 대신(代身)으로 시키던 노동.

있겠는가?

답 : 복건의 9부府 가운데 7부는 1년에 두 번 수확하지만 두 번 누에를 치는
일은 복건에는 없는 일입니다. 남방을 비록 살기 좋은 땅이라고 하지만
사농공상 각자 그 생업이 있으니, 멀리 이국으로 행상하러 가서 이익을
추구하려다 이처럼 표류해 오는 것도 하늘의 뜻이 아닐 수 없습니다.

문 : 7부의 이름을 들려줄 수 있겠는가?

답 : 복건福建의 주부州府는 건영부建寧府, 소무부邵武府, 연평부延平府, 흥화부興化
府, 강주부江州府, 장주부漳州府, 대만부臺灣府입니다.

문 : 정주汀州는 북경에서 몇 리나 되는가?

답 : 5천 리입니다.

문 : 천주부泉州府는 북경에서 몇 리나 되는가?

답 : 8천 리입니다.

문 : 오정현烏程縣은 북경에서 몇 리나 되는가?

답 : 5천 리입니다.

문 : 용계현龍溪縣은 북경에서 몇 리나 되는가?

답 : 8천 리입니다.

문 : 동안현同安縣은 북경에서 몇 리나 되는가?

답 : 8천 리입니다.

문 : 진강현晉江縣은 북경에서 몇 리나 되는가?

답 : 8천 리입니다.

문 : 남안현南安縣은 북경에서 몇 리나 되는가?

답 : 8천 리입니다.

문 : 해양현海陽縣은 북경에서 몇 리나 되는가?

답 : 9천 리입니다.

문 : 근현勤縣은 북경에서 몇 리나 되는가?

답 : 6천 리입니다.

문 : 장포현漳浦縣은 북경에서 몇 리나 되는가?

답 : 8천 리입니다.

문 : 보전현莆田縣은 북경에서 몇 리나 되는가?

답 : 7천 7백 리입니다.

문 : 인화현仁和縣은 북경에서 몇 리나 되는가?

답 : 5천 5백 리입니다.

문 : 영파부寧波府는 북경에서 몇 리나 되는가?

답 : 6천 리입니다.

문 : 안계현安溪縣은 북경에서 몇 리나 되는가?

답 : 8천 리입니다.

문 : 자계현慈溪縣은 북경에서 몇 리나 되는가?

답 : 6천 리입니다.

문 : 신회현新會縣은 북경에서 몇 리나 되는가?

답 : 9천 리입니다.

문 : 해증현海澄縣은 북경에서 몇 리나 되는가?

답 : 8천 리입니다.

문 : 석마소石碼所는 북경에서 몇 리나 되는가?

답 : 8천 리입니다.

문 : 하문소廈門所는 북경에서 몇 리나 되는가?

답 : 8천 리입니다.

문 : 영정현永定縣은 북경에서 몇 리나 되는가?

답 : 8천 리입니다.

문 : 소안현沼安縣은 북경에서 몇 리나 되는가?

답 : 8천 리입니다

문 : 동원현東院縣은 북경에서 몇 리나 되는가?

답 : 8천 리입니다.

문 : 조양현潮陽縣은 북경에서 몇 리나 되는가?

답 : 9천여 리입니다.

문 : 장태현長泰縣은 북경에서 몇 리나 되는가?

답 : 8천 리입니다.

문 : 귀성貴省은 문文을 숭상하는가, 무武를 숭상하는가?

답 : 문과 무 모두 있습니다. 문관文官으로 이부천관吏部天官 이광지李光地, 한림학사 진선학陳仙鶴과 정개극鄭開極, 과도科道 팽봉彭鵬, 병부직방사兵部職方司 허정許貞 등이 있고, 조정의 무관으로는 복건수사제독福建水師提督 오영吳英, 복건육로제독福建陸路提督 왕만상王萬祥, 총병總兵 간채杆彩, 천진제독天津提督 남리藍理, 영파총병관寧波總兵官 시세택施世澤이 있는데, 그 외의 문관과 무관을 모두 기억하기는 어렵습니다.

문 : 대국에서 문관과 무관을 시험으로 뽑는 규칙은 어떠한가?

답 : 문관 시험은 3년에 1회씩 시험을 보아 뽑는데, 처음에 동생童生이 수재秀才가 되고, 향시鄕試로는 거인擧人이 되며, 회시會試로 진사進士가 되어, 전시殿試에서 삼급제三及第[60]가 됩니다. 거인은 1부府에 60인으로 정해져 있

---

60 삼급제(三及第) : 과거(科擧)의 전시(殿試)에서 제1위인 장원(壯元), 제2위인 방안(榜眼), 제3위인 탐화(探花)를 아울러 일컫는 말.

고, 진사는 천하에 360인으로 정해져 있습니다. 급제는 360인의 진사를 대상으로 하여 전시에서 3인을 선발합니다. 무관 시험은 궁마弓馬와 논책論策을 시험하여 뽑고, 무관 진사의 숫자는 문관 시험과 같습니다.

5-3

○ 문장 형식 : 계문啟文

○ 국사편찬위원회 번역문 제목 : 南桃浦에 표착한 이들의 물건 값을 北京 시세에 맞춰 지급하는 대신 따로 노자돈은 마련해 주지 말 것 등을 청하는 啓

○ 원문 제목 : 없음

○ 일자 : 숙종 30년 1704년 10월 22일음

○ 출처 :『비변사등록』제55책

당시 표류인들이 가지고 있는 물건이 무거울 때에는 조선의 상인들이 구입하게 함으로써 표류인들의 짐을 덜어주는 편의를 봐주고 있었는데, 남도포南桃浦 표류인들의 물건 값을 너무 낮게 쳐서 그들이 실망하고 있으므로 물건 값을 좀 더 올려주는 대신 표류인들에게 지급하던 노잣돈을 지급하지 말자고 아뢰는 계문이다. 이와 같은 문제는 표류인을 처리하는 과정에서 당연히 일어날 수 있는 매우 현실적인 문제라고 할 수 있는데, 이 문서에는 그 처리 방법이 매우 구체적으로 설명되어 있다.

『승정원일기』421책탈초본 22책 숙종 30년 10월 22일에도 수록되어 있다.

아뢰기를,

"남도포南桃浦에 표류해 온 사람들에게 별도로 500냥兩의 은화를 더 얹어 주기로 한 일은 어제 이미 주상 전하 앞에서 결정하였습니다. 물러 나와서 다시 표류해 온 사람들의 상황을 역관譯官에게 물었더니, 그들은 물건 값이 적은 까닭에 낙담하고 한탄하는 심정이 뚜렷하여 여러 차례 말과 얼굴빛에 나타내었다고 합니다. 피차 가격을 의논할 때 여러 번 다툼이 있었고, 마침내 가격이 낮은 것을 따른 뒤에야 멈추었는데, 대체로 그것을 조종하는 권리가 이쪽에 있고 저들은 곤란하고 급한 형편에 그 생각한 바를 모두 말할 수 없었을 것입니다. 저들이 입으로는 비록 감히 분명하게 말하지 못했지만 그 마음이 불쾌했을 것은 진실로 상상할 수 있습니다. 이제 협의한 가격으로써 왜관, 북경의 가격과 비교해보면 그 높고 낮음이 현격하니, 왜관의 가격은 비록 논할 필요가 없겠지만 북경의 가격과는 크게 다릅니다. 표류해 온 사람들이 한을 품은 것이 이와 같을 뿐만 아니라, 북경 측이 논의하는 중에도 역시 필시 이쪽에서 억지로 물건을 사줬다고 의심할 것입니다. 역관이 받았던 바의, 물건 값을 상의할 때 표류한 사람들이 거듭 써놓은 종이를 살펴보니, '실제 가격이고 허황된 가격이 아니다'라고 하는데, 이것은 곧 그 가격이 사실에 근거하여 결정한 것이라는 의미를 나타내고 있습니다. 예외 없이 그 숫자를 따라 지급한다면 이미 결정된 500냥 외에 더 보태야 할 것은 461냥에 지나지 않으니, 합해서 계산하면 마땅히 그들에게 지급해야 할 것은 3920냥 1전 1푼으로, 진실로 이것을 가지고 서로 따지고 비교해서 다른 나라 사람들로 하여금 실망하여 돌아가게 할 수는 없습니다. 또한 그 물건은 지금 비록 이 가격을 지급하여도 역시 그로 인하여 손해 볼 우려는 없다고 합니다. 이 숫자에 의거하여 다시 마련하여 역관에게 내주어, 그로 하여금 표류해 온 사람 각자에게 나누어 주게 하고, 조정에서 특별히 저들의 위급한 상황을 가엾게 여기고 혹 물건 값이 부족할 것을 우려하여 상인들로 하여금 물건 값을 더 보태어 주게 하였다는 뜻을 저들에게 알아듣도록 분명하게 얘기하는 것이 옳을 듯합니다. 아울러 호조^{戶曹}에 분부하되, 수많은 은화를 마련하여 나누어주자면 오늘은 출발할 형편이 안 되니 내일 보내도록 하며, 노자로 쓸 은화는 비록 무진^{戊辰}년에 관향^{管餉}⁶¹으로 하여금 각자에게 2냥씩 나누어 주게 한 전례가 있지만 이제 이 물건 값을 지급한다면 노자로 충분할 것이니, 다시 노자로 은화를 지급할 필요는 없을 터인즉, 평안감영^{平安監營}에 노잣돈 지급의 분부는 하지 않는 것이 어떠하겠습니까?"라고 하니, 윤허한다고 전교^{傳敎}하였다.

5-4

○ 문장 형식 : 계문^{啓文}
○ 국사편찬위원회 번역문 제목 : 南桃浦에 표착한 자들을 떠나보내고 이제야 咨文이 지어졌으니 禁軍으로 하여 齎咨官이 도착한 곳에 보낼 것을 청하는 啓
○ 원문 제목 : 없음
○ 일자 : 숙종 30년 1704년 10월 27일음
○ 출처 : 『비변사등록』 제55책

남도포^{南桃浦}에 표류해 온 사람들을 이미 북경으로 보냈는데, 그들과 동행하는 재자관^{齎咨官}⁶²이 가지고 가야할 자문^{咨文}을 제 때 작성하지 못하였기에 뒤늦게 쫓아가 완성된 자문을 전달하겠다고 아뢰는 계문이다.

---

61   관향(管餉) : 군량을 관리함. 또는 그 임무를 맡은 사람.
62   재자관(齎咨官) : 자문(咨文)을 보내기 위하여 파견하는 관원, 자관(咨官).

이 계문에는 113인이나 되는 표류인들을 자문이 완성될 때까지 서울에 체류시킬 수 없는 당시 조정의 입장이 잘 나타나 있다.

『승정원일기』 421책탈초본 22책 숙종 30년 10월 27일에도 수록되어 있다.

> 아뢰기를,
> "진도珍島 남도포南桃浦에 표류해 온 사람들을 이미 보냈는데, 자문咨文을 제 때 작성하지 못하여 함께 보내지 못하였습니다. 이제 비로소 작성하였으니, 정서하여 주상 전하의 재가裁可를 받은 후에 별도로 금군禁軍을 지정하여 파발擺撥로 재자관齎咨官이 도착한 곳에 뒤쫓아 보내는 것이 어떠하겠습니까?"라고 하니 윤허한다고 전교傳敎하였다.

5-5

○ 문장 형식 : 의론문議論文

○ 국사편찬위원회 번역문 제목 : 左議政 李畬 등이 입시하여 南桃浦 표류선박의 物貨를 처리하는 문제에 대해 논의함

○ 원문 제목 : 없음

○ 일자 : 숙종 31년 1705년 2월 11일음

○ 출처 : 『비변사등록』 제56책

본 문서는 남도포南桃浦에 표착한 한인들을 돌려보내고 해가 바뀐 다음에 그들의 파선된 표류선에 적재되어 있는 물건들을 어떻게 처리할 것인지에 대하여 조정의 대신들이 논의하는 의론문이다. 즉 표류인들이 있을 때는 건져낼 수 없을 것으로 판단되어 표류선 안에 남겨둔 화물들

이 많이 있는데, 그것이 몰래 인양되어 시중에 나도는 등의 문제가 발생하자 그것을 다시 건져낼 것인지가 문제가 되는 것이다.

위의 문제 또한 표류선 처리 과정에서 흔히 발생할 수 있는 일로 생각되는데, 이에 관한 조선 대신들의 발언을 통하여 당시 그들이 얼마나 명분을 중시하였는지 알 수 있으며, 또 당시 조선과 청나라의 관계가 어떠하였는지 그 일단을 살펴볼 수 있다.

『승정원일기』 423책 탈초본 22책 숙종 31년 2월 6일에도 수록되어 있다.

> 이번 2월 6일, 대신과 비변사 당상堂上[63]이 인견引見[64]으로 임금을 뵈었을 때 좌의정 이여李畬가 아뢰기를, "남도포南桃浦에 표류해 온 선박에서 건져낸 물건은 단지 상층上層에 실었던 숫자이고, 그 배의 가운데와 아래의 적재함에 두었던 것이 더욱 많은데 단단하게 봉해져 있어 헤엄쳐 건져낼 수 없기에 그대로 두고 건져내지 못하고 있습니다. 한인漢人들이 가고 난 뒤, 조정의 회의에서 어떤 사람이 말하기를, 이 물건들은 이미 값을 치러 준 것 안에 포함되어 있지 않으니 조정에서 취하여 나라를 위해 사용하는 것은 부당하고, 단지 그대로 두고서 백성들이 가져다 쓸 수 있도록 일임해야 하며, 혹 건져내든, 혹 건져내지 않든 검문할 필요가 없다고 하였습니다. 어떤 사람은 말하기를, 이것은 이미 귀중한 물건이니 백성들로 하여금 각자 사사로이 취하게 하면 강자가 필히 독차지할 것이므로 혼란스러워지는 폐해를 면하기 어려울 것이며, 또한

---

63 당상(堂上) : 조선시대, 문관은 정삼품 명선대부(明善大夫)·봉순대부(奉順大夫)·통정대부(通政大夫) 이상, 무관(武官)은 정삼품 절충(折衝) 장군 이상의 벼슬 계제(階梯). 이례(吏隷)의 상관에 대한 칭호.
64 인견(引見) : 임금이 의식(儀式)을 갖추어 의정(議政)을 만나 봄. 의정은 조선시대 의정부(議政府)의 영의정, 좌의정, 우의정을 총칭한 말.

수많은 물건이 만약 나라 안에 널리 유포되면 결국에는 국가가 알 수 있는 바가 아니다라는 말을 할 수 없을 것이니, 마땅히 점검하여 단속해야 한다고 하였습니다. 양측 말이 모두 소견이 있지만 때가 엄동이었기에 잠시 본군本郡 및 본보本堡65로 하여금 지켜 살피게 하고 있습니다. 요즈음, 수사水使가 연이어 보내온 공문을 보면, 표류 선박은 물속에 잠겨 있는데 풍파에 흔들려 삼판杉板이 연속하여 떠오르고 있다고 하며, 또 적재함 역시 반드시 견고하지 못할 것으로 시장에서 흑각黑角 : 물소의 뿔, 소목蘇木 : 단목(丹木)의 속살, 약재로 쓰임 등의 물건을 몰래 거래하다 붙잡힌 자도 있다고 하므로, 마땅히 이러한 일을 처리할 방법이 있어야 할 것입니다. 조정의 여러 신하들 중에는 건져낸 후에 숫자가 만약 많다면 북경에 자문咨文을 보내어 그들이 처리하는 바를 들어 주는 것이 가장 타당하다고 하는 사람이 많은데, 이 의견이 좋을 것 같습니다. 이제 얼음이 풀리는 것도 머지않았고, 수사水使로 하여금 단속하고 점검하여 건져내 숫자를 알고서 주상 전하께 아뢰게 한 다음에 처리하는 것이 어떠하겠습니까?"라고 하니 임금이 이르기를, "지난 가을 경연經筵66에서 그러한 말이 있었다"라고 하였다. 우의정 이유李濡가 아뢰기를, "그때 과연 결정한 바가 있었습니다. 혹자는 물건의 원래 숫자가 이미 많기에 건져낸 다음 만약 기준에 미달되었는데도 북경에 보낸다면 오히려 의심을 살 수 있는 실마리가 될 수 있으니, 물건을 그대로 두고서 백성들이 건져서 가지도록 하는 것만 못하며, 그것은 조정에서 미리 알 수 있는 것도 아니라고 하였기에, 주상 전하께서도 역시 그렇게 하라고 전교傳敎하셨습니다. 지금에 이르러 다시 헤아려보고 또한 그 되어가

---

65 본보(本堡) : '보(堡)'는 작은 성(城)으로, 본 사건이 일어난 작은 성이라는 의미.
66 경연(經筵) : 고려·조선시대에, 임금이 학문이나 기술을 강론(講論)·연마하고 더불어 신하들과 국정을 협의하던 일. 또는 그런 자리.

는 형편을 들어보니, 처음에는 비록 결코 건져낼 수 없다고 생각하였으며, 표류인들의 말도 역시 모두 사람의 힘으로 용납되기 어려운 일이라고 하였지만, 실상인즉 그렇지 않은 것 같다고 합니다. 시험 삼아 전라도로 하여금 착실히 건져내게 하고, 그 건져낸 숫자를 보고서 북경에 자문咨文을 보내어서 그 지휘를 기다려 처리하는 것이 마땅합니다. 이와 같이 하지 않고 백성들이 건져내도록 맡겨둔다면 수많은 물건이 국내에 널리 퍼지게 되어, 비록 조정에서 미리 알 수 있는 바가 아니라고 하더라도 물건을 취하여 이익을 보는 자가 우리나라의 국민이니 진실로 마음이 불편할 것입니다. 물건 숫자의 많고 적음을 막론하고 저들에게 자문咨文을 보내면 우리의 신의를 보여주기에 족하고 의심을 살 까닭도 결코 없을 것입니다"라고 하니, 병조판서兵曹判書 유득일兪得一이 아뢰기를, "표류해 온 사람들이 지나갈 때, 그들이 진귀한 물건들은 아래 적재함에 많이 있다고 말하였습니다. 처음에 만약 침몰된 배와 물건을 모두 함께 포기하였다면 그걸로 그만이지만, 상층의 물건을 건져내어 이미 값을 쳐서 주었는데, 아래 적재함의 물건을 비록 백성들일지라도 건져내어 갖게 하면 북경에서는 반드시 의심할 것입니다. 지난번 재자관齎咨官[67]의 보고서에서 말하기를, 표류해 온 사람들이 저쪽 땅에 도착하자 가지고 있는 물건을 모두 팔아서 스스로 여행길의 식량을 준비하였으며, 간혹 험한 길을 걸어서 돌아가기도 하였다고 하니, 또한 가련합니다. 건져낼 것을 분부한 후에 물건의 숫자가 많으면 예부禮部에 자문을 보냄으로써 그 처리를 기다리는 것이 멀리 있는 사람을 회유하는 도리에 맞는 듯합니다"라고 하였다. 우의정 이유李濡가 아뢰기를, "우리나라 백성이 다른 나라에 표류해가서 그 물건을 잃어버리고 돌

---

67 재자관(齎咨官) : 자문(咨文)을 보내기 위하여 파견하는 관원.

아왔는데, 다른 나라에서 추후 수습하여 보내온다면 우리나라로서는 어찌 그 신의信義를 칭찬하지 않을 수 있겠습니까? 사람은 처지를 바꾸어 놓으면 행동하는 것이 모두 같습니다. 이것이 건져서 보내지 않을 수 없는 까닭입니다"라고 하였다. 임금이 이르기를, "물속에 침몰된 채로 있는 물건의 숫자가 건져낸 것보다 많으냐?"라고 하였다. 좌의정 이여李畬가 아뢰기를, "배가 넘는다고 합니다"라고 하였다. 임금이 이르기를, "먼저 숫자를 알고서 아뢰게 한 후에 처리하도록 하는 것이 좋겠다"라고 하니, 좌의정 이여가 아뢰기를, "이로써 수사水使에게 분부하심이 어떠하겠습니까?"라고 하니, 임금이 그렇게 하라고 하였다.

5-6

○ 문장 형식 : 계문啟文

○ 국사편찬위원회 번역문 제목 : 知事 趙泰采가 입시하여 南桃浦 漂流 漢人의 敗船에서 건진 蘇木을 매매하는 문제에 대해 논의함

○ 원문 제목 : 없음

○ 일자 : 숙종 31년 1705년 4월 13일음

○ 출처 : 『비변사등록』 제56책

남도포南桃浦 표류선에서 건져 올린 물건의 일부를 판매하여 그것을 처리하는 비용을 보충할 것을 아뢰는 계문이다. 표류선에서 무거운 물건들을 건져내고 운반하는 데에는 당연히 적지 않은 비용이 발생할 것이므로, 그 물건 가운데 일부를 팔아서 비용을 충당하는 것은 남의 물건에 손대지 않는다는 명분을 손상하지 않았던 것 같다.

『승정원일기』424책탈초본22책 숙종 31년 4월 13일에도 수록되어 있다.

  이번 4월 12일, 주강書講[68]으로 임금을 뵈었을 때, 지사知事 조태채趙泰采가 아뢰기를, "남도포南桃浦에 표류해 온 한인漢人들의 파선에서 건져 올린 물건을 수송해 왔습니다. 그 가운데 소목蘇木은 적지 않게 5만 5천근에 이르는데, 우리나라에서는 그 용도가 넓지 않으니 (원래 할당된) 경비經費 외에, 잡다한 물건과 함께 덜어내어 파는 것을 허락해서 부비浮費[69]로 충당하는 것이 옳은 듯하여, 이로써 감히 우러러 아뢰옵니다"라고 하니, 임금이 아뢴 대로 하라고 하였다.

5-7

○ 문장 형식 : 의론문議論文

○ 국사편찬위원회 번역문 제목 : 右議政 李濡등이 입시하여 南桃浦 표류 선박의 物貨를 건져내는 문제 등에 대해 논의함/許遞

○ 원문 제목 : 없음

○ 일자 : 숙종 31년 1705년 5월 18일음

○ 출처 :『비변사등록』제56책

  남도포南桃浦의 표류선에 건져 내지 못한 물건이 많이 남아 있어 그것의 처리 방법에 대하여 다시 조정에서 의논하는 의론문이다. 이에 대하여 각종 의견이 나왔으나 결국 건져내더라도 이미 부패되었을 것이므로

---

68 주강(晝講) : 조선시대에 왕 또는 세자가 신하들과 모여 함께 공부하던 경연(經筵)이나 서연(書筵) 가운데 낮에 시행하였던 정규 강의.

69 부비(浮費) : 긴요치 않은 부수 경비(經費).

건져내지 말고 내버려 두자는 의견에 임금이 동의함으로써 우선 일단락 되었다.

같은 문서의 뒷부분에서 의논하고 있는 또 하나의 문제는 북평사北評事로 누구를 파견할 것인지의 문제로서 남도포 표류선하고는 관련이 없으나 하나의 문서로 연결되어 있어 그대로 남겨 두었다.

『승정원일기』423책탈초본 22책 숙종 31년 3월 15일에도 수록되어 있다.

우의정 이유李濡가 아뢰기를, "이것은 곧 전라우수사全羅右水使 신찬申燦이 남도포南桃浦에 표류해 온 선박의 물건을 아직 건져내지 못하였다는 것을 아뢰는 계문啓聞[70]입니다. 대체로 그 건져내기 어려운 것은 그 일의 형편상 원래 그러할 것입니다. 남쪽에서 온 사람의 말을 들으니 혹 착실하게 건져낼 수 없다고도 하는데 이 말은 믿을 수 없으며, 군영軍營으로부터 일을 잘 아는 자를 선정하여 보내 다시 건져내면 어떨지 모르겠습니다"라고 하였다. 병조판서兵曹判書 유득일兪得一이 아뢰기를, "다른 나라 사람이 수많은 물건을 침몰시킨 채 빈손으로 돌아갔으니 조정에서 그것을 건져내게 하는 것은 대체로 그들에게 돌려주고자 함입니다. 그런데 진도珍島에는 평소 유배 보낸 무뢰한들이 많아서 몰래 스스로 건져내는 폐해가 있을 듯합니다. 침몰한지 이미 오래되어 또한 반드시 부패하였을 것이니, 이제 비록 군영에서 사람을 보내어도 그들이 잘 건져낼 수 있다는 것을 보장하기 어렵고, 설령 약간의 건져낸 물건이 있어도 부패하여 그들의 나라에 보내줄 수 없으면 오히려 난처한 일입니다. 신臣의 생각으로는 지키는 것을 멈추고 그것을 버려두는 것이 옳을 듯합니다"라고 하니,

---

[70] 계문(啓聞) : 조선시대에 신하가 글로 임금에게 아뢰던 일.

예조판서禮曹判書 윤세기尹世紀가 아뢰기를, "유득일兪得一의 그것을 버려두자는 말이 옳습니다. 침몰한지 이미 오래되었으니 바닷가 백성들이 밤중에 건져내는 폐해가 반드시 있을 것입니다. 설혹 약간 건져낸다고 하더라도, 건져낸 뒤에 또 부패한다는 걱정이 있으니 운송하기도 편하지 않고, 공가公家[71]에서 그것을 사용하는 것도 불가하니, 애당초 잘 처리하는 것이 마땅합니다"라고 하였다. 우의정 이유李濡가 아뢰기를, "장樯∶돛대, 승升∶되, 철정鐵釘∶쇠못 등의 물건을 이미 모두 남도포南桃浦에 두었고, 침몰된 배를 여전히 지키고 있습니다. 만약 다시 건져내게 하지 않는다면 반드시 분부가 있은 뒤에야 기다리는 폐해가 없을 것입니다"라고 하였다. 임금이 이르기를, "병조판서와 예조판서의 말이 옳다. 침몰한지 이미 오래되었으니 설령 건져내더라도 필시 모두 부패했을 것이다. 지키는 것을 그만두게 하고, 건져내지 않도록 하는 것이 좋겠다"라고 하였다. 또 아뢰기를, "북평사北評事[72] 이만견李晩堅은 80여 세의 노모가 있고, 또한 그가 양아들로 들어간 집의 전모前母[73]가 병자丙子년의 병화兵禍로 세상을 떠난 까닭에 겸직으로 맡게 되는 청나라의 차사원差使員이 개설한 시장의 관리를 꺼리는 바가 있어서, 비변사에 진정서를 제출한지가 이미 오래되었습니다. 인정과 도리로 보아 강제로 부임시키는 것은 어려우며, 법례法例를 헤아려 역시 그에 따라 교체하실 것을 감히 우러러 아뢰옵니다"라고 하였다. 병조판서 유득일兪得一이 아뢰기를, "북평사는 예例에 의하면 이조낭관吏曹郎官이나 옥당玉堂[74] 가운데에서 파견하였습니다. 남취명南就明은 비록 무고한 사람이지

---

71 공가(公家)∶조정(朝廷)이나 왕실(王室)을 이르는 말.
72 북평사(北評事)∶조선시대에 함경도에 있는 북병영에 딸린 정육품 무관, 또는 그 관직. 북병사(北兵使)를 보좌한다.
73 전모(前母)∶후취(後娶)의 자식이 그 아버지의 전취(前娶)를 이르는 말. 여기에서는 이만견(李晩堅)의 양가(養家)에 전취와 후취가 있었던 것 같다.
74 옥당(玉堂)∶홍문관(弘文館)의 부제학, 교리, 부교리, 수찬, 부수찬을 통틀어 이르는 말.

만 그 한 사람을 여러 차례 첫 번째로 추천하였으니 정사政事를 행하는 이치에 있어서 매우 미안합니다. 이 외에 달리 추천할 수 있는 사람이 없어서 부득이 하게 전랑銓郞[75]으로 출입하는 신하를 추천한 것입니다. 이만견은 84세의 노모가 있고, 또한 청나라에서 파견하는 차사원差使員을 접대하는 임무를 꺼리는 바가 있으니 법法으로 보아 마땅히 교체해야 합니다. 지금 옥당玉堂은 텅 비어서 입직入直 : 숙직이나 당직할 사람이 없고, 이미 전랑銓郞을 경험한 사람은 모두 나이든 부모가 있어서 실로 추천할 방도가 없습니다. 전에는 간혹 양사兩司[76]에서 골라 보내었으니 대신에게 하문하시어 처리하심이 어떠하겠습니까?"라고 하였다. 임금이 이르길, "근래에는 옥당玉堂을 평사評事로 파견한 일이 드물었다"라고 하니, 이유李濡가 아뢰기를, "이동언李東彦 역시 양사兩司에서 보낸 것입니다. 지금 옥당은 직直 : 숙직과 당직을 비운지가 오래되었으며, 경연經筵을 관장하는 중요한 곳인데도 인원을 채우지 못함이 이와 같으니 평사評事에까지 미치기 어렵습니다"라고 하였다. 임금이 이르길, "이만견은 교체하도록 하고, 양사兩司 중에서 추천하는 것이 좋겠다"라고 하였다.

5-8

○ 문장 형식 : 의론문議論文
○ 국사편찬위원회 번역문 제목 : 領議政 崔錫鼎 등이 入侍하여 破船의 화물을 꺼낸 金俊에게 적절히 값을 치루는 문제에 대해 논의함
○ 원문 제목 : 없음

---

75 전랑(銓郞) : 조선시대 문·무관의 인사 행정을 맡아본 이조와 병조의 정5품관인 정랑(正郞)과 정6품관인 좌랑(佐郞)을 통틀어 이르는 말.
76 양사(兩司) : 조선시대의 사헌부(司憲府)와 사간원(司諫院).

○ 일자 : 숙종 32년 1706년 5월 2일을

○ 출처 : 『비변사등록』 제57책

남도포南桃浦 표류선 사건이 발생한 뒤로부터 2년 뒤인 숙종 32년[1706], 조정에서도 포기하고 버려두었던 표류선의 화물을 김준金俊이 사비로 상당량 건져내게 되자 이를 어떻게 처리할 것인지를 의논한 의론문이다. 즉, 김준에게 어떠한 보상을 내릴 것인지, 건져낸 물건을 어떻게 처리할 것인지, 청나라 측에 어떻게 알릴 것인지, 당시 물건을 건져낼 수 없다고 포기하였던 관련 책임자들을 어떻게 처벌할 것인지에 대하여 조정의 대신들이 열심히 의논한 내용의 문서이다. 표류선이 발생하면 실제적으로 일어날 수 있는 문제에 대하여 조정의 대신들이 구체적인 처리 방법을 의논하고 있으며, 이를 통하여 명분을 중시하는 그들의 입장을 다시 한 번 확인할 수 있다.

『승정원일기』 429책탈초본 23책 숙종 32년 4월 30일에도 수록되어 있다.

　　또 아뢰기를, "전라도 남도포南桃浦에 표류해 온 사람들의 파선에서 물건을 건져내는 일은 서문유徐文裕가 감사監司일 때 장계狀啓로써 조정의 처분을 기다린다고 말하였는데, 조정에서 이미 포기한 후에 김준金俊이 건져낸 것이 상당히 많다고 합니다. 이것은 비록 그의 직분은 아니지만 건져낼 때 퍽 공력을 들였고, 소목蘇木 등의 물건은 관련이 없을지라도 흑각黑角:물소 뿔은 군대의 도구에 매우 요긴하니 마땅히 헤아려 처리해야 할 것입니다"라고 하였다. 형조판서 서문유가 아뢰기를, "신이 호남감영湖南監營에 있을 때 장계로 이미 상세히 아뢰었습니다. 지키는 것을 그만 둔 후에 곧 버린 물건이 되었는데, 김준이 사적인 비용과 물건으로 고기잡이 하는 백성들을 다수 모아서 건져낸 것은 소목 3만 근, 흑각 80통, 상아 8통입니다. 이는 그의 직분이 아닙니다만 그 성의가 칭찬할 만하니 전라도 감사로 하여금 헤아려서 마땅히 값을 치러주어야 할 것이며 또한 격려하는 방도가 있으면 좋을 듯합니다"라고 하였다. 호조 판서 조태채趙泰采가 아뢰기를, "그들의 수많은 재화財貨를 애당초 건져줄 수 없었는데 이제 갯마을 사람들에게 일임하여 스스로 건져내게 하였으니, 먼 나라 사람을 대우하는 도리가 이와 같으면 안 됩니다. 앞으로도 역시 마땅히 계속해서 건져내야 하고, 건져내기가 끝난 다음에 봉황성鳳凰城에 자문咨文을 보내어 그들이 처리하는 것을 기다리는 것이 옳습니다. 김준이 건져낸 물건의 종류가 매우 많은데, 마땅히 셈을 하여 그에게 물건을 나누어 주어야 하지만 그들의 조치를 기다리지 않고 먼저 건져낸 물건을 주는 것은 온당하지 못하니, 서울 안에 보관해 둔 소목蘇木을 내어 주는 것이 좋겠습니다. 그렇지 않으면 곡식을 바친 예에 따라 가자加資[77]하는 것도 또한 혹 하나의 방도가 될 것입니다"라고 하였다. 영의정 최석정崔錫鼎이 아뢰기를, "물건을 내어 주었는데, 그 위에 더하여 가자加資의 은전恩典까지 베풀 수 없다는 것은 호조판서의 말이 옳습니다. 물건은 전라도 감사 및 수사水使가 간직해 두도록 하고 저들의 조치를 기다리는 것이 옳을 듯합니다"라고 하였다. 우의정 김창집金昌集이 아뢰기를, "김준은 개인적으로 건져내었으니 바라는 마음이 없지 않을 것입니다. 신은 그가 사용한 비용과 물력物力이 얼마나 되는지는 알 수 없지만 그 물건으로써 헤아려 따져 지급하는 것이 진실로 마땅하며, 상을 주게 되면 겹으로 베푸

---

[77] 가자(加資) : 정삼품(正三品) 통정대부(通政大夫) 이상의 품계(品階)를 올리던 일. 납속가자(納粟加資)는 흉년이 들거나 병란이 있을 때에 곡식을 많이 바친 사람에게 정삼품의 벼슬을 주어 포상(褒賞)하던 일. 공명첩(空名帖)처럼 이름만의 벼슬이었음.

는 것이 되어 옳지 않습니다. 또한 표류인들이 이곳에 머물 때 건지기 어렵다는 핑계를 댔는데, 그들이 떠난 뒤에 비로소 건져내었으니, 사적으로 능히 건져낼 수 있는 물건을 어찌 관의 힘으로 건져내지 못할 까닭이 있겠습니까? 애당초 지방관 등 또한 잘못한 책임을 면하기 어려울 것입니다"라고 하였다. 임금이 이르기를, "당초 결코 건져내기 어렵다고 핑계를 대었는데, 지금에 와서 건져내었으니 참으로 터무니없구나. 김준은 건져내라는 조정의 명령도 없었는데 사적으로 건져내었으니 상을 줄만한 어떠한 공이 있는가?"라고 하였다. 영의정 최석정崔錫鼎이 아뢰기를, "명기名器를 아낀다는 도리에 있어서 (김준에게 상을 내리라는) 성교聖敎는 지당하옵니다"라고 하였다. 조태채가 아뢰기를, "다시 김준에게 전부 건져내게 한 뒤, 혹 물건을 주거나 혹은 상을 주는 것이 헤아려 조치하는 도리일 듯합니다"라고 하였다. 서문유가 아뢰기를, "그 때 수사水使가 직접 가서 점검하고 끝내 건져낼 수 없다고 하였습니다. 건져낸 갯마을 사람들이 매우 많았는데, 지방관이 감사監司에게 보고하지 않은 것은 매우 옳지 않습니다"라고 하였다. 영의정 최석정이 아뢰기를, "수사는 지금 다른 죄로 구속되어 있는데, 이 죄로써 별도로 파직罷職시키고, 지방관 및 만호萬戶[78]는 그들이 지은 죄 가운데 무거운 죄에 의하여 죄를 논하는 것이 옳을 듯합니다"라고 하였다. 임금이 이르기를, "수사와 지방관은 죄의 경중이 다르니, 신찬은 파직시키고 지방관과 만호는 국가를 속인 죄를 다스리지 않을 수 없으니 데려와서 따져보는 것이 좋겠다"라고 하였다. 우의정 김창집이 아뢰기를, "김준이 건져낸 물건은 진실로 헤아려 따져서 지급하는 것이 마땅합니다. 만약 그것을 나라에서 사용한다면 실로 구차스럽습니다"라고 하였다. 조

---

78   만호(萬戶) : 조선시대, 각 도의 여러 진(鎭)에 배치되었던 종사품의 무관 벼슬.

태채가 아뢰기를, "작년 겨울에 신이 봉황성鳳凰城에 자문咨文을 보내어 싣고 가게 하자는 일을 우러러 아뢰었습니다. 그때 연신筵臣[79]이 간혹 건진 것은 많은데 지급하는 것은 적다고 그들이 의심할 것을 염려하였으나, 이는 그렇지 않습니다. 우리가 성신誠信으로 그들을 대하는데 어찌 그들이 많고 적음을 의심하겠습니까?"라고 하였다. 영의정이 아뢰기를, "신이 듣기로는 저들이 물건을 많이 잃어버리고, 평양을 지날 때 울면서 갔다고 합니다. 자문을 보내는 일은 참으로 마땅합니다"라고 하였다. 임금이 이르기를, "그들이 있을 때 끝내 건져주지 못하고, 간 다음에 건져서 사용한다는 것은 참으로 몹시 구차하다"라고 하였다. 부제학副提學 윤지인尹趾仁이 아뢰기를, "지방관에게 죄가 있는 것은 참으로 주상 전하께서 말씀하신 바와 같으며, 조정의 명령이 없는데 사적으로 건져 가진 사람에게 어찌 그 죄가 없겠습니까? 또한 건져낸 물건을 국가에서 취하여 사용하는 것은 매우 옳지 않으니 사유를 갖추어 자문을 보내자고 하는 말은 실로 합당합니다"라고 하였다. 임금이 이르기를, "자문咨文에서 마땅히 지방관의 죄를 논한 일도 언급해야할 것이나 별도로 자문을 보낼 필요는 없고, 황력皇曆 때문에 갈 때 부치는 것이 좋겠다. 또한 김준에게도 분부하여 건져내는 일을 모두 마치게 한 다음에 헤아려 처리하는 것이 타당하겠다"라고 하였다.

5-9

○ 문장 형식 : 의론문議論文

○ 국사편찬위원회 번역문 제목 : 右議政 李頤命이 입시하여 南桃浦에

---

79 연신(筵臣) : 임금에게 경전(經典)을 강의하던 벼슬아치.

표착한 漢人의 물건들을 돌려보낼 일로 禮部에 咨文을 보내는 문제
에 대해 논의함

○ 원문 제목 : 없음

○ 일자 : 숙종 33년 1707년 1월 14일음

○ 출처 : 『비변사등록』제58책

남도포南桃浦 표류선에서 김준金俊이 사비로 상당량의 물건을 건져낸
사실 등에 대하여 청나라에 자문咨文을 보냈었는데, 청나라로부터 그에
대한 회지回咨가 왔지만 그 내용이 모호하여 이를 어떻게 처리할 것인지
에 대하여 조정의 대신들이 의논하는 내용의 문서이다. 이 문서에는 당
시 조선이 청나라를 얼마나 조심스럽고 신중하게 대하였는지 잘 나타
나 있다.

『승정원일기』434책탈초본23책 숙종 33년 1월 14일에도 수록되어 있
다.

이번 1월 10일, 국청鞫廳80의 대신大臣 이하以下가 임금 뵙기를 청하여 들어가
뵈었을 때, 우의정 이이명李頤命이 아뢰기를, "저 나라청나라에 관한 일은 비변사
의 여러 재신宰臣81들이 주상 전하를 뵈올 때 여쭙고 의논하여 결정하고자 하
였는데, 지금까지 지체되었기에 또한 몹시 미안하여 감히 아룁니다. 남도포南
桃浦에 있는 침몰된 배의 물건을, 표류해 온 한인漢人들을 돌려보낸 후에 관官에

---

80 국청(鞫廳) : 조선시대, 역적 등의 중죄인을 신문하기 위하여 설치하던 임시 관아.

81 재신(宰臣) : 임금을 돕고 모든 관원(官員)을 지휘 감독하는 일을 맡아보던 이품(二品) 이상의
벼슬. 또는 그 벼슬에 있던 벼슬아치.

서 건져내는 것에 대해서 신은 처음부터 부당하다고 생각하였는데, 이제 건져내고 보니 쓸모없는 소목蘇木 수만 근과 흑각黑角 등의 물건에 지나지 않습니다. 조정에서는 또 북경北京에 통보함으로써 처분을 청하지 않을 수 없다고 하였는데, 이번에 회자回咨[82]를 보니 예부禮部에서는 흑각은 금물禁物[83]이니 상아와 함께 묶은 띠를 풀어서 (편리하게 압송하고),[84] 소목은 그 값으로 환산해서 보내오게 하자고 황제께 아뢰었는데, 황제는 흑각은 쓸모가 없고 또한 여러 역참을 거쳐야 하며, 소목은 가격으로 환산할 필요가 없으니 해당국이 헤아려 처리하라고 했다고 합니다. 이른바 쓸모가 없다고 한 것이나 여러 역참을 거쳐야 한다고 한 것, 가격으로 환산할 필요가 없다고 한 말 등의 어조를 보면 곧 보내 줄 필요가 없다는 뜻인데, 소위 헤아려 처리하라고 말한 것은 말의 뜻이 명확하지가 않아서 우리가 어떻게 처리하는 지를 보려고 하는 것 같으니, 이 일은 최대한 헤아려 봐야 할 것입니다.

전란戰亂: 여기서는 병자호란을 말함 직후의 일을 말하자면, 비록 이와 같은 작은 은혜일지라도 역시 마땅히 사신을 보내 은혜에 감사해야 했지만 근래에는 반드시 그렇지는 않습니다. 신이 이 일을 판중추부사判中樞府事 최석정崔錫鼎 및 비변사의 유사당상有司堂上에게 물었더니 역시 어떻게 하면 좋을지 모르겠다고 하는데 무릇 일처리는 과하게 조심해야 탈이 없습니다. 신의 보잘 것 없는 견해로는, 예부禮部에 자문咨文을 보내어 비록 황제께 전달할 필요는 없지만 황제의 뜻에 많이 감사하고 황제의 은혜가 지극하다고 말하며, 비록 우리나라가 빈

---

82 회자(回咨): 회답으로 온 자문(咨文).
83 금물(禁物): 법으로 매매나 사용을 금하는 물건.
84 이 부분은 한문 원문의 정보가 부족하여, 당시 청나라에서 보내온 자문(咨文)인 '국사편찬위원회, 『한국사료총서』제24집 同文彙考 二 / 「禮部知會拯出物件令該國處置咨」'를 참고하여 번역하였다(한국학통합플랫폼(https://kdp.aks.ac.kr/)).

약하지만 이것은 대국 연해 백성의 피 같은 자본을 건져낸 것인데 어찌 차마 손에 쥐고 자기 것으로 하겠으며, 당연히 표류민에게 돌려주어야 할 것이나 황제의 뜻이 이와 같으니 이제 감히 북경으로 보내지 못하고, 흑각, 상아와 함께 소목 대금을 국경 지역에 보내어 다시 처분을 기다리겠다고 말하면 사리事理와 체면體面이 곡진할 듯합니다. 저들은 비록 작은 일이라도 그들의 말과 같이 하지 않으면 반드시 뜻에 어긋난다고 하니 직접 수송할 수는 없습니다"라고 하였다. 임금이 이르기를, "자문咨文을 보면 수송하라는 말은 없지만 정확한 방도도 없으니 예부禮部에 자문을 한 번 보내는 것이 좋겠다"라고 하였다. 이이명李頤命이 아뢰기를, "승문원承文院으로 하여금 이대로 자문을 작성하게 하고, 사역원司譯院으로 하여금 자문을 가지고 갈 역관譯官을 정하게 하는 것이 좋을 듯합니다"라고 하니, 임금이 그렇게 하라고 하였다.

사건번호 6
제주濟州 대정大靜 표류 청나라 강남성江南省 상인 16인

영조 8년1732년, 청나라 강남성江南省 출신 한인漢人 16인이 장사차 요동遼東에 갔다가 돌아오는 길에 제주濟州 대정大靜에 표류해 온 사건이다. 본서에서는 이 사건과 관련하여 『비변사등록』으로부터 계문啟文 3건, 문정별단 2건, 도합 5건의 문서를 찾아 번역 수록하였다. 이 사건의 문정별단은 같은 사건에 대하여 표류인들을 서울로 인솔한 역관과 비변사 낭청이라는 각기 다른 문정관이 사정을 물은 문정별단이 함께 실려 있어서 문정관에 따라 문답 내용이 어떻게 달라지는지 비교해 볼 수 있다.

또한 육지에서 멀리 떨어진 제주에서 발생한 표류 사건에서, 표류인이 육로로 돌아가기를 원할 때의 처리 방법이 매우 자세하고 구제적으로 기술되어 있다.

이 사건에 관하여 『승정원일기』에 문서 1건이 수록되어 있다.

6-1

○ 문장 형식 : 계문啓文
○ 국사편찬위원회 번역문 제목 : 濟州에 표류한 淸人들을 육로로 보낼 때의 대책을 보고하는 備邊司의 계/差使員, 刷馬, 咨文
○ 원문 제목 : 없음
○ 일자 : 영조 8년 1732년 11월 27일음
○ 출처 : 『비변사등록』 제92책

제주 대정현大靜縣에 청인淸人 16인이 표류해 왔다는 것을 아뢰는 비변사의 계문이다. 그들이 육로로 돌아가기를 원하기 때문에 앞으로 그들을 북경에 보내주기 위하여 처리해야 할 과정이 상세하고 구체적으로 기술되어 있다. 즉 그들을 서울까지 압송해갈 전라도의 차사원差使員과 역관譯官은 바다를 건너 제주까지 오지는 않고 대신 제주의 군관이 압송하여 바다를 건너 그들에게 넘겨준다는 것, 부서진 배의 처리 방법 등이 기술되어 있다.

승정원일기 751책탈초본 41책 영조 8년 11월 30일에도 수록되어 있다.

비변사에서 아뢰기를,

"제주 목사牧使 정필녕鄭必寧의 장계狀啓를 보니, 청인淸人의 배 한 척이 대정현大靜縣에 표류해 왔는데 풍파에 의하여 부서져버렸고, 청인淸人 18인 가운데 2인은 익사하고 16인은 생존하였으며, 육로로 돌아가기를 원한다고 합니다. 건져 낸 물건은 숫자를 세어서 맡겨 두었고, 그들의 부서진 배는 우선 갯가에 그대로 두고서 조정의 분부를 청하여 기다린다고 합니다. 청인의 배가 이미 부서져버렸고 또 육로로 돌아가기를 진정으로 바라고 있으니, 전례에 의하여 전라도의 차사원差使員으로 하여금 서울로 압송해 올라오게 하여 북경으로 보내주도록 하고, 바다를 건널 때는 제주濟州에서 일을 잘 처리하는 군관을 특별히 정하여 압송해 차사원에게 넘겨주도록 합니다. 길을 따라 올라올 때 타는 쇄마刷馬, 음식물을 대접할 때 필요한 양식을 특별히 지급하는 것 역시 전례에 의하여 거행하도록 하겠습니다. 경유하는 각 고을에 엄하게 당부하여 그들을 지키고 보호하여 외부인과 서로 통하지 못하게 할 것이며, 건져낸 물건은 운반할 수 있는 것은 역시 쇄마를 주어서 차례로 운반하도록 하고 차사원이 함께 데리고 와서 잃어버리는 폐해가 없도록 합니다. 그 가운데 무거워서 운반하기 어려운 것은 그들에게 원하는 것을 물어서 혹은 포목布木 : 베와 무명으로 바꾸어주도록 합니다. 부서진 배는 역시 전례에 의하여 불에 태우도록 할 것이나 혹 포목으로 바꾸어 줄 방법이 있으면 역시 그들이 원하는 대로 해줘야 할 것입니다. 한학漢學 역관 1인을 서울에서 선정하여 말을 주어 내려 보내 사정을 물어보고 서울로 압송해올 수 있도록 해야 하며, 자문咨文 또한 승문원承文院으로 하여금 짓게 하는 것이 마땅합니다. 이러한 뜻으로써 제주濟州 및 경유하는 여러 도道, 사역원司譯院, 승문원에 분부하심이 어떠하겠습니까?"라고 하니, 윤허한다고 답하였다.

6-2

○ 문장 형식 : 계문啓文

○ 국사편찬위원회 번역문 제목 : 大靜에서 漂流했던 사람들을 전례대로 대우하여 호송할 것을 청하는 備邊司의 啓

○ 원문 제목 : 없음

○ 일자 : 영조 9년 1733년 2월 1일음

○ 출처 :『비변사등록』제93책

대정大靜에 표류해 온 한인漢人들이 곧 서울에 도착할 예정인데, 전례에 의하여 처리하겠다는 것을 아뢰는 비변사의 의례적인 계문啓文이다.

> 비변사에서 아뢰기를,
> "대정大靜에 표류해 온 사람들이 지금 올라오는데, 서울에 들어온 뒤에는 남별궁南別宮에 머무르게 하고 금군禁軍 1인이 호위 군병들을 거느리고 특별히 지키도록 하며, 음식 대접 및 입을 옷을 만들어 지급하는 일 등은 해당되는 행정 관서에 분부하여 전례에 의하여 행하도록 하겠습니다. 본 비변사의 낭청郎廳 1인과 일을 잘 아는 역관譯官 몇 사람을 특별히 보내어서 표류해 오게 된 사정을 다시 자세히 묻도록 하며, 북경으로 보낼 때의 노잣돈 역시 관서關西로 하여금 전례에 의하여 지급하게 하고, 의주부義州府에 분부하여 미리 봉황성장鳳凰城將에게 통보하여 저들의 국경 연로沿路에서 호송하게 하는 것이 어떠하겠습니까?"라고 하니, 윤허한다고 답하였다.

6-3

○ 문장 형식 : 계문啟文과 문정별단問情別單

○ 국사편찬위원회 번역문 제목 : 大靜에서 漂流한 漢人을 전례대로 北京으로 보내기를 청하는 備邊司의 계와 그 別單

○ 원문 제목 : 계문은 제목이 없고, 문정별단은 ① 전라도 대정에 표류해 온 한인을 인솔해 온 역관 한수희가 그들의 사정을 물은 별단[全羅道大靜漂漢人, 領來譯官韓壽禧, 問情別單], ② 전라도 대정현에 표류해온 한인들에게 본 비변사 낭청이 사정을 물은 별단[全羅道大靜縣漂漢人等, 本司郎廳, 問情別單]

○ 일자 : 영조 9년 1733년 2월 4일을

○ 출처 : 『비변사등록』 제93책

비변사의 계문은, 대정大靜에 표류해 온 사람들이 서울에 들어왔으니 그들을 5,6일 쉬게 한 뒤 전례대로 북경에 보내겠다는 것과, 인솔해 온 역관 한수희韓壽禧와 비변사 낭청이 각기 문답한 문정별단 2건을 아울러 올리겠다는 내용이다.

이 사건의 문정별단은 같은 사건에 대하여 각기 다른 문정관이 사정을 물은 문정별단이 2건 있어 서로 비교할 수 있다. 또한 인솔해 온 역관 한수희韓壽禧의 문정별단에 의하면, 그는 제주 대정까지 가지는 않고 강진에서 청나라 표류인들이 대정으로부터 건너오기를 기다리고 있다 그들을 맞이하여 서울까지 데리고 왔음을 알 수 있다.

비변사에서 아뢰기를,

"어제 대정大靜에 표류해 온 사람들이 들어온 뒤에 본 비변사 낭청과 역관 등에게 사정을 물어보게 하였는데, 인솔해 온 역관 한수희韓壽禧가 문답한 것과 동일하여 전후 문답한 것을 모두 함께 올립니다. 표류해 온 사람들이 오래 머무는 것은 비록 폐해가 있지만, 추위를 무릅쓰고 먼 길을 왔기에 즉시 보내는 것은 불가하니 잠시 5,6일 머무른 뒤에 보내도록 하겠습니다. 이번에 표류해 온 사람들은 모두 남경南京 사람들이니 전례에 의하여 인솔해 온 역관으로 하여금 북경北京으로 들여보내게 하는 것이 어떠하겠습니까?"라고 하니, 임금이 윤허한다고 답하였다.

전라도 대정大靜[85]에 표류해 온 한인漢人을 인솔해 온 역관 한수희韓壽禧가 그들의 사정을 물은 별단別單

제가 작년 12월 해남海南에 있을 때, 해가 바뀐 후에 강진康津에 가서 머무르며 기다리겠다는 뜻은 이미 아뢰었습니다. 이번 달 12일 사시巳時 : 오전 9~11시[86]에 본현本縣 보암면寶巖面 리임里任 등으로부터 받은 편지 보고 내용에 의하면, 11일 밤이 깊은 후에 청인淸人이 타고 있는 배가 본면本面 월곶月串 앞바다에 와서 정박하고 있다고 하여, 듣자마자 달려가 그대로 데려와서 관가 건물에 머무르게 하고, 밤이 깊었기 때문에 다음날 그 성명과 본관 및 표류해 온 연유를 물었다고 합니다. 16인은 모두 강남성江南省 송강부松江府 상해현上海縣 사람들이며, 대부분 교양이 없고 말과 행동이 서툴러 원래 무식하였는데, 그 가운데 객상客商인 왕경사王敬思 1인이 약간 문자를 알고 말에 조리가 있어서 그와 대화

---

85 전라도 대정(大靜) : 현재의 제주도 서귀포시 대정읍으로 당시에는 행정구역이 전라도에 속하였음을 알 수 있다.
86 사시(巳時) : 십이시(十二時)의 여섯째 시. 오전 아홉 시부터 열한 시까지이다.

를 하였으며, 반복하여 사정을 물었더니 왕경사가 다음과 같이 말하였다고 합니다.

"우리는 본래 상업으로 생활해가는 사람들인데, 작년 5월 본전 800냥을 가지고 본지本地의 찻잎, 무명 등의 물건을 사서 임대한 주융순周隆順의 배에 싣고 윤閏 5월 15일 오송구淞凇口를 출발하여 큰 바다로 나갔습니다. 6월 8일 요동遼東 서쪽의 금주錦州에 도착하여 물건을 모두 팔고 매도금을 거두었더니, 본전과 이익금을 합하여 모두 은銀 940냥이었습니다. 또 과자瓜子[87], 진자榛子[88], 송자松子：잣 등의 물건을 사서 배에 싣고 바람이 불기를 기다리다가 23일 포구를 출발하여 29일 동자구童子溝에 도착하였으며, 그 곳 섬에서 여러 날 동안 바람을 엿보고 있다가 10월 11일 과연 북풍이 불어서 밤낮으로 항해하였습니다. 15일이 되자 갑자기 서풍이 크게 불고 파도가 몰아쳐서 생사를 분간할 수 없었는데, 17일 오후 멀리 동쪽에 산이 보이기에 산 밑에 섬이 있을 것으로 생각되어 산을 바라보며 도망치려 하자 배는 이미 암초 위에 있었고 배 밑이 부서져버렸습니다. 그때 우리는 물속으로 뛰어들어 제각기 살아나갈 방법을 꾀하였는데, 해안에 올랐을 때는 오직 16인뿐이었으며, 이름을 조사하였을 때 비로소 소주蘇州 원화현元和縣의 객상客商 풍유봉馮惟峯과 상해현上海縣의 선호船戶：선주 주융순周隆順이 익사하였다는 것을 알았습니다. 우리는 만 번 죽다가 살아난 목숨이었기에 생사 갈림의 슬픔이 더욱 절실하여 머리를 모아서 목 놓아 슬피 울었습니다. 하늘에서는 또 눈보라가 몰아치고 심한 추위가 뼈에 스며들어 산 사람 또한 죽은 사람과 다름이 없었습니다. 다행스럽게도 지방관께서 오셔서 구해주시어 불을 쬐고 죽을 먹고서 살아날 수 있었으며, 죽은 사람

---

87 과자(瓜子) : 수박씨나 호박씨를 소금·간장·향신료 등으로 볶은 것.
88 진자(榛子) : 개암나무의 열매.

역시 건져내게 하여 관을 마련하여 매장해주시니, 감사함이 이승과 저승 간에 미치고 은혜가 하늘과 같아 이 몸이 가루가 되어도 그 은혜를 갚기 어렵습니다."

그 사람들의 물건은 달리 소지한 것은 없고 다만 깔개와 덮개, 의복 및 청나라 돈 수십 관貫 : 꿰미 등만 있을 뿐이어서 제주 군관軍官이 문서에 기록하여 전라도의 차사원差使員에게 교부하였습니다. 그러나 물건을 나를 때 마부와 말을 준비해야 하는 폐해가 있을까 염려하여 깔개와 덮개 종류는 그들이 각각 타고 있는 말에 맡겨 운반하였으며, 그 나머지 의복 및 돈냥은 부득이하게 짐으로 꾸려 쇄마刷馬 3필을 지정하여 싣고서 운반하였습니다. 그들 중 진흥陳興, 왕소윤王蘇允 등 3인은 모두 몸이 아파서 식음을 전폐하였는데, 그 가운데 진흥은 특히 연로한데다 천식으로 위독한 상태가 지속되어 오랫동안 누워 움직이지 못하니 강제로 몰아서 가게 하는 것도 어렵습니다. 본현本縣은 기근이 매우 심하여 결코 오래 머무르기도 어려워서 같은 달 16일 영솔하여 출발하였으나 저들의 병세가 이와 같으니 서울에 들어가는 날짜를 정확히 알기는 어려우며, 길 중간에 다시 헤아려보고 신속히 보고하겠습니다. 그들의 사정을 물은 것은 뒤에 덧붙여 기록하여 올림으로써 그들이 표류한 연유를 아울러 보고합니다.

사건의 사정을 묻다

문 : 당신들이 표류해 오게 된 곡절은 대략 전해 들었다. 배가 파선될 때 두 사람이 익사하였다고 하던데, 듣자하니 참혹하구려. 한 사람의 시체는 건져내어 매장하였고, 한 사람의 시체는 끝내 건져낼 수 없었다고 하던데, 매장한 사람은 과연 누구의 시체인가?

답 : 물에 빠져 죽은 사람은 풍유봉馮惟峯, 주융순周隆順인데 귀국의 관장官長이

즉시 일꾼을 보내어 시체 하나를 건져내었으니 바로 풍유봉입니다. 주
융순의 시체는 끝내 건져내지 못하였으니 이 역시 그의 운명으로서 비
참하지만 어찌할 수 없다고 할 밖에요.

문 : 송강부松江府 관할은 몇 군데이고, 관원官員은 몇 사람이나 되며, 땅의 넓
이는 몇 리이고, 인접하고 있는 곳은 어느 지방인가?

답 : 송강부는 강남성江南省에 속하고, 화정華亭, 류현劉縣, 상해上海, 청포青浦의
4대 현縣을 관리하고 있으며, 현에는 모두 현령縣令이 있습니다. 근자에
는 돈과 곡식의 규모가 방대하여 8개 현으로 나누어졌으니, 화정에서
봉연奉延이 갈라져 나오고, 류현에서 금산金山이, 상해에서 남회南滙가, 청
포에서 복천福泉이 갈라져 나왔습니다. 부윤府尹은 1인으로 4품 문관이
고, 현령은 8인으로 7품 문관이며 백성들을 관리하고 있습니다. 지역
의 경계는 남쪽으로는 항주성杭州省 가흥嘉興과 이어지고, 서쪽으로는 본
성本省 소주蘇州의 동북 해변과 접하고 있으며, 넓이는 주위가 광활하여
몇 리나 되는지 알 수 없습니다.

문 : 강남성江南省의 관원은 몇 사람이며, 어느 지역과 인접하고 있는가?

답 : 본성本省은 동쪽으로는 바다와 이어지고, 남쪽으로는 항주杭州, 서쪽은
강서江西, 북으로는 산동山東과 접하고 있습니다. 관원은 총독摠督 1인이
군병과 백성들을 관리하고, 장군 1인이 군병들을 관리하며, 안찰사사按
察使司 한 곳에서는 형정刑政을 관리하고, 소주무원蘇州撫院 한 곳이 순수巡狩
: 임금이 나라 안을 두루 보살피며 돌아다니는 일를 관리하며, 포정사布政司 한 곳은 돈
과 곡식을 맡고 있습니다.

문 : 남방은 기후가 북쪽하고 다른데, 추위와 더위의 빠르고 늦음, 농사와
잠업의 작황은 어떠한가?

답 : 남방의 기후도 북쪽과 다를 바가 없습니다. 다만 여름철에는 많이 덥고, 겨울철은 제법 따뜻합니다. 농사는 매년 벼농사와 보리농사를 1회씩 하며, 벼는 입하立夏에 씨를 뿌리고 입추立秋에 수확을 하며, 보리는 8,9월에 씨를 뿌려서 다음 해 4,5월에 거두어들입니다. 잠업은 매년 1회씩 하며, 3, 4, 5월에 기릅니다.

문 : 당신들 지역에서 세금으로 납부하는 것은 무슨 물건인가?

답 : 경작지에 따른 세금의 경중輕重에 있어서 저희들 고향의 경작지는 매년 1무畝당 쌀 1두斗 1승升과 은銀 1전錢 2푼[分]을 납부하며, 완납한 뒤에는 다른 부역 없이 백성들이 각자 생활할 수 있도록 합니다.

문 : 당신들이 납세의 경중輕重을 말한다는 것은 필시 세금에 등급이 있다는 것일 텐데 경작지는 몇 등급으로 나누어져 있는지, 그리고 세금의 많고 적음 역시 경작지의 등급에 따를 텐데 각 등급의 납세 숫자를 나누어서 자세히 얘기해 보라. 또한 당신들이 말하는 1무畝는 몇 두斗의 곡식을 심을 수 있는지, 그리고 가을철에는 몇 곡斛[89]이나 거둬들일 수 있는가?

답 : 경작지에는 상중하의 3등급이 있는데, 상등은 앞에서 얘기한 납세를 참조하시면 되고, 중등은 쌀 5승, 은 1전 2푼, 하등은 단지 은만 납부하면 되고 쌀은 납부하지 않습니다. 1무의 경작지에는 1두 2승의 씨를 뿌릴 수 있으며, 풍년이 들면 60두의 곡식을 추수할 수 있고, 흉년이 들면 숫자를 정하여 말하기가 어렵습니다.

문 : 과거의 문과와 무과에 대해서 자세히 얘기해줄 수 있는가?

답 : 무릇 백성의 자식으로서 독서를 하여 유자儒者를 업으로 하는 사람은 북

---

89 곡(斛) : 휘. 곡식(穀食)의 분량을 헤아리는 데 쓰는 그릇의 하나. 스무 말 들어가는 것과 열닷 말 들어가는 것이 있다.

경으로부터 제학고관提學考官이 파견되는 것을 기다리고 있다가 시험장에 나와서 사서四書 가운데 한 문제가 출제되면 팔고문八股文을 짓는데, 선발되면 진학하여 수재秀才가 됩니다. 수재는 자子, 오午, 묘卯, 유酉자가 들어가는 해에 과거 시험관이 오기를 기다리고 있다가 일제히 각 성省에 가서 향시鄕試를 치르며, 세 차례 시험을 쳐서 답안 문장이 정통한 사람은 거인擧人이 되는데 각 성마다 모두 99인을 선발하고, 그 중 1등은 곧 해원解元이 되니 마침내 향시에 급제한 것입니다. 또 거인들은 진辰, 술戌, 축丑, 미未의 해를 기다려서 현縣에서 지급하는 은화 50냥을 노잣돈으로 삼아 북경에 가서 회시會試를 치르는데, 좌사座師가 360인을 선발하여 진사進士에 합격시키면 그 가운데 1등은 곧 회원會元이 되며, 진사 360인이 모두 또 전시殿試를 보아 그 중 1등은 장원壯元이 됩니다. 무과武科의 제도에 대해서는 자세히 알지 못하는데, 대체로 문과와 같을 것입니다.

문 : 당신들이 거주하는 곳은 병마兵馬의 숫자가 모두 얼마나 되며, 특산물은 어떤 것이 있고, 풍속은 문文을 숭상하는가, 무武를 숭상하는가?

답 : 송강부제독松江府提督 밑에는 5영營이 예속되어 있는데, 즉 전영前營, 후영後營, 좌영左營, 우영右營, 중영中營이며, 유극관遊戟官과 총영참장總營參將이 있고, 각 영營에는 4인의 천총千總, 8인의 파총把摠, 2인의 수비守備가 있으며, 영營마다 마군馬軍 200인, 보병步兵 800인이 있습니다. 특산물로는 백포白布, 청포靑布, 화포花布, 노어鱸魚, 수밀도水密桃 및 고수의古繡衣 등이 있는데, 이러한 것들은 진상품입니다. 강남의 풍속은 문文을 높이고 무武는 그 다음이며, 문을 습득하는 자가 무를 배우는 자보다 많습니다.

문 : 고수의古繡衣란 무엇을 말하는가? 수의에도 역시 고금古今의 차이가 있는가?

답 : 상해에는 예전에 수의繡衣를 업으로 하는 자들이 있었습니다. 이 수의는 곧 황제의 옷인 용의龍衣입니다. 처음에는 고顧씨 성을 가진 집에서 나왔는데, 고씨 성의 자손 중에는 업을 잇는 사람이 없어서 도제徒弟에게 전해졌으며, 도제가 또 전하여 현재에 이르렀는데, 수의를 잘 할 수 있는 사람은 수십 명입니다.

문 : 당신들 지방은 북경으로부터 수로水路와 육로로 대략 몇 리나 되며, 소주蘇州와 항주杭州로부터 또한 몇 리나 되는가?

답 : 저희들이 거주하는 곳으로부터 북경까지 육로는 3천 7백여 리이고, 수로는 정확히 알 수 없습니다. 소주는 3백 리이고 항주는 6백여 리입니다.

문 : 당신들 사는 곳은 소주 및 항주와 서로 이어져 있는데, 소주와 항주는 예로부터 아름다운 곳으로 칭송되고 있다. 명산과 아름다운 물, 누대樓臺, 사관寺觀에 대하여 들려줄 수 있는가?

답 : 저희들이 살고 있는 곳은 소주와 상당히 가깝지만 먹고 사느라 분주하여 유람할 수 없었습니다. 다만 누대로는 고소대姑蘇臺가 있고, 도관道觀 : 도교의 사원으로는 현도관玄都觀이 있으며, 사찰로는 한산사寒山寺가 있고, 산에는 관음산觀音山이 있습니다. 항주의 경치에 대해서는 과연 들어 볼 수 없었습니다.

문 : 당신들의 부패部牌 : 증명서 가운데에는 지금 바다에서 약탈이 빈번하게 일어나고 있고, 법을 어기는 자들이 상인들을 간교하게 침범한다는 등의 말이 있는데, 어느 성省의 어느 곳에 어떠한 도적들이 있는가?

답 : 일찍이 노인들의 말을 들으니, 바다 가운데 일종의 도적들이 있어서 복건福建 지방에 나타나 빈번하게 상인들을 위협하였기에 행상을 할 수 없

었는데, 조정에서 송강제독松江提督, 항주장군杭州將軍, 숭명총병장崇明總兵將
으로 하여금 토벌하게 하여 평온해졌기에 상선商船들도 전과 같이 통행
하며 장사할 수 있게 되었다고 합니다.

문 : 부패部牌 가운데의 '지금'이라는 말은 옛날을 일컫는 것이 아닌데, 당신
말 가운데 '일찍이 노인들의 말을 들었다'고 하는 것은 무엇을 말하는
것인가?

답 : 이 부패가 새겨진 인판印板은 근년에 새긴 것이 아니며, 여러 해 동안 사
용해온 것입니다. 만약 선호船戶 : 선주(船主)가 부패 얻기를 원한다면 전에
새겨진 인판印板으로 1장을 인쇄하여 새로운 연월일을 써넣고, 또 그 위
에 사람 이름을 써넣는 것이니, 이것은 예전에 새겨진 인판이기 때문에
'지금 약탈이 빈번하기에' 등의 말이 있는 것입니다.

문 : 당신들은 해상海商을 업으로 하여 배를 집으로 삼고 있으니, 해적에 관
한 일도 필시 들은 바가 있었을 것으로 생각된다. 근래에 듣기로는 대
만臺灣의 해적이 바다에 출몰하여 주현州縣을 침범하고 혹은 행상을 노략
질하여 남쪽에서는 걱정거리라고 하는데, 소위 대만은 어느 쪽에 있으
며, 과연 이러한 일이 있었는가? 당신들은 필시 분명하게 얘기할 수 있
을 것이다.

답 : 복건성福建省은 강남江南의 남쪽에 있는데, 서로간의 거리가 매우 멉니다.
또한 대만은 그 남쪽에 있고 바다가 가로 막고 있기에 몇 년 전에 배반
하는 일이 있었지만 후에 평정되었다는 말을 들었을 뿐, 저희들은 실로
그 자세한 것은 알지 못합니다.

문 : 유구琉球, 안남安南 등의 나라는 어느 쪽에 있으며 수로로 몇 리나 되는
가? 일본日本 역시 그 쪽에 있는가? 매매하는 물건들은 어떤 물건인가?

답 : 유구, 안남은 저희들이 사는 곳의 동쪽에 있는데 수로로 몇 리나 되는
지 알지 못합니다. 일본은 동남쪽에 있다고 하는데, 모두 가보지 못했
기에 감히 허튼 소리를 할 수 없습니다.

옹정雍正 11년 2월 9일 아뢰옵니다.

전라도 대정현에 표류해온 한인들에게 본 비변사 낭청이 사정을 물은 별단

문 : 당신들 16인은 어느 지방에 살고 있는가?

답 : 저희들 16인 가운데 15인은 송강부松江府 상해현上海縣에 살고 있으며, 1
인은 송강부松江府 보산현寶山縣에 살고 있습니다.

문 : 당신들의 성명은 무엇이며, 나이는 어떻게 되는가?

답 : 객상客商 왕경사王敬思 31세, 타공舵工 육희陸喜 43세, 수수水手 오태吳太 34
세, 주귀周貴 43세, 왕이王二 24세, 장이張二 31세, 단생單生 29세, 정원程元
42세, 요이姚二 32세, 진흥陳興 59세, 구천仇天 31세, 석대石大 35세, 소윤
蘇允 32세, 조전趙全 28세, 반송潘松 16세, 이상 15인은 강남성江南省 송강
부松江府 상해현上海縣에 거주하고 있습니다. 전부錢富 35세, 이상 1인은 강
남성江南省 송강부松江府 보산현寶山縣에 거주하고 있습니다.

문 : 당신들과 함께 온 2인이 익사했다고 하는데, 역시 거주지와 성명을 말
해보라.

답 : 저희들은 18인 가운데 2인이 익사했으며, 1인은 강남성 소주蘇州 원화
현元和縣의 객상 풍유봉馮惟峯이고, 1인은 강남성 송강부松江府 상해현上海縣
의 선호船戶 주융순周隆順입니다.

문 : 익사한 2인의 시체는 건져내서 매장할 수 있었는가?

답 : 귀국의 대정大靜 관장官長이 일꾼들을 많이 보내서 시체 하나를 건져내었는데 곧 풍유봉이고, 이미 관을 만들어 매장해주셨습니다. 주용순의 시체는 끝내 찾지 못했는데 비참하고 가엾기 짝이 없습니다.

문 : 당신들은 한인漢人은 몇 사람이고, 청인淸人은 몇 사람인가?

답 : 저희들은 모두 한인입니다

문 : 당신들은 몇 년 몇 월 며칠 무슨 일로 어느 지방으로 가다가 어떤 연유로 우리나라에 표류해 오게 되었는가?

답 : 저희들은 원래 상업으로 생활하는 사람들로서 작년 5월 본전으로 은전銀錢 800냥兩을 가지고 고향에서 포필布疋:무명의 필, 다엽茶葉 등의 물건을 사서 선호船戶 주용순의 배에 싣고, 윤閏 5월 15일 오송구淏淞口에서 배를 출발시켜 큰 바다로 나아갔습니다. 6월 8일 요동遼東 서쪽의 금주錦州에 도착하여 가져간 물건을 팔아 본전과 이익 합하여 은화 940냥을 거두었으며, 진자榛子 20포包, 송자松子 50포, 과자瓜子 350포를 사서 배에 싣고 바람을 기다리다 23일 포구를 출발하여 29일 동자구童子溝의 섬에 이르렀습니다. 그곳에서 몇 달 동안 바람을 기다리다 10월 11일 비로소 북풍이 불어서 배를 움직였는데, 15일 갑자기 세찬 바람이 불고 파도가 하늘까지 닿아 배를 제어할 수 없어서 꼭 죽을 것 같다는 생각이 들었습니다. 17일 오후에 멀리 동쪽에 산이 보여 거의 살아날 수 있겠다는 희망을 갖게 되었는데, 잠깐 사이에 배가 암초 위에 부딪쳐 부서져버렸습니다. 저희들은 간신히 도망쳐 다행히 육지에 올라갈 수 있었는데 바로 귀국 땅이었습니다. 지방관께서 듣고 즉시 구하러 와주셨으니 실로 우리를 살려주신 은혜는 다시 태어나도 갚기 어렵습니다.

문 : 당신들의 배가 부서질 때 의복, 깔개와 덮개, 엽전 꿰미 등은 어떻게 떠

내려가지 않을 수 있었는가?

답 : 저희들의 배가 부서질 때 의복, 깔개와 덮개, 엽전 꿰미가 신변에 있어서 간신히 떠내려가는 것을 면하였으니 이 또한 다행입니다.

문 : 송강부松江府는 소주蘇州에서 몇 리나 되며, 몇 군데를 관할하고 있고, 관원官員은 몇 명인가?

답 : 송강부는 소주에서 3백 리이고 강남성江南省에 속하며, 화정華亭, 류현劉縣, 청포靑浦, 상해上海의 4현을 관할하고 있는데, 근래에는 8현으로 나누어졌습니다. 즉 화정은 봉연奉延으로 나누어졌고, 류현은 금산金山으로, 청포는 복천福泉으로, 상해는 남회南滙로 나누어졌습니다. 부윤府尹은 1인이며 4품 문관이고, 현령縣令은 8인으로 7품 문관입니다.

문 : 송강부는 넓이가 얼마나 되며, 인접하고 있는 곳은 어디인가?

답 : 송강부의 넓이는 광활하여 저희들은 명확히 알 수 없습니다. 지역의 경계는 남쪽으로는 항주성杭州省 가흥嘉興과 이어져 있고, 동북쪽은 해변이며, 서쪽은 본성本省의 소주입니다.

문 : 강남성의 관원은 몇 명이나 되며, 넓이는 몇 리나 되는가?

답 : 강남성은 남쪽으로는 항주杭州에 접해있고, 북으로는 산동山東, 동으로는 해서海西·강서江西에 이어져 있습니다. 관원은 총독摠督 1인이 군대와 백성을 관리하고, 장군將軍 1인이 병마兵馬를 관리하며, 안찰사按察使 1인이 형정刑政을 관리하고, 그 나머지 소속되어 있는 현縣에는 모두 현령縣令이 있습니다.

문 : 강남은 예로부터 경치가 뛰어나다고 일컬어졌는데 곧 소주蘇州, 항주杭州와 이어져있기 때문이오. 아름다운 산과 물, 누대樓臺에 대하여 얘기해 보시오.

답 : 강남은 넓어서 모두 구경할 수는 없지만 고소대姑蘇臺, 한산사寒山寺, 호구
사虎丘寺, 현도관玄都觀, 관음산觀音山은 모두 예로부터 명승으로 일컬어지
는 곳입니다.

문 ; 송강松江은 북경까지 수로水路와 육로로 몇 리나 되는가? 항주까지는 또
몇 리나 되는가?

답 : 송강은 북경까지 육로로 3천 7백 리인데, 수로는 명확히 알지 못합니
다. 항주까지는 6백 리입니다.

문 : 강남의 기후는 추위와 더위의 빠르고 늦음이 강북과 어떻게 다른가?
언제 토지에서 생산할 수 있는가? 곡식과 잠업은 어느 때 할 수 있으며,
납세의 경중輕重과 부역 제도는 또한 어떠한가?

답 : 강남은 춥지 않아서 겨울에도 제법 따뜻합니다. 농작물은 해마다 벼와
보리를 한 번씩 생산하는데, 벼는 입하立夏에 씨를 뿌리고 입추立秋에 수
확하며, 보리는 8,9월에 심고 4,5월에 거둬들입니다. 잠업은 매년 한
번씩인데 3,4,5월에 기릅니다. 납세는 경작지별로 3등급이 있어서, 상
등上等은 1무畝에 쌀 1두斗 1승升과 은銀 1전錢 2푼[分]을 납부합니다. 중등
中等은 쌀 5승과 은 1전 2푼을 납부하며, 하등下等은 단지 은만 납부하고
쌀은 바치지 않습니다. 쌀과 은을 완납한 뒤에 별다른 부역 제도는 없
습니다.

문 : 당신들 지방 병마의 숫자는 얼마나 되며, 훈련하는 방법은 또한 어떠
한가?

답 : 송강부제독松江府提督은 5영營을 관할하고 있는데, 즉 전영前營, 후영後營,
좌영左營, 우영右營, 중영中營입니다. 매 영營마다 천총千摠 4인, 파총把摠 8
인, 수비守備 2인, 마군馬軍 200인, 보군步軍 800인이 있으며, 훈련은 한

달에 9회인데 3, 6, 9, 13, 16, 19, 23, 26, 29일에 받으며, 1회 훈련받을 때의 규칙은 자세히 알 수 없습니다.

문 : 당신들의 부패部牌 가운데에는 '바다에 약탈이 빈번하여' 등의 말이 있는데, 어느 성省의 어느 지방에, 어떤 도적이 있는지 모르는가?

답 : 10년 전에 복건福建에서 도적이 일어나 바다에서 빈번하게 상인들을 약탈하였으므로 조정에서 송강제독松江提督, 항주장군杭州將軍, 숭명총병崇明摠兵에게 명하여 토벌하고 체포하였기에 지금은 옛날과 같이 행상行商을 합니다.

문 : 당신들은 바다에서 행상行商을 하므로 필시 해적에 관한 일을 알고 있을 것이다. 근래에 대만의 해적이 바다에서 출몰한다고 들었는데 그러한가? 대만은 어느 방향에 있는가?

답 : 강남의 남쪽에 복건성福建省이 있고, 그 남쪽에 대만이 있는데 바다로 가로막혀 있는 데다 너무 멀어서 저희들은 자세히 알지 못합니다.

문 : 당신들 지방의 근래 농사 작황은 어떠한가? 풍년과 흉년이 들었을 때 1무畝의 수확량은 각각 얼마나 되는가?

답 : 근래에는 계속하여 풍년이 들었는데, 풍년이 들면 1무畝에 곡식 1두斗 2승升을 심어 가을철에 60두를 수확하는데, 만약 흉년이 들면 숫자를 정하여 말하기가 어렵습니다.

문 : 당신들 지방의 특산물로 어떠한 것이 있으며, 기이한 화초와 식물이 많이 있는가?

답 : 특산물로는 청포靑布, 백포白布, 화포花布, 노어鱸魚, 청어靑魚, 황어黃魚, 수밀도水蜜桃, 계화桂花, 난화蘭花, 국화菊花, 매화梅花, 벽오동碧梧桐, 송죽松竹, 감귤柑橘, 석류石榴, 포도葡萄 등이 있습니다. 하지만 백자柏子 : 잣, 홍조紅棗 : 홍조

는 없습니다.

문 : 당신들 지방의 풍속은 문文을 숭상하는가, 무武를 숭상하는가?

답 : 강남 지방의 풍속은 문을 귀하게 여기고 무는 천하게 여기며, 유자儒者
를 업으로 하는 사람이 많고, 무를 익히는 사람은 적습니다.

문 : 문과文科, 무과武科의 과거제도는 어떠한가?

답 : 유자儒者를 업으로 하는 사람은 북경에서 고시관考試官이 오기를 기다려
시험장에 가서, 사서四書 가운데 한 문제가 출제되면 팔고문八股文으로 글
을 짓고, 선발되면 입학하게 되는데 그를 수재秀才라고 합니다. 수재는
자子, 오午, 묘卯, 유酉자가 들어가는 해를 기다려 성省에 가서 함께 시험
을 보는데, 세 차례 시험을 보고 문장이 정통한 자는 거인擧人이 되며 그
가운데 1등은 해원解元이 됩니다. 또 진辰, 술戌, 축丑, 미未자가 들어가는
해를 기다려 각 지방에서 주는 은화 50냥을 노잣돈으로 삼아 북경에
가서 회시會試를 보는데, 선발되면 진사進士라고 하며, 그 중 1등은 회원會
元이라고 합니다. 또 전시殿試를 보아 1등은 장원壯元이라고 합니다. 무과
에 대해서는 자세히 알 수 없으나 대체로 문과와 같을 것입니다.

문 : 당신들이 거주하는 지방이 남경南京이라면 유구琉球, 안남安南, 일본국日本
國까지의 수로의 원근에 대하여 필시 자세히 알 수 있을 텐데, 역시 서
로 매매하는 일이 있는가?

답 : 유구와 안남은 저희가 거주하는 곳의 동쪽에 있으며, 일본은 동남쪽에
있고, 수로의 원근에 대해서는 자세히 알 수 없습니다. 남쪽 사람들은
혹 주단紬緞 : 비단의 총칭 등의 물건을 가지고 일본에 가서 홍동紅銅, 해삼海蔘
등을 사온다고 합니다.

문 : 황제의 정령政令은 어떠한가?

답 : 저희들은 멀리 4천 리 밖의 바닷가에 살고 있어서 황제의 정령에 대하여 자세히 알 수 없으나 백성들은 편안하고 물건은 풍부하니 모두 황제 폐하의 은혜입니다.

문 : 우리나라 산천山川은 강남에 비하여 어떠한가?

답 : 송강松江은 명산이 없고 모두 평야이어서 귀국만 못합니다.

옹정雍正 11년 2월 9일 아룁니다.

사건번호 7
전라도 진도珍島 표류 청나라 강남성江南省 선원 16인

본 사건은 영조 9년1732년,[90] 중국 강남성江南省 출신의 화물 운반선 선원 16인이 산동山東에 갔다가 귀로에 전라도 진도珍島로 표류해 온 사건이다. 본서에서는 이 사건과 관련하여 『비변사등록』으로부터 계문啓文 2건, 문정별단 2건, 도합 4건의 문서를 찾아 번역 수록하였는데, 문정별단 2건은 앞의 사건 〈6〉과 같이 동일한 사건에 대하여 표착지에서 표류인들을 서울로 압송해 온 역관과 비변사 낭청이라는 각기 다른 문정관問情官이 사정을 물은 것으로, 당시 문정관에 따라 문답 내용이 어떻게 달라졌는지를 살펴볼 수 있다. 문답 내용도 상대적으로 이채롭고 풍부한

---

90 이 사건에 대하여 『비변사등록(備邊司謄錄)』에 수록된 문서 가운데 서록(書錄) 날짜가 가장 빠른 것이 '영조 9년 1733년 1월 5일'이니 표류 사건은 영조 8년에 발생했을 것이다. 앞에서 언급한 바와 같이 본서에서 말하는 표류 사건의 날짜는 문서의 서록 날짜임을 다시 한 번 밝혀 둔다.

편이다.

이 사건에 관하여 『승정원일기』에 문서 1건이 수록되어 있다.

7-1

○ 문장 형식 : 계문^{啓文}

○ 국사편찬위원회 번역문 제목 : 珍島에서 표류한 사람을 전례의 절
   차에 따라 北京으로 호송해 보낼 것을 청하는 備邊司의 啓

○ 원문 제목 : 없음

○ 일자 : 영조 9년 1733년 1월 5일음

○ 출처 : 『비변사등록』 제93책

전라도 진도珍島에 표류해 온 사람들이 곧 서울에 도착할 것이므로, 그
들을 전례에 따라 청나라와의 국경까지 압송해 갈 것을 아뢰는 의례적
인 계문이다.

『승정원일기』 754책탈초본 41책 영조 9년 1월 5일에도 수록되어 있다.

아뢰기를,

"진도珍島에 표류해 온 사람들이 지금 올라올 것입니다. 서울에 들어온 뒤에는
남별궁南別宮에 머무르게 하고, 금군禁軍 1인이 호위할 군병들을 거느리고 특별
히 지키도록 하며, 음식을 대접하고 입을 옷을 만들어 지급하는 일 등은 해당
되는 행정 관서에 분부하여 전례에 따라 행하도록 하겠습니다. 본 비변사의
낭청郎廳 1인과 일을 잘 아는 역관 몇 사람을 특별히 보내어서 표류하게 된 사
정을 다시 자세히 물어보고, 북경으로 보낼 때 쓸 노잣돈 역시 관서關西⁹¹로

하여금 에에 따라 지급하게 하며, 의주부義州府에 분부하여 미리 봉황성장鳳凰城將에게 통보하게 함으로써 저들의 국경 연로沿路에서 호송하게 하는 것이 어떻겠습니까?"라고 하니, 임금이 윤허한다고 답하였다.

7-2

○ 문장 형식 : 계문啟文과 문정별단問情別單

○ 국사편찬위원회 번역문 제목 : 珍島의 표류인을 전례대로 北京에 보내기를 청하는 備邊司의 계와 표류한 漢人에게 상황을 물어 본 別單

○ 원문 제목 : 계문은 제목이 없고, 문정별단은 ① 전라도 진도군에 표류해 온 한인에게 인솔해 온 역관 홍만운이 사정을 물은 별단[全羅道珍島郡漂漢人, 領來譯官洪萬運, 問情別單], ② 전라도 진도군에 표류해 온 한인들에게 본 비변사 낭청이 사정을 물은 별단[全羅道珍島郡漂漢人等, 本司郎廳, 問情別單]

○ 일자 : 영조 9년 1733년 1월 7일음

○ 출처 : 『비변사등록』 제93책

비변사의 계문에서는 전라도 진도珍島에 표류해 온 중국 강남성江南省 출신의 16인을 전례대로 북경에 보낼 것, 아울러 그들을 진도에서 인솔해온 역관 홍만운洪萬運과 비변사 낭청이 각각 그들에게 사정을 물은 문정별단問情別單 2건을 올리겠다는 것을 아뢰고 있다.

---

91 관서(關西) : 마천령의 서쪽 지방. 평안도와 황해도 북부 지역을 이르는 말이다.

본 문서에는 바로 앞의 사건 〈6〉과 같이 같은 사건에 대하여 표착지에서 그들을 인솔해온 역관과 비변사의 낭청이라는 각기 다른 문정관이 사정을 물은 문정별단이 함께 실려 있어서 당시 문정관에 따라 문답 내용이 어떻게 달라지는지 살펴볼 수 있다. 문답 내용도 배에서 개를 기르는 것, 배에 불상을 싣고 있는 것 등 상당히 이채롭고 풍부한 편이다.

비변사에서 아뢰기를,

"어제 진도珍島에 표류해 온 사람들이 들어온 뒤에 본 비변사의 낭청郎廳과 역관 등이 사정을 물었더니, 인솔해 온 역관 홍만운洪萬運이 문답한 것과 동일하여 전후의 문답을 모두 문서로 올립니다. 표류인들이 오래 머무는 것은 비록 폐해가 있을 듯하나, 추위를 무릅쓰고 멀리서 왔기에 즉시 보낼 수는 없으니 잠시 5,6일 머무르게 하고 보낼 것이며, 이번 표류인들이 남경南京 사람이므로 예에 따라 그대로 인솔해 온 역관으로 하여금 북경으로 들여보내게 하는 것이 어떠하겠습니까?"라고 하니, 임금이 윤허한다고 답하였다.

전라도 진도군珍島郡에 표류해 온 한인漢人에게

인솔해 온 역관 홍만운洪萬運이 사정을 물은 별단別單

문 : 당신들은 어느 곳에 살며, 성명은 무엇인가?

답 : 저희들 16인은 강남성江南省 양주부揚州府 관할의 남통주南通州에 살고 있으며, 모두 친척으로 같은 읍론에 함께 살고 있습니다. 성명은 하일주夏一周, 고한장高漢章, 성무원成茂元, 성용생成龍生, 웅연옥熊連玉, 반무생潘茂生, 주진신朱進臣, 이소의李召衣, 장진곡張陳穀, 허희지許喜之, 마준경馬駿卿, 강임조江臨照, 양무보楊茂甫, 최수원崔遂元, 하수원夏壽遠, 주대생周大生으로 모두 한인

입니다.

문 : 남통주가 양주부 소속이면, 남통주로부터 양주부까지는 몇 리나 되는가?

답 : 3백7십 리입니다.

문 : 남통주에는 어떠한 관리가 있으며, 양주부에는 관리가 몇 명이나 되는가?

답 : 남통주에는 지주知州 1인, 낭산총진狼山摠鎭 1인이 있으며, 양주부에는 지부知府 1인, 염도鹽道와 염원鹽院이 각각 1인 있습니다. 낭산총진狼山摠鎭은 무관武官으로써 파견하는데 해구海口[92]에 주둔하여 지키고 있으며, 염도鹽道와 염원鹽院은 문관文官을 파견하여 돈과 곡식, 지세地稅를 관리하고 있습니다.

문 : 당신들이 살고 있는 곳이 남통주라고 하였는데, 또 북통주도 있는가?

답 : 남통주는 남경총독南京摠督이 관리하는 곳이며, 황도皇都에 또 북통주가 있습니다.

문 : 남통주로부터 북경까지는 몇 리 길이나 되는가?

답 : 3천3백 리입니다.

문 : 강남성에서 북경까지는 몇 리인가?

답 : 4천5백 리입니다.

문 : 당신들이 고향에 있을 때 어떠한 신역身役을 하였으며, 어떤 일을 생업으로 하였는가?

답 : 저희들은 원래 뱃사공으로 집에서는 농사를 짓지만, 늘 각처 상인들에게 배에서 고용되어 산동山東 지방을 왕래하며 품삯을 받아 살고 있고, 별다른 신역은 없습니다.

---

92 해구(海口) : 바다가 육지 쪽으로 깊게 쑥 들어간 어귀.

문 : 당신들은 무슨 일로, 언제 배를 출발시켰으며, 어디를 향하여 가다가 바람을 만나 우리나라에 표류해 왔는가? 당신들이 가지고 있는 공문公文에는 함께 배를 탄 사람이 17인인데, 어찌하여 지금 1인이 없는가?

답 : 옹정雍正 10년 1월 20일, 휘주徽州 상인 오인칙吳仁則이 우리들이 타고 있는 배를 고용하여 면화 253포包를 싣고 남통주에서 배를 출발하여 1월 29일 산동山東 래양현萊陽縣에 도착하여 짐을 풀었습니다. 2월 28일 래양현에서 배를 출발시켜 3월 28일 관동關東 남금주南金州 지방에 도착하였으며, 또 소주부蘇州府 관할의 태창주太倉州 상인 주표문周豹文이 이 배를 고용하여 숯 380섬을 싣고 5월 18일 남금주南金州에서 배를 출발하여 6월 17일 산동山東 보정부寶定府 관할의 천진위天津衛에서 짐을 내렸습니다. 그 뒤 또 상인 서몽상徐夢祥이 역시 이 배를 고용하여 산동 대산구大山口 해풍현海豐縣에 도착하여 대추 287석石 1두斗를 사서 배에 싣고, 10월 12일 해풍에서 배를 출발시켜 집에 돌아올 때, 14일 바다 가운데에서 갑자기 폭풍을 만나 귀국 땅에 표류해 온 것입니다. 17일 밤에 천지가 깜깜한데, 눈비가 크게 내리고 풍랑이 하늘까지 닿았으며, 배를 몰다가 암초에 부딪혀 매우 위험한 상황이었지만 밤이라서 깜깜하여 배를 구해낼 방도가 없었습니다. 놀라고 경황이 없어 어찌할 바를 모르고 있을 때 배와 물건이 모두 침몰해버렸지만 간신히 죽을 뻔한 목숨을 부지할 수 있었습니다. 육지에 올라와 18일 다행히 귀국 사람 박시화朴時華에 의하여 구조되어 살아날 수 있었습니다. 당초 함께 배를 탄 사람 17인 가운데 주선구周先九라는 사람은 천진위에 도착하였을 때 이미 병사하였습니다.

문 : 당신들이 가지고 있던 물건은 남아 있는 것이 하나도 없는가?

답 : 배 안에 있던 물건은 모두 침몰되어 버리고, 약간의 의복과 침구는 각

자 간신히 챙길 수 있었습니다.

문 : 당신들이 뱃길로 산동山東 및 관동關東 지방을 왕래한 것은 몇 번인가?

답 : 저희들은 해마다 산동에 가서 물건을 싣고 왕래하는데, 관동은 이번에 처음으로 왔습니다.

문 : 남통주로부터 산동까지는 수로와 육로로 각각 몇 리나 되며, 경유하는 주군州郡은 몇 군데인가?

답 : 남통주로부터 산동 래양현萊陽縣까지 육로는 2천여 리이고, 수로 역시 2천여 리이며, 그 사이에 태주회양부太州淮陽府, 해주위海州衛, 간여현幹餘縣, 십조현十照縣 등의 지역이 있습니다.

문 : 당신들 일행 중에는 개 2마리가 있는데, 개를 어디에 쓸모가 있어서 데려 왔으며, 배가 파선되었을 때 개가 어떻게 살 수 있었는가?

답 : 배 위에서 개는 쓸모가 없습니다. 늘 함께 다녀서 떨어지지 않기에 부득이하게 데려 왔으며, 저희들이 육지에 오를 때 개 역시 따라 와서 살 수 있었습니다.

문 : 당신들은 불행하게도 우리나라에 표류해 왔는데 속히 집에 돌아가고자 한다면 수로가 가까울 듯하다. 육로로 돌아가려면, 이곳으로부터 서울로 가서 북경까지 가려면 모두 5천여 리의 노정으로 길이 먼데 어떻게 하려는가?

답 : 저희들이 육로가 멀다는 것을 모르는 것이 아닙니다만 배가 이미 파선되었는데 어떻게 수로로 갈 수 있겠습니까? 다행히 육로로 돌아가게 해주셔서 부모님 얼굴을 볼 수 있다면 이는 다시 태어난 것으로서 하늘과 같고 땅과 같은 은덕恩德은 영원히 잊지 않겠습니다.

문 : 강남 지방은 작년과 올해의 농사와 잠업은 어떠한가?

답 : 작년 농사는 잘 된 곳도 있지만 혹 가물어 안 좋은 곳도 있어서 대체로
　　보아 평범하였습니다. 금년에는 저희들이 1월에 집을 떠나 아직 집에
　　돌아가지 못했기에 풍년이 들었는지, 가물었는지 알지 못합니다.

문 ; 불상佛像은 곧 절에 있어야 하는 것인데, 당신들처럼 길을 다니는 사람
　　들이 어찌하여 가지고 왔는가?

답 : 불佛은 신神이니, 삼가 모시면 반드시 음으로 보살펴주시는 덕德이 있을
　　것입니다. 그래서 집에서 밤낮으로 모셔서 그 정성을 다하고, 길에서도
　　역시 몸 가까이 두고 모시며 때때로 향을 피우고 머리를 조아림으로써
　　잠시도 삼가 공경하는 것을 잊지 않았음을 보여드립니다.

문 : 당신들이 부처를 모시는 정성은 매우 극진하지만 지금 표류라는 재난
　　을 당하기에 이르렀으니 이른바 음으로 보살펴주시는 덕이 과연 있겠
　　는가?

답 : 저희들이 거의 죽을 뻔하다 살아났으니 역시 음으로 보살펴주신 덕분
　　입니다.

전라도 진도군에 표류해 온 한인漢人들에게

본 비변사 낭청郎廳이 사정을 물은 별단別單

문 : 당신들 16인은 어느 지방에 살고 있는가?

답 : 저희들 16인은 강남성江南省 양주부楊州府 관할인 남통주南通州 지방에 살
　　고 있습니다.

문 : 당신들의 성명은 무엇이며, 나이는 어떻게 되는가?

답 : 선호船戶 하일주夏一周의 나이는 51세, 타공舵工 고한장高漢章 41세, 수수水手
　　양무보楊茂甫 41세, 이소의李召衣 47세, 웅연옥熊連玉 59세, 성무원成茂元 59

세, 허희지許喜之 51세, 주진신朱進臣 35세, 강임조江臨照 25세, 최수원崔邃元 28세, 장진곡張陳穀 46세, 반무생潘茂生 39세, 하수원夏壽遠 39세, 마준경馬駿卿 24세, 성용생成龍生 47세, 주대생周大生 21세입니다.

문 : 당신들의 증명서에는 17인이라고 써 있는데, 왜 한 사람이 없는가?

답 : 저희들 17인 가운데, 선원 주선구周先九가 작년 6월 천진위天津衛 지방에 이르렀을 때 병사하였습니다.

문 : 당신들 16인 가운데 한인漢人은 몇 사람이고, 청인淸人은 몇 사람인가?

답 : 저희들 16인은 모두 한인입니다.

문 : 당신들은 몇 년 몇 월 며칠에 무슨 일로 어느 지방에 가다가 어떠한 까닭으로 우리나라에 표류해 오게 되었는가?

답 : 저희들은 원래 뱃사공인데 옹정雍正 10년 1월 20일, 휘주徽州 상인 오인칙吳仁則이 저희들의 배를 고용하여 면화 253포包를 싣고서 남통주南通州를 출발하여 1월 29일 산동山東 래양현萊陽縣에 도착하여 짐을 내렸습니다. 2월 28일 래양현을 출발하여 3월 28일 관동關東 남금주南金州 지방에 이르러 또 소주부蘇州府 관할 태창주太倉州 상인 주표문周豹文에게 고용되어 숯 380섬을 싣고, 5월 18일 배를 출발하여 6월 17일 산동 보정부寶定府 관할의 천진위天津衛 지방에 짐을 부렸습니다. 또 상인 서몽상徐夢祥에게 고용되어 산동 대산구大山口 해풍현海豐縣에 이르러 대추 287석石 1두斗를 사서 싣고 10월 12일 배를 출발하여 집으로 돌아갈 때, 큰 바다 가운데에서 갑자기 거센 바람을 만나 귀국의 땅에 표류해오게 되었습니다. 17일 밤에 운무雲霧가 사방에 가득 차고 눈비가 크게 내렸으며 풍랑이 하늘까지 닿아 배를 제어할 수 없게 되자 배가 바위에 부딪혀 끝내 부서져 버렸습니다. 배에 실었던 물건은 모두 떠내려 가버리고 16인은 겨

우 목숨을 구하여 다행스럽게도 육지에 올랐으며, 그렇게 해서 귀국 사람 박시화朴時華에게 구조되었으니 바로 같은 달 18일입니다.

문 : 당신들의 물건이 모두 떠내려가 버렸는데 의복과 침구 등은 어떻게 떠내려가지 않을 수 있었는가?

답 : 옷과 이불 등은 각자 신변에 있어서 겨우 수습할 수 있었습니다.

문 : 당신들 일행 중에는 개 2마리가 있던데, 개는 배 안에서 긴요한 것이 아닌데도 무슨 연유로 데리고 왔는가?

답 : 이 개들을 배 안에서 기른 지는 오래되었습니다. 주인을 보호하고 도둑을 막아줄 수 있으니까 평소 떨어지지 않았는데 파선될 때 사람을 따라 살 수 있었습니다.

문 : 당신들이 가지고 있는 불상은 곧 절 안에 있어야 하거늘 항해 중의 상인들이 어찌 가지고 왔는가?

답 : 부처님은 신입니다. 공경하면 반드시 음으로 보살펴주시니 집에서도 길을 갈 때도 모두 받들어 모셔서 정성을 다함으로써 감히 잠시도 떨어지지 않습니다.

문 : 남통주는 양주楊州 관할인데, 양주로부터 몇 리나 떨어져 있으며, 양주에는 어떠한 관원官員이 몇 사람 있고, 통주에는 어떤 관원官員이 몇 사람 있는가?

답 : 남통주는 양주로부터 370리이고, 양주부에는 지부知府 1인, 염도鹽道와 염원鹽院이 각각 1인 있습니다. 남통주에는 지주知州 1인이 있어 민정을 관리하고, 낭산총진狼山摠鎭 1인이 있어서 군무를 관리하는데, 낭산총진은 무관으로 임명함으로써 해구海口에 주둔시키고 있습니다. 염도와 염원은 문관으로 임명하여 돈과 곡식, 지세地稅를 관리합니다.

문 : 당신들이 거주하는 지방은 남통주라고 하는데, 그러면 또 북통주北通州
　　도 있는가?

답 : 남통주는 곧 남경총독南京總督 관할이고, 황도皇都에 또 북통주가 있습니다.

문 : 남통주는 북경으로부터 몇 리나 되는가?

답 : 북경으로부터 3천 3백 리입니다.

문 : 남통주는 양주에 속하고, 양주부는 강남성江南省에 속하는데, 강남성은
　　북경으로부터 몇 리나 되는가?

답 : 강남성은 북경으로부터 4천 5백 리입니다.

문 : 당신들이 거주하는 지방에는 어떠한 특산물이 있는가?

답 : 저희들이 사는 곳은 연해 지역의 편벽한 곳이라서 별다른 기이한 물건
　　은 없고, 다만 면화, 생선, 소금 등을 생산할 뿐입니다.

문 : 당신들이 거주하는 곳의 근래 농사 작황은 어떠한가?

답 : 재작년에는 약간 풍년이었는데 간혹 가물어서 여물지 못한 곳이 있었
　　습니다. 작년에는 저희들이 연초에 고향을 떠나 동서로 돌아다녔기에
　　농사 작황이 어떠한지 아직 알 수 없습니다.

문 : 당신들의 지방은 밭과 논 가운데 어느 것이 많고, 어느 것이 적은가?
　　진기한 꽃과 식물로 어떠한 것이 있는가?

답 : 저희들이 사는 곳은 바닷가의 평원平原으로 논이 많고 밭이 적으며 또
　　대나무 밭이 많습니다. 오직 낭산狼山, 군산君山에 약간의 소나무와 잣나
　　무가 있을 뿐 별다른 진기한 꽃이 없습니다.

문 : 낭산총진이 관리하는 군정軍丁은 얼마나 되며, 훈련하는 규칙은 어떠한가?

답 : 낭산총진이 관리하는 마병馬兵과 보병步兵은 합하여 3천이며, 좌영左營 ·
　　우영右營 · 중영中營의 3영營이 각각 1천 씩 통솔합니다. 훈련은 1년에 여

섯 차례 받는데, 3, 4, 5, 8, 9, 10월의 3, 6, 9, 13, 16, 19, 23, 26, 29일에 받습니다[93]. 총병摠兵이 관리하는 병선兵船은 10척이며, 3영의 병선 숫자는 자세히 알지 못합니다. 수군水軍의 훈련은 5, 8, 9월에 바람이 부드럽고 따뜻한 날 실시하며 특별히 정해진 날은 없습니다.

문 : 당신들은 바닷길에 익숙한데, 혹시 해적이 출몰한 일이 있었는가?

답 : 없습니다.

문 : 납세와 부역에 관한 법은 어떠한가?

답 : 각 성省의 납세 제도는 동일하지 않은데, 본주本州에서는 1무畝의 지세地稅가 은銀 7푼[分]입니다. 부역 대신으로 장정 1인이 1년에 은 3전錢을 납부하였으나 옹정雍正 8년에 황제의 뜻으로 특별히 면제되었습니다.

문 : 다른 지방의 부역도 역시 모두 면제되었는가?

답 : 다른 지방이 면제되었는지의 여부는 저희들은 알지 못합니다.

옹정 11년1733 1월 10일 아룁니다.

사건번호 8
전라도 무장茂長 표류 청나라 강남성江南省 상인 15인과 나주羅州 흑산도黑山島 표류 청나라 복건성福建省 상인 28인

〈8〉에서는 영조 35년1759 비슷한 시기에 우리나라로 표류해 온 두 사

---

93 한문 원문에는 "三月四月五月八月九月十月三六九日爲之"라고 되어 있는데, 조선과 청나라에서 '三六九日'이라고 하면 일반적으로 '3,6,9,13,16,19,23,26,29일'을 의미하였다.

건을 함께 다루는데, 즉 강남성江南省 소주부蘇州府 출신의 상인 15인이 관동關東에 갔다 귀로 길에 무장茂長[94]까지 표류해 오게 된 사건, 복건성福建省 흥화부興化府 보전현莆田縣 출신의 상인 28인이 산동山東에 갔다가 역시 귀로에 흑산도黑山島까지 표류해 온 사건이다. 두 사건은 비슷한 시기에 일어났기에 서울에서 역관譯官도 한 사람을 파견하여 그들을 함께 데리고 올라오도록 하였고, 그들 각각에 대한 문정별단도 하나의 문서로 이어져 있으며, 북경에도 함께 보내었기에 본서에서도 함께 다루게 되었다. 두 표류 사건이 비슷한 시기에 일어난 것은 물론 우연일 수도 있지만 한편으로는 조선시대 당시에 표류 사건이 제법 빈번하게 일어났다는 것을 어느 정도 나타내주고 있다는 점에서 의미가 있다고 생각된다.

본서에서는 이 사건과 관련하여 『비변사등록備邊司謄錄』으로부터 계문啟文 3건, 의론문 1건, 문정별단 2건의 도합 6건의 문서를 찾아 번역 수록하였다.

이 사건에 관하여 『승정원일기』에 문서 4건이 수록되어 있다.

8-1

○ 문장 형식 : 계문啟文

○ 국사편찬위원회 번역문 제목 : 譯官을 내려보내 漂到한 異國人의 情勢를 살피고 承文院으로 하여금 咨文을 짓도록 하기를 청하는 備邊司의 啓

○ 원문 제목 : 없음

---

94 무장(茂長) : 현재의 고창군 무장면.

○ 일자 : 영조 35년 1759년 12월 19일음
○ 출처 : 『비변사등록』 제137책

　전라도 무장현茂長縣에 청나라 강남江南의 상인 15인이 표류해 왔다는 보고를 받고, 그들을 앞으로 어떻게 처리할 것인지에 대하여 아뢰는 비변사의 계문이다. 그 처리하고자 하는 방식이 기본적으로 이전의 것과 크게 달라진 것은 없다고 할지라도 매우 상세하고 구체적이며 특히 성의를 다하고자 하는 점이 잘 나타나 있다는 점을 지적할 수 있다.
　『승정원일기』 1176책탈초본 65책 영조 35년 12월 19일에도 수록되어 있다.

　　비변사에서 아뢰기를,
"오늘 전라全羅 전前 감사監司 홍인한洪麟漢, 병사兵使 홍약수洪若水, 우수사右水使 심봉징沈鳳徵이 전후로 올린 장계狀啓를 보니, 다른 나라 사람 15인이 무장현茂長縣 상용복면上龍伏面 포구에 표류해 왔는데, 익사자 10인 가운데 7인은 건져내어 묻어두었고, 3인은 아직 건져내지 못했다고 합니다. 우수우후右水虞候 유성협柳聖協의 문정기問情記가 이제 비로소 도착하여 그 사정을 물은 기록을 보고 증표가 되는 문건을 살펴보니, 모두 강남江南 태창주太倉州 보산현寶山縣의 상인들입니다. 표류해 온 사람들이 입을 의복은 우수영右水營의 휴번목休番木[95]으로 잘 만들어서 지급하고, 조석의 음식은 각별히 주의시켜서 두터운 은혜를 베풀어 구조한다는 조정의 뜻을 보여주고자 합니다. 돌아가는 길은 타고 온 배가 파

95　휴번목(休番木) : 조선시대에, 번(番)을 쉬는 군사가 그 대가로 바치던 무명.

손되어 남아있지 않으므로 그들이 육로陸路를 원하니, 원하는 대로 육로로 환송하도록 하며, 5도道의 도신道臣[96]과 수신帥臣[97]에게 분부하여 별도로 차사원差使員[98]을 지정하여 그들을 데리고 서울로 올라오게 한 뒤에 서울에서 의주義州를 거쳐 북경으로 보내고자 합니다. 연로沿路의 쇄마刷馬[99]나 음식 대접 등의 절차는 역시 전례에 따라 착실히 행하도록 하며, 경유하는 각 고을에 단단히 타일러 잡다한 사람들을 엄하게 금지하여 서로 통할 수 없도록 주의시켜야 합니다. 건져낸 물건 중 운반할 수 있는 것은 역시 쇄마로써 차례대로 운반하고 차사원이 동행하여 분실하는 폐해가 없도록 해야 합니다. 혹 짐이 묵직하여 운반하기 어려운 것이 있으면 그들이 원하는 대로 삼베나 무명으로 바꾸어 주도록 하며, 파손된 배의 기구器具 중 건져낸 것이 있으면 그들이 타고 온 뗏목과 함께 모두 불태워버리도록 합니다. 건져낸 시체는 저들이 이미 그대로 묻어주기를 원하였으니 우수영右水營의 휴번목休番木과 해당 고을의 비축해둔 쌀을 적당히 덜어내어 후하게 염습하고 잘 매장하도록 하되 지방관으로 하여금 친히 점검하여 거행하게 합니다. 건져내지 못한 시체 3구는 다시 더욱 엄하게 타이르고 주의시켜 신속하게 건져낸 후에 함께 매장하도록 하며, 찾지 못한 물건 역시 엄하게 경계하고 주의를 주어, 혹 건져내거나 혹 찾아내면 하나하나 그들에게 지급하게 합니다. 한학漢學 역관譯官 1인은 해당 관서인 사역원司譯院으로 하여금 지정하도록 하여 말을 주어 내려 보내, 다시 표류하게 된 사정을 물어본 뒤에 차사원差使員과 함께 그들을 인솔해 오게 하고, 자문咨文 또한 승문원承文院으로 하여금 미리 지어 놓고서 재자관賫咨官의 행차를 기다리게

---

96 도신(道臣) : 조선시대에 각 도의 으뜸 벼슬이었던 '관찰사'를 달리 이르는 말.
97 수신(帥臣) : 병사(兵使)와 수사(水使)를 아울러 일컫던 말.
98 차사원(差使員) : 중요한 임무를 지워, 관찰사(觀察使) 등이 파견하던 임시 관원(官員).
99 쇄마(刷馬) : 지방에 배치했던 관청용(官廳用)의 말.

하는 것이 어떠하겠습니까?"라고 하니, 임금이 윤허한다고 답하였다.

8-2

○ 문장 형식 : 계문啓文
○ 국사편찬위원회 번역문 제목 : 茂長漂人에게 간 譯官으로 하여금 黑山島에 漂到한 異國人도 담당하고 咨文도 合撰하도록 하기를 청하는 備邊司의 啓
○ 원문 제목 : 없음
○ 일자 : 영조 35년 1759년 12월 22일음
○ 출처 : 『비변사등록』 제137책

복건성福建省의 상인 28인이 나주목羅州牧 흑산도黑山島에 표류해 왔다는 보고를 받고, 〈8-1〉에서 지시한 바와 같이 무장현의 표류인들을 위하여 내려가 있는 역관으로 하여금 흑산도의 표류인들도 함께 서울로 인솔해오게 하자고 아뢰는 비변사의 계문이다. 뿐만 아니라 표류 사건으로 북경에 자문咨文을 보낼 때도 두 사건을 합하여 1건의 자문을 작성하고, 북경에 표류인들을 압송할 때도 함께 보내자는 것도 말하고 있다. 당시 비슷한 시기에 발생한 표류 사건은 일의 편의성을 위하여 한꺼번에 처리하기도 하였다는 것을 나타내 주고 있다.

『승정원일기』 1176책탈초본 65책 영조 35년 12월 23일에도 수록되어 있다.

비변사에서 아뢰기를,

"전라우수사全羅右水使 심봉징沈鳳徵의 장계狀啓를 보니 다른 나라 사람 28인이 나주목羅州牧 흑산도黑山島에 표류해 왔는데, 그 표문票文을 보고 문정기問情記를 참고해보니 곧 복건성福建省 홍화부興化府 소전현蕭田縣의 상인들로서 항해하다가 태풍을 만난 사람들입니다. 타고 온 배는 이미 모두 떠내려 가버렸는데 저들이 원하는 것은 곧 육로陸路이니 이번에 표류해 온 사람들을 우선 나주목으로 옮겨 둔 후에 그들이 원하는 대로 육로로 돌려보내는 것이 마땅합니다. 전라도 및 연도沿道의 도신道臣, 수신帥臣에게 분부하여 차사원差使員을 지정하여 그들을 데려오게 하고, 의주義州로부터 들여보내는데 경유하는 지방의 쇄마刷馬, 음식 대접, 물건을 운반하거나 혹 바꾸어주는 일 등은 모두 무장茂長에 표류해 온 사람들의 예에 따라 엄격하게 주의시켜 거행하고자 합니다. 저들이 풍랑이 출몰하는 가운데 추위 속에 표류해 왔으니 그 옷이 얇은 것은 가히 알만합니다. 입을 의복은 우수영右水營의 휴번목休番木으로 신속하게 잘 만들어서 지급하고, 아침저녁의 음식에 관한 절차는 각별히 조심하고 주의하게 함으로써 멀리서 온 사람에게 두터운 은혜를 베풀어 구조한다는 조정의 덕의德意를 보여주는 일 역시 곧장 역마驛馬를 이용하여 분부하고자 합니다. 사정을 물어보는 역관譯官은 이미 무장茂長에 내려가 있으니 이번에는 별도로 파견할 필요는 없고, 그 역관으로 하여금 무장에 표류해 온 사람의 사정을 물어본 후에 그대로 달려가서 사정을 물어보게 하고, 두 곳의 표류인들을 그가 함께 데리고 오게 하며, 자문咨文 역시 승문원承文院으로 하여금 합하여 짓게 하여 1인의 재자관齎咨官이 겸하여 데리고 들어가게 하는 것이 어떠하겠습니까?"라고 하니, 임금이 윤허한다고 답하였다.

8-3

○ 문장 형식 : 의론문

○ 국사편찬위원회 번역문 제목 : 領議政 金尙魯 등이 입시하여 茂長
漂人의 물건을 推給하지 않은 茂長縣監과 右水使를 처벌하는 문제
에 대해 논의함

○ 원문 제목 : 없음

○ 일자 : 영조 35년 1759년 12월 22일음

○ 출처 : 『비변사등록』 제137책

무장茂長에 표류해 온 한인漢人들이 우리나라 백성에게 도둑맞은 물건
을 제대로 찾아주지 않고, 또 표류해 온지 오래되었는데도 의복을 신속
히 만들어 주지 않은 무장현감茂長縣監 고신겸高信謙 등 지방관을 처벌할 것
에 대하여 의논하는 의론문이다. 이 문서로써 당시의 표류 사건에는 이
와 같이 우리나라 백성이 표류인의 물건을 훔치는 일도 있었다는 것과
조정에서는 예의에 어긋나지 않게 표류인들을 대하려고 했음을 알 수
있다.

『승정원일기』 1177책탈초본 65책 영조 36년 1월 21일에도 수록되어
있다.

또 아뢰기를,

"무장茂長에 표류해 온 사람들이 잃어버린 물건에 대하여 문정기問情記로써 살
펴보자면 우리나라 백성들이 많이 훔친 것을 알 수 있는데, 전후로 찾아 준
것은 단지 물속에 침몰된 것일 뿐이고 도둑맞은 물건에 대해서는 찾아준 것

이 하나도 없으며, 묘당廟堂¹⁰⁰이 엄한 지령을 내려 단단히 주의시켜 경계한 후에야 뒤늦게 겨우 조사하여 찾아 준 물건이 약간 있을 뿐입니다. 일이 기강 紀綱과 관련이 있는데 진실로 한심하기 짝이 없습니다. 이것은 죄가 지방관地方 官에 있으니 수영水營은 가장 가까운 곳에 있으면서 이미 찾아주도록 엄격히 경계시켜 주의를 줄 수 없었고, 저들이 입을 옷과 같은 것은 자연히 전례가 있으니 한편으로는 만들어 주면서 다른 한편으로는 주상 전하께 보고하는 것 이 마땅하거늘, 표류해 온지 오래되었는데도 거행하지 않아서 멀리서 온 사 람을 대접하는 조정의 도리에 크게 어긋나는 바가 있으니 역시 놀랍습니다. 이것은 수신帥臣에게 책임이 있으니 무장현감茂長縣監 고신겸高信謙을 잡아다가 심문하여 죄를 결정하고, 우수사右水使 심봉징沈鳳徵을 파직하며, 해당되는 감사 監司, 병사兵使 역시 점검하고 경계하는 것을 잘 하지 못한 실책이 있으니 아울 러 죄과罪過의 경중에 따라 죄를 엄중嚴重하게 캐물어서 밝히는 것이 어떠하겠 습니까?"라고 하였다. 임금이 이르기를,

"아뢴 대로 하라. 듣기에 한심하니, 해당되는 수신帥臣 및 수령守令은 먼저 파직 하고 잡아오너라"라고 하였다.

8-4

○ 문장 형식 : 계문啟文

○ 국사편찬위원회 번역문 제목 : 茂長·羅州漂人을 조사한 전후 問答 을 함께 入啓하며, 5~6일 후 漂人들을 發送하겠다는 備邊司의 啓

○ 원문 제목 : 없음

---

100 묘당(廟堂) : '의정부(議政府)'를 달리 이르던 말.

○ 일자 : 영조 36년 1760년 1월 28일음

○ 출처 : 『비변사등록』제138책

무장茂長·나주羅州의 표류인들이 서울에 들어온 다음에, 그들을 5,6일 머무르게 한 다음에 북경으로 보내겠다는 것, 비변사의 낭청과 그들을 표착지에서 인솔해 온 역관 홍대성洪大成이 각각 그들과 문답한 문정별단 2건을 모두 올리겠다는 것을 아뢰는 비변사의 계문이다.

『승정원일기』1177책탈초본65책 영조 36년 1월 29일에도 수록되어 있다.

비변사에서 아뢰기를,

"어제 무장茂長·나주羅州에 표류해 온 사람들이 들어온 후에 본 비변사의 낭청 郎廳과 역관譯官으로 하여금 사정을 물어보게 하였더니, 인솔해 온 역관 홍대성 洪大成이 사정을 물었을 때의 문답과 동일하여 전후 문답을 아울러 올립니다. 표류인들이 오래 머무르는 것은 비록 폐해가 있을 듯하나, 추운 길을 멀리서 왔을 뿐만 아니라 그 가운데 지금 병으로 몸을 움직이기 어려운 사람이 있다고 하니, 그들로 하여금 잠시 5,6일 머무르게 하여 병이 차도가 있기를 기다려 보내고자 합니다. 이번 표류인들은 모두 남방 사람들인데 전례에 의하여 데리고 온 역관을 재자관齎咨官으로 지정하여 북경北京으로 인솔해 가도록 하는 것이 어떠하겠습니까?"라고 하니, 임금이 윤허한다고 답하였다.

8-5

○ 문장 형식 : 문정별단問情別單

○ 국사편찬위원회 번역문 제목 : 茂長 표류인의 問情別單

○ 원문 제목 : ① 무장에 표류해 온 사람들의 문정별단[茂長漂人, 問情別單]

② 나주 흑산도에 표류해 온 사람들의 문정기[羅州黑山島漂人, 問情記]

○ 일자 : 영조 36년 1760년 1월 28일음

○ 출처 : 『비변사등록』 제138책

무장茂長의 표류인과 나주羅州의 표류인에게 사정을 물은 문정별단 2건이 이어져 있는 문서인데, 〈8-4〉에서는 표류인들을 인솔해 온 역관 홍대성洪大成이 문정한 문답기와 비변사 낭청의 문답기를 모두 올리겠다고 임금에게 아뢰었지만 『비변사등록』에서 찾아낸 이 사건 관련 문정별단은 아래와 같은 1세트의 문정별단 뿐이며, 문정의 주체도 명시되어 있지 않다

무장茂長의 표류인은 강남성江南省 소주부蘇州府 출신의 상인 15인으로 관동關東에 갔다 귀로 길에 무장茂長까지 표류해 오게 되었으며, 나주羅州의 표류인은 복건성福建省 흥화부興化府 보전현莆田縣 출신의 상인 28인으로 산동山東에 갔다가 역시 귀로에 흑산도黑山島까지 표류해오게 되었다. 이와 같은 표류인들을 보아도 당시 우리나라에 표류해왔던 중국인 가운데에는 중국의 남쪽 지역으로부터 산동山東 및 동북 지역까지 왕래하는 상인들이 적지 않은 비중을 차지하였던 것을 알 수 있다.

무장茂長에 표류해 온 사람들의 문정별단[問情別單]

문 : 당신들은 모두 청인淸人인가? 한인漢人인가? 무슨 일을 업으로 하며, 어느 지방에 살고 있는가?

답 : 저희들은 모두 한인입니다. 강남성江南省 소주부蘇州府 태창주太倉州 보산현

寶山縣에 살고 있고, 배를 가지고 장사하는 것을 업으로 하고 있습니다.

문 : 당신들은 몇 월 며칠 배를 타고 어디로 향하다가, 몇 월 며칠 풍랑을 만나 배가 파선되어 우리나라에 표류해 오게 되었는가?

답 : 저희들은 작년 8월 16일 동향 사람 뇌득순雷得順의 배를 타고 관동關東 남금주南金州 영해현寧海縣 지방으로 향하였으며, 복흥호福興號에 청두靑荳 외에 방풍防風 10포包를 싣고서 11월 16일 배를 돌렸는데, 19일 갑자기 폭풍을 만나 배를 제어할 수 없어서 배가 가는대로 맡겨두었더니 21일 이름 모를 지방에 도착하였습니다. 그곳에서 배를 멈추고 바람을 기다렸는데, 26일 또 세차게 쏟아지는 눈과 모진 바람을 만나 배가 몹시 흔들리고 노가 부러져버렸으며 그대로 귀국의 땅에 표류해 오게 되었습니다.

문 ; 당신들이 모두 상인이라면 필히 증명서를 갖고 있을 텐데 꺼내어 증명해보라.

답 : 4장의 증명서를 가지고 있습니다. 1장은 선표船票이고, 1장은 미단米單, 1장은 관표關票, 1장은 두표荳票입니다. 또 뇌득순雷得順이 짐을 장재할 때의 원계元契 1장까지 드릴 테니 부디 살펴보신 후 돌려주셔서, 저희들이 본현本縣으로 돌아간 다음에 무단 출행의 죄를 면할 수 있게 해주시기 바랍니다.

문 : 당신들 15인 가운데 12인의 성명은 증명서에 분명히 기재되어 있는데, 왜 3인은 증명서에 기재되어 있지 않은가? 또 증명서에 기재되어 있는 사람 숫자는 모두 17인인데, 지금 증명서에 이름이 없는 3인까지 합하여도 단지 15인 뿐인 것은 어째서인가?

답 : 증명서의 17인 가운데 5인은 익사하였고, 12인만 생존하였습니다. 증명서에 없는 8인 가운데 5인이 익사하였고 3인이 생존하여 모두 15인

이 생존하였습니다.

문 : 당신들의 성명, 연령을 각각 말해 보라. 익사자의 성명과 연령도 역시

말하도록 하라.

답 : 선주船主 뇌득순雷得順 대신 서질徐叱 36세.

　　진천발陳天發 53세.

　　황영상黃永祥 42세.

　　조자룡趙子龍 34세.

　　조성문曹聖文 31세.

　　뉴천상鈕天祥 39세.

　　석봉石俸 41세.

　　진원경陳元卿 24세.

　　왕영명王永鳴 31세.

　　곽요삼郭耀三 26세.

　　시영정施永貞 35세.

　　범득순范得順 26세.

이상 12인은 이름이 증명서에 실려 있는 생존자로서 모두 태창주太倉州 보산

현寶山縣 사람임.

　　고송顧松 53세. (시체는 추후 인양함)

　　엽성신葉聖臣 43세. (시체 인양)

　　반장문潘章文 25세. (시체 못 찾음)

　　신양식辛良式 46세. (시체 인양)

　　왕귀생王貴生 25세. (시체 인양)

이상 5인은 증명서에 이름이 있는 익사자로서 모두 보산현 사람임.

엽천원葉天元 42세.

예재倪才 49세.

장생長生 46세.

이상 3인은 이름이 증명서에 없는 생존자로서 모두 보산현 사람임.

유덕劉德. (시체는 추후 인양)

예대倪大. (시체 못 찾음)

장래張來. (시체 추후 인양)

호최胡崔. (시체 못 찾음)

육구陸求. (시체 추후 인양)

이상 5인은 증명서에 이름이 없는 익사자로서 나이를 일일이 기억할 수 없지만 모두 보산현 사람임.

문 : 8인은 증명서에 이름이 없는데 어떻게 함께 한 배에 타게 되었는가?

답 : 모두 고길顧吉 배의 선원으로서 뇌득순의 배에 옮겨 탔기 때문에 공문公文은 고길의 배에 있으며, 저희들 배의 증명서에는 실리지 않았습니다.

문 : 고길의 배는 어디에 있는가?

답 : 고길의 배는 복주福州에 있습니다.

문 : 당신들은 남금주南金州 영해현寧海縣에서 집에 돌아가려고 배를 띄웠는데, 복주에 있는 고길 배의 8인이 어떻게 당신들 배에 옮겨 탈 수 있었는가?

답 : 고길 배의 선원은 모두 보산현 사람인데, 그 가운데 8인이 일찍 귀가하고 싶어서 우리 배가 먼저 출발한다는 소식을 듣고 육로로 와서 함께 타게 되었습니다.

문 : 뇌득순은 선주인데 무슨 이유로 배에 타지 않고 서질이 대신 탔는가?

답 : 원래 선주가 배를 타야한다는 규칙이 없는데다 뇌득순이 연로하여 그
　　의 사촌 조카인 서질徐叱이 대신 함께 타게 되었습니다.

문 : 당신들이 건져낸 시체는 비록 당신들이 원하는 바에 따라 염습과
　　매장을 하였지만 아직 건져내지 못한 시체가 있으니 어찌 비참하지
　　않겠는가!

답 : 표류하다 익사하였을 때는 건져낼 수 있다는 희망도 없었지만 7인을
　　건져낼 수 있었으니 또한 불행 중 다행입니다. 건져내지 못한 3구의 시
　　체는 어찌할 수 없습니다.

문 : 당신들 강남 지방은 근래 농사 작황은 어떠한가?

답 : 저희들이 살고 있는 보산寶山 지방은 재작년 벼와 면화 수확이 5, 6할[分]
　　이었고, 작년에는 가뭄이 심하여 벼는 1, 2할, 면화는 4, 5할이었습니
　　다. 먼 곳은 알지 못합니다.

문 : 당신들 지방에서는 가뭄에 물이 적으면 어떻게 물을 얻어 벼를 심는가?

답 : 저희 지역은 모두 평지라서 땅을 파고 강물을 끌어들이는데 수차水車를
　　이용하여 관개합니다.

문 : 수차의 구조는 어떠하며, 땅을 파는 도구는 어떠한 것을 사용하는가?
　　땅을 파는 깊이와 넓이는 몇 길[丈] 몇 자[尺]나 되는가?

답 : 수차의 구조는 저희들로서는 형용할 수 없습니다. 땅을 파는 도구는 곧
　　쇠로 만든 가래로 파는데, 그 깊이와 넓이는 지형에 따라서 혹은 2, 3자
　　[尺]이고, 혹은 4, 5자[尺]입니다.

문 : 당신들은 비록 선상船商이지만 필시 관官에 관련되는 일도 할 텐데, 배에
　　도 역시 세금이 있는가?

답 : 저희들은 모두 민상民商으로서 관원官員은 없습니다. 먹는 것, 입는 것 모

두 매매하는 것으로부터 얘기가 됩니다. 배의 세금은 증명서를 발부받을 때 큰 배는 은화 5냥을 납부하고, 그 나머지는 배의 크기에 따라 세금을 냅니다.

문 : 당신들 지방은 어떤 물건들을 생산하는가?

답 : 보산寶山은 작은 지방이라서 좋은 물건이 없습니다.

문 : 강남江南은 북경으로부터 몇 리나 되며, 소주蘇州는 강남으로부터 몇 리나 되고, 태창주太倉州는 소주로부터 몇 리나 되는가? 보산현은 태창주로부터 몇 리나 되며, 현縣에는 몇 사람의 관원이 있는가?

답 : 강남에서 북경까지는 2천 4백여 리입니다. 소주에서 강남까지는 모르겠고, 태창주에서 보산까지는 1백 2십 리입니다. 보산에서 소주까지는 2백 4십 리이며, 보산에서 북경까지는 2천 6백여 리입니다. 현에는 지현知縣 1인이 있어서 백성들을 다스리고, 참장參將 1인이 있어서 군병軍兵을 관리합니다.

문 : 참장이 관리하는 군병은 그 수가 얼마인가?

답 : 장사하는 선상船商이라서 그 숫자는 알 수 없습니다.

문 : 강남은 1년에 2회 씨를 뿌린다고 하던데 언제 땅을 갈아 씨를 뿌리며, 수확은 언제 하는가? 심는 것은 무슨 곡식이며, 논과 밭의 구별이 있는가?

답 : 논에는 벼를 심고, 혹 모내기를 하기도 합니다. 9월에 수확한 후에 물이 마르면 보리를 심으며, 밭에는 면화를 많이 심습니다.

문 : 당신들의 배에 실은 것 가운데 방풍防風은 어디에서 생산되며, 어느 곳에 사용하는가?

답 : 관동關東 본처지방本處地方의 산 위에서 생산되는데, 사다가 약방에 팝

니다.

문 : 우리 조정에서는 당신들이 죽다가 살아난 것에 마음을 쓰고 염려하여

의식衣食 등의 절차에 각별히 주의하고 있다. 표류한 위에 연일 길을 걸

었는데 굶주림과 추위, 질병을 면할 수 있었는가?

답 : 저희들은 거의 죽은 목숨인데 모두 살아날 수 있었고, 겸하여 따뜻한

옷에 배불리 먹고 있습니다. 귀국의 은덕恩德은 하늘처럼 높고 땅처럼

두터워 마음속에 새기고 있습니다. 다만 무리 가운데 1인이 배 아래에

종기가 생겼는데, 곪아 터진 뒤에 연일 말을 타서 아직 완전히 아물지

않았습니다.

별단別單 1건을 또 올립니다.

나주羅州 흑산도黑山島에 표류해 온 사람들의 문정기問情記

문 : 당신들 28인은 어느 지방에 사는가?

답 : 저희들은 모두 대청국大淸國 복건성福建省 흥화부興化府 보전현莆田縣 사람입

니다.

문 : 당신들은 모두 청인淸人인가? 한인漢人인가?

답 : 4대代 이상 모두 한인으로 번듯한 집안의 사람이었지만 지금은 모두 청

인입니다.

문 : 당신들의 성명과 연령을 각각 말하라.

답 : 선주船主 범문부范文富 41세.

　　보결갑保結甲 임린林璘인데 집에 있고 오지 않았음.

　　타공舵工 임송林松 37세.

수수水手 허영許榮 27세, 임환林鐶 22세, 진휘陳輝 32세, 장태莊泰 22세, 오팽년吳彭年 31세, 곽인郭仁 26세, 황인黃寅 25세, 범원范爰 22세, 조공趙貢 22세, 임류林柳 28세, 황삼黃森 37세, 임인林引 33세, 오좌吳佐 24세, 임한表林漢表 42세, 범청范淸 25세, 황계黃溪 36세, 이삼李三 32세, 호청胡淸 31세, 유순劉順 34세, 옹매翁梅 23세, 임복林福 20세, 정은鄭恩 26세, 진금陳金은 37세로 같은 성省에 딸린 민현閩縣에 거주, 진관陳官은 37세로 민현 거주, 가선柯宣은 47세로 같은 성에 딸린 혜안현惠安縣에 거주, 가신柯申은 22세로 혜안현 거주.

문 : 당신들 28인은 몇 년 몇 월 며칠, 무슨 일로 어느 곳으로 향하다가 어떤 이유로 표류해 오게 되었는가?

답 : 저희들은 모두 장사꾼입니다. 작년 윤閏 6월 16일, 찻잎, 베[布]를 싣고서 강남 상해현上海縣 오송吳淞의 포구를 출발하여 7월 23일 산동山東 교주膠州의 당도唐島에 도착, 찻잎과 베를 판매한 후에 이어서 두병豆餠 및 청두靑豆, 백두白豆를 구입하였습니다. 11월 1일 포구를 출발하여 집으로 돌아오던 길에 11월 16일 밤 큰 바다에 이르렀는데, 눈과 비가 섞여 내리고 사방이 칠흑 같은데 갑자기 서북쪽에서 세찬 바람이 불어와 파도가 하늘에 닿고 배를 제어할 수 없어서 배가 가는대로 따랐더니 21일 비로소 귀국에 표류하여 닿게 되었습니다. 그런데 돛과 돛대가 찢어지고 부러져버렸으며, 배에는 물이 가득 차서 작은 배에 목숨을 기탁하여 파도를 무릅쓰고 해안에 올랐더니 곧 수도水島의 서산西山이었습니다. 다행히 은혜를 베풀어 구조해주신 은덕恩德에 힘입어 목숨을 보전할 수 있었으니 이것이 이른바 다시 낳아주신 부모님이십니다.

문 : 당신들이 모두 상인이면 필시 증명서가 있을 텐데 꺼내어서 증명해

보라.

답 : 부표部票 1장, 현표縣票 1장, 미표米票 1장, 세표稅票 1장이 있어서 올립니
다. 보신 후에 돌려주셔야 저희들이 고향에 돌아간 후 증명서 없이 무
단으로 출행한 죄를 면할 수 있습니다.

문 : 증명서에는 25인이 기재되어 있는데, 지금 표류해 온 사람이 28인 것
은 무슨 까닭인가? 증명서에 있는 임린林璘은 왜 오지 않았는가?

답 : 증명서에 25인이 기재되어 있지만, 임린은 원래 보선保船의 임무를 띠
고 있어서 이름은 증명서에 있지만 집에 있고 오지 않았습니다. 그밖에
4인 가운데 진금陳金, 진관陳官은 함께 장사하러 가는 사람이고, 가선柯宣,
가신柯申은 배를 수리하기 위하여 함께 온 것입니다.

문 : 복건성福建省에서 북경까지 몇 리나 되는가? 홍화부興化府에서 복건까지
는 몇 리인가? 보전현莆田縣에서 홍화부까지는 몇 리나 되며, 복건성에
는 관원官員이 몇 사람 있고, 보전현에는 관원이 몇 사람이나 있는가?

답 : 복건성에서 북경까지는 6천여 리이고, 홍화부에서 복건성까지는 2백
7십 리입니다. 보전현은 홍화부 안에 있는 속읍屬邑이고, 민현閩縣은 보
전의 북쪽 경계에 있으며, 혜안현惠安縣은 보전의 남쪽 경계에 있어서
멀지 않습니다. 복건성에는 총독摠督이 있고, 보전에는 지현知縣이 있습
니다.

문 : 두병豆餠과 청두靑豆, 백두白豆는 모두 무슨 물건인가?

답 : 두병은 황두黃豆 : 노란 콩를 가루로 만들어 누룩 모양으로 빚은 것인데 밭
에 비료로 사용합니다. 청두와 백두는 모두 사람이 먹는 것으로 푸르거
나 하얀 색이라는 차이가 좀 있지만 역시 황두의 종류입니다.

문 : 당신들 지방의 농사 작황은 어떠한가?

답 : 작년에는 아주 풍년이었습니다.

문 : 강남에서는 1년에 두 번 경작한다고 하던데, 당신들이 살고 있는 곳도 역시 그러한가?

답 : 복건은 1년에 3회 심으며, 듣건대 강남은 본래 물이 많아서 1년에 2회 심는다고 합니다.

문 : 당신들 지방의 특산물은 무엇인가?

답 : 용안龍眼 : 과일 종류, 여지荔枝 : 과일 종류, 불수佛手 : 과일 종류, 양도楊桃 : 과일 종류 및 융絨絹 : 직물 종류, 융이 있고, 논에는 물이 좋습니다.

문 : 군병軍兵의 숫자와 훈련의 규칙은 어떠한가?

답 : 저희들은 모두 민간인인데 군병의 일을 어떻게 알 수 있겠습니까?

문 : 조정에서는 당신들이 죽다 살아난 것을 가엾게 여겨 의식衣食 등의 절차에 대하여 각별히 주의하고 있다. 연일 달려왔는데 배고픔과 추위를 면할 수 있었으며, 또한 질병은 없는가?

답 : 저희들은 바다 속에 빠져버렸고, 연일 말을 타고 오느라 심신이 고단하여 병이 들까 두렵습니다. 또한 무리 가운데 병자가 있어 엎드려 바라옵건대, 너그럽게 은혜를 베풀어 십여 일 잘 휴식을 취한 뒤 다른 날 길을 떠나게 해주신다면, 이 은혜는 영원히 잊을 수 없으며 보답하려 해도 다함이 없을 것입니다. 헤아려 은혜를 베풀어 주시길 엎드려 빕니다.

문 : 당신들의 선세船稅는 얼마나 되는가?

답 : 큰 배는 1년에 은화 30냥兩을 세금으로 바치고, 중간 배는 15냥, 작은 배는 7, 8냥이며, 세금의 많고 적음은 행상 거리의 원근遠近에 달려 있습니다.

문 : 복건은 1년에 3회 심는다고 하였는데, 언제 씨를 뿌리고 언제 수확하

며, 무슨 곡식을 심는가? 논과 밭의 구별이 있는가?

답 : 논에는 3월에 벼를 심고 6월에 수확하며, 또 벼를 심고 10월에 수확한 후에 물을 빼버리고서 그대로 보리를 심어 다음 해 2월에 수확합니다. 밭에는 보리, 밀, 청두靑豆, 황두黃豆, 백두白豆를 심으며 1년에 2회 경작합니다.

문 : 당신들 지방에서도 콩을 심는데 왜 다른 곳으로 사러 가는가?

답 : 저희 지방에서 심는 것이 부족하기 때문입니다.

무장茂長, 나주羅州에 표류해 온 사람들의 사정을 물은 별단別單을 각 1건씩 또 올립니다.

사건번호 9
전남 영암 추자도楸子島 표류
중국 산동성山東省 영성현인榮城縣人 4인

정조 10년^{1786년} 전남 영암 추자도에 표류해 온 산동성山東省 등주부登州府 영성현榮城縣 출신 중국인 4명을 심문하고 송환하는 일련의 과정을 담고 있다.

9-1

○ 문장 형식 : 계문啓文

○ 국사편찬위원회 번역문 제목 : 추자도에 표착한 漢人이 上京하면

防守하고 供饋하는 절차를 착실히 거행하라는 傳敎

○ 원문 제목 : 추자도에 표착한 중국인을 인계 받아 남별궁에 묵게 할 것[楸子島漂漢人接置南別宮]

○ 일자 : 정조 10년 1786년 3월 5일음

○ 출처 : 『비변사등록』 제168책

영암 추자도에 표착한 중국인들을 육로를 통해 본국으로 귀환시키기 위한 일련의 조치 가운데 한양에 도착한 후 처리 절차에 대해 비변사에서 국왕에게 올린 보고이다.

관련 내용이 『승정원일기』 1597책 정조 10년 3월 6일 기록에도 있다.

비변사에서 아뢰었다.

"영암靈巖 추자도楸子島[101]에 표류해 온 중국인들이 수일 안에 서울에 도착할 것입니다. (이들이) 서울에 들어오면 인계하여 남별궁南別宮[102]에 머물게 하고 금군禁軍 1인과 양兩 포도청捕盜廳[103]의 군관 각 1인을 별도로 정하여 위군衛軍과

---

101 추자도(楸子島) : 제주와 육지를 왕래하던 선박들이 이용하던 중간 거점으로 바람을 기다리는 장소였음. 현재 행정 구역은 제주특별자치도에 속하지만 문화적으로는 전라도에 가깝다. 1821년에 전남 영암군에 편제되었고 1881년에 일시적으로 제주목에 속했다가 1891년 다시 영암군에 편입되었다. 1896년 고종이 완도군을 설치하면서 완도군으로 이관되었다가 일제강점기에는 1914년 행정구역 개편에 따라 제주도에 귀속되었다. 현재는 2006년부터 제주특별자치도 제주시 추자면으로 편제되어 있다. 네이버 지식백과 『한국향토문화전자대전』 참조.

102 남별궁(南別宮) : 서울시 중구 소공동(小公洞)에 있던 조선시대 별궁. 조선시대에는 행정구역상 한성부 남부의 회현방에 속했다. 태종의 둘째 딸 경정공주(慶貞公主, ?~1455))가 출가할 때 태종이 하사한 곳이어서 '작은 공주골', 소공주제(小公主第), 소공주택(小公主宅) 등으로 불렸다. 선조 때에는 왕의 셋째 아들인 의안군(義案君, 1577~1588)의 거처가 되었고, 임진왜란 때에는 한양을 점령한 왜군이 이곳에 진을 쳤으며, 명나라 군대가 참전한 뒤에는 명의 장수인 이여송(李如松, 1549~1598)이 잠시 머물렀다. 선조 26년(1593) 10월, 선조가 환도한 뒤부터는 국왕이 명나라 장수를 접견하는 장소로 사용되었는데, 이때부터 남별궁이라 부르기 시작했다. 『한국고전용어사전』, 세종대왕기념사업회, 2001.3.30 참조.

포군捕軍을 통솔하여 각별히 지키도록 하고, 음식물을 대접하는 일 등과 관련한 예절을 착실히 잘 지키라 하십시오. 이전에 표류해 온 사람들이 서울에 들어온 후에는 이들이 입을 의복을 매번 다시 만들어 지급한 전례가 있습니다. 각 해당 기관에 전례를 참고하여 시행토록 하고, 비변사의 낭청郎廳 1명과 사리에 밝은 각 차비역관差備譯官을 정해서 보내십시오. 규정에 따라 이들을 다시 심문하고 며칠간 머물게 한 뒤 저들을 이끌고 온 역관을 딸려서 봉성鳳城까지 호송하여 보내되 차출할 사람을 정하여 차례대로 호송하여 가는 일을 각 해당 관아[該司]104에 전례를 살피어 시행하도록 분부하십시오. 아울러 의주부義州府로 하여금 미리 봉성鳳城105을 지키는 장수 쪽에 공문[馳通]106을 보내어 저들이 강을 건넌 뒤부터 (중국 측에서) 호송을 맡도록 하는 것이 어떻겠습니까?"

왕이 답하였다. "각별히 엄중히 경계하고 속히 데려다주는 것이 좋겠다."

9-2

○ 문장 형식 : 계문啟文

○ 국사편찬위원회 번역문 제목 : 추자도에 표류한 사람들의 問情이 郎廳에서 한 것이나 인솔한 譯官이 한 것이나 차이가 없다는 備邊司의 啓

○ 원문 제목 : 추자도에 표류해 온 사람들에 대한 문정[楸子島漂人問情]

○ 일자 : 정조 10년 1786년 3월 11일음

○ 출처 : 『비변사등록』 제168책

---

103 양포청(兩捕廳) : 좌포도청과 우포도청.
104 해사(該司) : '該'는 해당(該當)하다의 뜻. 사(司)는 공무를 집행하는 곳.
105 봉성(鳳城) : 중국 요녕성 동부 단동시(丹東市) 경내에 위치한 작은 도시. 조선의 변경과 마주하고 있었음.
106 치통(馳通) : 기밀이나 정보를 수집하여 급히 알리는 문서.

추자도에 표착한 사람들을 비변사 낭청과 역관을 통해 심문한 결과 이전에 현지에서 심문한 내용과 별다른 차이가 없음을 밝힌 보고문.

승정원일기 1597책^{탈초본 85책} 정조 10년¹⁷⁸⁶ 3월 12일에도 관련 내용이 있음

비변사에서 아뢰었다.

"오늘 영암 추자도에 표류해 온 사람들이 서울에 들어온 뒤에 본사 낭청과 역관을 시켜서 심문하였더니 인솔하여 온 역관 정사현鄭思玄[107]이 심문하였을 때의 답변과 별다른 차이가 없었습니다. 이에 정서正書[108]하여 계문을 올리오니, 표도漂到한 사람들을 하루를 머물게 한 뒤 내일 출발시켜 보내고자 하는 뜻을 감히 아룁니다."

왕이 답하였다.

"가는 길에 엄중히 경계하고, 신경 써서 음식을 대접하며, 양식과 노자를 넉넉히 주도록 하고, 특히 잡인들의 접근을 금하라."

9-3

○ 문장 형식 : 문정별단問情別單

○ 국사편찬위원회 번역문 제목 : 영암 추자도 표인 문정별단靈巖楸子島漂人問情別單

---

107 정사현(鄭思玄) : 영조와 정조 때 서해안 일대에 표류해 온 중국인의 통역을 담당했던 지방 역관. 『비변사등록』 156책 영조 50년(1774년 12월 18일)에는 전남 영광(靈光)에 표착한 중국인의 심문을 담당한 기록이 있고, 위의 본문에서는 정조 10년에 추자도에 표착한 중국인의 통역을 맡고 있으며, 정조 15년(1791년) 12월 18일에는 홍주(洪州, 충남 홍성의 옛 지명) 장고도(長古島, 보령시 오천면에 딸린 섬)에 표착한 중국인의 통역을 담당하고 있다.

108 정서(正書) : 초고로 적어두었던 글을 정식으로 정리해서 씀.

○ 원문 제목 : 영암 추자도 표착인 문정별단[靈巖楸子島漂人問情別單]

○ 일자 : 정조 10년 1786년 3월 11일음

○ 출처 :『비변사등록』제168책

표류인들의 출신지, 소속, 선호하는 귀국 방법 등에 대해 심문하고 있다.

문 : 당신들은 풍랑을 만나 표류하여 오는 동안 고생이 많았겠소.

답 : 고생을 아주 많이 했습니다.

문 : 당신들은 어디 사람들인가?

답 : 저희들은 대국 산동성山東省 등주부登州府109 영성현榮城縣110 사람입니다.

문 : 당신들은 민호[民家]이오, 군대소속[旗下]111요?

답 : 저희들은 모두 민호입니다.

문 : 당신들은 비록 민호라고는 하나 어떤 직책[當差]112을 맡고 있소?

답 : 신역身役113을 수행해야 할 의무는 없습니다.

문 : 당신들은 무슨 까닭으로 표류하여 우리 쪽에 이르렀소?

답 : 저희는 저희가 살던 곳 근처 바다에서 그물을 펴고 물고기를 잡다가 풍

---

109 등주부(登州府) : 현 중국 산동성(山東省) 연태시(煙台市) 봉래구(蓬萊區) 일대. 당나라 이래 줄곧 주(州)였으나, 명나라 홍무 9년(1376)바다에 맞닿아 있고 조선이나 일본과 왕래하는 지리적 요충지라는 이유에서 부(府)로 승격.

110 영성현(榮城縣) : 등주부 안에서도 산동반도 최동단(最東端)의 삼면이 바다로 둘러싸인 곳이자, 산동반도에서 조선과의 거리가 가장 가까운 곳임.

111 기하(旗下) : 장군의 지휘 깃발 아래 있는 사람, 즉 군인을 의미.

112 당차(當差) : 담당 하급관리. '차(差)'는 심부름을 하는 낮은 신분의 벼슬아치, 즉 가마꾼, 요리사 등과 같은 하급관료를 의미한다. '당(當)'은 담당한다는 의미.

113 신역(身役) : 부과 받은 군역이나 부역. 군역 외에 짐꾼, 산지기, 사공, 가마꾼, 요리사 등의 임무.

랑을 만나 표착한 것입니다.

문 : 당신들은 모두 몇 사람이오?

답 : 네 사람입니다.

문 : 당신들 네 사람 외에 물에 빠져 죽은 사람이 있소?

답 : 저희들은 원래 아홉이었는데 함께 배를 탔다가 다섯 사람은 밥을 먹으려고 배에서 내렸고, 다만 네 사람만 배 안에 앉아서 그물을 지키고 있다가 풍랑을 만나 바다로 표류하였습니다. 다행히 한 사람도 빠져 죽은 사람은 없습니다.

문 : 당신들 아홉 사람이 함께 배를 탔다면 무슨 까닭에 다섯 사람은 배를 내려서 밥을 먹으러 가고 네 사람은 배에 앉아서 지키고 있었소?

답 : 저희들 아홉 사람 가운데 다섯 사람은 배를 부릴 줄 알아서 다른 배를 타고 밥을 먹으려고 상륙했고, 네 사람은 배를 부릴 줄 몰라서 배에 앉아 그물을 지키고 있다가 다섯 사람이 아직 돌아오지 않은 상태에서 풍랑을 만나 표류하게 된 것입니다.

문 : 당신들 네 사람은 왜 밥을 먹으러 가지 않았소?

답 : 저희들은 배 안에서 밥을 지어 먹었습니다.

문 : 다섯 사람은 왜 함께 배에서 밥을 지어 먹지 않았소?

답 : 그들은 물에 익숙했기 때문에 밥을 먹으러 오갔던 것입니다.

문 : 당신들은 왜 물에 익숙한 사람들과 함께 (밥을 먹으러 배에서 내려) 다녀오지 않았소?

답 : 저희들은 물에 익숙하지 않을 뿐만 아니라 또 그물을 지킬 사람이 없었으므로 배에서 밥을 (지어) 먹었던 것입니다.

문 : 당신들은 어느 달 어느 날에 풍랑을 만났소?

답 : (정조 10년 1786년) 1월 7일 상오에 서풍을 만나 22일에 귀국 흑산도黑
山島에 표착하였고, 23일에 흑산도에서 배를 타고 떠나 26일에 추자도
에 닿았고, 또 배를 타고 (3월) 3일에 상륙했습니다.

문 : 당신들은 1월 7일에 풍랑을 만났고 22일에 흑산도에 표착했다고 했는
데 그 사이 14일 동안에는 어디에 있었소? (1월) 23일 흑산도에서 배
를 타고 떠나 26일에 추자도에 도착했다고 했는데 그 사이 2일 동안에
는 또 어디에 있었소?

답 : 바람을 따라 오가며 바다 가운데 표류하였습니다.

문 : 당신들은 바다 가운데서 표류하는 동안 밥을 지을 수 없었을 테니 여러
날 굶었을 것인데 어떻게 살 수 있었소?

답 : 아주 조금 가지고 있던 생쌀을 먹고 살 수 있었습니다.

문 : 당신들이 흑산도에는 처음으로 도착했을 텐데 어떻게 지명을 알았소?

답 : 바다에 표류하다가 문득 어느 한 곳에 닿아 물고기를 잡는 사람을 만
났는데 그 사람이 배를 끌어당겨 구출해주었습니다. 잠시 후 갓을 쓴
사람[大帽]이 와서 술과 밥을 주었는데 지명을 들으니 흑산도라고 했
습니다.

문 : 당신들은 흑산도에서 벼슬아치[官]를 본 일이 있소?

답 : 갓을 쓴 한 사람만 보았고 벼슬아치는 보지 못했습니다.

문 : 갓을 쓴 사람의 성명을 기억하고 있소?

답 : 이름은 모르고 성이 김 씨라는 것만 압니다.

문 : 흑산도에 도착하고서 또 어떻게 추자도가 어느 곳에 있는지 알아서 그
쪽으로 방향을 옮겼소?

답 : 흑산도의 갓을 쓴 사람이 이곳에는 관장官長[114]이 없으며, 이곳에서 동

남쪽 1천 리 되는 곳에 관장이 있으니 당신들은 당신들 배를 타고 마침 서북풍이 부는 틈을 타서 가면 거기에 닿을 수 있다고 하였습니다. 그리고 쌀 10말을 주고, 또 판자 3개를 주어서 키를 개조하였고, 또 나무 닻[木錨] 1개를 주었습니다. 그래서 그의 지휘에 따라 23일에 배를 타고 떠나 26일에 추자도에 정박했습니다.

문 : 당신들은 흑산도에서 며칠을 머물렀소?

답 : 하룻밤을 보냈습니다.

문 : 당신들은 추자도에서 며칠을 머물렀소?

답 : 다섯 밤을 보냈습니다.

문 : 당신들은 추자도에서 무슨 연유로 앞서 육지에 오를 수 있었소?

답 : 여러 번 죽을 고비를 겪고 살아난 나머지 육지로 오는 것이 급하여 여러 날 섬사람들에게 간청한 끝에 그들의 안내로 육지에 올랐습니다.

문 : 상륙한 곳은 어느 곳이었소?

답 : 영암 땅이라고 들었습니다.

문 : 영암에서는 며칠 머물렀소?

답 : 29일 동안 머물렀습니다.

문 : 흑산도와 추자도 두 섬의 사람들은 모두 중국어를 모를 텐데 어떻게 말이 통할 수 있었소?

답 : 한자로 써서 문답했습니다.

문 : 당신들 네 사람의 성명은 무엇이며, 나이는 몇이오?

답 : 장원주張元周 29세, 풍재효馮才孝 27세, 장원서張元瑞 28세, 이봉동李鳳同 34

---

114 관장(官長) : 고을 수령 내지 관청의 윗사람을 의미한다.

세입니다.

문 : 밥을 먹으러 집으로 돌아간 다섯 사람의 성명은 무엇이며, 나이는 몇이오?

답 : 허덕순許德順 38세, 허덕평許德平 43세, 이사원李士元 21세, 장원상張元祥 23세, 이봉옥李鳳玉 32세입니다.

문 : 당신들 아홉 사람은 성안에 사시오, 마을에 사시오?

답 : 저희들 표류한 네 사람은 성 밖 남쪽 40리 와옥석촌瓦屋石村에 살고, 밥을 먹으러 집으로 돌아간 다섯 사람 가운데 허덕순과 허덕평은 백봉촌白奉村에 사는데 이곳은 와옥석촌에서 1리 떨어진 곳입니다. 이사원은 아도鵝島에 사는데 와옥석촌에서 2리 떨어진 곳입니다. 장원상과 이봉옥도 와옥석촌에 삽니다.

문 : 당신들 아홉 사람 가운데 한 집안 사람이 있소?

답 : 장원주와 정원서, 정원상이 삼형제이고, 이봉동과 이봉옥이 형제이고, 허덕순과 허덕평이 종형제간입니다.

문 : 당신들 네 사람은 모두 글자를 쓸 줄 아시오?

답 : 글자를 쓸 줄 아는 이는 장원주뿐입니다.

문 : 당신들이 풍랑을 만났을 때 함께 표류한 다른 배가 있었소?

답 : 없었습니다.

문 : 당신들의 배는 관선이오, 사선私船이오?

답 : 사선입니다.

문 : 선주는 누구요?

답 : 장원주입니다.

문 : 사호私號가 있소?

답 : 사선이라 이름이 없습니다.

문 : 선표船票는 있소?

답 : 배의 이름이 있어야 표를 줍니다. 이름이 없는데 어떻게 표가 있겠습니까?

문 : 내가 듣기에 당신들 지역에서는 모두 증명서[票文][115]가 있다고 하였소. 당신들은 지금 증명서가 없는데 어떻게 해상을 왕래할 수 있었소?

답 : 저희들은 본 지역에서 연해 수십 리의 내해[內洋]를 오가며 고기를 잡기 때문에 애초에 관에 보고하여 증표를 발급받지 않았습니다.

문 : 당신들은 증표도 없이 바다를 건너왔으니 당신들 지역으로 돌아가면 죄를 받지 않겠소?

답 : 풍랑을 만나 표류하여 국경을 넘은 것과 고의로 범법한 것은 다릅니다. 비록 공식 증표[公票]는 없지만 필시 죄를 받지는 않을 것입니다.

문 : 당신들이 표류해 온 연고를 규례에 의거하여 (귀국의) 예부禮部에 외교 문서[咨文]를 갖추어 보내야 하오. 당신들은 지금 공식증표[公票]가 없으니 무엇을 근거로 문서를 꾸미면 되겠소?

답 : 저희들 사정이 이와 같으므로 비록 공식증표가 없더라도 문제가 없을 것입니다.

문 : 당신들이 배에 싣고 있던 물건 가운데 잃어버린 것은 없소?

답 : 뒷돛대[後檣], 장막[布蓬][116], 노 두 개[兩櫓], 쇠닻[鐵錨], 나무 키[木柁] 이 다섯 가지를 바다에서 표류할 때 잃었습니다.

---

115 표문(票文) : 증표가 되는 문서.
116 포봉(布蓬) : 비변사등록 원문의 '봉(蓬)'은 '봉(篷)'의 잘못이다. 포봉(布篷)은 배 위를 덮는 넓은 장막을 말한다.

문 : 당신들은 두 섬에 있는 동안, 그리고 상륙한 뒤 지니고 온 물건을 남에게 준 일이 있소?

답 : 없습니다.

문 : 당신들은 물에 익숙하지 않다고 했는데 어떻게 배타는 일을 업으로 삼을 수 있소?

답 : 저희들은 물에 익숙하지 않기 때문에 그물을 지키고 물고기를 잡는 일을 했습니다. 배를 부리고 물고기를 파는 것은 전적으로 저 다섯 사람에게 의지했습니다.

문 : 당신들은 왜 해로海路를 통해 돌아가려고 하지 않소?

답 : 배의 고물[桺]이 부서지고, 돛대가 부러졌는데 어떻게 물길로 돌아갈 수 있겠습니까?

문 : 배의 고물을 수리하고 돛대를 고치는 것은 실로 어렵지 않소. 만약 육로를 따라 돌아간다면 길이 아주 멀어서 더 고생스럽지 않겠소?

답 : 귀국에서 비록 저희들을 위해 배에서 쓰는 기구[船具]들을 개조해 준다고 해도 저희들은 본래 배를 부릴 줄 모릅니다. 더구나 뜻밖에 살아났는데 어찌 다시 물길을 생각할 리가 있겠습니까? 육로가 멀고 가까운 것은 진실로 관심이 없습니다.

문 : 당신들은 무슨 물건을 지니고 왔소?

답 : 저희들이 가지고 온 나무 통[木桶], 빈 궤짝[空樻], 숯[火炭]과 부서진 배는 영암에서 이미 태워버렸습니다. 지금 지니고 온 물건은 몸에 걸친 의복 외에 다만 돈 20량 2전 9푼뿐입니다.

문 : 당신들이 지니고 온 물건을 내가 조사해보려고 하오.

답 : 좋습니다.

문 : 돈은 누구의 것이오?

답 : 함께 물고기를 판 아홉 사람이 쓰는 것입니다.

문 : 풍재효는 왜 소복素服을 입고 있소?

답 : 부친상을 당했습니다.

문 : 영성현에 벼슬아치[官시가 있소?

답 : 있습니다.

문 : 몇 명이 있소?

답 : 지현知縣과 현승縣丞, 천총千摠 세 벼슬아치가 있습니다.

문 : 세 관인은 문관이오, 무관이오?

답 : 지현[117]과 현승[118]은 문관이고 천총[119]은 무관입니다.

문 : 영성현에서 등주부까지는 몇 리나 되오?

답 : 4백 20리입니다.

문 : 영성현에서 산동성까지는 몇 리나 되오?”

답 : 1천 2백 리입니다.

문 : 당신들은 이전에 가 본 적이 있소?

답 : 아직 가 본 적이 없습니다.

문 : 영성현에서 북경까지 거리는 몇 리나 되오?

답 : 1천 8백 리입니다.

문 : 가 본 적이 있소?

---

117 지현(知縣) : 오늘날로 말하자면 현장(縣長)에 해당하며 명나라와 청나라 때 지현은 정7품에 해당.

118 현승(縣丞) : 지현(知縣) 즉 현장(縣長)을 보좌하는 역할을 맡은 관리.

119 천총(千摠) : 병영을 관리하는 임무를 맡은 자. 한 병영에 대략 1천여 명 정도의 군인들이 주둔했으며, 천총은 이들의 관리를 맡았는데 세습직이었음.

답 : 가 본 적이 없습니다.

문 : 산동성에는 벼슬아치가 몇 명이 있으며, 등주부에는 몇 명이 있소?

답 : 성에는 포정사布政使[120]와 안찰사按察使[121], 순무巡撫와 제독提督[122] 등의 관리가 있고, 부에는 지부知府[123] 등의 관리가 있다고 합니다. 다만 저희들은 고기잡이를 업으로 삼은 시골 백성[村氓]에 지나지 않아 관리들의 정해진 수[元額][124]에 대해서는 상세히 알지 못합니다.

문 : 영성현에는 성城이 있소?

답 : 있습니다.

문 : 둘레가 몇 리나 되오?

답 : 작은 성이라 둘레를 알지 못합니다.

문 : 당신들이 사는 마을에는 집이 몇 집이나 있소?

답 : 5~6집이 있습니다.

문 : 당신들은 물고기를 잡는다고 했는데 어째서 그물을 가지고 있지 않소?

답 : 바다에 쳐두었다가 풍랑을 만났는데 어떻게 수습할 수 있었겠습니까?

문 : 당신들이 상륙하여 여기까지 오는 동안 아픈 데는 없었소?

답 : 모두 괜찮습니다.

---

120 포정사(布政使) : 종2품. 청나라 강희제 이래 강소성(江蘇省)에 2명을 배치한 것 외에는 각 성(省)마다 1명의 포정사를 두었다. 주요 업무는 각 성의 행정과 재정 출납을 감독했다. 황제의 특명이나 조정 대신의 추천, 시험을 통한 선발 등의 방법으로 선임.

121 안찰사(按察使) : 지방 관리의 도덕적 해이를 막는 역할. 지방관의 도덕적 해이가 있을 시 탄핵, 처벌을 맡았다. 공직부패 시정, 강간과 폭력 근절 등. 종종 포정사가 안찰사를 겸하기도 했음.

122 순무(巡撫)와 제독(提督) : 중국 청나라 때 총독(總督)·순무(巡撫)·제독(提督) 등은 모두 변경 관리를 책임지는 대표적 지방 관직이었다. 특히 총독과 순무는 각 성 간의 업무 처리에 있어 협력과 조정의 역할을 담당했다. 제독은 각 성의 군사권을 관장했으며, 총독과 순무의 관리를 받았다. 본문에서 답변자는 지방의 전체 관료체제에 대해서 종합적인 이해를 갖추지 못한 상황에서 자신이 아는 수준에서 답하고 있다.

123 지부(知府) : 부(府)의 행정 담당 책임자이며, 오늘날로 보자면 시장(市長)에 해당.

124 원액(元額) : '원래의 정원(定員)', '원(元)'은 '본래'의 뜻, '액(額)'은 '정해진 수'를 의미.

문 : 당신들 사는 지역의 작황은 좋소?

답 : 작황이 8푼分[125] 정도 됩니다.

문 : 논[水田]과 밭[旱田] 가운데 어느 것이 많고 어느 것이 적소?

답 : 모두 밭입니다.

문 : 당신들 지역에 문장을 아는 수재秀才가 얼마나 있소?

답 : 저희들은 모두 어민[漁戶]들이라 비록 문장을 아는 사람이 있다 하더라
도 상황을 잘 모릅니다.

문 : 당신들 사는 곳에 만주 사람들도 있소?

답 : 모두 한인漢人입니다.

문 : 영성현은 어느 현과 가까이 있소?

답 : 문등文登[126], 영해寧海[127] 등과 가깝습니다.

문 : 당신들이 상륙한 뒤 지방관의 보살핌[供饋]과 출발한 뒤 연로沿路에서 물
질적 지원[接濟][128]이 어떠했소?

답 : 저희들은 물에서 여러 번 죽을 고비를 넘긴 뒤 다행히 귀국의 지방에
정박하였는데 (보살핌과 물질적 지원이) 기대에 넘치지 않는 것이 없었
습니다. 저희들이 남은 목숨을 보존하여 고향으로 살아서 돌아갈 수 있
는 것은 귀국의 은전恩典이 아님이 없습니다. 황공하고 우러러 감사한
마음을 말로 다 표현할 수 없습니다.

---

125 8푼(分) : 80% 정도 풍년. 즉 작황이 좋다는 뜻.
126 오늘날 산동성(山東省) 위해시(威海市) 문등구(文登區) 일대.
127 오늘날 산동성 연태시(煙台市) 모평구(牟平區) 및 위해시(威海市) 일부 지역.
128 접제(接濟) : 물질을 통해 타인을 돕는 것. 원조, 구제 등과 유사한 의미.

사건번호 10

충남 보령 장고도長古島 표류
중국 산동성 복산현인福山縣人 및 영해주인寧海州人 21인

정조 15년1791 산동성山東省 등주부登州府 복산현福山縣 중국인 남자 19명
과 여성 1명, 영해주寧海州 객인客人 두 사람을 합하여 도합 21명이 1791
년 5월 29일 산동성 등주부 복산현에서 출발하여 오늘날 중국 요녕성
심양瀋陽 땅인 봉천성奉天省 금주부金州府에 가서 물품을 구입하고 돌아가다
가 큰 바람을 만나 표류하다가 충남 보령시 오천면 장고도長古島에 표착
한 사건을 다루고 있다. 표착한 배에 남은 물품 처리 절차, 허가받지 않
고 승선한 사람들에 대한 조사 등 앞의 사건과 차별되는 내용이 담겨 있
다. 또한 사건 〈9〉에 등장한 지방 역관 정사현鄭思玄이 이번 사건에도 역
관을 맡아 표착인들을 통솔하여 온 것으로 보아 당시 표착민이 발생하
면 이들의 심문을 전담하는 역관제도가 있었음을 알 수 있다.

10-1

○ 문장 형식 : 계문啟文

○ 국사편찬위원회 번역문 제목 : 洪州의 漂人을 水路로 돌려 보내는
　　것이 저들에게 유익하니 問情譯官에게 잘 설득하도록 하기를 청하
　　는 備邊司의 啓

○ 원문 제목 : 표인들의 귀국 길은 모두 저들의 바람대로 따라주며 강
　　요하지 말 것[漂人還故, 一從渠願, 俾勿抑勒]

○ 일자 : 정조 15년 1791년 12월 12일음

○ 출처 :『비변사등록』제179책

아래 계문은 사건이 발생한 지방에서 보고서의 내용을 형식적으로 검토하지 아니하고, 철저하게 살펴서 불합리하다고 판단되면 비변사에서 사건을 처음부터 재검토하는 모습을 보여준다는 점에서 의미가 깊은 자료이다. 당시 비변사의 해당 사건 담당자와 국왕이 외국인 표착민에 대해서 세세한 부분까지 고려하고 세심하게 배려하고 있음을 확인할 수 있다.

비변사에서 아뢰었다.

"충청감사가 올린 보고서[狀啟]에 의거하여 초기[草記]129를 작성한 후 보고하고 처리하라는 명이 계셨습니다. (충청감사의) 보고서를 확인해 보니 홍주洪州130 땅에 표착한 자들을 육로[陸路]를 통하여 서둘러 (중국으로) 돌려보내자는 글이었습니다. (중국에서) 표류해 온 사람을 육로이건 해로이건 저들의 바람대로 돌려보내주는 것은 곧 우리 조정[朝家]이 먼 나라 백성을 감싸주고자 하는 정책입니다. 지금 이렇게 관찰사[道臣]가 수군우후水軍虞候131의 보고에 의거하여 육로로 귀국시키자고 하는 주장은 사실 저들 표착민의 소원대로 따라주자는 의도에서 나온 것이기는 합니다. 하지만 그 문답한 내용을 차례로 살펴보니 육로로 가겠다는 주장은 하나같이 배에 탔던 잡인[雜人]들이 거센 풍파로 혼이 나간 나머지 배 안의 각종 물건들은 돌아보지 않고 자기 편의만을 내세운 것입니다.

---

129 초기(草記) : 조선시대 각 관서에서 국왕에게 올리는 문서. 서식이 정해져 있으며, 그 내용만 간단히 적음.
130 홍주(洪州) : 지금의 충남 홍성 일대
131 수군우후(水軍虞候) : 조선시대에 각 도의 수영(水營)에 두었던 정4품 무관 벼슬아치

그런데 사리를 아는[解事]132 몇 사람은 (저들이) 육로로 가겠다는 말을 하는 순간 눈물이 그렁그렁했다고133 했습니다. 대체로 저 수군우후가 표착漂着한 배 안에 실려 있던 물건들을 언급한 내용에 따르면, 쌀 포대가 100여 포를 넘었고, 저들의 일반 일상용품은 팔 수조차 없는 것이라 합니다. 설령 (저들이) 이것들을 팔아 은으로 바꾸기를 원하고, 이에 우리 조정[聖朝]이 제 나라로 돌아가는 저들에게 후한 정책을 펼쳐 넉넉하게 값을 쳐준다 하더라도134 저들에게 있어서는 (물건의) 절반은 모두 유실된 상황이니 어찌 가엾은 일이 아니겠습니까?

(우리나라) 충청도[湖西]에서 (중국의) 등주登州까지는 본래 그다지 멀지 않습니다. 여유 있게 바람을 기다렸다가 범선帆船이 지날 수 있는 물길을 찾아 떠난다면 필시 행운을 얻게 될 것이고, 그렇게 된다면 가만히 앉아서도 방책을 세울 수 있을 것입니다. 이처럼 (저들이 입을) 이익과 손해에 대해서 역관으로 하여금 저들이 알아듣도록 조용조용 이해시켜 말을 잘 하면 (손해날까) 눈물을 흘리던 자도 가려운 데 긁듯이 여길 것이고, (풍랑에 물이 무서워) 혼이 나갔던 자들도 술 취한 상태에서 깨어나듯이 정신을 차릴 것입니다.

이렇게 된다면 저들에게 이익만 있고 손해되는 것이 없지 않겠습니까? 이러한 제안은 저들이 육로로 가면서 소소한 문제를 일으키는 것을 우려해서가 아니라, 진실로 저들을 위하여 깊이 생각한 결과입니다. 관찰사[道臣]에게 이러한 뜻을 알리고 심문하는 역관[問情譯官]에게도 삼가 경계하여 좋은 방향으로

---

132 해사(解事) : 이치나 사리를 안다는 뜻.
133 영첩(盈睫) : 속눈썹 안에 가득 차있다는 뜻으로 눈에 눈물이 그렁그렁함을 의미.
134 종우저정(從優折定) : '종우(從優)'는 우대하는 원칙을 좇는다, 즉 우대해준다는 의미. 저정(折定)의 '저(折)'는 저환(抵換) 즉 보상해준다는 의미. 따라서 '종우저정(從優折定)'은 우대하여 보상금을 정해준다는 뜻.

이끌어 행하게 하는 것이 아마도 사리에 맞을 듯싶습니다.

그런즉 (저희) 비변사[廟堂]135에서 이처럼 사건을 재검토하자고 아뢰는[覆奏]136 이유는, 이들을 강제로[勒令]137 내쫓아[驅遣]138 저들의 소원을 뿌리침으로써 구사일생으로 살아난 자들이 원망을 품고 돌아가게 한다면 (이는) 사실상 우리 조정의 본의가 아니기 때문입니다. 이러한 뜻을 적어 통지문을 내린다면[知委]139 우리가 조금이라도 불선不善하게 처리할까 걱정할 일이 없을 것이니 어떻겠습니까?"

왕이 답하였다. "그리하라. (비변사가 제출한) 초기草記가 논리가 있고, 뜻이 곡진하구나. 관찰사[道臣]에게 이처럼 저들이 바라는 대로 해주고 조금도 강압적으로 하는 일은 없도록 하는 것이 좋겠다."

10-2

○ 문장 형식 : 계문啟文

○ 국사편찬위원회 번역문 제목 : 洪州 長古島에서 올라오는 漢人들을 問情한 뒤 鳳城將에게 인계하고 承文院에서 咨文을 지어 北京에 보내기를 청하는 備邊司의 啓

○ 원문 제목 : 표착한 중국인들을 인솔하여 중국에 보내는 일에 대해 「자문」을 지어 보내는 일[漂漢人領付入送事咨文撰出事]

---

135 묘당(廟堂) : 종묘와 명당이라는 의미이지만 조선시대에는 의정부는 물론 비변사도 묘당이라고 불렀음. (홍혁기, 「비변사의 조직과 기능」, 법제처 누리집 참조). 따라서 여기서 묘당은 비변사를 가리킨다.
136 복주(覆奏) : 공문 내용을 처음부터 재검토하여 임금에게 아룀.
137 늑령(勒令) : '勒(륵)'은 '강제로', '억지로'의 뜻. '勒令(늑령)'은 강제로 명령함을 의미.
138 구견(驅遣) : 내쫓음 즉 추방의 뜻.
139 지위(知委) : 통지나 고시 등의 형식으로 명령을 내려 알려줌.

○ 일자 : 정조 15년 1791년 12월 17일음

○ 출처 : 『비변사등록』 제179책

5일 전인 1791년 12월 12일 앞의 보고에서는 저들 표착인들이 금전
적 손실을 최대한 덜 입도록 배려해 주기 위해 중국인들이 해로를 통해
서 돌아가도록 설득하고자 했다. 그러나 이 「계문啟文」을 통해서 조선 정
부가 이들을 육로로 보내주기로 결정했음을 알 수 있다. 이 문서만으로
는 조선 정부가 왜 갑자기 이러한 결정을 내리게 되었는지에 대한 내용
이 없으나 〈10-3〉 문서에 그 이유가 적혀 있다.

비변사에서 아뢰었다.

"홍주洪州 : 지금의 충남 홍성의 장고도長古島에 표류하여 (우리나라에) 이르게 된 중
국인들이 곧 서울로 올라올 것입니다. 이들을 홍제원弘濟院[140]에 들인 뒤 다시
심문하고 입을 의복을 각 해당 관아에 분부하여 관례대로 만들어 주도록 처
리하면 되겠습니까? 또한, 이들을 이끌고 온 역관에게 봉성鳳城까지 계속 호송
하여 이들을 보내주되, (호송 업무에) 차출할 사람을 정하여 차례대로 호송하
여 가는 일을 각 해당 도의 신하들에게 분부해도 되겠습니까? 의주부義州府로

---

140 홍제원(弘濟院) : 공무여행자에게 편의를 제공하기 위한 목적으로 설치된 곳으로 중국으로 향
하는 의주로에 위치하여 중요한 기능을 수행하였던 원(院)이었음. 공관이 별도로 마련되었고,
누각도 있었다. 서대문 밖에서 무악재를 넘으면 동편에 위치하였고, 도성과는 가장 가까운 의
주로 향하는 길의 첫 번째 원(院)이었다. 이 때문에 중국에서 오가는 사신이 홍제원을 많이
이용하였다. 조정에서는 특별히 중국 사신들을 위한 공관을 따로 지어 유숙하도록 하였으며,
중국에서 조선에 온 사신들이 한양에 들어오는 길에 마지막으로 휴식을 취하고 예복을 갈아입
는, 성 안으로 들어오기 위한 준비를 갖추던 곳이기도 했다. 1895년(고종 32)까지 건물이 남아
있었으나 현재는 그 터만 남아 있으며 언제 건물이 없어졌는지에 대한 정확한 기록은 없다.
『한국민족문화대백과사전』(한국학중앙연구원) 참조.

하여금 미리 봉성鳳城[141]을 지키는 (청나라 측) 장수 쪽에 공문[馳通][142]을 보내어 저들이 강을 건넌 뒤에는 (그들에게) 호송하도록 하는 것이 어떻겠습니까? 또한 바로 승문원에 「자문咨文」을 작성하게 하고 금군禁軍을 정하여 파발에 태워 만부灣府[143]로 내려 보내 봉성장에게 (이를) 전해주게 하여 북경 땅으로 보내게 하는 것이 어떻겠습니까?"

왕이 대답했다. "그리하라."

10-3

○ 문장 형식 : 계문啟文

○ 국사편찬위원회 번역문 제목 : 洪州에 유치한 漂流 漢人의 물건 값은 우선 戶曹에서 내어주고 나중에 洪州에서 시세에 따라 돈으로 받도록 하겠다는 備邊司의 啟

○ 원문 제목 : 표착인들의 물건을 시장에서 곧장 판매 처리할 것[漂人物件從市直發賣]

○ 일자 : 정조 15년 1791년 12월 18일음

○ 출처 : 『비변사등록』 제179책

앞서 12월 12일의 상황과 매우 다른 상태에 있음을 본 문건을 통해서 확인이 가능하다. 물길을 잘 모르는 몇몇 잡부들의 의견이 아니라 물

---

141 봉성(鳳城) : 중국 요녕성 동부 단동시(丹東市) 경내에 위치한 작은 도시로서 조선시대에 조선의 북쪽 변경과 마주하고 있었음.

142 치통(馳通) : 아전들 사이에 주고받는 문서의 한 종류로 기밀이나 정보를 수집하여 급히 알리는 용도로 사용. 『한국민족문화대백과사전』 참조.

143 만부(灣府) : 평안북도 의주의 옛 이름. 의주부(義州府)라고도 한다.

길을 잘 알고 장사를 하던 사람들의 경제적 손실을 감안하여 수로로 가는 것의 장점을 알려주고 설득하려던 앞의 계획과 달리 이미 해당 지역 공무원이 비변사의 명을 기다리지 않고 멋대로 표착인의 물품을 관청에 두게 하고 사람들만 서울로 출발시킨 것이다. 이에 비변사에서는 이들의 경솔함을 지적하고는 있으나 이미 표착인들이 서울로 오고 있으므로 육로로 가는 방법을 선택하여 이들을 지원해 줄 것을 논하고, 아울러 육로로 가게 되면 저들의 물건을 딸려 보내주기가 어려운 관계로 물건 값을 미리 주고, 나중에 시장에 내다 팔아서 저들에게 준 돈을 충당하기로 한 것이다.

비변사에서 아뢰었다.

"충청감사 박종악朴宗岳[144]과 수사水使 김명우金明遇[145]의 보고서[狀本]를 보니 이번에 표류해 온 중국인의 물건 가운데 짐이 무거워[146] 옮기기 어려운 것들을 값을 따져 홍주목洪州牧에 유치留置하고 조정의 처분을 기다린다고 하였습니다. 이들이 유치해 둔 중국인의 물건에 대해 문정問情하던 당시 정한 가격에 따라 값을 매기면 은전이 도합 6백 51냥입니다. 그런데 보고 내용 중 나누어 줄[劃給][147] 방법에 대해 서울이나 다른 부서에[148] 애초에 논의[論陳]한[149] 일이

---

144 박종악(朴宗岳, 1735~1795) : 본관 반남(潘南), 자 여오(汝五), 호 창암(蒼巖), 시호 충헌(忠憲), 초명 상악(相岳). 조선 후기의 문신.

145 『정조실록』 정조 15년 12월 18일 자에는 충청도 수군 절도사 김명우(金明遇)가 올린 〈장계(狀啓)〉에 대한 내용이 실려 있으며, 그 내용은 비변사등록에 실린 것과 같은 사건을 다루고 있다. 이로써 보건대 당시 김명우는 충청도 수군절도사를 맡고 있었음을 알 수 있다.

146 복중(卜重) : '복(卜)'은 짐을 말한다. 따라서 '복중(卜重)'은 짐이 무겁다는 뜻.

147 획급(劃給) : '획(劃)'은 칼로 그어 나눈다는 뜻. 즉 표착해 온 중국인 각자의 소유 품목에 의거하여 돈을 나누어 지급한다는 의미.

148 어경어외(於京於外) : 서울[京]과 외부[外] 즉 다른 부서.

149 논진(論陳) : 논의하거나 진술한다.

없으니 일 처리가 너무 소홀합니다. 충청도¹⁵⁰ 관찰사[道臣]에¹⁵¹ 대해 죄를 따져 징계하소서.¹⁵² 지금 표착한 사람들이 이미 서울에 도착해버렸으니 호조에 분부를 내려 인원수에 맞추어 (필요한 물품을) 지급하고, 유치한 곡물은 그대로 해당 읍에 맡겨 원 환곡금에 보태주게 하고 곡부穀簿¹⁵³에 혹 여유가 있을 경우 면화綿花 등의 물건도 함께 시세에 따라 돈으로 바꿔 호조로 올려 보내게 하는 것이 옳을 듯싶습니다. 관찰사에게 이와 같이 분부하시어 (관찰사가) 적절히 처리한 후에 본사本司 : 비변사에¹⁵⁴ 보고하게[論報]¹⁵⁵ 하는 것이 어떻겠습니까?"

왕이 답하였다. "그리하라."

10-4

○ 문장 형식 : 계문啓文 및 문정별단問情別單

○ 국사편찬위원회 번역문 제목 : 漂流漢人을 問情하니 데리고 온 譯官의 問情내용과 별다른 것이 없으니 속히 돌려보내기를 청하는 備邊司의 啓와 그 問情別單

○ 원문 제목 : 충청도 홍주목 장고도의 표한인[忠淸道洪州牧長古島漂漢人]

○ 일자 : 정조 15년 1791년 12월 18일음

---

150 해도(該道) : '해(該)'는 '그' 또는 '해당'의 뜻. 따라서 '해도(該道)'는 '그 도', 즉 '해당 도'라는 뜻이므로 여기서는 충청도를 뜻함 .

151 도신(道臣) : 앞에서도 나왔지만 '도신'은 관찰사의 이칭임.

152 종중추고(從重推考) : 조선시대 사법용어. '종중(從重)'은 지은 죄의 무게를 따른다, 지은 죄의 무게에 의거한다는 의미. '추고(推考)'는 벼슬아치의 허물을 추문(推問)하여 고찰(考察)한다는 의미. 따라서 '종중추고(從重推考)'는 벼슬아치의 죄의 경중에 의거하여 과실을 따져서 징계한다는 뜻.

153 곡부(穀簿) : 곡식의 출납을 기록하는 장부.

154 본사(本司) : 여기서 본사는 비변사(備邊司)를 가리킴.

155 논보(論報) : 아래 관청에서 상위 관청에 의견을 붙여 보고한다.

○ 출처 : 『비변사등록』 제179책

위의 문서에 이어 아래 내용은 표착한 중국인들이 이미 한양에 도착한 것과 이들에 대한 처우 관련 내용을 담고 있다. 이들이 이미 육로를 통하여 가게 된 이상, 육로로 가는 것을 전제로 문정問情을 진행한다. 총몇 명이 승선했으며, 이 가운데 중국 정부의 허가증이 없이 배에 승선한 사람들이 왜 발생했는지를 확인하고, 승선자 총 21명의 출신과 신분, 나이를 묻고 기록하였다. 또한 이들의 생활근거지의 지리적 위치와 각 표류인의 직업에 대해서도 다시 한 번 확인하고 있다.

> 비변사에서 아뢰었다.
> "홍성[洪州] 장고도長古島에 표착한 중국인들을 인계 받아 홍제원弘濟院에 들게 한 뒤에 저희 비변사 낭청과 역관을 시켜 심문[問情]을 했는데, (표착인들을) 통솔해 데려온 역관 정사현鄭思玄이 (충청도에서) 심문했을 때의 문답과 별로 다른 것이 없었습니다. 이에 정서正書해서 계문을 올립니다.[入啓]¹⁵⁶ 지금 이들 표류해 온 사람들은 모두 속히 고국으로 돌아가기를 원한다고 하니, 곧 돌려보내는 것이 어떻겠습니까?"
> 왕이 답했다. "그리하라."

10-5
○ 국사편찬위원회 번역문 제목 : 충청도 홍주목 장고도의 표한인 문

---

156 입계(入啓) : 임금에게 아뢰는 글을 올림.

정별단忠淸道洪州牧長古島漂漢人問情別單

○ 원문 제목 : 충청도 홍주목 장고도 표착 중국인 문정별단[忠淸道洪州牧
長古島漂漢人問情別單]

문 : 당신들은 해상에서 바람에 표류하며 위험을 겪은 지 여러 날이나 되었음
에도 불구하고 어떻게 온전할 수 있었는가? (장고도에) 이르러 배를 댄 후
에 금세[旋]157 육로를 달리느라 눈과 추위를 겪었는데 병은 나지 않았소?

답 : 저희는 바다에서 풍랑을 만나 거의 죽다가 살아났습니다. 그 상황을 한
입으로 다 말하기 어렵습니다. 하늘이 저희들을 가엾게 여겨 다행히 귀
국貴國에 도착하게 되었습니다. (귀국으로부터) 곡진한 은혜를 입사와 의
복을 제공해 주시어 추위를 막을 수 있었고, 음식을 주시어 다들 배를
채울 수 있었습니다. 저희들의 목숨을 오늘까지 부지할 수 있었던 것은
모두 귀국이 베푸신 크고 훌륭한 덕을 입은 덕분입니다. 모쪼록 머리를
조아리고 손을 모을 뿐입니다.158 저희들 가운데 곡당일曲當一 한 사람만
류마티스[風濕]를159 앓아 오른쪽 다리가 붓고 아팠는데 지금은 이미 차
도가 있으니 이 또한 은덕이 미친 바입니다.

문 : 올라오는 길에 제공된 음식[供饋]과160 숙소의 구들[房堗]은161 저어됨[齟
齬]은162 없었소?

답 : 연로沿路에서163 제공된 식사는 매우 푸짐하였고 숙소도 따뜻하여 잠시

---

157 선(旋) : 곧장, 금세, 곧바로.
158 머리를 조아리고 손을 모은다는 것은 지극히 감사함에서 우러나온 행동을 의미한다.
159 풍습(風濕) : 오늘날의 류머티스 질환에 해당한다.
160 공궤(供饋) : 대접받은 음식.
161 방돌(房堗) : 방의 온돌. 겨울철이라 방구들은 따뜻했느냐는 질문.
162 저어(齟齬) : 저어되다, 염려되다.

나마 나그네의 시름을 잊을 수 있었습니다.

문 : 당신들은 모두 몇 사람인가? 어느 곳에 사는 자들이고 이름은 무엇이
며 나이는 각각 어떻게 되었소?

답 : 저희는 모두 산동성 등주부登州府의 복산현福山縣[164] 사람입니다. 여자 한
명과 영해주寧海州[165] 객인客人 두 사람을 합하여 총 21인이며, 명단은 다
음과 같습니다.

조타수[舵工] 안복랑安復樑 나이 45 복산현 사람

　　　　　진유각陳裕恪 나이 32세, 복산현 사람

수부水夫 안복진安復振 나이 44세, 복산현 사람

　　　　하일명夏日明 나이 56세, 복산현 사람

　　　　김곤金坤 나이 30세, 복산현 사람

　　　　이휘利輝 나이 33세, 복산현 사람

　　　　왕초王超 나이 35세, 복산현 사람

　　　　왕재王財 나이 42세, 복산현 사람

　　　　하원주夏元住 나이 49세, 복산현 사람

　　　　왕자인王者仁 나이 31세, 복산현 사람

　　　　진균陳均 나이 41세, 복산현 사람

　　　　진량陳良 나이 22세, 복산현 사람

　　　　진생陳生 나이 23세, 복산현 사람

---

163 연로(沿路) : 큰길가, 길에 연하여 있는 곳.
164 복산현(福山縣) : 지금의 중국 산동성 연태시(煙臺市) 복산구(福山區) 일대. 산동반도 동북부
바닷가에 위치한다.
165 영해주(寧海州) : 지금의 중국 산동성 연태시 모평구(牟平區) 일대. 복산현(福山縣)과 가까우
며 역시 바다에 면해 있다.

하삼夏三 나이 26세, 복산현 사람

유의劉義 나이 28세, 복산현 사람

장환張煥 나이 36세, 복산현 사람

곡당일曲當一 나이 25세, 영해주 사람

우화국于華國 나이 57세, 영해주 사람

모백학牟白學 나이 31세, 복산현 사람

모춘원牟春元 나이 61세, 복산현 사람

여인女人 나이 16세, 복산현 사람

문 : 당신들은 무슨 일로 어느 곳에 가기 위해 몇 월 며칠에 배가 출발했으며, 어디에서 풍랑을 만났고, 어느 때에 우리나라에 표착했는가?

답 : 저희들은 곡물을 사기 위해 약간의 은전을 소지하고 올해 5월 29일 등주부 복산현에서 배를 띄워 봉천성奉天省 금주부金州府[166]에 가서 각종 곡물 및 산누에고치[山繭]와 목화[棉花] 등의 물건을 사서 11월 23일 금주부에 있는 소평도小平島에서 돌아가려고 출발했습니다. 겨우 몇 리里를 갔는데, 갑자기 큰 바람을 만나 돛대[桅竿]가 부러져 험한 파도에 떴다 가라앉기를 반복하며 배가 거의 전복될 지경에 이르렀습니다. 결국 실었던 곡식[粮米][167] 절반을 포기한 덕분에 (배가) 다소 가벼워져 겨우 침몰은 면하였으나 어디로 향해야할지 알 수 없었습니다. (그러다가 11월) 29일 겨우 귀국의 장고도에 도착하였으며, (조선정부의 명으로) 12월 2일 원산도元山島[168]로 옮겨갔습니다.

---

166 봉천성(奉天省) 금주부(金州府) : 봉천성은 청나라 때부터 북양정부(北洋政府, 1912~1928) 시기까지 불리던 요녕성(遼寧省)의 옛 이름. 금주부는 오늘날 요녕성 대련시(大連市) 금주구 (金州區) 일대.

167 양미(粮米) : 양식으로 쓰는 곡식의 통칭.

문 : 당신들은 한인漢人이오? 만주인이오?

답 : 저희는 모두 한인입니다. 복산현과 영해주에는 본래 만주 사람이 없습니다.

문 : 당신들이 탄 배는 관선官船이오, 사선私船이오? 그리고 무슨 자호字號요?

답 : 안영화安永和의 개인 소유 선박이며, 선호船號는 '복福 11'입니다.

문 : 당신들은 증명서[票文]를 갖고 있소?

답 : 증명서가 있습니다.

문 : 선표船票는 어느 관부官府에서 발급받은 통행증[文引]169이오?

답 : 산동성 등주부 복산현 정당正堂170이 발급한 것입니다.

문 : 표문에 안영화라고 되어 있는데 지금 (일행 중에) 그 사람이 없는 것은 왜 그렇소?

답 : 안영화는 선주船主로서 비록 표문에는 들어가 있으나 원래 배를 타고 안 타고와는 원래 상관이 없습니다.

문 : 표문에는 곡당일曲當一·우화국于華國·모백학牟白學·모춘원牟春元 및 여인을 합하여 5명의 이름이 없는데 (이들이) 같이 배를 탄 것은 어떻게 된 일이요?

답 : 저희들 중 조타수와 수부 16명은 선호船戶171이므로 배를 탈 때에는 반드시 표문을 휴대해야 하나 곡당일 등 다섯 사람은 이웃 현縣의 객인으로서 인편을 따라[順便]172 배를 같이 탔으므로 표문을 지녀야 하는 사람

---

168 원산도(元山島) : 충청남도 보령시 오천면에 딸린 섬으로 안면도에 이어 충청도에서 두 번째로 큰 섬이다.
169 문인(文引) : 통행증, 통행허가증.
170 정당(正堂) : 중국 명나라와 청나라 때 지방의 부(府)나 현(縣)을 이끌던 수장.
171 선호(船戶) : 뱃사공.
172 순편(順便) : 인편을 따라, 편한 대로.

에 들어가지 않습니다.

문 : 표문 없이 배를 탄 사람을 해구^{海口}에서 막거나 조사하는 일은 없소?

답 : 내력이 분명한 객인에 대해서는 조사하지 않는 것이 상례입니다.

문 : 당신들 4명의 객인은 무슨 일로 배를 함께 탔고, 이 여인은 어떤 사람이
며, 머리에 정자^{頂子}[173] 모자를 쓴 사람은 또 어떤 사람이오?

답 : (정자 모자를 쓴) 우화국^{于華國}은 본래 수재^{秀才}로서 정해년^{丁亥年}[174]에 생원
^{生員}이 되어 정자를 얻었으나 운수가 사나워^[數奇][175] 벼슬을 하지 못하였
습니다. 그의 형 우광국^{于光國}이 봉천성 여순구^{旅順口}[176] 수사영^{水師營}에서
포목점을 열어 장사하고 있습니다. 이에 무신년에[177] 형의 집에 가서
의탁하느라 형의 점포에 같이 살았습니다. 그러자 수사영^{水師營} 내에 있
던 여러 벼슬아치들이 그를 가정교사^[門館先生]으로[178] 청한 바람에 그 자
제들을 가르치다가^[敎授] 바야흐로 가족들에게 돌아가고자 그간 가정교
사를 하면서 번 돈^[束金]으로[179] 곡식을 사들여 생계 밑천으로 삼으려 했
는데 불행히 바람을 만나 이곳에 이르게 된 것입니다.

곡당일·모춘원·무백학은 모두 가난한 사람으로 일찍이 봉천성에 가서
남의 고용살이를 하다가 집으로 돌아가려고 함께 배를 탄 사람들입니다.
그리고 저 여인은 곧 이휘^{利輝}라는 자의 누이로서 진유각^{陳裕恪}의 생질녀입

---

173 정자(頂子) : 청나라 때 청나라 관리들이 쓰는 둥근 모자의 꼭대기에 있는 장식. 벼슬에 따라
루비, 사파이어, 크리스탈 등으로 차별화하였음.
174 이 시기와 가장 가까운 정해년은 영조 43년 1767년임. 따라서 심문을 받고 있는 해(정조 15년
신해년 1791)와는 20여년이 차이가 있으므로 당시 제법 나이가 든 인물이었을 것임.
175 수기(數奇) : 수(數)는 운수, 기(奇)는 기이하다, 기박하다의 뜻.
176 여순구(旅順口) 여순포구. 여순은 중국 대련시의 일부로 대련시의 남쪽에 위치.
177 무신년 : 여기서 무신년은 정조 12년 1788년을 말함. 본 사건 발생 3년 전임.
178 문관선생(門館先生) : 요청받은 집에 상주하며 그 집의 자제들을 가르치던 가정교사.
179 속금(束金) : 가정교사에게 주던 사례금. 속수(束脩)라고도 함.

니다. 본래 복산현 사람으로 일찍이 그 어미를 따라 봉천성 우장^{牛庄}으로 옮겨 살았습니다. 이제 나이가 장성하여 그 오라비가 (누이를) 시집보내고자 복산현으로 데리고 돌아가는 길에 역시 배를 같이 탔습니다.

문 : 처음에 어미를 따라 우장으로 옮겨갔는데, 지금 어찌하여 (어머니와 안 오고) 혼자 오라비와 돌아가는 것이오?

답 : 그 어미는 이미 다른 사람에게 개가했으므로 그곳에 머물고 오지 않은 것입니다.

문 : 당신들이 당초 배에 실은 곡물은 모두 얼마이며 (풍랑의 위기에서 살아남고자) 배에서 (바다로) 버린 것은 얼마요?

답 : 처음에는 선창^{船艙} 가득히 실었는데 바람에 표류하면서 반을 포기하고 지금 남은 것이 약 1백여 석 됩니다.

문 : (중국으로) 가지고 돌아가려는 것은 어떤 것들이고, (조선에서) 팔아 돈으로 챙겨가려는[180] 것은 어떤 물건들이오?

답 : 여러 가지 곡물 및 목화[棉花]·산누에[山繭]·담배[煙草] 등의 물건은 짐이 무거워 운반하기 어려우므로 (각자의) 바람에 따라 팔아버리고, 그 나머지 몸에 지니고 갈 필요한 물건은 모두 갖고 돌아가고 싶습니다. 이 모든 것이 귀국에서 베풀어주신 은혜이니 감격이 그지없사옵니다.

문 : 당신들이 팔아 돈으로 바꾸려는 액수가 모두 얼마요?

답 : 은전으로 모두 6백 47냥입니다.

문 : 당신들의 각종 물건은 장사하기 위한 물건들이오?

답 : 쌀은 전부 저희들이 가용^{家用}하기 위한 것입니다. 물건들 중 산누에와

---

180 변매(變賣) : 물건을 팔아 돈으로 바꿈.

담배는 다른 사람의 부탁을 받고 무역해서 가져가던 것입니다.

문 : 관동關東의 작황[年成]은[181] 어떠하고 복산福山과 영해寧海의 작황은 어떠하오?

답 : 저희는 올해 5월에 집을 떠났기 때문에 고향의 농사 상황을 자세히 알 수 없습니다. 관동關東의[182] 농사는 흉년은 좀 면했습니다.

문 : 영해주는 복산현의 어느 쪽에 있으며 거리는 얼마나 되오?

답 : 복산현 동남쪽에 있고 80리입니다.

문 : 복산현에서 등주부까지 거리는 얼마이며 영해주에서 등주부까지 거리는 얼마나 되오?

답 : 복산현에서 등주부까지는 1백 30리이고, 영해주에서 등주부까지는 2백10리입니다.

문 : 등주부에서 산동성까지 거리는 얼마이고 황성皇城까지는 얼마나 되오?

답 : 등주부에서 산동성까지는 9백 20리이고, 황성까지는 1천 8백 60리입니다.

문 : 복산현의 관원官員은 몇이나 되오?

답 : 지현知縣·교유教諭·훈도訓導와 해구순검海口巡檢·전사典史 각 1명씩입니다.

문 : 영해주의 관원은 몇이나 되오?

답 : 지주知州·주동州同·학정學正·훈도訓導·이목吏目 각 1명입니다.

문 : 등주부의 관원은 몇 명이오?

답 : 등주부에는 총병摠兵·병비兵備·도道·지부知府·해방海防·수리水利·동지同知·교수教授·훈도訓導·경력經歷·사옥司獄 등의 관원이 있습니다.

---

181 연성(年成) : 수확, 작황.
182 관동(關東) : 함곡관(函谷關) 동쪽, 즉 동북 3성을 말함.

문 : 산동성의 관원은 몇 명이오?

답 : 저희들은 뱃사람[船戶]이라 바닷가에서 생계를 영위하는 사람들입니다. 관부官府까지 가려면 거리가 좀 멀어서 잘은 모릅니다. 대체로 들은 바에 의하면 순무巡撫 · 제독提督 · 학정學政 · 포정사布政使 · 안찰사按察使 · 경력經歷 · 염운사鹽運使 · 사옥사司獄 등의 관원이 있다고 합니다.

문 : 당신들이 갔던 금주부에는 관원이 몇 명이오?

답 : 지부知府 · 교수敎授 · 경력經歷 · 창관倉官 각 1 명씩입니다.

문 : 금주부에서 봉천성의 省都까지는 거리가 얼마나 되오?

답 : 우리는 다만 금주를 왕래했을 뿐이므로 봉천성 (성도까지의) 거리는 애초에 알지 못합니다.

문 : 복산현에서 금주부까지는 물길과 육로로 각각 얼마나 되오?

답 : 복산현에서 금주부까지 육로로는 6~7백 리나 되지만, 물길로는 2백여 리 남짓입니다.

문 : 복산현 주위에는 무슨 주州나 현縣이 있소?

답 : 복산현의 남쪽은 서하현棲霞縣인데, 복산현에서 20리 떨어져 있습니다. 서북쪽으로 등주부가 있고, 동쪽에 영해주가 있습니다. 영해주 동쪽은 곧 위해위威海衛183와 영성현榮成縣184이며 남쪽은 곧 문등현文登縣185입니다.

문 : 당신들이 해로를 포고하고 육로로 가겠다니 바람에 표류될 우려는 없

---

183 위해위(威海衛) : 명나라 초 왜구의 침입을 막기 위한 목적에서 설치되었다. 위해위가 차지하는 세력이 너무 강해지자 청나라 옹정제는 힘을 약화시키기 위해 한때 위해위를 문등현(文登縣)에 복속시키기도 했었다. 위해위는 청일전쟁 때 일본군의 승리로 인하여 한때 일본의 점령지가 되었고, 이후 한때는 영국의 식민지가 되기도 했다. 지금은 위해시에 속한, 중국의 해상군사방위소 중의 하나이자 중국 북방 지역의 군항이다.

184 영성현(榮成縣) : 『비변사등록』의 해당 원문에는 '영성현(營成縣)'으로 기록되어 있으나 중국 지명에 의거하면 영성현(榮成縣)의 오기이다. 번역문에도 이를 반영하였다.

185 문등현(文登縣) : 지금의 산동성 위해시 문등구(文登區).

겠구려. 길이 비록 멀지만 집으로 돌아갈 기약을 할 수는 있으니 위로

가 되겠소?

답 : 바람을 만나 바다에 표류할 때 하늘이 우리들을 도와 다행히 귀국에 도

착하여 생명을 보전하게 되었습니다. 더 없는 다행이라 하겠습니다. 처

음에는 (인솔자를 따라 이동함에 있어) 가고 멈춤의 빠름과 느림에 대해

서 감히 말씀을 드리지 못했으나 출발한 이상 속히 돌아가고 싶은 심정

은 쏜 화살과 같습니다. 오직 밤낮으로 길을 재촉하고 싶습니다.

사건번호 11
제주도에 표류한 유구국인流球國人 4인

유구국 출신 11명이 표류하다가 생존자 4명이 제주도에 표착한 사건

의 경과를 기록한 글이다. 이들을 안전하게 귀국시키기 위한 경로 선택

과정에서 다양한 의견이 제시되었으나, 서울로 호송한 후, 육로를 통하

여 북경을 거쳐 복건성 복주를 경유하여 유구국으로 돌아갈 수 있도록

조치하는 것으로 결정하였다. 정조의 표착인에 대한 배려, 그리고 외교

적 활용 가치에 대한 전략을 엿볼 수 있다.

11-1

○ 문장 형식 : 전교傳敎

○ 국사편찬위원회 번역문 제목 : 濟州牧使 沈樂洙의 狀啓에 대해 琉球
   國 漂流人을 使行便에 보낼 방도와 承文院 草記의 批答으로 牧使에

게 분부하라는 傳敎

○ 원문 제목 : 유구국 표착인을 육로로 환송하라[流球漂人旱路還送]

○ 일자 : 정조 18년 1794년 9월 11일음

○ 출처 : 『비변사등록』 제182책

표착민들을 청나라로 가는 사절단 일행과 함께 가도록 조치한다.

제주목사濟州牧使 심낙수沈樂洙가[186] 장계를 올려 유구국琉球國에서 표류해 온 사람들에게 심문[問情]한 것을 급히 보고[馳啓]한[187] 일에 대해 전교를 내린다. "이 장계의 내용을 보니 허락을 얻은 후 처리稟處할[188] 것도 없다. 육로로 가는 인편을 따라가게 하는 것은 전례가 없다는 것을 알고 있으나 11 사람이 표류하다가 4명이 살아남았는데, (이들을) 배를 구해 실어 보낸다고 해서 이들이 생환할 것이라고 기필할 수조차 없다. 이런 마당에 (사절단에 표착인을 딸려 보낸) 전례가 있었느니 없었느니 하는 것은 거론할 것이 못된다. 사람의 목숨과 관계되는 일이니 과연 무엇이 (이보다) 지극히 중요한 일이겠는가! 설사

---

186 심낙수(沈樂洙, 1739~1799) : 조선 후기의 문신. 1793년 제주위유안핵순무시재어사(濟州慰 諭按覈巡撫試才御使)로 제주에 파견되었다가 1794년(정조 18) 3월 제주도에 기근이 들자 이 철운(李喆運)의 후임으로 제주목사에 임명되었으나 1794년 10월 유구(琉球) 사람이 제주도 에 표류하였을 때 본인이 질병을 앓고 있어 사태를 잘 파악하지 못한 데 대한 책임을 느껴 떠났 다. 지금 본문에서 다루는 내용이 바로 이때의 사건이다.
1794년 제주위유안핵순무시재어사로 하급 관리를 선발하는 과거인 시취(試取)를 실시하여 문과에 7명, 무과에 3명 등 10명을 합격시켰다. 1794년 의사(義士) 오홍태, 효자 박계곤, 정부 박씨, 충비(忠婢) 고소락의 가문을 정표(旌表)하고 정녀(貞女)인 사비(私婢) 옥매의 집안에 요 역을 면제해 주었다. 영주관 동쪽에 대일관(大一觀)을 건립하여 임금의 윤음·어필·은교 등을 봉안하는 장소로 삼았다. 한국향토문화전자대전 참조.
187 치계(馳啓) : 문자적 의미는 '말을 달려(馳)', '아뢰다(啓))'의 뜻. 따라서 여기서는 촉각을 다투는 급한 보고를 올린다는 뜻.
188 품처(稟處) : 아랫사람이 윗사람에게 보고한 후에 처리한다는 뜻 .

생존자가 한두 사람뿐이라 해도 배나 한 척 내주며 (저들을) 바다로 내칠 수 있겠는가!

일의 상황을 갖추어 쓰고 (청나라에 공문을) 가져갈 관원[齎官]을[189] 따로 정하여 북경北京에 들여보내서 복주福州로[190] 가는 길을 알려 주는 것이 이웃 나라를 가까이하는 길인 동시에 사람 목숨을 귀중하게 생각하는 의미에서 합당할 듯하다. 더구나 지금 사행단使行團 출발 일자가 멀지 않았으니, 만약 시급히 (제주에) 통지를 보내어[星火知委][191] (표착인들을) 제때에 호송해 온다면 또한 사행단에 붙여주어 사행단이 (중국에) 들어갈 때 데리고 가도록 한다면 그곳中國을말함에 도착하면 상황을 보아 (유구국으로 가는 방법을) 주선해 줄 수 있을 것이다.[192] 이렇든지 저렇든지 따질 것 없이 육로를 통하여 저들이 원하는 대로 환송시켜 주는 것이 좋겠다. 승문원承文院으로 하여금 성 안의 도제거都提擧와 전임[原任][193] 대신들에게 물어서 초기草記를 짓고 비답이 내리기를 기다려 초고속[三懸鈴][194]으로 도신과 목사에게 분부토록 하라."

---

189 재관(齎官) : '재(齎)'는 물건을 가지고 간다는 뜻. 재관은 문서나 공문을 갖고 가는 관리.
190 복주(福州) : 중국 남동부에 위치한 복건성의 성도이자 해안 무역 도시. 이곳에 도착하면 유구로 가는 배를 타기가 편리하기 때문에 정조가 이 방법을 생각한 것이다.
191 성화지위(星火知委) : '성화(星火)'는 별똥별이 떨어질 때의 불빛을 의미하나 비유적으로 아주 급한 일을 뜻함. '지위(知委)' 통지문이나 공지문을 통하여 알려준다는 의미. 따라서 '성화지위'는 급히 통지문을 보내어 알린다는 뜻.
192 저피작가주선(抵彼綽可周旋) : '저(抵)'는 '당도하다, 이르다'의 의미. '抵彼'는 그곳 즉 중국에 도착하다는 뜻. '작(綽)'은 '순(順)', '순세(順勢)', 즉 '돌아가는 형세에 따라서'라는 뜻이다. 따라서 중국에 도착하면 상황 봐서 유구국에 가는 길을 주선해 줄 수 있을 것이라는 뜻.
193 원임(原任)) : 퇴직한 전직 관료.
194 삼현령(三懸鈴) : 급한 공문서를 보낼 때에 봉투에 방울 세 개를 달거나 세 개의 동그라미를 찍는 일. 현령(懸鈴)이란 방울을 건다는 의미로, 긴급한 공문서를 빨리 전송하는 통신제도를 말하며, 일의 완급에 따라 세 등급으로 나누었음. 제일 급한 것을 3급(急)이라 하여 공문의 봉투에 세 개의 방울을 달고, 그 다음을 2급이라 하여 두 개의 방울을 달고, 그 다음을 1급이라 하여 한 개의 방울을 달아 전송함. 이때 방울 대신에 동그라미를 그려 표시하기도 하였음. 『한국고전용어사전』참조.

11-2

○ 문장 형식 : 전교傳敎

○ 국사편찬위원회 번역문 제목 : 琉球國 漂流人에게 京畿監司는 옷
   등을 마련하여 漢江을 건너 온 후 新營에 머물게 하고 慰諭하라는
   傳敎

○ 제목 : 표인漂人

○ 일자 : 정조 18년 1794년 10월 18일음

○ 출처 : 『비변사등록』 제182책

정조는 유구국 출신 표착인이 조선에 온 것이 공물을 바쳐온 이래 처
음 발생한 사건이니만큼 이들을 특별히 잘 대우하라고 명한다. 그동안
표착인들을 홍제원에 머물게 했던 관례를 깨고 이들을 특별히 배려하여
신영新營에 머무르게 하고 노자도 후하게 줄 것을 명한다.

   (정조가) 전교하였다.

   "유구국琉球國 표류인이 온 것은 (저들이 조선에) 공물을 바친 이후로 처음 있
   는 일이다. 처음에는 (제주에서) 인계받아 (한양의) 홍제원弘濟院에 머물게 하려
   고 했으나, 다시 생각해 보니 저들을 돌보아 주는 데 있어서 의당 특례[拔例]
   를[195] 베풀어야겠다. 지금 연신筵臣[196]의 말을 들으니 (이달) 10일이면 고달도
   古達島에[197] 와 닿게 될 것 같다고 하니 며칠 지나면 (한양에) 당도할 것이다.

---

195 발례(拔例) : 전례가 없는 '특별한(拔)' 예. 즉 특별대우.
196 연신(筵臣) : 경연(經筵)이나 서연(書筵)에서 유교 경전을 강론(講論)하는 신하.
197 고달도(古達島) : 전남 해남군 북평면 남창리 달량진의 이칭. 완도의 달도(達島)와 구분하려고
   고달도(古達島)라 칭하였으며 조선전기에 잠시 해남현에 속한 수군진이었음. 한국학중앙연구

날씨가 이처럼 추우니 경기감사[畿伯]에게 엄중히 신칙하여 위아래 옷[衣袴]
과[198] 털로 된 방한구를 만들어 두었다가 한강을 건너오기를 기다려 신영新營
으로 데려와 머무르게 하고, 몸소 가서 위로해[慰諭][199] 주어라. 또한 (저들을) 전
송할 때에도 (물자를) 후하게 지급하고, 응당 별도[式外]의 노자[盤纏][200]를 주어
사행단 편에 따라가게 하라. 비변사[廟堂][201]에서 모두 알도록 조처하라.[202]"

11-3

○ 문장 형식 : 전교傳敎

○ 국사편찬위원회 번역문 제목 : 全羅監司 李書九의 狀啓에 대해 琉球
國人을 問情한 島人通事에게 벼슬을 주고 李益靑은 별도로 시상하
라는 傳敎

○ 원문 제목 : 표착인들의 물건을 시장에서 곧장 매각 처리할 것[漂人物
件從市直發賣]

○ 일자 : 정조 18년 1794년 10월 21일음

○ 출처 : 『비변사등록』 제182책

정조는 전교를 내린 지 3일 후에 다시 한번 전교를 내려 유구에서 온 표착

원, 「향토문화전자대전」 참조.
198 의과(衣袴) : '의(衣)'는 웃옷, '과(袴)'는 다리를 벌려 활동하기 편한 바지. 따라서 의과는 웃옷
과 바지를 뜻한다.
199 위유(慰諭) : 위로하고 달래줌.
200 반전(盤纏) : 먼 길을 오가는 데 드는 비용, 즉 노자의 뜻.
201 묘당(廟堂) : 종묘와 명당이라는 의미이지만 조선시대에는 의정부는 물론 비변사도 묘당이라
고 불렀음(홍혁기, 「비변사의 조직과 기능」, 법제처 누리집 참조). 따라서 여기서 묘당은 비변
사를 가리킨다.
202 원문의 '행회(行會)'는 다함께 알도록 하라는 뜻.

민들을 세심하게 배려할 것과 그 의의에 대해서 밝힌다. 또한 제주에 유구 말을 아는 사람이 있어 통역이 가능한 것을 다행이라 칭찬하고 역관이 한양에 도착하면 그에게 상을 줄 것을 명한다. 더불어, 한양에도 이전에는 유구 언어를 할 줄 아는 역관이 있었는데 지금은 그런 사람이 없어서 제주로 역관을 보냈음에도 말이 통하지 않아 무효했음을 지적하면서 유구말 통역관을 다시 양성하라는 지시를 내린다.

전라감사 이서구李書九[203]가 장계를 올려 유구인琉球人을 심문[問情]한 것을 아뢰었다. 이에 전교를 내린다.

"유구국에서 표류해온 사람들이 무사히 (제주도에서) 바다를 건넜다고 하니 다행이로다. 제주도에 마침 그들의 말을 이해하는 통사通事가[204] 있어서 심문을 할 수 있었다고 하였다. 앞으로 차차 가르치어 별도로 요과料窠를[205] 두고 각별히 공부를 하도록 권하고, 목사에게 분부하여 돌이켜 일깨우게 하라. 그리고 해당 통역관 이익청李益靑이 올라오면 해당 조曹에서 별도로 시상하라. 옛날에는 유구인들이 우리나라에 왕래하였고 우리나라에서도 그 나라 말을 알아들었으나, 근자에는 그렇지 않아서 이른바 제주에 들여보낸 통역이 쓸모없는 것이 되고 말았다. 이번에는 사역원司譯院으로 하여금 특별히 나이가 젊고 총명하고 민첩한 사람을 정하여 (유구국 표착인들을) 의주[灣上][206]까지 호송해 가면서 혹 저쪽 사람들[207] 무리 속에서 저들의 언어를 배우게 하되, 만약 미진

---

203 이서구(李書九, 1754~1825) : 조선 후기의 문신. 이덕무·유득공·박제가 등과 함께 실학 사대가(實學四大家).
204 통사(通事) : 조선시대 통역관을 이름.
205 요과(料窠) : 급료를 받는 하급관리.
206 만상(灣上) : 함경도 의주(義州).
207 '저쪽 사람들'이란 유구국 사람들을 말한다. 정조는 젊고 유능한 인재를 뽑아 유구국 표착민을

한 부분이 있다면 유구국에서 조공하러 오는 해에 (이들 인재를 유구국에) 파견
하여 음운을 번역하고 익히게 하라고 도제거^{都提舉}에게 알려주어라."

11-4

○ 문장 형식 : 전교^{傳敎}

○ 국사편찬위원회 번역문 제목 : 承旨 一員은 琉球國 漂流人이 住接하
는 官訴에서 기다려 畿營에 가서 위문하고 음식을 대접하라는 傳敎

○ 원문 제목 : 표인^{漂人}

○ 일자 : 정조 18년 1794년 10월 22일^음

○ 출처 : 『비변사등록』 제182책

승지를 파견하여 제주에서 출발하여 경기도에 당도한 유구국 표착민
들을 후하게 대접하라고 명한다. 특히 200년 전까지만 해도 유구국 출
신으로 조선에 온 사람에게 벼슬을 주어 유구와의 교류를 친밀하게 했
음을 상기하면서 이들에게 대접을 잘 해서 다시 친밀한 관계를 회복할
기회로 삼을 가치가 있음을 밝힌다.

전교를 내렸다.

"제주^{濟州} 자제들이 올라온 경우에도 승지가 선유^{宣諭}하는 일이 있는데 하물
며 다른 나라에서 표류해 온 사람으로서 살아 돌아가는 자이겠는가. 심지어
유구국인^{琉球國人}으로서 옛날에 우리나라에 공직^{供職}한 자가 있어서 특별히 총

호송해 가는 길에 유구 말을 배우기를 기대하고 있다.

관 벼슬을 주어 보검차비[寶劒差備]로서 임금을 가까이 모셨는데, 이는 불과 2백 년 전의 일이다. 지금 표류해 온 사람들도 회유하는 뜻에서 각별한 보살핌을 보이는 것이 의리에 있어서 옳은 일이다. 승지 1원[員]이 그들이 주접[住接]하는 관소[館所]에 기다렸다가 기영[耆營]까지 가서 도신과 함께 위문하고 술과 음식을 대접하고 몸을 가릴 물건을 넉넉히 지급하라."

11-5

○ 문장 형식 : 문정별단[問情別單]

○ 국사편찬위원회 번역문 제목 : 濟州에 漂流해 온 琉球國 三名 問情 別單

○ 원문 제목 : 제주에 표류해 온 유구국 3명의 문정별단[濟州漂到琉球國人 三名問情別單]

○ 일자 : 정조 18년 1794년 10월 22일[음]

○ 출처 :『비변사등록』제182책

1794년 정조 18년 7월 11일 유구에서 출발하여 대만의 타이베이 동남부 160 킬로미터 떨어진 여나국도[與那國島, 요나구니섬, Yonagunijima]를 향하던 11명이 표류하다가 7인은 익사하고 8월 17일에 4인이 제주에 표착한 후, 1인은 병사하고 3인이 살아 제주에서 심문을 받은 후 육로를 통해 보내기로 결정하고 마침내 경기지역까지 도착한 후 비변사에서 다시 심문을 한 내용이 생생하게 실려 있다.

배 안에서 굶주리며 살아남기 위해 오줌을 받아먹은 일, 11인의 이름과 나이, 이들이 왕래하는 뱃길의 지명이 등장한다. 또한 이들의 농사법

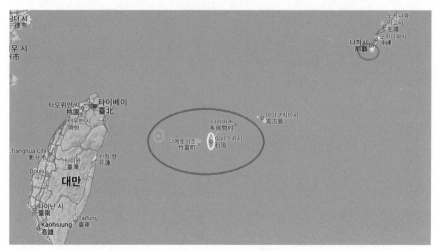

중앙의 큰 동그라미가 팔중산제도(八重山諸島), 중앙 좌측 작은 동그라미는 여나국도(與那國島),
중앙 우측 흰색 동그라미는 신천촌(新川村), 우측 상단 동그라미는 중산왕국(中山王國)의 수도
출처: 구글 맵. 동그라미 역자 표시

과 유구국의 국왕의 이름과 나이 등에 대한 정보, 유구와 중국의 조공관

계에 대한 이야기도 등장하고 있다.

> 문 : 당신들은 바다에서 표류하고 (제주에서 구조된 후 이곳 한양까지) 육로로
>
> 달려오느라 필시 고생이 많았을 것이오. 병은 나지 않았소?
>
> 답 : 아직 아픈 데[痛恙]는[208] 없습니다.
>
> 문 : 당신들은 어느 나라의 어느 지방 사람이요?
>
> 답 : 유구국琉球國 팔중산도八重山島, 구로시마[209] 사람입니다.
>
> 문 : 팔중산도는 유구국 수도에서 거리가 몇 리나 되오?
>
> 답 : 중산왕 도읍지[中山王都][210]와의 거리가 물길로 3백 80리입니다.

---

208 통양(痛恙) : 아프고 근심스러운 것.
209 지금의 오키나와현[沖繩縣]을 구성하는 3개의 주요 섬 가운데 하나. 3개의 주요 섬은 각각 오
키나와제도[沖繩諸島]와 미야코열도[宮古列島], 야에야마도[八重山島].
210 중산왕도(中山王都) : 일본 오키나와현 나패시(那覇市)와 포첨시(浦添市)를 중심으로 활동하
던 왕국. 당시 중산왕국의 수도는 수리(首里)였으며, 현 오키나와현 나패시(那覇市) 동북부 일
대. 여기서는 심문하는 비변사 낭청은 유구국이라고 묻고 답하는 류착인은 중산왕국이라 칭하

문 : 당신들은 어느 달 어느 날, 무슨 일로 배를 띄워 어느 곳으로 가다가 어
　　느 곳에 이르러 어떤 바람을 만나 우리나라에 표류하여 왔소?

답 : 올해 7월 11일에 공적인 일로 여나국도를 향하여 출발했는데 같은 날
　　동풍이 크게 일어 해상에서 표류하다가 8월 17일에 이르러 귀국의 지
　　방에 와 닿았습니다.

문 : 여나국도는 어떤 지방이고 공적인 일이란 어떤 일이었소?

답 : 여나국도는 바로 팔중산도에 있는 작은 섬인데 도주島主가 살고 있는 곳
　　이므로 각 섬에서 공문을 갖다 바칩니다.

문 : 여나국도는 팔중산도와의 거리가 몇 리이고,[211] 관청의 윗사람[官長]은
　　몇 사람이요?

답 : 물길로 48리이고, 윗사람은 당번을 서는 3분입니다.[212]

문 : 팔중산도에도 관청의 윗사람이 있소?

답 : 당번을 서는 세 분은 (중산국) 본국에서 정해서 파견되어 오고 3년마다
　　교체되며, (이들) 우두머리 세 분은 본도本島[213] 사람이고 사망하면 후임
　　이 대신하는데 모두 문인[士]들입니다.[214]

문 : 당신들은 팔중산도 내에서 어느 마을에 살고 있소?

답 : 신천촌新川村에[215] 삽니다.

　　는데, 당시 유구국은 중산국이라 불렸으므로 결국 같은 곳을 가리킨다.
211 심문하는 비변사 낭청이 팔중산제도 안에 여나국도가 속한다는 것을 잘 알지 못해서 이런 질문
　　을 한 것으로 보인다.
212 재번삼인사(在番三人士) : '재번(在番)'은 당번으로 근무하다는 뜻. 따라서 당번을 서는 세 사
　　람이라는 의미.
213 여기서 본도(本島)는 당시 중산국 수도가 있던 오키나와섬을 의미하는 것으로 추정됨.
214 개사(皆士) : 모두 선비라고 기록하고 있는 것으로 보아 이들 관원들이 모두 문인 출신임을 알
　　수 있다.
215 신천촌(新川村) : 지금의 충승현(沖繩縣) 팔중산제도(八重山諸島) 석원시(石垣市) 신천촌(新
　　川村)으로 추정됨.

문 : 같이 배를 탄 사람은 몇 사람이었소?

답 : 11명이었습니다.

문 : 당신들 11명이 모두 신천촌에 살고 있소?

답 : 모두 신천촌에 살고 있습니다.

문 : 당신들이 처음에 11명이었다면 지금 온 사람은 어째서 3명이요?

답 : 7명은 한 달 이상 표류한 끝에 굶주리고 지쳐서 익사했고 4명이 살아서 귀국의 지방에 도착했으나, 이 중에 한 사람은 병들어 죽고 단지 저희 세 사람만 남았습니다.

문 : 11명이 같이 배를 탔다가 7명은 물에 빠져죽고 1명은 병으로 죽었다니 너무도 참혹하고 가련하오!

답 : 애통하고 애통합니다.

문 : 당신들 11명의 성명과 나이를 상세히 말씀하시오.

답 : 선두船頭는 성이 미정米精이고 이름이 겸개단인兼介段仁입니다. 나이 28세이며, 생존한 3인 중 한 사람입니다. 겸兼은 나이 47세이고 생존한 3명 중 한 사람입니다. 진세眞勢는 나이 26세이며 생존한 3인 중 한 사람입니다.

삼야지三也之 나이 41세. (병사)

행야行也 나이 25. (익사)

근당謹當 나이 54. (익사)

고당월古當月 나이 31. (익사)

여행如行 나이 38. (익사)

고당야古當也 나이 46. (익사)

저월渚月 나이 29. (익사)

수壽 나이 45. (익사)

문 : 당신들 11명에서 7명은 익사하고 1명은 (제주 도착 후) 병사했는데, (그
　　렇다면) 당신들은 그동안 어떻게 살아남았소?

답 : 저희는 배가 출발할 때 단지 5일분의 식량만 갖고 있었기 때문에 표류
　　하는 동안 양식이 떨어지고 물이 부족했습니다. (결국) 7명은 굶주리고
　　지쳐서 익사하고 저희들은 쌀을 씹고 오줌을 마시며 근근이 남은 목숨
　　을 보전했습니다.

문 : 당신들이 탔던 배는 관선官船이오, 사선私船이오?

답 : 관선입니다.

문 : 선박의 표지[船標]가 있었소?

답 : 없었습니다.

문 : 당신들은 관원이오, 민간인이오? 11명이 모두 공적인 일을 하러 갔던
　　사람이오?

답 : 저는 본섬[本島]의 문서를 가져가 올리는 사람이고, 같이 배를 탔던 11
　　인 중에 어떤 자는 농사 짓는 사람이고 어떤 자는 뱃사람이고 어떤 자
　　는 목공일 하는 자입니다.

문 : 당신들은 머리에 쓴 것이 없는데, 혹시 표류하다가 잃어버렸소? 나라
　　풍속이 본디 그러하오?

답 : (저희는) 본래 머리에 (모자를) 쓰지 않으며, 머리를 묶어 상투를 틀고,
　　정수리에 비녀를 꽂습니다. 윗사람들은 은비녀[銀簪]를, 아랫사람들은
　　주석으로 만든 비녀[錫簪]를 꽂습니다.

문 : 배가 있지만 혹 물길이 좋지 않을까 염려하여 육로를 따라 돌아가도록
　　한 것이오.

답 : 육로를 따라 대청국大淸國의 복주福州에[216] 가면 유구 사람들이 사는 곳이

있으니 차차 돌아갈 방도를 찾겠습니다.

문 : 당신 나라와 복주와의 거리는 몇 리나 되오? 타국 사람이 어떻게 복주
     에 살 수 있소?

답 : (저희 나라와) 복주와의 노정路程은 모르겠으나 (청나라에) 공물로 올리
     는 물건을 배를 통해서 복주에 실어 나르기 때문에 저희들 나라 사람들
     이 복주에 많이 머물러 살고 있습니다.

문 : 당신 나라에서 공물로 바치는 물건은 어떠한 물종物種이오?

답 : 자세히 모르겠습니다.

문 : 몇 년에 한번씩 조공을 바치오?

답 : 조공하는 연차年次는 잘 모르겠으나 진공進供하는 물품들을 해마다 복주
     에 실어갑니다.

문 : 당신 나라 국왕의 성은 무슨 글자이며 연세는 몇이오?

답 : 성은 정정이며 연세가 56세입니다.

문 : 당신 나라와 일본국日本國과의 거리는 몇 리이며, 어떤 나라와 서로 가
     깝소?

답 : 바다 가운데 있는 섬 안에 살기 때문에 다른 나라와의 원근遠近은 모르
     겠습니다.

문 : 당신 나라의 넓이幅圓는[217] 몇 리이며 나라 수도의 둘레는 총 몇 리이고,
     소속된 섬들은 몇 개나 되오?

답 : 넓이는 모르겠고 국도의 둘레는 10 리이며 소속된 섬들이 몇 개인지는

---

216 복주(福州) : 중국 동남부 복건성(福建省)에 위치한 해안도시. 역대로 동남아시아와 동북아시
아를 잇는 해상 교통의 중심지였음.
217 폭원(幅圓) : 땅의 넓이.

모르겠습니다.

문 : 당신 나라에서 인재를 등용하는 법은 어떤 기량을 보고 등용하오? 또
문인과 무인의 구별이 있소?

답 : 유구에는 무인은 없고 문인만 있습니다.

문 : 당신 나라는 산이 많소, 들이 많소?

답 : 산도 많이 있고 들도 많이 있습니다.

문 : 당신 나라에서 농사짓는 방법은 어느 때에 갈아서 어느 때에 수확하오?
또한 오곡五穀이 있소?

답 : 벼의 종자, 보리 종자, 조의 종자, 콩의 종자를 10월에 뿌려서 다음해
6월에 가서야 수확합니다.

문 : 세수歲首[218]는 어느 달을 쓰오?

답 : 인월寅月을 씁니다.

문 : 당신 나라에서 생업으로 하는 것은 어떤 일이오?

답 : 남자는 농사에 힘쓰고 여자는 베짜기에 힘씁니다.

문 : 당신 나라는 토지의 비옥한 정도가 어떠하며 농사의 풍흉[豐歉]은[219] 어
떠하오?

답 : 토지는 대부분 기름지고 농사는 자주 풍년이 듭니다.

문 : 당신 나라 관리들은 어떤 색의 의관을 착용하며 아랫사람들이 착용하
는 것은 또한 어떠하며 색은 무슨 색이오?

답 : 관리들은 머리 위에 팔권관八鬌冠을 착용하며 아랫사람들은 착용하지 않
습니다.

---

218 세수(歲首) : 한 해의 첫 달.
219 풍겸(豐歉) : 풍년과 흉년, 풍흉.

문 : 당신들은 이미 육로로 가기로 했는데, 타고 왔던 배는 어떻게 처리 했소?

답 : 불태웠습니다.

문 : 당신들 3명은 1만 리를 표류한 끝에 광활한 바다[重溟]220를 건넜소. 비록 다행히 병은 없다고 하지만 돌아갈 길이 오히려 멀기만 한데, 어느 때에야 귀국할 수 있겠소?

답 : 살아난 것도 다행인데 나라로 돌아가는 것의 더디고 빠른 것이야 어찌 말할 것이 있겠습니까?

문 : 당신들이 처음 (배가) 정박한 때부터 (조선의) 관에서 옷과 양식을 제공하고 연로에서는 음식을 주었소. 또 당신을 호행護行하여 연경燕京까지 가는 것은 상국上國에 폐를 끼치는 일임을 모르는 바는 아니나 물길로 가는 것의 어려움을 생각해서 육로로 편안히 귀국하게 하려는 것이라오. 이제 마음 놓고 길을 떠날 수 있겠소?

답 : 표류하던 날에는 살아서 돌아갈 희망이 없었는데 다행히 귀국에 이르러 음식과 의복을 후하게 대접받고 말을 타고 가게 되어 일신이 편안하니 은덕이 하늘과 같습니다. 감사와 축복의 말씀을 드립니다.

11-6

○ 문장 형식 : 계문啓文

○ 국사편찬위원회 번역문 제목 : 琉球國 漂流人들을 먼저 義州府로 보내고 그후 冬至使行 便에 딸려보내게 할 것을 아뢰는 備邊司의 啓

---

220 중명(重溟) : 바다, 특히 넓고 광활한 바다를 의미.

○ 원문 제목 : 표인漂人

○ 일자 : 정조 18년 1794년 10월 22일음

○ 출처 :『비변사등록』제182책

유구국 표착민들이 경기도 신영新營에 도착했는데, 비변사에서는 동지
사 사행단이 출발하기 전에 선발대로 가서 일을 처리하는 과정에 이들
유구국 표착민을 끼워서 보내자고 제안한다. 그러나 정조는 이들이 도
착하고 하루만에 또 북쪽으로 출발시키는 것은 도리가 아니라며 잘 대
접하고 며칠을 더 머물게 하라고 명한다. 이들을 곧장 의주로 이동시켜
의주에서 대기시켰다가 사행단에 딸려 보내려는 담당자들의 생각과 달
리 정조의 진심으로 이들을 가엽게 여기는 따뜻한 마음과 배려가 잘 드
러난다. 또한『정조실록』정조 18년 9월 11일1794년에도 이 사건을 다룬
기사가 있는데, 여기서 정조는 이들을 특별대우하기 위하여 평소에 외
국 표착인이나 외국 사신들이 묵는 홍제원이 아닌 보다 특별한 숙소를
제공하려고 노력하고 있음을 알 수 있는데, 이러한 배려의 일환으로 특
별히 신영에 묵도록 배려하였던 것이다. 한편, 이를 통해서 당시 홍제원
보다 신영이 시설이 더 좋았음을 짐작할 수 있다.

비변사에서 아뢰었다.

"이번에 유구국의 표류인들을 경기도 신영新營으로[221] 인계하여 들인 후에

---

221 신영(新營) : 조선시대 '신영'은 다음과 같다. ① 조선시대 경희궁(慶熙宮)의 정문인 흥화문(興
化門) 밖에 있었던 훈련도감(訓鍊都監)의 분영(分營)을 가리켜 이르는 말. ② 조선시대 창덕궁
(昌德宮)의 서쪽 금호문(金虎門) 밖에 있던 금위영(禁衛營)의 본영(本營). ③ 조선시대 인의동
(仁義洞)의 배오개(梨峴 : 지금의 종로 4가)에 있었던 어영청(御營廳)의 본영(本營). ④ 조선시

비변사 낭청과 역관에게 상세히 심문한 별도의 보고서[問情別單]를 써서 들이라 했습니다. 그리고 동지사가 출발할 시기가 아직 멀었으니 표류인들을 하룻밤 유숙시킨 후에 동지사의 사행단이 데리고 가는 데에 있어, 역관 중 한 사람이 먼저 (저들을) 데리고 의주부義州府에 가도록 했다가, 사행단이 의주부에 도착한 후에 사행단 편에 딸려 보내라는 뜻을 해당 원該院222과 의주부에 분부하고, 연로沿路에서 (저들에게) 음식물을 제공하는 일과 잡인의 접근을 금하고 호송하는 등의 일도 각각 해당 관찰사에게 엄히 신칙하는 것이 어떻겠습니까?"

왕이 답하였다.

"윤허한다. 해로와 육로 두 길을 거쳐 온 사람들을 새벽에 곧 바로 의주로 데리고 가는 것이 어찌 가련하게 여기는[軫恤]223 마음이겠는가. 우선 며칠 더 (저들을 신영에) 머물게 해놓고 초기草記를 작성한 다음 출발시켜라. 신영의 해당 관저에 머무를 때에 음식물을 제공하는 등의 일을 경기도 관찰사224에게 엄히 신칙하고, 때때로 비변사 낭청을 보내어 살펴보게 하는 것이 좋겠다."

11-7

○ 문장 형식 : 계문啟文

○ 국사편찬위원회 번역문 제목 : 琉球國 漂流人들이 이틀 밤을 잤으니 내일 보낼 뜻으로 분부를 청하는 備邊司의 啓

대 창의문(彰義門, 紫霞門) 밖에 있던 총융청(摠戎廳)의 본영(本營)(「신영(新營)」, 『한국고전용어사전』 참조). 본문에서 정조가 말하는 신영이 어느 곳인지는 알 수 없으나 국왕과 도성을 지키는 군사들의 주둔지라는 공통점이 있다. 문맥상 정조가 유구국 표착인들을 특별히 정성껏 보살피기 위한 배려가 묻어나는 만큼 필시 숙소의 여건이 양호했을 것임을 짐작할 수 있다.

222 해원(該院) : 해당 원, 즉 사역원을 의미.
223 진휼(軫恤) : 불쌍하고 가련하게 여김. 『舊五代史·梁書·太祖紀七』, "史載葬枯, 用彰軫卹 ; 禮稱掩骼, 將致和平".
224 기백(畿伯) : 경기도 관찰사의 별칭.

○ 원문 제목 : 표인漂人

○ 일자 : 정조 18년 1794년 10월 24일음

○ 출처 :『비변사등록』제182책

비변사에서는 서울의 신영에 도착한 유구인들이 이틀간 대접을 받았으므로 이제 육로를 통해 북쪽 국경으로 보내는 것이 어떤가를 보고한다. 이에 정조는 다시 하루 이틀을 더 머물게 하면서 후하게 대접하고 보내기를 명한다. 조공을 보내오는 유구인에 대한 외교적 활용성을 염두에 둔 정치적 배려임과 동시에 풍랑 경험의 후유증과 먼 길 이동의 노독으로 지쳐있을 저들에 대한 인간적 배려가 동시에 느껴지는 자료이다.

비변사에서 아뢰었다.

"(지난 10월 22일 전하께서) 유구국琉球國의 표류인들을 (신영에) 우선 며칠 동안 머물게 해놓고 다시 초기를 작성한 뒤에 출발시키라고 하명하습니다. 이제 표류인들이 이미 이틀 밤을 유숙했으니만큼, 내일 떠나보내라고 분부하시는 것이 어떻겠습니까?"

정조가 답했다.

"다시 하루 이틀 더 머무르게 했다가 보내는 것이 좋겠다."

사건번호 12

충남 서천 마량진馬梁鎭에 표류한
중국 요녕성遼寧省 봉천부인奉天府人 및
산동성山東省 봉래현인蓬萊縣人과 복산현인福山縣人 51인

　정조 18년 1794년 마량진馬梁鎭 : 지금의 충청남도 서천군 서면 마량리 앞 바다에
중국인 51명이 탄 배가 표착한 사건의 처리과정을 보여준다. 배가 일부
파손되어 배를 수리해서 수로로 보내지 않고 육로로 보내고 있다. 겨울
이 다가오고 여성과 아이들이 타고 있어서 이들의 안전을 고려한 조처
이다. 본 표착인들 51명 가운데 남성 37인과 여인女人 4인은 모두 봉천
부奉天府, 중국 심양 사람이며, 타수舵手 6인은 모두 산동성 등주부登州府 봉래
현蓬萊縣 사람이고, 1인은 등주부 복산현福山縣 사람이다." 등주가 흉년이
들고 봉천부로 이동하여 생계를 기약하고자 하는 사람들이 다수 승선하
고 있다는 것은 당시 산동의 연해지역과 심양은 물길을 통해 인적 왕래
와 물자 교류가 매우 활발했던 것을 보여준다. 이 자료는 조선의 표착인
처리방식에 대한 정보뿐 아니라 조선정부가 표착인 심문을 통해서 중국
연해의 상황을 파악하고 있음을 알 수 있다.

12-1

○ 문장 형식 : 전교傳敎

○ 국사편찬위원회 번역문 제목 : 忠淸監司 李亨元의 狀啓에 대해 問情
　　譯官을 보내고 譯官의 도착 전이라도 文字로 問情하여 사정이 허락
　　되면 돌려보내라는 傳敎

○ 원문 제목 : 표인漂人

○ 일자 : 정조 18년 1794년 10월 27일음

○ 출처 :『비변사등록』 제182책

앞의 유구국 표류인 처리의 기록이 정조 18년 1794년 10월 24일에
끝이 났다. 이 날 정조는 신영에 머물게 했던 유구인들을 마침내 한양에
서 출발시키라고 지시했다. 그런데 유구인 처리가 완료된 후 3일 후인
1794년 10월 27일에는 마량리에 중국인배가 표착했다는 보고가 올라
온 것이다. 이에 대해 정조는 표착한 배가 큰 문제가 없다면 그대로 이
들이 타고 온 배에 태워서 중국으로 보내라고 지시한다.

앞의 유구국 표류인에 대해서는 장차 날이 추워지려 하는데 바다로
가게 하는 것은 위험하다며 청나라로 가는 조선 사행단에 이들을 딸려
서 보내는 특례를 베풀던 것과 매우 다른 지시를 하고 있다. 정조의 지
시가 이처럼 다른 이유는 무엇일까? 표착인의 숫자가 많은 데에 대한
번거로움, 유구에 비해 중국과는 비교적 가깝다는 이유일 수도 있을
것이고, 조선에 조공을 바쳤던 유구국에 대해 외교적 관계를 다지기
위한 전략에서 유구에 특례를 베풀고자 하는 마음에서 나온 것일 수도
있겠다.

충청감사 이형원李亨元이 장계를 보내어 이양선 한 척이 마량진馬梁鎭[225] 앞 바

---

[225] 마량진(馬梁鎭) : 마량진은 조선전기 충청도 남포현(藍浦縣)에 설치되었으며, 왜적과 황당선
의 침략으로부터 충청도 연해 지역을 방어하였고, 이양선과 표류민에 대한 조사와 감시, 조세
선 호송, 섬에 대한 조사 등도 담당하였다. 남포현은 지금의 충청남도 보령군 남포면 그 주변
을 포함하고 있었던 옛 행정 구역으로 1913년에 보령군에 편입되었다. 1655년에 공간이 좁다

다에 표류해 온 일을 아뢰었다. 이에 (정조가) 전교하였다.

"심문[問情]할 역관을 속히 내려 보내라. 비록 역관이 내려가기 전일지라도 지방관과 우후虞候[226]로 하여금 문자를 써서 심문하게 한 뒤에 배가 튼튼하고 순풍이면 (저들이) 원하는 대로 즉시 돌려보낸 다음 장계로써 사정을 (나에게) 들려주어라. (이상을) 비변사로 하여금 도수신道帥臣에게[227] 분부하도록 하라."

12-2

○ 문장 형식 : 계문啓文

○ 국사편찬위원회 번역문 제목 : 馬梁鎭 漂流人들의 배와 雜物에 대한 것은 槐院의 咨文을 騎撥下送하여 冬至使의 行次 便에 가져 가게 하자는 備邊司의 啓辭

○ 원문 제목 : 표인漂人

○ 일자 : 정조 18년 1794년 11월 7일음

○ 출처 : 『비변사등록』 제182책

는 의견이 있어 비인현(庇仁縣)으로 옮겨 왔다고 하며, 비인현은 지금의 충청남도 서천군 비인 면 일대이며, 1914년 서천군에 통합되었다. 관가의 건물로는 객사, 아사, 내아, 창고, 진무청, 군관청, 사령청, 군기고, 육물고가 있고, 전함으로는 전선 1척, 방선 1척, 짐 싣는 병선 1척, 사후선 3척이 있었다. 전함은 육물고 옆에 정박하였다. 마량진의 구성원은 종3품 수군첨절제사를 비롯하여, 대장(代將) 1명, 수솔 1명, 지구관 1명, 기패관 10명, 교사 2명, 훈도 2명, 포도관 4명, 화포교사 2명, 사수 40명, 포수 49명, 기수 23명, 쟁·고수(錚·鼓手) 13명, 능로군 175명, 수군 744명, 군관 2인, 진무 5인, 통인 2인, 사령 3명, 흡창노(吸唱奴) 1명, 지자군(持者軍) 2명이 있었다. 『한국고전용어사전』과『위키실록사전』참조.

226 각 도의 주장(主將)인 절도사의 막료로서 주장을 보필한 까닭에 아장(亞將 , 副將)이라고도 했다. 남병사(南兵使 : 함경남도병마절도사)를 제외한 전임(專任) 절도사 밑에 두었으며, 병마절도사에 소속된 종3품의 병마우후(兵馬虞候)와 수군절도사에 소속된 정4품의 수군우후(水軍虞候)로 구분되고, 임기는 720일(2년)이다. 절도사를 도와 군기(軍機)에 참여하고 군령을 전달하며 군사를 지휘하는 외에 절도사를 대신해 군사 훈련이나 무기·군장 점검을 위해 도내를 순행하였다. 군자(軍資)를 관리하는 등의 임무를 맡았으며, 절도사 유고시에는 임무를 대행하였다. 『한국민족문화대백과사전』참조.

227 도수신(道帥臣) : 관찰사·병마사·수군절도사의 총칭.

이미 출발한 동지사 일행에 끼워서 중국으로 송환시키는 것이 합리적이라고 판단한 조선정부는 충남 서천 마량진까지 서울의 역관을 곧장 파견하여 상황을 처리하여 속히 별금군을 동원하여 이들 51인을 말을 태워 동지사 일행에 합류하게 하고 있다.

비변사에서 계문을 올렸다.

"표류하여 마량진馬梁鎭에 도착한 대국인大國人들이 대기하던 곳에 서울에서 보낸 역관이 가서 심문[問情]한 보고서가 지금 도착하였습니다. 그들의 소원에 따르면 마땅히 육로[陸路]로 돌려보내야겠습니다. 그리고 표착인들의 배와 잡물雜物들을 불에 태울지 혹은 값을 따져 줄지 등의 절차는 이미 특별공문서[別關]228을 보내어 실행회의[行會]를229 하도록 조치하였습니다. 승문원[槐院]230에서 자문咨文을 작성하도록 한 후, 별도로 금군[別禁軍]231에서 (사람을 정해서) 동지사의 행차가 도착해 있는 곳에 기발[騎撥]232로 하송하게 하여 함께 가지고 가도록 하는 것이 어떻겠습니까?"

왕이 답했다. "윤허한다."

12-3

○ 문장 형식 : 계문啓文

---

228 별관(別關) : 별도의 관문(關文). '관문'은 각 관서끼리 주고받는 관용 공문서로 '관(關)' 또는 '관자(關子)'라고도 불렸음. 『한국민족문화대백과사전』 참조.
229 행회(行會) : 조정의 지시 · 명령을 각 관사의 장이 그 부하에게 전달하고 실행 방법을 토의하기 위한 모임. 『한국고전용어사전』 참조.
230 괴원(槐院) : 승문원(承文院). 조선시대 외교문서를 담당하던 관청.
231 금군(禁軍) : 왕궁을 수비하고, 왕이 거둥할 때 왕을 호위하고 경비하던 기마군대.
232 기발(騎撥) : 조선시대에 말을 타고 공문 및 군사정보를 연락하던 통신수단.

○ 국사편찬위원회 번역문 제목 : 馬梁鎭 漂漢人이 올라오면 弘濟院에
  入接시키고 冬至使 便에 보내는 沿路의 供饋는 差員을 정해 護送할
  것등을 청하는 備邊司의 啓辭
○ 원문 제목 : 표인漂人
○ 일자 : 정조 18년 1794년 11월 7일음
○ 출처 : 『비변사등록』 제182책

　위의 기사와 같은 날 작성되었으며, 동지사 일행에 합류시키기 위해
속전속결로 처리하는 모습을 보여준다. 수일 안에 중국인들이 서천 마
량진에서 출발하여 한양으로 들어오면 홍제원에 투숙시키고 비변사 낭
청이 직접 인수인계하여 인솔하도록 지시하고 있다.

　　비변사에서 아뢰었다.

　　"마량진馬梁鎭의 표류한 한인漢人이 며칠 내에 올라올 것입니다. 홍제원弘濟院

　　에 입접入接시키고 다시 문정問情한 뒤에 입을 옷들을 각각의 해당 관아에 분부

　　하여 전례대로 제급題給하게 하고 인솔해온 역관譯官에게 그대로 동지사冬至使의

　　행차가 도착해 있는 곳에 데려다 주어 그들이 데리고 가도록 할 것이며 연로沿

　　路의 공궤供饋는 차원差員을 정하여 차례대로 호송하게 하되 잡인雜人들을 금지

　　시키는 것 같은 절차는 각각 그 도의 도신이 엄히 신칙하여 거행하도록 분부

　　하는 것이 어떻겠습니까?"

　　하니, 비답하기를,

　　"윤허한다. 인솔해온 비변사[비국] 낭청이 그대로 인솔하여 만상灣上 : 의주에

　　이르도록 할 것이며, 기읍畿邑 이외의 여러 도道에서는 이런 때에 수령守令들이

자리를 비우지 못하게 하고, 다만 각각의 지방에서 교체하여 인솔해 가도록
분부하는 것이 좋겠다" 하였다.

12-4

○ 문장 형식 : 문정별단問情別單
○ 국사편찬위원회 번역문 제목 : 備邊司 馬梁鎭 漂流人 問情 別單
○ 원문 제목 : 표인문정漂人問情
○ 일자 : 정조 18년 1794년 11월 7일음
○ 출처 : 『비변사등록』 제182책

정식의 표문을 발급받은 선박인지에 대한 확인, 51명의 이름과 나이
확인, 산동성 등주부의 봉래현과 복산현의 관료의 구성 등에 대한 내용
을 중심으로 심문한 내용이다. 이들의 출신지역으로부터 심양까지의 거
리, 북경까지의 거리에 대해서도 묻고 있다.

> 문 : 당신들은 바람과 파도에 휩쓸려 차가운 물길에 내몰렸는데, 병은 들지
> 않았소?
> 답 : 만 번의 죽을 위기 끝에 살아남은 목숨[萬死餘生]이 다행스럽게도 귀국의
> 돌봄을 입어 오는 길이 매우 편안했습니다.
> 문 : 당신들은 어느 지방 사람이며, 모두 몇 사람이오?
> 답 : 모두 51인 중에 (남자) 37명과 여인 4명은 모두 대청국大淸國 봉천부奉天
> 府 사람이며, 조타수 6명은 등주부登州府 봉래현蓬萊縣 사람이고, 또 1 사람
> 은 등주부 복산현福山縣 사람입니다.

문 : 배의 증명서[票文]가 있소?

답 : 여기 있습니다.

이윽고 그가 표문을 내주었다.

표문票文

조타수 구복신邱福臣, 나이 58. 봉래현인蓬萊縣人[233]

왕영광王永光, 나이 47, 봉래현인.

강중치姜中治, 나이 38, 봉래현인.

장술상張述相, 나이 30. 대신자 하록공夏祿公, 나이 52, 봉래현인.

추일량鄒一亮, 나이 29, 봉래현인.

호환림胡煥琳, 나이, 29, 봉래현인.

진내가陳乃佳, 나이, 45, 복산현인福山縣人

공객空客 이미李美, 나이 35, 수암현인岫巖縣인[234]

수연배隨連杯, 나이 23. 수안현인.

장종요張宗遙, 나이 24, 수안현인.

담복談福, 나이 42, 수안현인.

여문영閭文永, 나이 24, 수안현인.

강선姜先, 나이 24, 수암현인.

오영산吳永山, 나이 36, 수암현인.

진유경陳維經, 나이 38, 수암현인.

---

233 봉래현(蓬萊縣) : 산둥성 연태시(煙臺市)에 속하며 산둥성 동북부와 연태시 북부에 위치. 지금은 봉래구(蓬萊區)라고 칭한다.

234 수암현(岫巖縣) : 수암(岫巖), 현대 중국에서는 '수(岫)'를 '수(岫)'로 표기하며, 두 글자는 모두 같은 글자이다. 오늘날 중국 요녕성 수암만족자치현(岫巖滿族自治縣).

동세연董世永, 나이 42, 수암현인.

동소董所, 나이 19, 수암현인.

초국필初國筆, 나이 43, 수암현인.

이인학李仁學, 나이 60, 수암현인.

왕일지王日志, 나이 20, 수암현인.

초기복肖奇福, 나이 42, 수암현인.

초옥肖玉, 나이 20, 수암현인.

강일관姜日官, 나이 43, 수암현인.

초영지肖永志, 나이 40, 수암현인.

원문병袁文幷, 나이 52, 수암현인.

조영록趙永祿, 나이 31, 수암현인.

서배청徐酥清, 나이 26, 수암현인.

강탁괴姜卓魁, 나이 25, 수암현인.

이영빈李永賓, 나이 20, 수암현인.

임사영林士英, 나이 27, 수암현인.

처妻 손성孫姓, 나이 25, 수암현인.

유준원劉俊元, 나이 40, 수암현인.

처 수성隨姓 , 나이 44, 수암현인.

여자 아이[女兒], 나이 13.

남자 아이[子兒], 나이 7.

남자 아이[子兒], 나이 3.

손성구孫聖九, 나이 44, 복주현인福州縣人[235]

처 서성徐姓, 나이 37, 복주현인.

우문례于文禮, 나이 22, 복주현인.

저우성姐于姓, 나이 24, 복주현인.

교명옥喬明玉, 나이 42, 복주현인.

손효사孫孝思, 나이 41, 복주현인.

조태ㅋ太, 나이 40, 복주현인.

조거ㅋ擧, 나이 18, 복주현인.

송문장宋文章, 나이 23, 해주현인海州縣人[236]

임봉林封, 나이 51, 해주현인

고옥산高玉山, 나이 23, 해주현인.

송복록宋福祿, 나이 25, 영해현인寧海縣人

양홍득楊弘得, 나이 55, 영해현인.

송참宋參, 나이 32, 요양현인遼陽縣人

송거익宋去益, 나이 32, 요양현인.

문 : 추일랑鄒一亮의 추鄒자가 무슨 자요?

답 : 추맹지鄒孟子라고 쓰는 추鄒 자를 속자俗字로 편의상 이런 모양으로 씁
니다.

문 : 당신들은 한인漢人이오, 만주인滿洲人이오?

답 : 모두 한인입니다.

문 : 몇 월 며칠에 무슨 일로 어디를 갔으며, 몇 월 며칠에 어느 곳에서 바람
을 만나 이곳으로 표류해 이르렀소?

---

235 복주현(福州縣) : 오늘날 복주시(福州市)에 해당하며, 중국 복건성(福建省) 동부와 민강閩江)
하류 및 연해지역이다. 역대 중국의 해상실크로드 중의 한 곳이다.
236 해주현(海州縣) : 오늘날 중국 강소성(江蘇省) 연운강시(連雲港市) 서남부, 동북부, 동부 일대.

답 : 10월 20일에 (산동성) 등주부登州府에서 배를 띄워 (요녕성) 봉천부奉天府,
심양237을 향해 양식과 땔나무를 사러 가다가 바다 가운데 이르렀을 때
서북풍이 크게 일어나서 23일에 귀국貴國의 땅으로 표류하여 왔습니다.

문 : '공객空客'이라고 한 것은 어떤 사람을 말하며 어찌하여 함께 심양으로
가려고 하였소?

답 : '공객'이란 마을의 백성 가운데 동서東西로 왕래하며 때로는 매매賣買도
하고, 때로는 농사를 지으려고 하는 사람입니다.

문 : 기왕 공객이 봉천부 사람이라면 어찌하여 등주登州에서 배를 탔단 말이
오?

답 : 봉천과 등주가 멀지 않아 늘 왔다 갔다 하는데238 올해는 등주에 흉년
이 들어 봉천으로 가서 먹고 살려고 한 것입니다.

문 : 양식이나 땔나무는 어디라도 살 수 있을 터인데 하필 봉천부까지 가려
고 하였소?

답 : 등주는 흉년이 들었으나 봉천은 풍년이 들었기 때문에 봉천에 가서 양
식과 땔나무를 사려고 한 것입니다.

문 : 당신들은 바다 가운데서 며칠을 이동해서 우리나라 땅으로 왔소?

답 : 바다 가운데서 3일을 와서 귀국에 도착하였습니다.

문 : 당신들 51인은 모두 동료들이오?

답 : 타수舵手 7인은 고용인[夥計]239이고, 나머지 40여 인은 모두 공객들인
데, 한꺼번에 배를 빌려 타고 함께 봉천부로 가는 중이었습니다.

---

237 중국 동북부 요녕성 심양(瀋陽)을 말한다.
238 봉천부는 지금의 요녕성 심양이고, 등주부는 지금의 산동성 연태시(煙台市) 봉래구(蓬萊區)
　　일대을 말한다. 해로를 이용하면 두 곳을 왕래하기 어렵지 않았다.
239 과계(夥計) : 동업자 혹은 고용인을 말한다. 여기서는 고용인의 뜻.

문 : 당신들이 양식과 땔나무를 사러 가는 길이었다고 하는데 본전本錢은 가지고 있소?

답 : 본전이 없습니다.

문 : 본전이 없는데 어떻게 양식과 땔나무를 산다는 말이오?

답 : 봉천부 지방에 친척[親眷]이 있어서 본전을 빌려 양식과 땔나무를 사가지고 등주에 돌아가서 그것을 팔아 이윤을 벌려고 하였습니다.

문 : 공객들 가운데 장사하는 사람이 있다면 (저들) 또한 상품[貨物]을 가지고 있소?

답 : 없습니다.

문 : 세 여인이 모두 남편이 있는데 한 여인만 남편이 없는 것은 무엇 때문이오?

답 : 서徐 씨 여인, 손孫 씨 여인, 수隨姓 씨 여인은 각각 자신들의 남편을 따라 봉천부에 가는 길이었습니다. 저 우于 씨 여인은 그 남편 이름이 유삼劉三인데, 지금 복주復州240에 있으므로 남동생 우문례于文禮가 그녀를 데리고 남편이 사는 곳에 가려고 한 것입니다.

문 : 유삼은 어느 곳 사람이며, 복주에서 무슨 일을 하오?

답 : 본래 복주의 농민입니다.

문 : 임사영과 유준영, 손성구 세 사람이 그 처자를 데리고 가는 것은 무엇 때문이오?

답 : 가난한 데다가 밑천이 없어서 그저 이사를 가서 밥벌이를 할 생각이었습니다.

---

240 복주(復州) : 현재의 요녕성 와방점시(瓦房店市) 서북지역. 바닷가에 위치한 지역임.

문 : 당신이 탄 배는 관선官船이오, 사선私船이오? 자호字號는 무슨 자를 쓰오?

답 : 사선이며 자호는 황자제십구黃字第十九입니다.

문 : 공객들은 모두 서로 친한 사람들이오?

답 : 각처에 사는 사람들이라 서로 친한 사람도 있고 서로 친하지 않은 사람
도 있습니다.

문 : 당신 표문票文 가운데 '장이순蔣利順'이라고 쓴 세 글자는 사람 이름이오?

답 : 장이순은 바로 선주船主의 성과 이름입니다. 선표船票 중에는 예例에 따라
선주의 성과 이름이 기재됩니다.

문 : 표문에 장술상張述相이라는 사람이 있는데 (표문에만) 이름만 있고 사람
이 없으며, 하록공夏祿公 이라는 자는 사람은 있는데 (표문에) 이름이 없
소. 무엇 때문이오?

답 : 장술상이 집에서 장가를 가기 때문에 하록공이 대신 왔습니다.

문 : 장술상과 하록공은 친구요, 친척이오?

답 : 고종사촌형제[姑舅兄弟]입니다.

문 : 저 공객들은 배를 빌려 탔소 아니면 뱃삯을 내고 탔소?

답 : 모두 뱃삯을 받았습니다.

문 : 한 사람이 내는 뱃삯은 얼마씩이오?

답 : 뱃삯은 똑같지 않아서 어떤 이는 대전大錢으로 1백을 받고 어떤 이는 소
전小錢으로 1백을 받았습니다.[241]

---

[241] 청나라의 대전과 소전은 액면가와 재질에서 차이가 있다. 청대 대전 가운데 특히 함풍(咸豊,
1851~1861) 연간에 주조된 저질 구리와 철로 만든 화폐는 주로 동전 제조에 있어 구리 및
납 원료 부족과 은화 부족 문제를 해결하기 위한 것이었다. 대전을 주조한 이유는 군자금을
조달하는 한편 정부의 재정수입을 늘리기 위한 것이었다. 반면 소전의 크기와 주조방법은 전통
방법을 계승하였다.

문 : 대전 1백은 얼마이며, 소전 1백은 얼마요?

답 : 대전은 1백 개를 1백이라고 하고, 소전은 16개를 가지고 1백이라고 합니다.

문 : 공객의 뱃삯[船雇錢]은 모두 얼마나 되오?

답 : 대전으로 계산[計賬]하면 10조[吊]242가 되는데, 소전으로 계산하면 43조가 됩니다.

문 : 뱃삯은 이미 받았소?

답 : 일찌감치 받았습니다.

문 : 뱃삯으로 받은 돈은 현재 가지고 왔소?

답 : 가지고 왔습니다.

문 : 금년에 당신 지방에 농사[年事]는 어떠하오?

답 : 모든 곳이 다 풍년인데 유독 등주만 좋지 않습니다.

문 : 공객 중에 수재秀才 시험에 응시하여 합격[應擧]한 사람이 있소?

답 : 없습니다.

문 : 봉천부는 등주부에서 몇 리나 되오?

답 : 뱃길[水路]로 2백여 리에 불과합니다.

문 : 봉래현과 복산현은 등주부에서 몇 리나 되오?

답 : 봉래현은 등주부登州府 치내治內에 있고, 복산현은 등주부에서 1백 30리 거리에 있습니다.

문 : 봉천부는 복주復州243·해주海州244·영해寧海245·요양遼陽246·수암岫巖247

---

242 조(吊) : 여기서는 조문의 뜻이 아니라 옛 중국의 화폐 단위.
243 복주(復州) : 지금의 중국 요녕성 와방점시(瓦房店市) 서북부.
244 해주(海州) : 지금의 중국 강소성(江蘇省) 연운강시(連雲港市)의 옛 이름.
245 영해(寧海) : 지금의 중국 절강성(浙江省) 영파시(寧波市) 직할 현으로 바다를 접하고 있다.

등의 현縣과 각각 몇 리나 되오?

답 : 봉천부에서 복주현이 5백 40리이고, 해주까지가 2백 40리이고, 영해까지가 7백 20리이고, 요양까지가 1백 20리이며, 수암까지는 5백리입니다.

문 : 봉천부에서 북경[皇城]까지는 몇 리나 되오?

답 : 1천 5백 리입니다.

문 : 당신들 중에 일찍이 북경에 갔다가 온 사람이 있소?

답 : 없습니다.

문 : 봉천부에서 변문구邊門口248인 봉황성鳳凰城까지는 몇 리나 되오?

답 : 5백여 리입니다.

문 : 봉래·복산·수암·복주·해주·영해·요양 등 고을에는 각각 관원이 몇 사람씩 있소? 하나하나 설명하시오.

답 : 봉래현에는 지현知縣·현승縣丞·교유敎諭·훈도訓導·전사典史가 있고, 복산현에는 지현·교유·훈도·순검巡檢·전사가 있고, 수암현에는 통판通判·순검이 있고, 복주현에는 지주知州·학정學正·이목吏目이 있고, 해주현에는 지현·훈도·순검·창관倉官·전리典吏가 있고, 영해현에는 지현·교유·창관·전리가 있고, 요양현에는 지현·학정·창관·이목 등의 관원이 있습니다.

문 : 당신들이 이미 육로로 가기로 한 즉 타고 온 배는 어떻게 처리하였소?

답 : 불태웠습니다.

---

246 요양(遼陽) : 지금의 요녕성 요양시(遼陽市) 일대이며, 심양의 남쪽에 위치.
247 수암(岫巖) : 지감의 요녕성 수암만족자치현(岫巖滿族自治縣). 요동반도이 북쪽에 위치.
248 변문구(邊門口) : 국경지역 관문.

문 : 당신들이 배를 이미 불태웠다면 실려 있던 짐[卜物]은 모두 가지고 왔소?

답 : 귀국의 (현지의) 관리[官人]가 점검하여 포장하고 장부[賬本]에 기록한 뒤에 도장을 찍고[打印] 보호하여 보내주었으니 모두 귀국의 은혜[恩典]입니다.

문 : 이전에 당신 나라 사람들 중 우리나라에 표류해 들어온 사람들 중에는 배가 손상이 되었으면 그대로 수리하여 물길로 돌려보내는 것이 옛 관례였소. 지금은 당신들 배가 완전하며 튼튼한데도 당신들을 특별히 염려하여, 이처럼 엄동설한을 당하여 연약한 여자와 어린아이를 데리고 바다를 건너기가 어렵다고 보아 육로로 보내주도록 한 것이니 편안하게 귀가歸家하기를 바라오.

답 : 저희는 파도에 휩쓸려 거의 죽었다 살아나 천행으로 귀국에 도착하여 의복과 음식을 후하게 대접받아 목숨을 구하고 따듯하고 배불리 먹었습니다. 또한 약한 여자와 어린 아이들이 바다를 건너기 어려울 것을 염려하시어 특별히 육로로 돌아가게 해 주셨으니 모두 예외적인 특별한 은혜입니다. 이러한 덕분에 이상의 허다한 사람들의 목숨이 위험에서 벗어나 편안하게 고향으로 생환하게 되었으니, 이제부터는 하루 빨리 돌아갈 수 있기만을 바랄 뿐입니다. 귀국의 은덕은 하늘처럼 높고 땅처럼 두터워 머리에 들 수 없으니 한없이 감축感祝을 드립니다.

12-5

○ 문장 형식 : 계문啟文

○ 국사편찬위원회 번역문 제목 : 馬梁鎭 漂漢人 弘濟院에서의 問情이 領率譯官 洪宅福의 問情과 다름이 없으니 바로 發送하게 할 것을 청하는 備邊司의 啓辭

○ 원문 제목 : 표인漂人

○ 일자 : 정조 18년 1794년 11월 11일음

○ 출처 : 비변사등록 182책

마량진에 표착한 중국인들이 위의 기록으로부터 4일 후에 홍제원에
도착하였고, 이들을 문정問情한 결과, 이들 표착인들 또한 속히 고국으로
돌아가기를 원하는 만큼 먼저 출발한 동지사 일행을 따라잡기 위해 서
둘러 출발시키기로 한다.

비변사에서 아뢰었다.

"마량진馬梁鎭에 표류했던 한인들을 홍제원弘濟院에서 인계받은 뒤에 본 비변
사의 낭청과 역관을 시켜 심문해 보니, 인솔해온 역관 홍택복弘宅福가 심문했
을 때의 문답과 별로 다른 것이 없으므로 정서正書하여 입계入啓합니다. 이번에
표류해 온 사람들은 모두 빨리 돌아가기를 원하고 있고, 동지사 사행단이 출
발한 지 이미 오래되었으므로 곧바로 보내는 것이 어떻겠습니까?"

왕이 답했다. "윤허한다."

사건번호 13

전남 나주 하의도^{荷衣島}에 표류한
중국 복건성^{福建省} 하문^{厦門} 장주부^{漳州府} 해징현인^{海澄縣人} 및
홍의도^{紅衣島}에 표류한
중국 강소성 진강^{鎭江} 단양현인^{丹陽縣人} 51인

　　전남 나주 하의도와 홍의도에 표착한 중국인 51명에 대한 사건 처리를 다루고 있다. 하의도와 홍의도의 표착민 발생 시점이 며칠 상간이지만 하의도의 경우 이미 한 달 전에 보고가 올라왔음에도 경사에서 이제야 역관을 파견하고 있으며, 홍의도의 경우는 이제 보고가 올라왔다는 점에서 정조 때와 비교할 때 중앙과 지방 현지의 업무 처리가 매우 느려졌다는 점을 확인할 수 있다.

13-1

○ 문장 형식 : 계문^{啓文}

○ 국사편찬위원회 번역문 제목 : 羅州牧 荷衣島에 표류한 중국인이 陸路로 本國에 귀환할 때 조정에서 편의를 도모하게 할 것 등을 청하는 備邊司의 啓

○ 원문 제목 : 하의도에 표도한 대국인을 육지로 송환시킬 것^{[河衣島漂到}^{大國人從陸還送]}

○ 일자 : 순조 24년 1824년 11월 24일음

○ 출처 : 『비변사등록』 제212책

'나주목羅州牧 하의도荷衣島에 표류해온 37명은 대청국大淸國 복건성福建省 장주부漳州府 해징현海澄縣 사람으로 행상을 하다가 표류해온 것으로, 경성에서 만부灣府, 의주로 전송轉送하여 북경北京에 들여보내도록 조처하고 있다.

비변사에서 계문을 올려 아뢰었다.

"전라감사 박기수朴綺壽의[249] 장계를 보니 다음과 같습니다. '나주목羅州牧 하의도荷衣島[250]에 표류해온 37명은 대청국大淸國 복건성福建省 장주부漳州府 해징현海澄縣[251] 사람들로, 장사를 다니다가 표류해 (조선에) 이른 자들입니다. 돛이 부러지고 배에 물이 새서 바다를 건널 수 없으므로 육로로 돌아가기를 원합니다. (저들은) 경사의 역관이 내려오면 문정을 한 뒤 행장을 꾸려서 보내고[治送][252], 선박의 목재船材는 태워버리고, 물건을 저렴한 값으로 매각하고[斥賣][253] 육로로 회송시키는 등의 절차에 대해서는 삼가 비변사[廟堂]에서 대책회의[行會]를 하시기를 공손히 기다리겠다.'고 하였습니다. 표착인들의 배가 이미 파손되었으니 저들이 원하는 대로 육로로 돌려보내고, 옷을 지어 주고 조석으로 먹을 것을 제공하기를 착실히 행하게 하여 조정에서 넉넉히 보살피는 뜻

---

249 박기수(朴綺壽, 1744~1845) : 조선 후기의 문신. 1824년 전라감사가 되어 부호들의 옥사(獄事)와 범행자들을 철저하게 조사하여 실효를 거두었다. 1825년 하의도(荷衣島)에 표류한 중국인을 심문할 때 배에 실렸던 철물이 장부에서 누락된 일이 생겨 파직된 적이 있는데, 관련한 내용이 여기에도 등장한다.

250 나주목(羅州牧) 하의도(荷衣島) : '나주목'은 현재 전라남도 나주시와 나주군의 일부를 포함하는 옛 행정 구역. '하의도'는 전남 신안군의 섬들 가운데 하나. 『한국고전용어사전』 참조.

251 장주부(漳州府) 해징현(海澄縣) : 지금의 복건성 장주시(漳州市) 용해구(龍海區) 동쪽과 하문시(廈門市) 해창구의 동부가도(除東孚街道)를 제외한 지역의 옛 지명. 명나라 말 중국의 중요한 대외무역항 중의 하나였음.

252 치송(治送) : 행장을 차려 떠나보냄.

253 척매(斥賣) : 저렴하게 물건을 팔아치움.

을 보이도록 해야겠습니다. (저들이 지나가는) 도중에 쇄마刷馬[254] 배정과 잡인 접근 금지, 호송 등의 일을 모두 단단히 타일러 경계하도록 하시고, 파견할 담당자[差員]를 정하여 차례대로 인수인계하여 경성京城으로 데려오도록 하십 시오. 경성에서 의주[灣府]로 전송轉送하여 (의주를) 북경北京으로 들어가는 지점 으로 삼으십시오. 저 사람들의 물건 가운데 운반할 수 있는 것 또한 쇄마刷馬를 통해 교대로 운반하게 하고, 무거워서 운반하기 어려운 짐과 팔아버리기를 원하는 물건은 넉넉하게 값을 쳐주고, 파손된 배와 버려둔 물건은 저들이 보 는 앞에서 모두 태우고, 중국어 역관 1인을 해당 원院에서 정해서 말을 주어 내려 보내어 다시 사정과 연유를 묻게 하십시오. 자문咨文도 승문원[槐院]에 미 리 작성하도록 하여 재자관齎咨官을[255] 정해 (중국에) 들여보내도록 더불어 분 부하심이 어떻겠습니까?"

왕이 답했다. "윤허한다."

13-2

○ 문장 형식 : 계문啟文

○ 국사편찬위원회 번역문 제목 : 羅州牧 荷衣島에 표류한 중국인이 陸路로 本國에 귀환할 때 조정에서 편의를 도모하게 할 것 등을 청 하는 備邊司의 啓[256]

---

254 쇄마(刷馬) : 조선시대 공적인 일에 사용되던 관용 말.

255 재자관(齎咨官) : 자문(咨文)을 보내기 위하여 파견하는 관원. 조선이 중국과의 교섭에서 비교 적 중요성이 적은 사안을 전달할 때 파견된 사신. 재자관으로 파견되는 사신은 주로 한어에 능숙한 사역원(司譯院)의 관원인 경우가 많았음. 예부 등의 아문에 외교문서인 주문(奏文) 혹 은 자문(咨文)을 전달하는 일을 하며 표류인·귀화인·월경인을 압송하는 임무를 담당하기도 한다. 『한국고전용어사전』, 『위키실록사전』 참조.

256 본 내용이 홍의도 표도인을 다루고 있으므로 제목이 적절하지 못하다. 원문의 제목이 더 타당 해 보인다.

○ 원문 제목 : 홍의도에 표류하여 온 대국인을 육로로 환송하는 일[紅衣島漂到大國人從陸還送]

○ 일자 : 순조 24년 1824년 12월 23일음

○ 출처 : 『비변사등록』 제212책

위의 신안군 하의도와 함께 이웃 홍의도에도 중국인 표착민이 발생하였다. 이에 비변사에서는 하의도에 표착한 사람들을 심문하러 서울에서 파견한 역관에게 이들에 대해서도 심문하도록 명한다.

　비변사에서 계문을 올리고 아뢰었다.

　"전라감사 박기수朴綺壽의 장계를 보니 다음과 같았습니다. '나주羅州 홍의도 紅衣島257에 표류한 14명은 대국 강남江南 진강부鎭江府 단양현丹陽縣258 사람들로 장사를 다니다가 표류해 온 자들인데, 배가 바다에 떠내려가 버려서 육로로 돌아가기를 원하고 있습니다. 나주 하의도荷衣島의 표착인들을 심문[問情]한 경성에서 파견한 역관에게 (홍의도 표착인에 대해서도) 전부 심문하게 하십시오. (표착인의) 물건을 매각하는 등의 절목 역시 전례를 살펴 시행하도록 한 후에 두 곳의 표착인을 한꺼번에 일시에 인솔해서 데려가는 일은 비변사에 여쭙고 처리하겠습니다'라고 하였습니다. 표착인의 배가 이미 떠내려가 없어졌으니 저들이 원하는 대로 육로로 돌려보내며, 의복을 지어 주고 조석으로 음식을 제공하며, 물건을 저렴하게 매각하는 등의 절목은 하의도 표류인의 전례에

---

257 홍의도(紅衣島) : 전라남도 신안군 흑산면 홍도리에 있는 섬으로 홍도라고도 불림.
258 진강부(鎭江府) 단양현(丹陽縣) : '진강부(鎭江府)'는 지금의 중국 강소성 진강시(鎭江市). '단양현(丹陽縣)'은 진강시 동남부에 위치하고 있으며 지금은 현급 시로서 단양시로 불림.

따라 거행하며, 경사의 역관이 앞서 이미 (하의도로) 내려갔으므로 그대로 방향을 돌려 (홍의도로 가서) 심문한 뒤 (두 섬의 표착인들을) 모두 인솔해서 오게 하여 북경으로 들여보내십시오. 또 이상의 내용에 대해 승문원에서 자문咨文을 작성하여 하의도 표착민을 인솔해 가는 재자관에게 함께 갖고 가도록 분부하는 것이 어떻겠습니까?"

왕이 답했다. "윤허한다."

13-3

○ 문장 형식 : 계문啓文

○ 국사편찬위원회 번역문 제목 : 荷衣島 등에 표류한 중국인들을 弘濟院에 머물게 한 뒤 사정을 물어보고 입을 의복을 題給하게 할 것 등을 청하는 備邊司의 啓

○ 원문 제목 : 하의도 표인들을 인계받아 홍제원에 입소시킬 것[河衣島漂人入接弘濟院]

○ 일자 : 순조 25년 1825년 1월 14일음

○ 출처 : 『비변사등록』제213책

하의도와 홍의도에 표착한 중국인 51명을 모두 서울로 오게 해서 홍제원을 거쳐 육로를 통해 중국으로 돌려보내겠다는 계문이다.

비변사에서 계문을 올리고 아뢰었다.

"전라도 나주목羅州牧의 하의도荷衣島와 홍의도紅衣島 두 섬에 표착한 사람이 합하여 51명인데, 얼마 지나지 않아 (서울로) 올라올 것입니다. 최근의 사례에 따라 곧 바로 홍제원弘濟院에서 받아 수용하고 다시 심문[問情]하고 입을 의복은 각 담당 관아에 분부하여 전례대로 지급하게 하시면 어떻겠습니까? 재자관齎咨官이 (이들을) 이끌고 가게 하되, 경유하는 각 도의 관찰사들에게 신칙하여 파견할 담당자를 정해서 차례대로 이끌어 호송하게 하고, 의주부[灣府]에 명하여 미리 (중국 국경지대) 봉성장鳳城將에게 통지하여 강을 건넌 후에 (청나라 측에서) 호송하도록 하는 것이 어떻겠습니까?"

왕이 답했다. "윤허한다."

13-4

○ 문장 형식 : 계문啟文
○ 국사편찬위원회 번역문 제목 : 荷衣島 등에 표류한 중국인들을 弘濟院에 머물게 한 뒤 問情한 결과와 問答 내용
○ 원문 제목 : '하의도와 홍의도 두 섬의 표착인들을 하룻밤 머물게 한 후 출발시키다[荷衣‧紅衣兩島漂人留一宿發送]' 및 '문정별단問情別單'
○ 일자 : 순조 25년 1825년 1월 19일음
○ 출처 : 『비변사등록』 제213책

나주목羅州牧 하의도荷衣島와 홍의도紅衣島 두 섬에 각각 표착한 사람들이 상경하여 홍제원에 유숙하게 조치하고 비변사에서 심문한 내용.

먼저, 하의도에 표착한 사람들은 복건성福建省 하문廈門 장주부漳州府 해징현海澄縣 사람들로 1824년 7월 1일에 설탕을 싣고 요녕성 요녕반도 서북부에 위치한 개평현蓋平縣에 가서 판매한 후 콩류로 바꾸어 1824년 10월 4일에 복건성 해징현으로 돌아오는 길에 10월 10일 풍랑을 만나

표류하다가 조선 땅 먼 바다[外洋]에 정박하였는데 10월 24일 밤에 또 큰 풍랑을 만나 생명이 위태롭게 되자 황급히 작은 배를 내려서 해안에 상륙한 것이었다. 이들의 진술에 따르면 급히 큰배에서 탈출하는 과정에서 팔려고 했던 물건들 대부분을 버리고 보석 일곱 덩어리와 인삼 6봉, 돈만 들고 내렸다고 한다.

한편, 인근 홍의도紅衣島에 표착한 사람들은 중국 강남에 위치한 강소성 진강부鎭江府 단양현丹陽縣 사람들로서 1824년 정월 20일 오늘날의 강소성 연운강시連雲港市에 해당하는 공유현贛榆縣 청구포靑口浦에서 콩깻묵을 사가지고 2월 24일 상해현上海縣으로 가서 콩깻묵을 팔았고 8월 10일에 관동關東의 대장하大庄河, 오늘날 河北省 唐山市 灤南縣에 가서 청두靑荳를 사가지고 10월 9일에 상해현으로 돌아오려고 하다가 풍랑을 만나 표류하다가 11월 1일에 조선 신안 앞바다의 섬에 표착하게 되었다고 진술하고 있다.

비변사의 심문 내용을 통하여 당시 중국 동해안의 여러 도시들은 육로가 아닌 해로를 통하여 활발히 무역하며 상업이 매우 번창하고 있었음을 짐작할 수 있다.

> 비변사에서 계문을 올리고 아뢰었다.
> "전라도 나주목羅州牧 하의도荷衣島 · 홍의도紅衣島 두 섬에 표류해온 중국인이 도합 51명인데, 홍제원弘濟院에 들어온 후에 비변사의 낭청郎廳과 역관譯官에게 심문[問情]하게 하였더니, 경역관京譯官 장순상張舜相이 (해당 지역에 가서) 심문했을 때의 문답과 특별히 다른 바가 없었으므로 정서正書를 작성하여 계문을 올립니다. 지금 저들 표착한 일행이 모두 속히 돌아가고자 원하니, 하룻밤만 묵게 하고 즉각 보내주는 것이 어떻겠습니까?"

왕이 답했다. "윤허한다."

전라도 나주목 하의도에 표류하여 도착한 중국인을 심문[問情]한 첨부문서[別單]

문 : 지난번 당신들은 대양에서 표류하다가 큰 풍랑을 만나 여러 날 동안 놀라고 간담이 서늘해지는 지경을 당하여 죽을 고생을 했는데 익사한 사람은 없소?

답 : 다행히 하늘의 도움을 입어 물에 빠져 죽은 사람은 없습니다.

문 : 당신들은 무슨 일로 작년 몇 월 며칠에 바다로 나와서 어느 지방으로 가는 길이었으며, 언제 큰 풍랑을 만났고 어느 날에 우리나라 지방에 표류하여 이르렀소?

답 : 저희들은 본선本船에 갖가지 설탕류[糖貨]를 싣고 작년 7월 1일에 개평현蓋平縣으로 가서 이것들을 판매하고 각종 콩으로 바꾸어서 10월 4일에 해징현海澄縣으로 돌아오다가 (10월) 10일 큰 풍랑을 만나 표류하다가 귀국의 큰바다[外洋]에 닻을 내렸습니다. (그러던 중 10월) 24일 저녁[晩晌]259 또 다시 큰 풍랑을 만나 본선이 심하게 요동쳐서[簸揚]260 생명이 위태로운 지경에 이르렀으므로 황급히 작은 배를 내려서 해안에 상륙하여 목숨을 도모하였습니다.

문 : 당신들의 본선에는 콩을 얼마나 실었으며 다른 해산물은 없었소?

답 : 황두黃豆 5백 20포대[包子], 청두靑豆 5백 30포대, 반두飯豆 50포대를 실었고, 또 흑채黑菜261 · 분조粉條262 · 우근牛筋263 · 우유牛油264 · 어포魚脯265 ·

---

259 만상(晚晌) : '만상(晚上)' 즉 저녁의 뜻.
260 파양(簸揚) : '파(簸)'는 키질을 해서 곡식을 까부는 것을 묘사함. '양(楊)'은 버드나무가 휘날리는 모습. 따라서 파양은 배가 심하게 요동치는 것을 표현.
261 흑채(黑菜) : 목이버섯.

양식糧食 · 소주燒酒 등의 물건이 실려 있었습니다.

문 : 아이구,[266] 그런 순간에도 정신 줄을 안 놓치고 물건들을 모두 (바다 위로) 집어던졌소[卸下][267]?

답 : 살아날 마음만 급해서 단지 요긴한 물건만 가지고 해안으로 올라왔습니다. 그 다음에는 귀국 관리께서 사람을 보내어 남아 있는 물건을 들고 나오도록 해주셨습니다.

문 : 당신들이 가지고 나온 것은 어떤 물건이고 우리 쪽 사람들이 가지고 나온 것은 어떤 물건들이오?

답 : 저희들이 가지고 나온 것은 원보元寶[268] 일곱 덩이와 인삼人蔘 6봉封, 전錢 16닢, 귀국 사람들이 가지고 나온 것은 각종 양식과 자질구레한 물건입니다.

문 : 당신들의 물건들 가운데 가지고 갈 수 있는 것은 가져가고 가지고 갈 수 없는 것은 어떻게 할 거요?

답 : 저희가 쓸 수 없으니 귀국에서 하시고 싶은 대로 하십시오.

문 : 당신들이 가는 길의 노자가 부족할 것을 생각해서 당신들이 가지고 갈 수 없는 저 10여 포대의 각종 양식이 들어있는 것이나 각종 자질구레한 물건이 들어있는 것, 그리고 침수된 1백 몇 십 포대의 양식이나 갖가지

---

262 분조(粉條) : 당면.
263 우근(牛筋) : 소 힘줄.
264 우유(牛油) : 소기름.
265 어포(魚脯) : 생선을 얇게 저미어 양념해서 말린 것.
266 해(咳) : 감탄사. '아이구', '와' 등의 뜻.
267 사하(卸下) : '卸'는 풀어서 던진다는 뜻. 따라서 '사하(卸下)'는 짐을 풀어서 아래로 던진다는 의미.
268 원보(元寶) : 중국에서 통용되던 옛 화폐로 주로 은으로 만들었고 황금으로 만든 경우는 매우 드물었다. 무게를 재어 화폐로서의 가치를 따지는 칭량화폐이며 배 모양 혹은 말발굽 모양으로 만들어졌다. 중국 전통시대를 묘사한 만화나 게임에서 지금도 자주 등장하는 것을 볼 수 있다.

물건들을 모두 시가에 따라 당신들에게 은자銀子로 쳐주고자 하오. 당신들 생각에 이를 받아들이겠소?

답 : 이는 귀국의 특별한 은혜이자 크나큰 덕이니, 실로 감당할 수 없습니다.

문 : 당신들은 어느 성省 어느 부府 어느 현縣 사람이오?

답 : 복건성福建省 하문廈門 장주부漳州府 해징현海澄縣 사람입니다.

문 : 당신들의 성姓은 무엇이고 이름은 무엇이며 나이는 몇 살이며 거주지는 어느 곳인지 각기 상세히 말해 보시오.

답 : 선주船主 석희옥石希玉 나이 36 해징현 거주.

선원[水手] 왕당王党 나이 45, 석안石按 나이 43, 채우蔡牛 나이 31, 임견林見 나이 50, 소신蘇臣 나이 51, 석사石獅 나이 26, 왕강王講 나이 52, 왕도王到 나이 40, 정청鄭淸 나이 32, 진영陳永 나이 30, 석규石葵 나이 37, 석건石乾 나이 42, 팽취彭取 나이 32, 왕만王萬 나이 36, 석이石異 나이 29, 장송張送 나이 43, 왕순王盾 나이 28, 증왕曾王 나이 36, 방칙方勅 나이 27, 왕곤王滾 나이 29, 석국石菊 나이 31, 왕흠王欽 나이 41, 진상陳相 나이 49, 석칙石勅 나이 24, 왕안王安 나이 27, 왕팽王彭 나이 31, 석은石恩 나이 25, 종도鍾陶 나이 50, 서애徐愛 나이 30, 임미林米 나이 26, 왕총王寵 나이 46, 석서石西 나이 19(이상 거주지 동안현同安縣). 석다石茶 나이 25, 석서봉石西封 나이 36, 진오륜陳五倫 나이 22, 진계陳溪 나이 40(이상 거주지 용계현龍溪縣).[269]

문 : 당신들이 모두 해징현 사람이라고 했는데 지금 조사해 보니 해징현에 거주하기도 하고 용계현에 거주하기도 하고 동안현에 거주하기도 하는

---

269 용계현(龍溪縣) : 지금의 중국 복건성 장주시(漳州市)의 일부.

구려. 동안현은 장주부의 속현屬縣이 아닌데, 이는 무슨 이유요?

답 : 선주가 해징현 사람이라서 표문票文을 내어줄 때 우리들의 성명을 모두 본현의 표문 위에 썼기 때문에 이처럼 모두 해징현 사람이라고 말했던 것입니다.

문 : 당신들은 기인旗人[270]이오, 아니면 민간인[民家]이오?

답 : 모두 민간인입니다.

문 : 선표船票와 신표身票를 모두 우리에게 보여줄 수 있소?

답 : 모두 있습니다.

문 : 해징현 표문 안에는 단지 34명만 나오는데, 지금 조사해 보니 3명이 더 있는데, 이유가 무엇이오?

답 : 왕총·진오륜·서애 3명은 표문이 발급된 후에 처음으로 나왔기 때문에 3명의 이름이 표문에 들어있지 않은 것입니다.

문 : 민해관閩海關[271](에서 발급한) 표문과 당신들의 성명이 맞지 않는데, 이는 무슨 이유요?

답 : 이 민해관의 표문은 배를 만들었을 때 내어준 것인데 해마다 이 표문을 가지고 나오기 때문에 성명이 맞지 않는 것입니다.

문 : 해징현에서 북경北京까지의 거리는 얼마나 머오?

답 : 6천 1백 30리입니다.

문 : 당신들의 현縣에는 지현知縣·교유教諭·훈도訓導·순검巡檢·전리典吏 등의 관원이 있소?

답 : 있긴 있습니다. 다만 저희들은 촌락[屯][272]안에서 살기 때문에 관원들의

---

270 기인(旗人) : 팔기(八旗)에 소속된 군인.
271 민해관(閩海關) : '민(閩)'이 복건성의 이칭이므로 '민해관'은 복건성 해관의 의미.

성명은 알지 못합니다.

문 : 당신들의 그곳 풍속은 어떠하오?

답 : 공부를 하는 사람도 있고 농사를 짓는 사람도 있고 장사를 하는 사람도 있습니다.

문 : 그곳의 농사 작황은 어떠하오?

답 : 다행히 아주 풍작입니다.

문 : 몇 번이나 출항했소?

답 : 저희들 모두 여러 차례 출항했습니다.

문 : 음식을 먹는 데 부족하지는 않았으며 입는 것이 춥지는 않았소?

답 : 저희들은 큰 바다에서 표류하여 만 번 죽을 뻔한 중에 다행히 귀국으로부터 각별한 돌봄을 받았습니다. 저희들에게 좋은 음식을 먹여 주시고 좋은 의복을 입혀 주었으며, 더구나 관리 분들이 먼 지방까지 오셔서 저희들을 충분히 돌보아 주셨으니, 귀국의 은혜가 하늘처럼 높고 땅처럼 두터워 정말 머리를 들 수 없을 정도입니다.

전라도 나주목 홍의도紅衣島에 표착한 중국 사람을 심문한 첨부문서

문 : 당신들은 오는 길 내내 고생하였는데 다들 병[蛬]은[273] 나지 않았소?

답 : 저희들 가운데 두 사람이 병이 나서 기침을 하는데 (상태가) 그디지 좋지 않습니다.

문 : 당신들은 어느 성省,[274] 어느 부府 어느 현縣 사람이오?

---

272 둔(屯) : 모으다, 주둔하다, 촌락 등의 뜻을 지니고 있는 글자이나 여기서는 촌락의 의미로 쓰임.
273 양(蛬) : 병(病)과 같은 뜻의 한자.
274 원문에 '성(省)' 자가 누락됨.

답 : 강남성江南省 진강부鎭江府 단양현丹陽縣275 사람입니다.

문 : 무슨 일로 지난해 어느 달 어느 날에 바다로 나와서 어느 곳으로 가던 길이었으며, 며칠에 큰 풍랑을 만나 표류하다가 우리나라 지방에 도착했소?

답 : 작년 정월 20일 공유현贛楡縣 청구포靑口浦에서 콩깻묵[豆餠]을276 사가지고 2월 24일에 상해현上海縣으로277 가서 콩깻묵을 팔았고 8월 10일에 관동關東의 대장하大莊河에278 가서 청두靑豆를 사가지고 10월 9일에 상해현으로 돌아오려고 했는데, 생각지 않게 큰 바다로 배가 나아가 큰 풍랑을 만나 11월 1일에 귀국의 지방에 표착하였습니다.

문 : 당신들은 상해현에서 6개월 동안 무슨 일[句當]279을 했소?

답 : 거기에서 장사를 했습니다.

문 : 우장牛庄은 상해현과 얼마나 떨어져 있소?

답 : 심양瀋陽 근처에 있습니다.

문 : 본선本船에 콩을 얼마나 실었소?

답 : 9백 75개의 포대를 실었습니다.

문 : 배에서 내렸을 때 몇 백 포대를 모두 내릴 수 있었소?280

답 : 풍랑을 만났을 때에는 안위安危가 목전目前에 있어 먼저 몇 백 포대를 버렸고 수백 포대의 남았던 콩들은 배가 부서질 때 풍랑을 따라 물속으로

---

275 단양현(丹陽縣) : 현재 중국 강소성 진강시(鎭江市) 동남부에 위치한 현급 시로서 단양시라 칭함.
276 두병(豆餠) : 콩기름을 짜고 남은 찌꺼기 즉 콩깻묵. 주로 흰콩이나 검은콩 찌꺼기로 만들며 가축의 사료나 비료로 사용.
277 상해현(上海縣) : 지금 상해시(上海市)의 옛 지명. 과거 상해현은 오늘날 상해시의 오송강(吳淞江) 이남 지역과 포동신구(浦東新區) 및 청포구(靑浦區) 등을 포함하고 있었음.
278 대장하(大莊河) : 중국 하북성(河北省) 당산시(唐山市) 난남현(灤南縣)을 흐르는 강.
279 구당(句當) : 임무 내지 사무를 의미.
280 원문의 능구(能句)는 능구(能够 : ~를 할 수 있다)의 오기로 보임.

가라앉아 버렸습니다.

문 : 당신들은 모두 몇 명이고 성은 무엇이며 이름은 무엇인지 모두 내가 듣

게 말하시오.

답 : 반명현潘明顯 나이 37.

곽지창郭之昌 나이 23.

냉홍상冷洪祥 나이 36.

냉홍청冷洪靑 나이 23.

곽명주郭明周 나이 29.

유정곤劉正坤 나이 53.

왕사능王士能 나이 53.

곽총성郭聰聖 나이 35.

황국운黃國雲 나이 36.

장대림張大林 나이 53.

심전안沈殿安 나이 43.

왕유년王有年 나이 23.

예계여倪啓余 나이 27.

주원발朱元發 나이 60 모두 단양현丹陽縣 거주.

문 : 신표身票와 선표船票를 모두 우리에게 보이시오.

답 : 다 있습니다.

문 : 오필원吳弼元 · 정영련丁永璉 · 이조년李朝年 · 왕사요王士饒 · 예가진倪加進은 표

문에는 적혀 있는데 모두 오지 않았으니 무슨 연고요? 또 왕유년 · 예계

여는 표문에 없는데도 왔으니 무슨 까닭이오?

답 : 왕유년은 그의 부친 왕사요 대신 왔고, 예계여도 그의 부친 예가진 대

신 추가로 왔습니다. 오吳라는 성을 가진 자와 이李라는 성을 가진 자와 정丁이라는 성을 가진 세 사람은 표문을 내었을 때 보증인을 세우고[懸保]281 오지 않았습니다.

문 : 이 한 통의 서신은 누구의 것이오?

답 : 그건 선주 왕명선王明選이 반명현에게 부탁하여 장성좌蔣聖佐에게 전하려 던 것입니다.

문 : 장성좌는 어느 곳 사람이오?

답 : 산동성山東省 등주부登州府 사람입니다.

문 : 당신들은 군인[旗시]이오, 아니면 민간인이오?

답 : 모두 민간인입니다.

문 : 살던 곳은 어느 정도 풍년이오?

답 : 10분의 5, 10분의 6 정도 풍년이 들었습니다.

문 : 당신들이 살던 곳에는 관원이 몇 명이나 있고 그들의 이름은 무엇이오?

답 : 있기는 있지만 이름을 알지 못합니다.

문 : 당신 단양현에서 북경까지의 거리는 얼마나 되오?

답 : 2천여 리 길입니다.282

문 : 오는 동안 접대가 혹 미흡한 점이 있었더라도 당신들이 이해해 주기를 바라오.

답 : 만 번 죽을 뻔 했던 끝에 살아난 목숨입니다. 스스로 필시 죽을 것으로 여겼는데 다행히 귀국에서 저희들을 불쌍히 여기시어 날마다 저희에게 밥을 주시고 옷을 주셨으며 몇 분의 나리들께서 저희를 보러 찾아오셨

---

281 현보(懸保) : 보증인을 세우다.
282 이천다로(二千多路) : '二千多里路'에서 '里'자가 누락된 것으로 추정됨.

습니다. 이처럼 저희를 잘 돌보아 주셔서 은덕이 하늘과 같은데 보답할
방법이 없습니다. 그저 감격스럽고 또 감격스러울 따름입니다.

13-5

○ 문장 형식 : 계문啟文

○ 국사편찬위원회 번역문 제목 : 荷衣島에 표류한 중국인들의 배에
  실린 鐵物을 成冊에서 누락시킨 해당 水使 등을 처벌할 것을 청하
  는 備邊司의 啓

○ 원문 제목 : 하의도에 표착한 한인들의 심문 시 배에 철물이 실려
  있었음을 누락 보고한 전라도 우수사를 심문하고 엄밀한 수사를
  진행하지 않은 전라도 관찰사를 파직하며 서울에서 파견한 역관을
  관련기관에서 죄를 묻도록 함[荷衣島漢人問情時, 粧船鐵物漏報之全羅右水使拿問, 不
  爲嚴查之道臣罷職, 當該京譯令攸司科治]

○ 일자 : 순조 25년 1825년 2월 14일음

○ 출처 : 『비변사등록』 제213책

하의도 표착민들을 상경시켜 심문하는 과정에서 3천 5백 43근의 철
물이 배에 실려 있었는데 이를 해당 지역 공무원이 보고하지 않았으며,
심지어 서울에서 역관을 파견시켜 심문을 하게 했음에도 보고서에 누락
시킨 것이 발각되었다. 이러한 사실은 위의 공식 문정별단에는 나타나
지 않고 있는데, 홍제원에서 하룻밤을 묵으면서 비변사의 담당자에게
표착인 중 누군가가 슬그머니 정보를 흘렸을 것이다. 문정별단 작성을
위해 심문을 할 때에는 잘못 실토했다가 혹시나 불이익을 당할까봐 말

을 못하다가 나중에 사실을 말했던 것이다. 이 사실을 안 비변사에서 전라도 감사 박기수에게 문제를 캐묻는 공문을 보내자 박기수는 반성하는 태도가 없이 변명으로 일관하면서, 급히 나머지 철물을 귀국길에 올라 이미 평양에 도착한 표착민들을 쫓아 평양감영으로 보내는 것으로 일을 마무리하고자 하는 태도를 보인다. 이에 사태의 심각성을 느낀 비변사에서는 국왕에게 올린 보고서에서 이런 일은 예전에 없던 일이며 관련자들을 색출하여 엄중히 죄를 물을 것을 요구하고 있다. 이 사건은 당시 지방 관리들의 도덕적 해이가 심각한 상황이었음을 짐작하게 하며, 앞서 정조 때의 상황에 비해 국왕의 리더십이 약화되었음을 잘 보여주고 있다.

비변사에서 계문을 올리고 아뢰었다.

"나주목羅州牧 하의도荷衣島에 표착한 중국 사람들을 받아 홍제원에 들이고, 다시 심문問情을 하면서 비로소 배에 실은 철물鐵物이 있었음을 알게 되어 즉각 해당 도에 조사를 진행하라고 했었습니다. (이제 보고서가 올라왔는데) 전 감사 박기수朴綺壽가 비변사에 보고한 사연인 즉, '우수영右水營과 지방관을 엄하게 조사하였더니, 자료로 엮어[成冊] 보고한 내용 외에 배에 실려 있던 기록에 누락된 철물이 과연 3천 5백 43근이 있다고 하여 곧바로 득달같이 기영箕營으로283 수송하게 하였습니다'라고 하였습니다. 표착인을 심문하는 일에 있어

---

283 기영(箕營) : 평양감영의 이칭. 평양감영으로 철물을 보냈다는 것은 이미 표착민 일행이 한양 홍제원을 떠나 평양감영 가까이에 이르렀음을 짐작할 수 있다.
조선시대의 감영(監營)은 팔도(八道)에 각각 설치되었기 때문에 모두 여덟 곳에 있었다. 팔도의 감영은 각각 별칭이 있어서 경기감영은 경기의 '기'를 붙여 기영(畿營), 충청감영은 감영이 설치되었던 공주가 금강을 끼고 있었으므로 금영(錦營), 경상감영은 영남에서 유래된 영영(嶺營), 전라감영은 전주의 옛 이름 완산주의 머리글자를 취한 완영(完營)으로 불렸다. 또 황해감

관련된 것들은 모두 지극히 중요합니다. 나이와 거주지 확인으로부터 휴대한 물건에 이르기까지 크고 작은 것을 막론하고 물건마다 기록함에 있어 조금의 어긋남도²⁸⁴ 없게 하여 해당 감영에서 낱낱이 열거하여 장계로써 국왕에게 보고하면[狀聞]²⁸⁵하면, 서울의 해당 기관[京司]에서 다시 자문咨文을 작성하게 되어 있으니, 그 법례의 신중하고 엄밀함이 과연 어떠합니까? (더구나) 심문과 관련된 일이라면 비록 우연히 (실수로) 허물을 범하게 되었다 하더라도 너그럽게 용서할[曲恕]²⁸⁶ 수 없는 것인데, 이번에 해당 수사水使가 연좌된 것은 우연이라고 말할 수 없습니다. 구실을 붙여서²⁸⁷ 말하기를 관찰사[道臣]의 조사가 아직 끝나지 않았다고 하고 있지만 배에 실은 철물이 앞서 보고한 자료집[成冊]에 누락되었던 것은 수사水使 스스로도 시인하지 않을 수 없었으며, (철물을) 실어다 숨겨두고[掩置] 시일을 넘긴 것에 대해서도 해당 수사가 시인하지 않을 수 없을 것입니다. 보고하려고 했으며, 적절히 처리하도록 조처[區處]²⁸⁸ 하려 했다고 말하고 있지만 어디까지나 발각된 후에 미봉책으로 하는 말에 불과합니다. 이런 일은 전에 없던 일이어서 정말 놀랍습니다[驚駭].²⁸⁹ 우선 해

영은 해주에 있었으므로 해영(海營), 강원감영은 원주에 있었으므로 원영(原營), 함경감영은 함흥에 있었으므로 함영(咸營), 평안감영은 패수 즉 대동강에서 유래한 패영(浿營), 평양의 이름 유경(柳京)에서 유래한 유영(柳營), 또는 기자의 옛 터전이라고 하여 기영(箕營)으로 불리기도 하였다. 조선후기의 감영은 관찰사가 순찰사직을 겸하면서 순영(巡營)으로도 불렸다. 감영의 명칭은 1910년 관찰사가 도장관(道長官)으로 바뀌면서 도청으로 바뀌었다. 『위키실록사전』 참조.

284 차상(差爽) : 사리에 어긋남.
285 장문(狀聞) : 조선시대에 관찰사·병마절도사·수군절도사 등 왕명을 받들고 외방에 파견된 신하가 민정을 살핀 결과를 국왕에게 장계(狀啓)로 올려 보고하는 일. 『한국고전용어사전』 참조.
286 곡서(曲恕) : 널리 너그럽게 용서함.
287 원문의 '자왈(藉曰)'은 '자구왈(藉口曰)'의 축약된 표현. '구실을 빌려서 말하다' 내지 '핑계를 대어 말하다'의 뜻.
288 구처(區處) : 변통하여 안배함.
289 경해(驚駭) : 깜짝 놀람.

당 부서에서 나문拿問하고[290] 중감重勘하도록[291] 해야겠습니다. 관찰사의 경우를 말하자면 처음 장계를 올릴 때 제대로 살피지 못한 것도 그 책임을 면하기 어려운데, 정작 저희 (비변사가 보낸) 문서[關文]를 보고도 두려워하는 생각[惕念][292]과 엄중히 조사하려는 뜻이 조금도 없이, 곧장 자료집으로 보고한 것에 대해 별달리 누락된 것이 없는 것처럼 말을 만들어 방보防報[293]하면서 마치 그곳 현지에서 시행한 것에 다 잘 갖추어진 것처럼 말하고 있습니다. 그렇다면 배 전체에 실려 있던 철물이 79근의 소량에 지나지 않는다고 말하는데 대해 추가로 의심이 생기지 않을 수 있겠습니까? 앞으로 보나 뒤로 보나 경솔하고 소홀하며 내린 조치도 한심하기 그지없습니다. 해당 관찰사를 법에 따라 파직 처리를 해야 하겠습니다. 도성 파견 역관의 자격으로 (현지에) 내려가서 심문을 맡았던 자도 심문을 하면서 응당 이 같은 일에 대해서 물었어야 마땅할 것인데, (역관이 제출한) 수본手本[294] 안에도 (이와 관련하여) 조금도 언급한 바가 없습니다. 이 일은 전례를 살펴서 당연히 응당 시행했어야 할 일임에도 오히려 캐묻지 않았습니다. 거의 하릴없이 갔다가 하릴없이 돌아온 것과 같으니, 참으로 놀랍습니다. (역관이 현지에서) 일을 마치고 돌아오기를 기다려 해당 관청에 회부해서 엄하게 과치科治[295] 하고, 더불어 지금 적발된 철물들은 표착민들이 현재 당도한 곳으로 보내주되, 근냥斤兩과 수효가 전에 작성한 자문과 서로 어긋나니, 승문원에 분부하여 즉시 수정해서 작성하게 하고, 금군禁

---

290 나문(拿問) : 죄인을 잡아들여 심문함.
291 중감(重勘) : 무겁게 힐문함.
292 척념(惕念) : '척(惕)'은 두려워하다, 걱정하다는 뜻. 따라서 척념은 두려운 생각.
293 방보(防報) : 상급 관청의 지휘대로 업무를 수행할 수 없을 적에 그 이유를 변명하여 올리는 보고. 『한국고전용어사전』 참조.
294 수본(手本) : 상급기관이나 관계관청에 보고하는 자필로 쓴 문서.
295 과치(科治) : 법률에 의거하여 죄를 다스림.

軍 가운데 사람을 정하여 파발마에 태워 의주부로 성화같이 내려 보내는 것이 어떻겠습니까?"

왕이 답했다. "윤허한다."

사건번호 14

충남 홍주洪州 불모도不毛島에 출현한
영국 동인도회사 소속 로드 애머스트호의 개항 요청

영국 동인도회사 소속의 로드 애머스트Lord Amherst호가 개항을 타진하고자 조선에 온 사건을 다루고 있다. 조선에서 통상을 허락하지 않자 일본으로 향하였다. 당시 이 배의 통역관은 독일인 개신교 선교사 카를 프리드리히 아우구스트 귀츨라프Karl Friedrich August Gützlaff, 郭實獵, 郭士立, 1803~1851였다. 그는 선교를 위해 중국어를 배웠기 때문에 조선의 역관과 중국어로 소통하였다. 또한 『비변사등록』에는 실려 있지 않지만 조선에 체류하던 한 달 남짓 동안 주민들에게 한문 성경과 서적 및 약품을 나눠주었고, 감자와 포도주 재배법을 가르쳐 주었으며, 주기도문을 한글로 번역하여 가르쳐 주고, 한글 자모를 받아 적은 다음 이를 세계에 알렸다고 한다.[296]

이 사건과 관련한 『비변사등록』 기록에는 심문 기록은 남아 있지 않은데, 의외의 곳에서 찾을 수 있다. 조선 후기 문신 김경선金景善, 1788~1853이 1832년 6월부터 1833년 4월까지 청나라에 다녀온 후에 작성한 견

---

[296] 이에 관한 보다 자세한 사항을 알고 싶으면 위키백과 '카를 귀츨라프', 『귀츨라프의 생애와 조선선교 활동』, 한국기독교역사연구소, 2009 참조.

문록『연원직지燕轅直指』1권의 「출강록出彊錄」의 임진년[1832]년 11월 25일의 기록에 「영길리국표선기英吉利國漂船記」라는 제목의 부록으로 심문내용이 실려 있다. 이에 따르면 당시 영국 상선에는 런던[蘭墩]과 인도[흔도사탄忻都斯坦]에 거주하던 영국인들이 타고 있었다. 이에 관해서는 '김주희 역, 한국고전번역원『연원직지燕轅直指』' 번역문을 참조할 수 있다. 또한, 김경선은 본문에서 사신단이 연경으로 들어가는 길에 중국에서 만든 역서曆書를 받아오기 위하여 해마다 중국에 파견된 황력재자관皇曆賫咨官 일행이 귀국 중이던 것을 도중에 만났다고 언급하고 있다. 김경선의 기록에 의하면, 비변사에서 이들 황력 사행단 인편에 보낸 해당 사건의 보고서를 본 중국 조정에서 사건 처리를 잘했다고 크게 만족하여 표창하는 유시를 내리고 상으로 조선 조정에 비단[緞] 80필을 내려서 황력재자관이 이를 받아서 갖고 가는 중임을 밝혀놓고 있다. 이를 통해서 볼 때 당시 청나라는 조선이 영국에 관심을 갖지 않기를 바라고 있음을 알 수 있다.

14-1

○ 문장 형식 : 계문啟文

○ 국사편찬위원회 번역문 제목 : 洪州 不毛島에 漂到한 英吉利船의 問情譯官을 청한 公忠監司 洪羲瑾의 狀啓에 대해 속히 역관을 내려보낼 것을 청하는 備邊司의 啓

○ 원문 제목 : 홍주에 표도한 영국인을 문정할 경사의 역관을 내려보낼 것[洪州漂到英吉利國人問情京驛官下送]

○ 일자 : 순조 32년 1832년 7월 6일음

○ 출처 : 『비변사등록』 제220책

홍주洪州, 지금의 홍성 지방의 불모도不毛島 뒤쪽 바다에 영국인의 배가 표착하여 역관이 필요하니 서울 비변사에서 속히 영어통역을 할 수 있는 역관을 파견해 달라는 요청을 받고 파견을 논의하는 내용이다. 당시 충청도 일대에는 영어 통역이 가능한 역관이 없었음을 알 수 있다.

비변사에서 계문을 올려 아뢰었다.

"충청감사[公忠監司]297 홍희근洪羲瑾298의 장계를 보니 다음과 같습니다. '홍주洪州 지방의 불모도不毛島299 뒷 바다에 이국의 배 한 척이 표착했는데 영국인이라고 합니다. 심문[問情]이 한시가 급하니 심문할 역관을 내려보내는 일을 비변사[廟堂]로 하여금 (왕에게) 아뢰고 처리하게[稟處] 하소서.' 하였습니다. 저들을 심문하는 일이 시급하니, 일을 잘 아는 역관 한 사람을 각별히 골라서 성화같이 내려 보내도록 해당 원院에 분부하시는 것이 어떻겠습니까?"

왕이 답했다. "윤허한다."

14-2

○ 문장 형식 : 계문啓文

○ 국사편찬위원회 번역문 제목 : 英吉利國人의 交易要請을 보고한 公忠監司 洪義瑾의 狀啓에 대해 不可함을 잘 깨우치고 奏文과 禮物은

---

297 공충감사(公忠監司) : 충청도관찰사. 조선후기 한때 공주와 충주를 합하여 공충도라 명명하였음.

298 홍희근(洪羲瑾, 1767 ~ 1845) : 1801년(순조 1) 진사를 거쳐, 1809년 별시문과에 갑과로 급제하여 대사간·호조참판·관찰사를 역임. 1817년 동지사(冬至使)의 서장관(書狀官)으로, 1829년에는 부사로 두 차례 청나라에 다녀옴. 본문은 1832년 홍희근이 공충도관찰사로 있을 때의 일을 다루고 있다. 『한국민족문화대백과사전』 참조.

299 불모도(不毛島) : 충남 보령시 오천면 삽시 1리. 0.21㎢의 면적에 2.6㎞의 해안선으로 이루어진 서해안의 작은 섬.

돌려주도록 할 것을 청하는 備邊司의 啓

○ 원문 제목 : 영국인들이 교역을 요청함에 역관에게 문서를 잘 꾸며
서 예물과 함께 돌려주라고 함[英吉利國人要請交易, 令譯官措辭善爲奏文, 與禮物還給.]

○ 일자 : 순조 32년 1832년 7월 8일음

○ 출처 : 『비변사등록』 제220책

첫 번째 문서와 비교할 때 이틀 후에 작성된 이 계문에는 영국인이 당
도한 곳은 홍주 고대도古代島이며, 그 영국인은 표착한 것이 아니라 지방
관에게 임금에게 아뢰는 글[奏文]과 예물禮物을 주면서 교역을 요청하는
등 풍랑에 표착한 배가 아니라 상선임을 밝히고 있다. 또한, 멋대로 주
문과 예물을 받은 지방관의 잘못을 지적하면서 지금 사태가 급박하게
돌아가니 우선 이들이 사건 처리를 원만하게 처리하는 것이 중요하니
주문과 예물은 정중히 돌려주고 이들에게 대우를 극진히 하되, 무역거
래는 허락하지 않는 것으로 결론이 났다. 사건 처리가 끝나면 이들 담당
지방관들을 파면시킬 것을 국왕에게 건의하여 국왕으로부터 허락을 받
아내고 있다.

앞서 설명한 바와 같이 심문한 내용이 별도로 있었으나 『비변사등
록』에는 찾아볼 수 없다. 이 문건은 심문내용을 전제로 작성된 글이다.

비변사에서 계문을 올리고 아뢰었다.

"충청감사[公忠監司] 홍희근洪羲瑾의 장계를 보니, 수군우후水軍虞候300 김형수金瑩

---

300 수우후(水虞候) : 조선시대 각 도의 수영(水營)에 두었던 정4품 무관 또는 수군우후(水軍虞候)
의 준말. 『한국고전용어사전』 참조.

綾 · 홍주목사洪州牧使 이민회李敏會의 첩정牒呈301을 낱낱이 들어 아뢰기를, '홍주 지역 고대도古代島에 표착한 사람들은 언어가 통하기 어려워 글자로 심문하였는데, 이들은 영국 사람들이며 우의友誼를 베풀어 서로 교역하기를 요청하였다고 합니다. 이른바 주문奏文과 예물禮物을 지레[徑先]302 받은 것은 일의 정황[事體]303을 헤아려보면 매우 마땅하지 못합니다. 해당 수군우후와 및 홍주목사를 우선 파출罷黜304하고 그 죄상을 해당 관아로 하여금 품처稟處305하도록 하소서. 영국인들이 요청한 사항이 몹시 엄중한 일이고 또 전례가 없으니, 청컨대 비변사[廟堂]로 하여금 품처하게 하십시오. 지금 심문한 내용을 보니 그 나라의 상선이 서남쪽 대양에서부터 왔으며, 그저 이곳에 오려고 왔을 뿐 풍랑에 표류해서 온 것이 아니라고 말한 것은 사실이 아닌 듯합니다. 상주문上奏文과 예물을 주고 우의를 베풀어 교역을 허락해 주기를 청하는 등의 일은 비단 (우리나라와 영국) 사이의 거리가 너무 멀어서 저들의 사정을 헤아리기 어려울 뿐만 아니라 번국藩國의 경우들을 따져보면 다른 나라와 사사로운 교류를 하는 것이 마땅하지 않음이 있습니다. 이러한 뜻을 문정하는 역관에게 칙유飭諭하여 잘 전하도록, 상주문과 예물 등은 저들에게 돌려주고 즉시 돌아가게 하되, 양식을 제공하는 등의 일은 관찰사[道臣]'에게 별도로 타일러 넉넉하게 접대하여 멀리서 온 사람에게 부드럽게 하는 뜻을 보이도록 하소서. 해당 수군우후와 홍주목사가 전후로 조처한 바는 모두 착오를 면치 못하였으니, 충청도의 관찰사를 파직시키는 것이 실로 적절하겠습니다. 지금 변방의 상황이

---

301 첩정(牒呈) : 하급기관에서 상급기관으로 올리는 문서.
302 경선(徑先) : 앞질러, 지레.
303 사체(事體) : 일의 이치와 정황.
304 파출(罷黜) : 파면.
305 품처(稟處 : 아뢰고 처리함. 즉 보고 후 처리함.

급박한데, 서울에서 후임을 파견해서는 시간을 맞출 수 없으니, 파직시키는 일만은 잠시 행하지 마시고 모두 죄를 진 채 일을 처리하도록 하고, 임무를 끝마친 뒤 품처하도록 하는 것이 어떻겠습니까?"

왕이 대답했다. "윤허한다."

14-3

○ 문장 형식 : 계문啟文

○ 국사편찬위원회 번역문 제목 : 英吉利人의 私書를 받아 둔 水使 李載亨의 처벌을 청한 公忠監司 洪義瑾의 狀啓에 대해 水使의 罷職과 牧使 등의 罷黜을 청하는 備邊司의 啓

○ 원문 제목 : 홍주에 표도한 영국인의 사서私書를 받아서 갖고 있던 해당 수사를 파직시키고 홍주목사와 우수후는 파직 후 체포하여 신문하며 관찰사는 철저히 조사할 것[洪州漂到英吉利國人私書, 受而留之之該水使罷職, 洪州牧使及水虞候罷拿, 道臣重推]

○ 일자 : 순조 32년 1832년 7월 18일음

○ 출처 : 『비변사등록』 제220책

상선의 영국인들로부터 받은 주문奏文과 예물禮物을 다시 돌려주려고 하였으나 영국 상선이 돌려받지 않으려고 완강히 버티고 있다는 보고이다. 이를 통해서 당시 서양 상선들이 조선과 교역을 하려는 의지를 강하게 피력하고 있음을 알 수 있다. 비변사에서는 애초에 지방관이 이것들을 받지 않았으면 빌미를 주지 않았을 텐데 지방 관리들이 처신을 잘못했다고 이들을 벌줄 것을 강력하게 주장하고 있다.

비변사에서 아뢰었다.

"충청도 감사 홍희근洪羲瑾의 장계를 보니 이르기를 '홍주 땅 고대도로 인도하여 정박시킨 영국 사람의 사서私書는 당연히 외교적 의미가 들어있지 않다는 점을 들어 이치에 근거하여 돌려보내야겠습니다. 그런데 (이 글을) 받아서 갖고 있게 된 것이 비록 창졸간에 벌어진 일이어서 미처 두루 생각하지 못한 소치라고는 하나, 변방의 상황을 생각해본다면 마땅하지 못한 처사였음을 면할 수 없으니, 수사 이재형李載亨의 죄상을 비변사묘당로 하여금 품처하게 하소서'라고 하였습니다. 지난번에 이 일로 이미 해당 수사에게 감봉[越俸]306의 처벌[典罰]을307 시행하도록 청하였습니다. 어제 (영국인을) 심문했던 역관의 보고서[手本]308를 보니, 저 사람들이 주문奏文과 예물禮物을 진상[封進]309하겠다고 했던 말은 결코 물릴 뜻이 없다고 한답니다. 일이 이렇게 된 데에는 오로지 문정관問情官과 수사[水閫]310가 상황을 파악해서 처음부터 막지 못하고[防遏]311 상주문과 예물을 받은 데에서 연유한 것입니다. 상주문과 예물을 동임洞任312이 받아오고, 수영水營에서 사사로운 편지[私書]를 전해 받아 보관[捧留]313 한 데에 이르러서는 하나 같이 처리를 잘못했다는 것을 벗어날 수 없습니다. (충청도 감사 홍희근洪羲瑾이) 해당 목사와 수우후을 파직시키는 것에 대해서는 잠시 중단

---

306 월봉(越俸) : 공무상 과오를 범한 경우의 감봉 처분. 봉급의 10분의 1을 감봉할 때에는 월 1등(越一等), 10분의 2를 감봉할 때에는 월 2등, 10분의 3을 감봉할 때에는 월 3등이라 하며, 8등을 초과하지 못함. 『한국고전용어사전』 참조.
307 전벌(典罰) : 법전에 의거하여 처벌함.
308 수본(手本) : 상관에게 보고하는 자필(自筆)의 보고서.
309 봉진(封進) : 임금에게 진상하는 물건을 봉하여 올리는 것. 『한국고전용어사전』 참조.
310 수곤(水閫) : 수영(水營) 또는 수군절도사(水軍節度使)를 달리 이르는 말. 네이버 한자사전 및 『한국한자어사전』(단국대) 참조.
311 방알(防遏) : 들어오지 못하게 막음.
312 동임(洞任) : 마을에서 소임을 맡은 사람.
313 봉류(捧留) : 바친 물건을 거두어 보관해 둠.

하고[姑寢]314 죄과罪科가 정해질 때까지 현직에 그대로 머물러 있으면서 업무를 보게[戴罪擧行]315 하자고 한 것은 바로 (영국인을) 심문하는 일이 긴급하므로 지체될까 염려하기 때문입니다. (하지만) 해당 도에서 올린 계문에 당해 목사가 병이 있어서 (자체적으로 처리하기 어려우니 비변사에서) 문정관을 별도로 정해서 차출해 달라고까지 청했으니, 지금 상황으로 보자면 사태를 종결짓고[竣事]316 일을 끝마치기를 기다린 뒤에 논감論勘317할 수는 없습니다. 충청도 수사 이재형도 파직시키시되, 홍주목사 이민회李敏會·수우후 김형수金瑩綬 둘을 우선 파면시키도록 해당 부서에서 잡아다 심문하고[拿問]318 처리하라 하십시오. 그 후임에 대해서는 각 해당 부서[曹]에 공지하여 (적절한 사람을) 차출해서 속히 내려보내게 하소서. 또 비록 문정하는 일만 가지고 말하더라도 녹도鹿島 동쪽의 작은 섬 두 섬은 홍주 지방의 장산長山에 소재한다고만 할 뿐, 본주로부터의 거리가 얼마나 되는지 상세히 물었어야 마땅한 일임에도, 전후에 충청도에서 올린 계문을 보니 소홀함을 면치 못하였습니다. 충청감사 홍희근에게 여러 죄를 물어 밝히시고,319 (영국인을 심문할) 역관에게 일체 엄히 신칙하여 엄한 말로 알아듣게 이끌어서 즉시 돌려보내게 하는 것이 어떻겠습니까?"

왕이 말했다. "윤허한다."

---

314 고침(姑寢) : 하던 일을 잠시 중단함.
315 대죄거행(戴罪擧行) : 죄를 머리에 인 채 업무를 거행한다. 즉 벼슬아치가 죄를 지었을 때 죄과(罪科)가 정해질 때까지 현직에 그대로 머물러 있으면서 업무를 보는 것을 말함.
316 준사(竣事) : 일을 마침.
317 논감(論勘) : 죄의 경중을 따져서 판단함.
318 나문(拿問) : 죄인을 체포하여 심문함.
319 종중추고(從重推考) : 벼슬아치의 죄과(罪過)를 경중에 따라 엄중히 캐물어서 밝힘.

14-4

○ 문장 형식 : 계문啓文

○ 국사편찬위원회 번역문 제목 : 英吉利船의 상황을 보고한 問情譯官
吳繼淳의 手本에 대해 奏文과 禮物은 本州官庫에 封置하도록 할 것
을 청하는 備邊司의 啓

○ 원문 제목 : 상주문과 예물을 넣어서 본 주에 보관해 둘 것.[入奏文禮物
留置本州]

○ 일자 : 순조 32년 1832년 7월 21일음

○ 출처 : 『비변사등록』 제220책

영국상선 로드 앰허스트호가 끝내 왕에게 올리는 상주문과 예문을 돌
려받기를 거절하고 배를 타고 떠나버렸는데, 조선 측에서는 이것들을 돌
려주려고 배를 몰고 쫓았으나 영국 배의 속도가 워낙 빨라 따라잡지 못했
다. 이에 조정에서는 현지의 담당 관리들을 벌주는 한편, 영국 상선에서
주고 간 물건을 모두 잘 수거해서 품목을 적고 보관할 것을 명한다.

　비변사에서 아뢰었다.

　"충청도[公忠道] 홍주 땅 고대도에 표류하다 도착한³²⁰ 이국선異國船을 심문한
역관 오계순吳繼淳³²¹의 전후 보고[手本]를 보니, '저들이 구하는 소·돼지·채소

320　영국상선이 표류하다가 조선에 온 것이 아님을 이미 파악한 상황에서도 비변사는 표류해 온
　　것으로 문서를 작성하고 있다.
321　오계순(吳繼淳, 1770~?) : 정조(正祖) 19년(1795) 을묘(乙卯) 식년시(式年試) 2등(二等) 3
　　위로 역과에 합격하여 역관으로 활동. 부친의 이름은 오도원(吳道源)으로 사역원주부(司譯院
　　主簿), 조부의 이름은 오필검(吳弼儉), 증조부(曾祖父)는 오덕양(吳德讓)이며 역대 역관 집안
　　임. 한국역대인물종합정보시스템 참조.

등 15종류를 이미 들여보내 주었고, 주문과 예물은 누차 돌려주어도 끝까지 받아 가지 않았습니다. (7월) 17일 유시酉時[322] 가량 되었을 때에, 조수潮水가 낮아지기를 기다려 닻을 올리고 서남쪽으로 향하는 것을 보고 즉시 좇아갔습니다. (그런데) 저들의 배는 재빠르고 우리 배는 질박하고 둔해서 점점 뒤처지게 되어 결국 돌려 전해줄 수 없었습니다'라고 하였습니다. 대저 이 배는 필시 바다에서 여러 나라와 장사를 하다, 우연히 우리나라 경계에 이르게 되어 상주문과 예물로써 교역을 시도해 보려고 계책을 부렸을 것입니다. (그런데) 계책이 곧장 이루어지지 않자 저들도 물러가지 않을 수 없었을 것입니다. 다만 저들이 주문과 예물을 그대로 둔 것은 매우 의아스러운 경우라 하겠습니다. 비록 먼 곳 사람들의 사정을 헤아리기 어렵지만, 우리의 조치는 신중해야 마땅할 것이므로, 우선 지방의 문정관과 역관 등으로 하여금 일일이 숫자를 대조한 후 야무지게 궤櫃에 봉한 다음 본주의 관고官庫에 보관하게 한 뒤 책으로 엮어 보고하라고 하십시오. 이 밖에 우리나라 사람들에게 준 서책은 국법에 어긋나는 물건이므로 남김없이 거두어 함께 봉해 두도록 하며, 심문했던 역관은 즉시 철수해서 돌아오라고 하십시오. 해당 섬의 백성들이 며칠 동안 대접하느라[323] 폐단이 필시 많았을 것이니 충청도 관찰사로 하여금 특별히 조처해서 (백성들 가운데) 거처를 잃고 흩어지는 피해가 없도록 분부하는 것이 어떻겠습니까?"

왕이 답했다. "윤허한다."

---

322 유시(酉時) : 오후 5~7시.
323 공억(供億) : 음식물을 준비하여 접대하는 것, 혹은 부족한 것을 제공하여 편안하게 함. 『한국고전용어사전』참조.

사건번호 15

전남 나주목羅州牧 흑산도黑山島에 표류한
중국 복건성福建省 장주부漳州府 조안현인詔安縣人 및
우이도牛耳島에 표류한
중국 봉황성鳳凰城 수양부首陽府 수양현인首陽縣人 44인

헌종 2년1836 12월 29일 전남 신안군 흑산도에 표착한 중국인들을 육로를 통해 돌려보낸 사건. 현지의 지방관들이 사건을 처리하는 과정에서 표착민의 배에 남아있는 물품을 제대로 보고하지 않는 상황이 발생하고 있어 조선 후기로 갈수록 지방관리의 도덕적 해이와 기강이 문란한 실상을 잘 보여주는 사건이다.

15-1

○ 문장 형식 : 계문啟文

○ 국사편찬위원회 번역문 제목 : 黑山島에 표류해 온 中國人들을 問情한 뒤 陸路로 돌려보낼 것 등을 청하는 備邊司의 啓

○ 원문 제목 : 흑산도에 표착한 사람들이 상경하는 연로沿路에 대한 당부[黑山島漂人上來時沿路申飭]

○ 일자 : 헌종 2년 1836년 12월 29일을

○ 출처 : 『비변사등록』 제224책

복건성福建省 장주부漳州府 조안현詔安縣 41명의 상인으로 구성된 중국인들이 풍랑을 만나 흑산도에 표착하게 되었으며, 선박이 심하게 파손되

어 해로로 돌아갈 수 없으므로 육로로 돌아가도록 조처하기를 제안하고
있다. 서울에서 역관을 직접 파견하여 자세한 이야기를 듣고 처리해 줄
것을 바라고 있다. 이러한 상황은 영조와 정조 때에는 전남과 충청도 해
안에 중국어 통역 전담 역관이 있었던 것과 차이가 있다

비변사에서 아뢰었다.

"전라감사 김흥근金興根[324]이 장계에서 보고하기를 '나주목羅州牧 흑산도黑山島
에 표착한 대국大國 사람 41명은 바로 복건성福建省 장주부漳州府 조안현詔安縣 사
람으로 행상行商을 하다가 표류해 온 자들인데, 타고 온 배가 많이 파손되어
육로로 돌아가기를 원하니 경역관京譯官이 내려와서 심문한 뒤에 보내는 것이
마땅합니다. 선재船材를 불태우거나 물건을 실어 운반해 주는 등의 일은 비변
사[廟堂]에서 회의를 거쳐 결정한 후에 진행하려고 생각하고 있습니다'라고 하
였습니다. 표류한 사람의 배가 이미 이와 같이 파손되었으면 저들이 원하는
대로 육로로 돌려보내야 할 것입니다. 의복을 지어 제공해 주고 아침저녁으
로 먹을 것을 보내주는 일을 착실하게 시행하여 (조선의) 조정朝廷에서 (저들
을) 넉넉하게 돌보아주는 뜻을 보이며, 연로沿路에서의 쇄마刷馬[325]와 잡인의
접근을 금하고 호송하는 등의 일을 하나 같이 신칙하되, 파견할 사람을 정하
여 차례대로 교대하게 하여 경성京城으로 올려 보내고 만부灣府[326]로 보내어 북
경에 들여보내도록 하며, 저들의 물건 중 운반할만한 것은 역시 쇄마를 교대

---

324 김흥근(金興根, 1796~1870) : 조선 후기의 문신. 1837년(헌종 3)에 동지부사로 동지정사와
　　　함께 청나라에 다녀왔다. 전라감사 이후 요직을 두루 역임했으나 안동 김씨의 권세를 믿고 자
　　　만하여 한때 전남 광양에 유배되기도 함.
325 쇄마(刷馬) : 지방에 배치했던 관용 말.
326 만부(灣府) : 함경도 의주부.

하여 운반하고, (저들이) 탔던 선박과 버릴 물건은 저들이 보는 곳에서 모두 불태우게 하며, 경사에서 파견한 역관은 근자의 예와 같이 차정해서 보내지 말고 심문을 담당했던 수영水營의 역학譯學으로 하여금 그대로 인솔해 올라오도록 하며, (조선에) 표착한 사람들을 (중국으로) 들여보내는 사유를 적은 자문咨文은 승문원[槐院]에서 미리 짓게 하고 자관咨官[327]을 정하여 (중국에) 들여보내는 것이 어떻겠습니까?"

왕이 답했다. "윤허한다."

15-2

○ 문장 형식 : 계문啓文

○ 국사편찬위원회 번역문 제목 : 羅州 牛耳島 漂流民을 이전의 黑山島 漂流民과 함께 北京으로 보낼 것 등을 청하는 備邊司의 啓

○ 원문 제목 : 나주 우이도에 표착한 대국인들을 흑산도에 먼저 표착해 있던 사람들이 있는 곳으로 인솔하여 함께 모아서 문정할 것[羅州 牛耳島漂到大國人, 領送黑山島先漂人處, 相會問情]

○ 일자 : 헌종 3년 1837년 1월 13일음

○ 출처 : 『비변사등록』 제225책

위의 흑산도에 표착한 사람들 외에 근처 우이도에도 3명의 중국인이 표착해 있음을 보고받는다. 우이도의 표착인 3명은 글자를 모르는 사람이라 글자를 통한 의사소통도 불가능하므로 흑산도에 표착한 사람들에

---

327 자관(咨官) : 자문을 전하기 위해 파견하는 관리.

게 데려가서 이들의 힘을 빌어 심문을 하는 방안을 건의하고 있다. 또한, 이 두 섬에 표착한 중국인들을 함께 모아서 육로를 통해 중국으로 귀환할 수 있도록 하는 방안을 제안하고 있다.

비변사에서 아뢰었다.

"전라감사 김흥근金興根의 장계를 보니, '나주목羅州牧 우이도牛耳島에 표착한 이국異國 사람 3명은 글자를 몰라서 문정問情을 하지 못하였고, 또 선박이 이미 완전히 파손되었습니다. 그런데 옷차림을 살펴보건대,[328] 청淸나라 사람들인 듯하니, 흑산도에 먼저 표류해 온 사람들에게 데려가서 문정한 뒤에 거취去就를 함께하는 것이 편하고 좋을 듯합니다'라고 하였습니다. 선박이 이미 모두 부서져서 물길로 돌아가도록 하는 것은 결단코 가망이 없습니다. 양쪽의 표착인들을 함께 육로로 가도록 조처하는 것은 이미 선례가 있고 실제로 편리하기도 합니다. 만약 심문 후 (올라온) 계문을 들어보신 뒤에 또 모든 관련 부서에 알리고[知會][329] 시행한다면 (저들이) 여러 날 머무름에 따른 폐단을 걱정할 만하니, 먼저 표착한 저 사람들을 함께 모아 심문해 보고 (저들도) 과연 청나라 사람으로 표류한 자들과 관계가 있다면 옷가지를 만들어 주고, 아침저녁으로 먹을 것을 제공하는 등의 일을 하나같이 먼저 표착한 사람의 예에 따라 신칙하여 시행하도록 하고, 한편으로 상황[形止]을 들어보시면서 저들도 함께 올라오게 하여 북경北京 땅으로 들여보내도록 하되, 승문원[槐院]에서 글을 지어 연유를 적은 자문咨文에 넣게 하면 어떻겠습니까?"

왕이 답했다. "윤허한다."

---

328 원문의 '第'는 따져보다, 살펴보다의 뜻.
329 지회(知會) : 모두가 알도록 통보함.

15-3

○ 문장 형식 : 계문啓文

○ 국사편찬위원회 번역문 제목 : 黑山島 漂到人의 問情 때 제대로 살피지 못한 全羅右水使 任百觀의 從重推考 등을 청하는 備邊司의 啓

○ 원문 제목 : 흑산도 표도인의 문정 때 제대로 살피지 못한 전라 우수사의 죄를 조사하고 譯學의 죄를 다스릴 것[黑山島漂人問情時失檢之人全羅右水使重推譯學科治]

○ 일자 : 헌종 3년 1837년 2월 18일음

○ 출처 : 『비변사등록』 제225책

흑산도黑山島에 표착한 표류민들의 배 안에 곡물이 1백 40여 포나 들어 있었는데, 이 사실을 보고하지 않았음이 추후 발각됨에 따라 비변사에서는 지방관들을 벌 줄 것을 건의하고 있다. 이를 통해서 당시 지방관과 수군의 도덕적 해이가 심각한 상황임을 짐작할 수 있다.

비변사에서 아뢰었다.

"전라 전 감사 김홍근金興根의 장계를 보니, 전 우수사 임백관任百觀의 보고서[牒呈]330를 낱낱이 들어 아뢰기를 '나주羅州 땅 흑산도에 표류해 온 사람들을 처음 심문할 때 자세히 살피지 못하여 선실 안 장신각藏神閣 아래에 있던 곡물을 후에 찾아낸 것이 1백 40여 포나 됩니다. 변방의 사정을 감안하더라도 심히 놀랍습니다. 해당 문정관 우수우후右水虞候 김언주金彦柱, 주진장主鎭長 흑산도

---

330 첩정(牒呈) : 하부에서 상부에 올리는 문서.

별장黑山島別將 한치서韓致敍, 교체한 지방관 지도진가장智島鎭假將 김계수金啓洙 등을 마땅히 엄중히 처단[嚴勘]331해야 합니다. 해당 수사는 우선 이미 파면시켰습니다. 해당 부서비변사에서 품처해 주시기를 청할 뿐 본영에서는 다시 논할 수 없는 상황입니다'라고 하였습니다. 표류해 온 배를 문정할 때 실린 물건은 집기 하나도 빠진 것이 없이 자세하게 아뢰는 일은 법률상 예例가 매우 엄함에도 불구하고 지금 이처럼 곡물이 나중에 나왔을 뿐 아니라 1백여 포가 넘습니다. 비록 별창別艙에 실렸었다고는 하지만 배 전체를 수색할 때 조사를 잘못했다가 오랜 뒤에야 파악하고 이처럼 나중에 아뢰는 것은 아무리 변방의 상황인 점을 감안하더라도 관련되는 바가 적지 않습니다. 해당 문정관은 이미 죄를 따졌으나, 일에 앞서서 살피지 못한 해당 수사 역시 경책이 없을 수 없으니 우선 죄의 경중을 따져 벌을 주고[從重推考], 해당 역학譯學332은 업무를 마친 뒤에 해당 기관에서 법에 따라 벌을 주도록 하소서. 비록 앞뒤의 보고문을 보더라도 문정하고 수색하는 사이에 기한을 지체하고 늦어짐이 지금 몇 달이나 되었습니다. (저들을) 속히 올려보내지 않아 주객主客이 모두 곤란하게 되어 문제가 됨이 심하니, 더욱 엄하게 신칙하여 속히 올려보내게 한 뒤에 상황[形止]을 들어보시고 또한 연로沿路에서 (저들을) 보살피는 등의 일을 감히 소홀하게 하지 않도록 신칙하심이 어떻겠습니까?"

왕이 답했다. "윤허한다."

15-4

○ 문장 형식 : 계문啟文

---

331 엄감(嚴勘) : 엄중히 따져 묻다 즉 엄중 처단하다는 뜻.
332 역학(譯學) : 다른 나라와 관계가 많은 중요한 지점에 주재하여 통역에 종사하던 종구품 벼슬.

○ 국사편찬위원회 번역문 제목 : 黑山島와 牛耳島 漂到人이 호송되던 중 礪山站에서 분실한 물건을 推給할 것 등을 청하는 備邊司의 啓

○ 원문 제목 : 나주 흑산도, 우이도 두 섬에 표도한 대국인들을 데리고 오던 길에 여산참에서 물건을 분실한 것에 대하여 찾아줄 것을 엄중히 신칙하고 지방관 및 호송차사원을 잡아 죄상을 따지고 역학의 죄상을 따지고 장계를 올려 보고하고 상고한 후 관찰사를 추고할 것[羅州黑山牛耳兩島, 漂到大國人上來時, 到礪山站見失物件, 嚴飭推給, 地方官及護送差使員拿勘, 譯學科治, 狀聞稽後之道臣推考]

○ 일자 : 헌종 3년 1837년 3월 14일음

○ 출처 : 『비변사등록』 제225책

흑산도와 우이도에 표착한 청나라 사람들이 도합 44명이며, 이들의 배에 실린 물건 중에 은銀 2덩이 각각 무게 53냥, 홍전紅氈 3척尺, 회색 균주灰色繭紬 11척을 여산참礪山站에서 실어 올 때에 분실했다는 보고이다. 지방관의 도덕적 해이가 심각한 상황에 이르러서 조정에서도 당황해하는 모습을 엿볼 수 있다.

비변사에서 아뢰었다.

"충청감사 심의신沈宜臣[333]이 올린 장계를 보니, 호송차사원護送差使員[334]과 진잠현감鎭岑縣監[335] 지제목池濟穆의 첩정을 낱낱이 들어 '전라도 나주목 흑산도와

---

333 심의신(沈宜臣, ?~?) : 조선후기 중앙관 사간원대사간(司諫院大司諫). 순조(純祖) 29년(1829) 기축(己丑) 정시(庭試) 병과(丙科) 26위, 순조(純祖) 10년(1810) 경오(庚午) 식년시(式年試) 진사 3등(三等) 23위(53/100). 한국역대인물 종합정보시스템 참고.
334 차사원(差使員) : 관찰사 등이 특정 임무를 맡겨 파견하던 임시 관원.

우이도에 표도한 대국大國 사람 도합 44명과 저들이 가지고 온 짐짝[卜物] 59꾸러미 반이 이번 달 9일에 은진恩津 경계에 도착하였으나, 물건 중에 은銀 두 덩이 각각 무게 53냥, 홍전紅氈336 3척尺, 회색 견주繭紬337 11척을 여산참礪山站338에서 운반해 올 때 분실하였습니다. 이에 속히 찾아보내라고 성화 같이 해당 도의 감사에게 공문을 보냈습니다'라고 하였습니다. 표류해 온 중국인을 육로로 송환시킴에 있어 소지한 물건을 연로沿路에서 교대로 전달함은 본래 원칙이 있어서 비록 하찮은 작은 물건이라도 빠뜨리거나 어긋나게 할 수 없다는 것을 얼마나 엄중하고 분명히 신칙하였는데, 지금 이렇게 은자銀子와 털 담요와 비단이 여산참에서 분실되었다고 운운하는 것은 전에 없던 일이며 참으로 수치스럽습니다. 호송의 엉성함과 진행의 소홀함이 참으로 놀랍습니다. 분실한 해당 지방관과 호송차사원을 모두 해당 부서에서 잡아다 죄를 물어 처벌하도록 하고, 역학譯學은 일을 마치기를 기다려 해당 기관에 보내어 엄하게 법에 따라 죄를 다스리게 하소서. 제대로 조사하지 않은 잘못에 대해 경책이 없을 수 없으며, 출발 일자를 보고한 보고서가 이제야 겨우 도착했으니, 이 또한 매우 지체된 것이니 전라감사 이헌구李憲球를 추고하소서. 잃어버린 물종物種을 더욱 엄격히 수색하여 현지에서 찾아주는 것을 그만둘 수 없으나, 지금 여러 날이 지났는데 아직도 분명히 가려내지 못하니[皁白]339 매우 소홀하다 하겠습니다. 우선 각별히 엄하게 신칙하여 숫자대로 찾아서 즉시 뒤쫓아 전해준 뒤에 상황을 아뢰라고 성화같이 알려야겠습니다. 표도한 사람들이

---

335 진잠현(鎭岑縣) : 지금의 대전광역시 진감면.
336 홍전(紅氈) : 짐승의 털로 짠 붉은 빛깔의 천. 『한국고전용어사전』 참조.
337 견주繭紬 : 누에고치에서 뽑은 실을 사용하여 짠 얇은 견직물.
338 여산참(礪山站) : 여산은 익산의 옛 명칭.
339 조백(皁白) : 흑백과 같은 의미. '무조백(無皁白)'은 분명하지 못함을 의미.

금세 도착할 것이니 근자의 사례에 따라 바로 홍제원^{弘濟院}에 들인 뒤에 다시 심문하고, 입을 옷가지는 각 해당 부서에 분부하여 이전의 예에 따라 지급하고 재자관^{齎咨官}으로 하여금 저들을 이끌고 가게 하되, 각 해당 관아에 신칙하여 파견할 인력을 정하여 차례로 인솔하여 보내주고, 또 만부^{灣府}에서 미리 봉성장에게 속히 알려 강을 건넌 뒤 호송하게 하는 것이 어떻겠습니까?"

왕이 답했다. "윤허한다."

15-5

○ 문장 형식 : 계문^{啓文}

○ 국사편찬위원회 번역문 제목 : 黑山島 등의 漂到人을 問情한 別單을 書入하며 속히 發送하기를 청하는 備邊司의 啓와 그 問情別單

○ 원문 제목 : '표인들을 하룻밤 묵게 한 후 보내기로 함^[漂人留一宿發送]' 및 '표인문정^{漂人問情}'

○ 일자 : 헌종 3년 1837년 3월 17일^을

○ 출처 : 『비변사등록』 제225책

비변사에서 아뢰었다.

"전라도 나주목 흑산도와 우이도에 표류해 온 대국 사람 44명을 홍제원에서 맞아들인 뒤에 본 비변사의 낭청과 역관이 자세히 문정하여 별단에 써서 들여보냈습니다. 지금 이 표인들이 모두 속히 돌아가기를 원하니, 하루만 재우고 즉시 떠나보내게 하는 것이 어떻겠습니까?"

왕이 답했다. "윤허한다."

전라도 나주목 흑산도에 표류해 온 대국 사람에 대한 심문

문 : 당신들은 큰 바다에 표류하였다가 빠져죽기를 면하였는데 또한 병은
　　없었는가?

답 : 한 사람이 병으로 죽었고, 세 사람은 중도에서 병이 생겨 아직 차도가
　　없으며, 나머지는 모두 병이 없습니다.

문 : 병든 세 사람은 증세가 심하지는 않소?

답 : 매우 심하지는 않습니다.

문 : 당신은 어디 사람이오?

답 : 대청국 복건성福建省 장주부漳州府 조안현詔安縣 사람입니다.

문 : 민간인이오, 군인이오?

답 : 민간인입니다.

문 : 몇 년 몇 월 며칠에, 무슨 일로 어디를 가다가 풍랑을 만나 여기까지
　　왔소?

답 : 작년 5월 18일에 조안현詔安縣340에서 배로 출발하여 같은 날 광동성廣東
　　省 조주부潮州府 요평현饒平縣341에서 당糖을 싣고 24일 항구를 떠나 7월 1
　　일 천진부天津府에 도착하여 당을 팔고 술을 싣고 9월 11일에 항구를 나
　　섰고, 17일에 영원주寧遠州342에 들러 콩과 대추를 꾸려서 싣고 29일 배
　　를 출발하여 집으로 돌아가는데, 10월 16일에 풍랑을 만나 29일 사시
　　巳時 쯤 표류해서 귀국의 경계에 닿았습니다.

문 : 10월 16일에 풍랑을 만나 29일에 우리나라 경계에 머물렀다면 그 사

340　조안현(詔安縣) : 현재 중국 복건성 장주시(漳州市) 조안현(詔安縣). 대만해협의 서안 바닷가
　　도시.
341　요평현(饒平縣) : 현재 중국 광동성 조주시(潮州市) 요평현(饒平縣). 바닷에 연한 곳임.
342　영원주(寧遠州) : 오늘날 중국 요녕성(遼寧省) 흥성시(興城市).

이의 13일은 어디에 있었소?

답 : 바다 위에서 표류하였습니다.

문 : 조안현은 복건성 관할이고, 요평현은 광동성 관할이오?

답 : 그렇습니다.

문 : 사망자의 성명 및 각 사람들의 성명과 나이를 말하여 우리가 듣게 하시오.

답 : 선주船主 심졸沈拙 45세, 상등 조타수 [舵上] 오권吳權 45세 이 사람은 중도에서 사망한 자입니다.

심저沈楮 48세, 심아대沈阿大 38세, 심태沈泰 41세, 심편沈扁 39세, 심윤沈潤 45세, 심유沈愈 36세, 임애林愛 39세, 종희鍾喜 36세, 종조鍾朝 45세, 부곡傅鵠 47세, 부려傅勵 40세, 종립鍾粒 30세, 하군何群 35세, 부초傅招 33세, 오원吳愿 39세, 진백陳白 46세, 오용吳冗 35세, 심염沈鹽 62세, 심압沈鴨 49세, 심두부沈豆腐 39세, 심계沈鷄 44세, 심팔沈捌 42세, 방편方扁 53세, 서포徐抱 51세, 서희천徐希荐 34세, 황활구黃闊口 36세, 심창沈暢 32세, 심영沈永 49세, 오괴吳騧 37세, 사용謝勇 29세, 객상客商 서시徐時 48세, 심다화沈茶花 30세, 하산何山 35세, 하시何詩 44세, 부습傅習 50세, 심연沈軟 27세, 진적陳的 37세, 하오저何烏楮 40세, 임이林怡 27세, 황계黃計 24세입니다.

문 : 오권은 무슨 병으로 어디에서 죽었소? 혹 가깝거나 먼 친척으로서 같이 온 자가 있소?

답 : 오권은 복창腹漲[343] 증세로 작년 9월 28일 영원주에서 사망했는데, 오과가 이 사람의 재종제再從弟입니다.

---

343 복창증(腹漲症) : 배에 가스가 차서 부풀어 오르는 증세.

문 : 오권은 부모, 형제와 처자가 모두 있소?

답 : 부모님은 이미 돌아가셨고, 형제도 없고, 처자식만 있습니다.

문 : 당신은 무슨 물건을 가지고 왔는가?

답 : 황두黃荳 8백 10석, 녹두綠荳 65석 11두, 흑두黑荳 2석 14두, 백두白荳 12
석 8두, 흑대추 30석 가량과 소주燒酒 50 단지였으나 황두 4백여 석, 녹
두 4백여 석, 술 10여 호, 대추 10여 석은 표류할 때에 풀어서 (바다에)
던져버렸습니다.

문 : 관물官物이오, 사물私物이오?

답 : 사물私物입니다.

문 : 다른 물건들은 없었소?

답 : 금불상金佛像 5좌座와 각자 은자銀子 8천 2백 89냥, 전錢 1천 2백 39냥입
니다.

문 : 금불상은 어떤 불상이오?

답 : 천후성모낭낭天后聖母娘娘**344**입니다.

문 : 당신 배에 무슨 공문公文이라도 있소?

답 : 선표船票가 3장 있습니다.

문 : 3장의 선표는 어디에서 발급한 것이오?

답 : 선상조표船商照表 1장은 조안현에서 발급하였고, 집조표執照票**345** 1장은
영원주에서 발급하였으며, 인단표印單票 1장은 조안현의 하관下官인 장선

---

344 천후성모낭낭(天后聖母娘娘) : 마조(馬祖). 당시 복건성과 복건성 주위 바닷가 도시에서 마조
묘(馬祖廟)를 세우고 깊이 숭배하고 있었음. 바다에서 일하는 사람들은 출항 전 마조에게 평안
을 기도했음. 마조신앙은 복건성에서 마카오, 절강, 광동, 대만, 류구, 일본, 동남아 등 여러 지
역으로 전파되었음.
345 집조(執照) : '執照'는 면허증 즉 정부에서 발행한 서면 증명서의 의미.

사掌船司에서 발급한 것입니다.

문 : 선박이 제조된 지 몇 년 되었고, 가격은 얼마나 하오?

답 : 제조된 지 17년이 되었고, 은銀 1만 5천 냥입니다.

문 : 조안현의 문무文武 관원은 얼마나 되오?

답 : 문관文官 1명과 무관武官 1명입니다.

문 : 장주부의 문무 관원은 몇이나 되오?

답 : 수를 기억하지 못합니다.

문 : 영원주의 문무 관원은 몇 명이오?

답 : 모릅니다.

문 : 조안현은 요평현과 거리가 몇 리나 되오?

답 : 조안현과 요평현의 교계交界는 30리입니다.

문 : 조안현은 장주부와의 거리가 수로水路와 육로陸路가 각각 몇 리요?

답 : 육로로는 2백 40리이고, 수로로는 순풍順風일 때에는 3일이면 도착합니다.

문 : 조안현은 영원주와의 거리가 수로와 육로로 각각 몇 리요?

답 : 육로로 7천여 리이고, 수로는 모르겠습니다.

문 : 조안현은 천진부와의 거리가 수로와 육로로 각각 몇 리요?

답 : 육로는 6천여 리이고, 수로는 모르겠습니다.

문 : 조안현은 황성과 수로와 육로로 각각 몇 리요?

답 : 모릅니다.

문 : 당신들이 사는 남쪽에는 작년에 풍년이었소?

답 : 풍년이었습니다.

문 : 당신은 1만 리를 표류하여 온갖 고생 끝에 여기에 왔지만, 앞길이 또

멀어서 매우 가련하구려. 의복과 양식을 제공하는 것은 곧 우리나라서가 먼 곳에서 온 사람을 위로하는 지극한 뜻이니, 안심하고 앞을 향해 나아가 (고국으로) 잘 돌아가시게.

답 : 우리들은 만 번이나 죽을 고비에 살아서 큰 바다를 떠돌다가 귀국에 도착할 수 있어서 이렇게 남은 목숨을 보전하였으니 이미 지극히 하늘의 도움을 입었습니다. 게다가 옷과 음식을 내려주시고 돌봐주심이 매우 지극합니다. 이렇게 고향에 살아 돌아갈 수 있는 은덕恩德이 산처럼 높고 바다처럼 깊습니다. 스스로 돌이켜 보건대 이생에서 목숨을 보답할 길이 없으니 그저 감사하고 눈물만 날 뿐입니다.

우이도에 표류해 온 사람들의 심문

문 : 당신들은 어디 사람인가?

답 : 대청국 봉황성鳳凰城 수양부首陽府 수양현首陽縣[346] 성 밖에 사는 사람입니다.

문 : 당신들은 무슨 일로 몇 년 몇 월 며칠에, 어디를 가다가 풍랑을 만나 여기에 도착하였는가?

답 : 작년 10월 13일에 배를 타고 항구를 떠났고, 같은 날 금주부錦州府[347]에 도착하여 비수호조水湖에서 배를 임대하고 12월 3일 비수호에서 집으로 돌아가는데, 같은 날 바다 한가운데에서 서북풍西北風을 만나 (12월) 17일에 귀국의 변경에 도착하였습니다.

---

346 봉황성(鳳凰城) 수양부(首陽府) 수양현(首陽縣) : 이 지명은 오류의 소지가 있다. 봉황성은 중국 요녕성 단동시 봉성에서 찾아지지만 수양부 수양현은 찾아지지 않는다. 진술자가 지리 관념이 부족했거나 일부러 거짓 진술을 한 것일 수도 있다. 항구를 떠나 다음 도착지가 '금주'라고 했는데, 금주는 오늘날 요녕성 금주시(錦州市)이다. 따라서 진술자가 말한 수양현이 실제로 있다면 그곳 또한 요녕성 동부의 해안가 마을일 가능성이 높다.

347 금주부(錦州府) : 지금의 중국 요녕성 서쪽 금주시(錦州市).

문 : 당신이 10월 13일에 배를 출발했고 12월 3일에 풍랑을 만났다면 그 사이 49일 동안은 어디에 있었소?

답 : 저희들은 모두 배를 임대하여 생활하는 사람으로서 처음에 빈 배를 가지고 금주부에 가서 상인商人에게 (배를) 빌려주어 곡물穀物을 싣고 비수호로 가서 상선商船에 실어주었으므로 그 사이에 많은 날을 그곳에 머물렀습니다.

문 : 실어준 곡식은 무슨 곡식이며, 상인은 누구인가?

답 : 곡식은 청두靑豆이고, 상인은 수가 많아서 누가 누구인지 기억하지 못하겠으나 그 가운데 한 사람이 함께 우리 배를 타고 곡식을 운반하였습니다.

문 : 상인들은 모두 어느 지방 사람이오?

답 : 영파부寧波府348 사람입니다.

문 : 당신은 비수호에서 집에 돌아갈 때 무슨 물건을 실었소?

답 : 없었습니다.

문 : 비수호는 어느 지방인이오?

답 : 금주부의 해관 입구입니다.

문 : 당신이 배를 탈 때에 사람 수가 몇이었으며, 또한 병이 나거나 빠져죽은 우환은 없었는가?

답 : 우리들 세 사람이며, 다행히 병이 없었습니다.

문 : 당신은 기인旗人인가, 민간인인가?

답 : 민간인입니다.

---

348 영파부(寧波府) : 오늘날 중국 절강성 영파시(寧波市).

문 : 당신 배는 공선公船인가, 사선私船인가

답 : 유성일劉星日의 사선입니다.

문 : 당신 배에는 공문公文이 있었는가?

답 : 조그만 사선은 본래 공문이 없습니다.

문 : 당신들의 성명은 무엇이며 나이는 몇이오

답 : 선주船主 유일성劉日星[349] 35세, 타공舵工 유사원劉士元 39세, 호천종胡天宗 21세입니다.

문 : 두 유씨는 성이 같은데 혹 친척이오?

답 : 단지 성姓만 같을 뿐입니다.

문 : 수양현은 문무 관원이 몇이나 되오?

답 : 문무 관원이 각 1명씩입니다.

문 : 금주부의 문무 관원은 몇이오?

답 : 모릅니다.

문 : 수양현은 금주부와의 거리가 수로와 육로로 각각 몇 리요?

답 : 육로로 2백 60리이고, 수로는 1백 20리입니다.

문 : 금주부는 비수호와의 거리가 수로 육로로 각각 몇 리요?

답 : 육로는 없고, 수로는 1백 20리입니다.

문 : 수양현은 비수호와의 거리가 수로, 육로로 각각 몇 리요?

답 : 육로는 1백 40리이고, 수로는 1백 1십 리입니다.

문 : 수양현은 황성皇城과의 거리가 수로 육로로 각각 몇 리요?

답 : 모릅니다.

---

349 위에서는 유일성(劉星日)이라고 함.

문 : 당신 배는 이미 불에 탔으나, 배에 실은 철물鐵物이 몇 근이 될 텐데 같이 가져가는가?

답 : 작은 배라서 원래 없었습니다.

문 : 당신 세 사람은 고생을 겪고도 앞길이 아직도 멀었으니 걱정스럽소.

답 : 저희들은 표류하다 살아나 다행히 신령의 도움으로 귀국의 경내에 표박漂泊하였습니다. 옷가지를 후하게 주시고 먹을 것을 후하게 주시어 살아 돌아갈 기약을 하게 되었으니, 은택恩澤의 두터움이 하늘 땅과 하나입니다. 만약 우리 집 우리나라에 도착하더라도 (늙어) 이가 닳아 없어질 때까지 잊을 수 없을 것입니다.

사건번호 16

경남 울진 평해군平海郡에 표류한 일본 북륙도北陸道 가하주加賀州 안택포인案宅浦人 8인

헌종 7년 1841년 5월 6일음 平海郡지금의 경남 울진군 남부에 일본인 표착민이 도달하여 이들의 처리와 관련된 사건들을 기록하고 있다. 일본과 지리적으로 가까운 곳이지만 지방에 일본어 통역관이 없어서 한양에서 역관을 파견해 주기를 요청하고 있다.

또한, 표류해 온 일본인의 배를 잘못 관리한 바람에 풍랑에 배가 파손되어 결국 조선 배를 태워서 귀국시킨다. 국가 행정력이 강하게 작동하지 못하고 있는 실정을 엿볼 수 있다.

16-1

○ 문장 형식 : 계문啟文

○ 국사편찬위원회 번역문 제목 : 平海郡에 표류해온 倭人을 問情하기 위해 譯官을 급히 내려 보낼 것을 청하는 備邊司의 啓

○ 원문 제목 : 울진 평해군에 표도漂到한 왜인들이 글자를 모르고 말을 이해하지 못하므로 심문을 할 수 없으니 일본어 통역관을 지체 없이 내려보낼 것[平海漂倭人不辨字解言難以問情倭譯罔夜下送]

○ 일자 : 헌종 7년 1841년 5월 6일음

○ 출처 : 『비변사등록』 제229책

왜선倭船 1척이 평해군平海郡 남면南面 휘리진揮罹津에 표류해 정박하였는데 사람은 8명이고 글씨를 알아보지 못하며 말도 이해할 수가 없어 의사소통이 곤란하니, 중앙에서 역관譯官을 파견해 달라는 요청이 있음을 보고하고 있다.

비변사에서 아뢰었다.

"강원감사 조병헌趙秉憲350의 장계를 보니, '왜선倭船 1척이 평해군平海郡351 남

---

350 조병헌(趙秉憲, 1803~?) : 조선 후기의 문신으로 본관은 풍양(豊壤). 자는 윤문(允文), 호는 금주(錦洲). 할아버지는 조진택(趙鎭宅)이고, 아버지는 이조판서 조종영(趙鍾永)이며, 어머니는 서유병(徐有秉)의 딸이다. [생애 및 활동사항] 1827년(순조 27) 생원으로 증광문과에 병과로 급제한 뒤 1832년 규장각대교를 거쳐 수찬·웅교 등을 역임하였으며, 1837년(헌종 3) 대사성에 이르렀다. 이어 1841년 이조참의가 되었고, 그 해 강원도관찰사로 나갔다. 이 해는 풍양조씨가 득세하여 안동김씨(安東金氏) 세력에 대항하던 시기로 그의 작은아버지인 조인영(趙寅永)이 영의정에 올랐으며, 그도 관찰사에서 돌아와 호조판서가 되었다(『한국민족문화대백과사전』 참조). 이 사건은 바로 그가 강원도 관찰사로 나갔던 때에 발생한 사건이다.

351 평해군(平海郡) : 경상북도 울진군에 속해 있던 옛 지명.

면南面 휘리진揮罹津352에 표류해 정박했는데 사람은 8명입니다. 글을 써 보여도 알아보지 못하며 말도 이해할 수가 없어 바야흐로 의사소통이 어렵습니다. 역관을 내려보내시어 심문하도록 비변사[廟堂]에 분부를 내려주소서'라고 하였습니다. 표류해 온 선박에 대해 심문하는 것은 일이 급하니, 해당 원院에서 왜말을 잘하는 역관 1명을 특별히 정해서 지체 없이 내려보내어 상세히 심문한 뒤에 신속히 계문을 올리게 하고, 잡인의 접근을 금하고 보호해 주며, 먹을 것을 제공해 주는 일 등의 절차에 대해서는 별도로 신칙하고 분부하시는 것이 어떻겠습니까?"

왕이 답했다. "윤허한다."

16-2

○ 문장 형식 : 계문啓文

○ 국사편찬위원회 번역문 제목 : 平海郡에 표류한 倭人에게 問情한 결과를 보고한 뒤 倭舘으로 호송해 보낼 것 등을 청하는 備邊司의 啓

○ 원문 제목 : 평해군에 표착한 왜인들에게 별도로 완전한 선박을 정해주고 차례로 교대하여 동래관 나루로 보내주고 배를 묶어둠에 흔들리는 데까지 이르렀음에도 살피지 않은 울진현령과 월송만호를 나포하여 조처하고 관찰사를 추고할 것[平海漂倭人別定完船, 交付萊舘津. 繫船至於漂蕩, 不審蔚珍倅越松萬戶拿處道臣推考]

○ 일자 : 헌종 7년 1841년 5월 26일음

○ 출처 : 『비변사등록』 제229책

---

352 휘리진(揮罹津) : 울진의 서북쪽에 있던 옛 나루의 이름.

5월 6일 최초의 보고가 있은 후 20일이 지난 5월 26일에야 보고가
올라온 것으로 보아 한양에서 파견된 역관이 가서 심문한 후에야 표착
한 사람들에 대한 파악이 되었던 것 같다. 그런데 밤중에 풍랑이 불어
묶여있던 배가 떠내려가는 바람에 배가 부서져서 결국은 쓸 수가 없게
되었고, 어쩔 수 없이 부숴진 배는 모두 불태우고 조선의 배를 제공하기
로 결정하고, 관리를 제대로 하지 못한 현지 관리들을 벌주기로 한다.
또한, 표착민을 동래의 왜관을 통해서 귀국시키고 있다.

비변사에서 아뢰었다.

"강원감사 조병헌趙秉憲의 장계를 보니, '평해군平海郡 휘리진揮羅津에 표도한
왜인倭人에 대해 서울에서 파견한 역관을 통해 상세히 심문하게 하니, 바로 일
본국日本國 북륙도北陸道의 속현인 가하주加賀州 안택포案宅浦 사람들이 행상을 하
다가 표류해 온 것이었습니다. 그런데 선박이 부서졌으니 전례대로 지토선地
土船353에 선적하여 인술해서 영남의 지계地界로 넘기게 하소서'라고 하였습니
다. 왜선이 이미 파선되었는데 우리나라 장인이 수리할 수 있는 정도가 아니
니, 전례대로 표류해 온 왜인이 보는 곳에서 불태운 다음 쇠못[鐵釘]과 나머지
잡물雜物을 거두어 왜인들에게 넘겨주고, 별도로 완전하고 튼튼한 배를 정해
서 차례로 교대해서 내관萊館354에 인도하되 부근의 수령과 변방의 장수 중에
서 사람을 차출하여 호송하게 하고, 음식을 제공하는 등의 일에 있어 연해의
각 읍에서 규례를 살펴 제공하게 함으로써 우리 조정이 먼 곳 사람들을 넉넉

---

353 지토선(地土船) : 조선 후기 지방사회에서 활동하던 지방민 소유의 선박.『한국민족문화대백
과사전』참조.
354 내관(萊館) : 동래부에 있던 왜관.

히 돌보아주는 뜻을 보일 수 있도록 일체를 관동과 영남의 관찰사 및 동래부
사東萊府使에게 엄히 신칙하소서. 비록 왜선이 부서졌을 때의 상황을 보고서에
서 아뢰기를 밤중에 풍랑이 일어 사람의 힘으로는 막아낼 수 없다고 평계를
대고 있지만, 만일 제대로 당부하고 수직을 소홀히 하는 일이 없었다면 나루
터로 들여와 매어놓았던 배가 어찌 떠내려가 부서지는 지경에 이르렀겠습니
까. 해당 겸임 울진현령蔚珍縣令과 지키던 월송만호越松萬戶355를 모두 해당 부서
에서 잡아다 심문하여 처벌하게 하십시오. (비록) 장계에서 거론하지 않았다
하나 제대로 살피지 않았음을 면할 수 없으니, 해당 관찰사도 추고하는 것이
어떻겠습니까?"

왕이 말했다. "윤허한다."

사건번호 17
전남 부안扶安 계화도界火島 뒤쪽 바다에 표착한
프랑스 군함 글로와르Gloire호와 빅토리외즈Victorieuse호

이 사건은 개항의 역사에 관심 있는 사람은 물론 한국 천주교사에 관
심 있는 사람들에게 큰 관심을 받는 사건이다. 관련해서 보다 자세히 알
고 싶으면 본문 내용 외에『각사등록·통제영계록統制營啓錄』헌종憲宗 13년
1847 7월 18일 '승정원개탁承政院開坼'356과『너는 주추 놓고 나는 세우고 -

---

355 월송만호(越松萬戶) : '越松'은 평해군의 동쪽 7리의 거리에 돌로 만든 수군의 진영. '만호(萬
戶)'는 고려·조선시대 외침 방어를 목적으로 설치된 만호부의 관직.
356 개탁(開坼) : 봉한 편지나 서류 따위를 뜯어보라는 뜻으로 편지나 서류의 겉봉에 쓰는 표현.

최양업 신부의 편지 모음』최양업, 정신석 역, 바오로딸, 2021을 참고할 수 있다.

전자에는 프랑스 표도인들을 심문한 보고서와 심문 내용이 실려 있고, 후자에는 당시 프랑스 측 통역관으로 활동한 조선 2번째 가톨릭 사제 최양업崔良業, 1821~1861 신부가 마카오 파리외방전교회 극동 대표부 책임자이자 신학교 스승이었던 르그레즈와Pierre-Louis Legregeois 신부 등에게 보낸 19통의 라틴어 편지가 들어있는데, 이 중 다섯 번째 편지가 이 사건을 배경으로 하고 있다.

17-1

○ 문장 형식 : 계문啓文
○ 국사편찬위원회 번역문 제목 : 萬頃 앞바다에 표류한 프랑스 선박에 식량을 지급하고 問情하게 할 것을 청하는 備邊司의 啓
○ 원문 제목 : 부안 경내 화도火島 뒷바다에 표도해 온 프랑스인들이 요청한 양식에 대해서는 헤아려 지급하도록 하고 일을 알 만한 역관 한 사람을 선택하여 내려보내기[扶安界火島後洋, 漂到佛蘭國人, 所請糧米, 量宜題給, 解事譯官一人, 擇定下送]
○ 일자 : 헌종 13년 1847년 7월 9일음
○ 출처 : 『비변사등록』 제234책

부안扶安 경계 화도火島 뒤쪽 바다 근처 골짜기에 프랑스 선박 2척이 표착한 사건이다. 심문을 해보기 전에는 음식을 요청해도 응하지 않는 것이 전례이기는 하지만 현지에 프랑스인과 소통할 수 있는 역관이 없는 만큼 예외적으로 음식물을 제공하기를 건의하고 있다.

당시 좌초된 프랑스 군함 두 척의 이름은 각각 Gloire와 Victorieu
se였으며, 『각사등록·통제영계록統制營啓錄』 헌종憲宗 13년1847 7월 18일
'승정원개탁承政院開坼의 심문 내용을 보면 첫날은 두 배에 탄 사람이 700
여명이라고 했다가 이튿날에는 600명으로 정정해서 말하고 있다. 또한
식료품 외에는 모두 화약과 화포가 있다고 했으니만큼 조선정부로 보아
서도 이 두 척의 배가 단순한 상선이 아니었음을 짐작했을 것이다.

비변사에서 아뢰었다.

"전라감사 홍희석洪羲錫357의 장계를 보니 '부안扶安 계화도界火島358 뒤쪽 바다
만경萬頃 신치薪峙359 무영구미茂永仇味360에 이양선異樣船 2척이 표류해 왔습니다'
라고 했으며, '프랑스 사람들인데 쌀과 곡식을 달라고 간청해 왔으나 배고프
고 목마르다 하여도 심문해 보기 전에 지급하지 않는 것이 전례이기 때문에
우선 (저들에게) 어떤 언급도 하지 않았습니다' 라고 하였습니다. 비록 표류해
온 사람들을 규례에 따라 미처 심문을 하지 않았다 해도 저들이 이미 표류하
다 이르렀다고 말한 이상 배고파 먹을 것을 요청하는 데 대해서는 어찌 정해
진 전례만 고수하며[膠守]361 상황에 따라 임시변통할362 도리를 생각하지 않

---

357 홍희석(洪羲錫, 1787~?) : 자세한 행적은 알 수 없으나 적어도 이 사건 발생 1년 후에도 전라도
관찰사를 계속하고 있었다. 헌종의 22세 탄신을 기념하여 전라감영에서 거행한 국왕을 축수하
는 명목의 연회 기록 '호숭첩(呼嵩帖)'(국립중앙박물관소장)의 참석자 명단에 관찰사 홍희석
을 중심으로 모두 30명의 이름이 등장하고 있다.『새전북신문』 2020년 9월 17일 자 '전라감영
과 호숭첩' 참조.
358 계화도(界火島) : 전북 부안에 있었던 섬으로 지금은 간척지 조성 사업으로 육지가 되었음.
359 만경(萬頃) 신치(薪峙) : 만경(萬頃)은 지금의 김제시 만경. 신치(薪峙)는 만경의 가시나무가
많았던 어떤 고개 이름으로 추정됨. 단 네이버 지명유래사전에 전라남도 순천시의 서쪽 외서면
장산리 한산 마을에서 보성군 낙성리로 넘어가는 고개로 석거리재라고 부른다는 정보가 있으
니 참고할 만함.
360 무영구미(茂永仇味) : 갯벌의 이름으로 추정.
361 교수(膠守) : '아교처럼 고수한다' 즉 융통성 없이 곧이곧대로 규정을 엄수하는 것.

을 수 있겠습니까. 먼저 정황을 헤아려[量宜]363 (물과 음식을) 지급해서 먼 지방 사람을 너그럽게 대하는 모습을 보여주라고 관찰사에게 분부하시고 심문할 때에도 또한 엄하게 신칙하여 즉시 거행하게 하십시오. 지금 이 표류인들의 실정을 헤아리기 어려운데, 그 이유는 (저들이) 일반적인 행상行商하는 부류들이 아닌 것 같기 때문입니다. 수백 명의 심문을 진행함에 소홀함이 없도록 (서울의) 역관譯官 한 사람을 특별히 뽑아 밤을 낮 삼아 내려보내도록 해당 부서에 분부하심이 어떻겠습니까."

왕이 답하였다. "윤허한다."

17-2

○ 문장 형식 : 계문啟文
○ 국사편찬위원회 번역문 제목 : 右議政 朴晦壽가 입시하여 萬頃에 표류한 異國船에 곡물을 즉시 지급하지 않은 道臣의 推考 등에 대해 논의함
○ 원문 제목 : 고군산도를 담당하는 첨사를 새로 임명할 것[古群山僉使改差]
○ 일자 : 헌종 13년 1847년 7월 11일음
○ 출처 : 『비변사등록』 제234책

프랑스 선박이 표착한 곳에 설치되었던 진鎭이 폐지되어 비어있던 곳이었다. 그런데 이처럼 많은 사람들이 표류해 와 있기 때문에 한시 바삐 중앙에서 담당자를 새로 선발하여 사태를 수습해야 한다는 건의이다.

---

362 권의(權宜) : 권도(權道)와 비슷한 표현으로 상황을 고려하여 임시로 적합하게 조처하는 것.
363 양의(量宜) : 헤아려 마땅하게 함.

오늘 11일 종묘를 참배[展謁]³⁶⁴하고 입시하였을 때 우의정 박회수朴晦壽³⁶⁵가 아뢰었다.

"오늘 표류한 선박이 정박한 곳은 고군산古群山의 소관 경내인데 해당 진鎭이 마침 빈 진이므로 지금 조치가 중구난방입니다. 담당 첨시僉使³⁶⁶을 교체해서 보내되, 장교 가운데 근면한 사람을 해당 부서[曹]에서 물어보고 가려 뽑아 밤을 낮 삼아 내려보내는 것이 어떻겠습니까."

왕이 답했다. "그대로 하라."

17-3

○ 문장 형식 : 계문啟文

○ 국사편찬위원회 번역문 제목 : 萬頃 앞바다에 표류한 사람들에게 양식을 빌려 줄 것을 청하는 備邊司의 啓

○ 원문 제목 : 만경지역에 표도한 이국인에 대해 양식과 쌀을 꾸물대고 제공하지 않은 해당 도의 관찰사를 추고推考하고, 심문하는 일을 꾸물댄 수시水使를 중추重推하며, 프랑스인들이 건넨 서한을 멋대로 받은 만경수령에 대해서는 대죄하도록 함[萬頃漂到異國人, 糧米靳持之該道臣推考, 問情稽緩之水使重推, 彼人書封擅受萬頃倅待罪擧行]

○ 일자 : 헌종 13년 1847년 7월 11일음

---

364 전알(展謁) : 종묘나 능침, 문묘 등을 참배함.

365 박회수(朴晦壽, 1786~1861) : 조선 후기의 문신으로 본관은 반남(潘南)이며. 자는 자목(子木), 호는 호곡(壺谷) 또는 호하(壺下). 할아버지는 박인원(朴麟源)이고, 아버지는 동지돈녕부사(同知敦寧府事) 박종우(朴宗羽)이다. 어머니는 통덕랑(通德郎) 신명성(辛命聖)의 딸이다. 『한국민족문화대백과사전』 참조.

366 첨사(僉使) : 조선시대 각 진영(鎭營)에 속한 종3품의 무관으로, 첨절제사(僉節制使)의 약칭. 『한국고전용어사전』 참조.

○ 출처 : 『비변사등록』 제234책

　심문할 사람을 미처 파견하지도 못했는데 지방에서 멋대로 편지를 교
환했다는 점, 표착한 사람들이 식량을 달라고 한 것은 배가 고파서 그런
것인데도 오히려 심문할 사람이 중앙에서 아직 안 왔다며 아무런 도움
을 주지 않은 것에 대해서 수사와 만경현령에 대해서 전라감사가 이들
을 파직시켜달라고 요청하고 있다. 조정에서는 이에 대해 해당 인물들
이 먼저 일처리를 마치게 한 후에 벌을 주는 쪽으로 가닥을 잡고 있다.

　비변사에서 아뢰었다.

　"전라감사 홍희석洪義錫의 장계를 보면 만경현령萬頃縣令 박종진朴宗瑱의 첩정牒
呈을 하나하나 열거하여 말하기를 '부안 계화도 뒷바다 만경萬頃 신치薪峙에 표
류해온 이국인들이 식량과 쌀을 간청했는데 실제로 먹을 것이 부족했기 때문
이니 간단하게라도[略略]³⁶⁷ 지급해 주는 것이 마땅하지 않을까 생각합니다.
비변사로 하여금 결재를 올리라고 분부하소서. 심문을 늦게 진행하고[稽
緩]³⁶⁸ 편지가 들어있는 봉투[書封]를 마음대로 받은 것은 변경 관문의 실정을
감안하다 하더라도 매우 경솔한 처사였으니 해당 현령 박종진을 먼저 파면시
키시고 편지가 담긴 봉투는 도로 내려보내어 (프랑스 사람들에게) 돌려주게 하
십시오'라고 적혀 있습니다. 식량과 쌀을 적절히 판단해서 지급해 주는 일에
대해서는 이전에 회의를 거쳐 문서[草記]로 적었습니다. 이 일은 정해진 사례
가 있는지의 여부를 따지지 마시고, 오랑캐³⁶⁹의 실정이 어떠한지를 보고 저

367　약략(略略) : 대충대충, 간단히.
368　계완(稽緩) : 더디고 느림.

들이 식량이 떨어져 구원을 바란 것이니 마땅히 시행하도록 허락하여 먼 지방 사람들을 부드럽게 대한다는 뜻을 보여야 할 것입니다. 오히려 이렇게 미루고만 있따가 지금에야 비로소 묘당에서 결재를 올리도록 청한 것은 (현지 관리들이 일처리를) 소홀히 했다는 잘못을 면하기 어려우니 해당 관찰사를 추고하십시오. 표류한 선박에 탄 사람들의 심문은 오로지 수영水營에서 관할하는 바, 수영에서 배가 정박한 곳까지 거리가 아무리 멀다고 하더라도 지금 열흘이 넘을 때까지 상황에 대해서 찾아가 듣지 않은 것은 변경의 실정을 감안하면 매우 지체된 것입니다. 해당 수사水使 이희장李熙章을 먼저 잘잘못을 추고하시고 만경현령 박종진이 3일이나 심문을 지체하고 편지를 먼저 마음대로 받은 것은 모두 잘못을 면치 못한 것입니다. 관찰사가 (저들의) 파면을 청한 것은 당연한 것이지만 지금 변경의 사정이 시급하니 서울에서 대체 인력을 보내려면 기일 안에 댈 수 없을 것이므로 파면하는 일을 논하는 것을 잠시 미루어두고 그가 죄를 진 채 사태 처리를 하도록 분부하는 것이 어떻겠습니까."

왕이 답했다. "윤허한다."

17-4

○ 문장 형식 : 계문啟文

○ 국사편찬위원회 번역문 제목 : 萬頃 앞바다에 표류한 사람들에게 배를 빌려 줄 것을 청하는 備邊司의 啓

○ 원문 제목 : 만경에 표도한 이국인들에게 선박을 빌려줄 것[萬頃漂到異國人許借船隻]

---

369 오랑캐 : 여기서는 표착한 프랑스 사람들을 말한다.

○ 일자 : 헌종 13년 1847년 7월 13일음
○ 출처 : 『비변사등록』제234책

  프랑스인들이 타고 갈 배 몇 척을 빌려달라고 한 것에 대해서 인정상
들어줄 수 없음을 말하고 조선의 배들을 세워놓고 저들이 적합하다고
하는 것을 빌려줄 것을 건의하고 있다.

  비변사에서 아뢰었다.
  "전라감사 홍희석洪羲錫의 장계를 보니 만경현 고군산古群山의 소관 경내에 표
류해온 이양선을 심문한 것 가운데 저들이 배를 빌려달라는 청이 있었습니다.
저들의 배가 어떻게 손상을 입었고 우리 배가 쓰기에 적합한지 여부는 먼 곳
이라 헤아릴 수가 없습니다. 하지만 저들이 돌아갈 배가 없다고 말하고 또 몇
척의 배를 빌려줄 것을 청함에 있어서는 먼 지방 사람을 부드럽게 한다는 의
미에서 거부할 수 없습니다. 또 저 일행은 수로를 통하지 않을 수 없고 물길은
배가 아니면 안 되므로 허락하지 않으려 해도 허락하지 않을 핑계거리가 없
습니다. 조운선漕運船370 가운데 견고한 몇 척을 그 섬 근처에 정박시키고 저들
에게 꼼꼼히 살피게 해서 골라 사용하게 할 것을 담당 역관에게 알아듣도록
잘 말하게 해서 조정이 (저들을) 우대하여 구휼하려는 뜻을 보이게 하십시오.
(또한 역관으로 하여금) 변경의 실정을 은밀히 (주상에게) 아뢰도록 하십시오.
일이 시급하고 비용과 날짜가 많이 들고 지체되었으니 엄하게 신칙하여 시행
하도록 관찰사와 수사에게도 분부하는 것이 어떻겠습니까."

---

370 조운선(漕運船) : 조세를 거두어 운송하던 배.

왕이 말했다. "윤허한다."

17-5

○ 문장 형식 : 계문啟文

○ 국사편찬위원회 번역문 제목 : 萬頃 앞바다에 표류한 외국인들에게 問情할 萬頃縣令 등을 제외한 別問情官은 돌아가게 할 것을 청하는 備邊司의 啓

○ 원문 제목 : 이국인 문정의 일에 있어 지방관 외에는 다 (그만두도록 하고) 환궁시키고 수우후의 죄상은 분간해서 처리할 것[異國人問情地方官外並令還官水虞候分揀]

○ 일자 : 헌종 13년 1847년 7월 18일음

○ 출처 : 『비변사등록』 제234책

표착한 사람들이 너무 많은 탓에 이들을 심문하기 위해 온 관리들이 너무 많아서 오히려 번잡하기만 하기 때문에 만경현과 부안현의 현령만 두고 다른 곳의 관리들은 원 근무처로 돌아가게 할 것을 건의하고 있다.

비변사에서 아뢰었다.

"어제 심문한 내용이 지나치게 번잡하여 초기草記를 해두었습니다. 수우후水虞候의 심문 기록을 보면 같은 일을 거듭 묻고 있어 요점이 결여되어 있습니다. 또 너무 많은 사람들이 물건들에 대해 글로 써서 잇달아 확인을 요청하니 비록 평소에 표류 선박에 대해서 옛 규정에 있던 질문과 관련된 것들이기는 했지만 이번 사건에 대해 끌어쓸 만한 것들이 얼마나 있었는지 모르겠고, (질문이) 규정을 위반하지는 않는지만 신경 쓰는 것 같았습니다. (또) 한 섬 안에 심문하는 관리의 수가 너무 많으니, 어찌 고을에 폐단을 끼치는 일이 없겠습니까. 만경과 부안 두 곳의 지방관이야 사정상 마땅히 그곳에 머무르며 일을 진행한다지만 그 외의 별도의 심문하는 관리들은 명을 내려 (소속) 관청으로 돌아가라고 하십시오. 수우후는 죄를 줄 만한 특별한 단서가 없으므로 잘 분간해서 원래의 임무로 돌아가도록 하고 날마다 동정을 살펴서 계속해서 보고를 하라고 해당 도의 관찰사에게 신칙하는 것이 어떻겠습니까."

왕이 답했다. "윤허한다."

17-6

○ 문장 형식 : 계문啟文

○ 국사편찬위원회 번역문 제목 : 右議政 朴晦壽가 입시하여 萬頃 앞 바다에 표류한 異樣船에 대한 대처를 제대로 하지 못한 道臣의 推 考 등에 대해 논의함 / 沿站贈給, 支放給代

○ 원문 제목 : 저 (프랑스) 사람들이 답변을 요구하니 담당 역관으로 하여금 거절하도록 하고 문정관은 글로 써서 사양하는 뜻을 보여주라. 승문원에서 글을 짓고 서봉을 돌려주라. 여전히 결말을 내지 못하는 관찰사는 녹봉의 5/10을, 수사는 녹봉의 3/10을 감봉할 것[彼人討答, 使任譯拒之, 問情官書示辭意, 令槐院撰出, 書封還給, 尙無下落道臣越俸五等水使越俸三等]

○ 일자 : 헌종 13년 1847년 7월 25일음

○ 출처 : 『비변사등록』 제234책

수백 명의 표착인들과 의사소통이 제대로 되지 않아 심문을 진행했음에도 불구하고 불확실한 상황임을 보고하고 있다.

오늘 7월 25일 (국왕이) 대신들과 비변사[備局] 당상을 불렀고, (이들이) 입시하자 우의정 박회수朴晦壽가 (국왕에게) 아뢰었다.

"이양선이 표류해 온 지가 오래되었고 그 사이 여러 차례 심문을 했다고는 하지만, (비변사에서 여전히) 실정을 헤아리지 못하고 상세히 살피지도 않는 것 같습니다. 배를 빌려주기로 허락하기로 한 건에 있어서는 쓰기로 합의를 했는지 어쨌는지 아직 알 수가 없습니다. 저 작은 거룻배小艇가 갑자기 달려와서는 돈 주고 빌린 배[雇船]라고 말한 것은 이상하다고 할 수는 없습니다. 다만 수일 안에 회신回信이 있을 것이라고 말하는 것은 반드시 그렇지는 않을 것 같습니다. 지금 서울에서 파견한 역관의 심문 수본手本을 보니 저들 역시 조정이 넉넉히 구휼하고 먼 지방 사람을 품어준다는 뜻을 알고 있으며 감사하다는 말이 많다고 합니다. 그렇지만 이것이든 저것이든 막론하고 오직 (저들이) 빌리기로 했다는 배가 늦는 것인지, 우리 배가 느리고 작은지, (저들이) 돌아갈 날이 언제일지 예측할 수가 없으니 현재 제가 보기에는 여러모로 근심스럽습니다. (이런 일들은 다 차치한다고 하더라도) 이른바 서봉書封 한 가지는[371] 가장 긴요한 일인데 다시 돌려주었는지의 여부는 그 사이에 많은 날이 지났으나 여전히 매듭을 짓지 못했습니다. 변경의 실정에 대한 파악이 지극히 대충 대충이니 해당 관찰의 죄의 경중을 따져 추고해야 합니다. 그 원본을 베껴서 보내라고 했는데 (이 또한) 아직 도착하지 않고 있습니다. 대체로 보고문에 의거

---

371 앞에서 저들이 주는 밀봉한 서한을 아무 생각 없이 지방관이 받은 것을 말한다.

하여 생각해 보면 분명히 작년에 보내온 문서에 적힌 요청을 반복했을 것입니다.[372] 대저 저들의 말은 오로지 답을 요청하기 위해 왔다고 하였으니 결코 공연히 배를 돌려 돌아갈 리가 없습니다. 일이 돌아가는 바로 보건대 실로 물러나기 어렵고 판단을 내리기 어려운 상황입니다. 다만 귀국貴國의 총수總帥가 우리 대신[輔相]에게 편지를 보내왔으나 (저희는) 신하에 불과하여 외교外交적 의미를 가질 수 없으니 (당신들이 준) 서봉書封을 받을 수 없다고 답을 써서 담당 역관으로 하여금 거절하게 하고, 심문을 맡은 문정관으로 하여금 그 문답에 따라 적절하게 이 일의 전말을 문답으로 보여주며 의리적으로 접근해서 막아주면 저들이 비록 (동양인과는) 다른 부류지만 역시 인심人心이 있어서 일의 곡직曲直을 마땅히 공정하게 분별할 것입니다. 그렇게 하면 우리 측에서는 일처리도 체면도 잃지 않고 저들 역시 여기에 근거해서 돌아가 보고할 수 있을 것입니다. 써서 (저들에게) 보여줄 말은 마땅히 승문원承文院에서 작성하게 하고 그 베낀 글을 전달 받은 후에 일의 실정을 참작하여 다시 아뢰고 결정하는 것이 어떻겠습니까.”

왕이 말했다.

“그리하라. 이번 이양선의 일은 해당 도에서 거행함에 있어 잘못 처리한 것이 정말 많다. 식량을 제공하는 일도 즉각 지급하지 못했으니 먼 지방 사람을 품는다는 의미에서 어긋나며 서봉과 관련된 일을 바로 결말짓지 못한 것 역시 종합하여 살피지 못한 조치이니 해당 관찰사에게 먼저 월봉越俸 5등급[373]

---

372 국내에 잠입하여 포교활동을 하던 김대건 신부가 순위도에서 붙잡히면서 그가 천주교 사제라는 직책 때문에, 조선 조정은 긴장함. 프랑스 함대 사령관 장 밥티스트 세실 제독이 외연도에 군함 3척을 끌고 오면서 기해박해 때 죽은 신부들의 순교에 대해 문제를 제기하며 통상을 요구하였음. 이에 조선은 통상 수교를 거부하고 천주교 박해를 강화하여 김대건 신부의 처형하는 1846년 병오박해가 일어남.

373 월봉 5등급 : 봉급의 절반을 감봉.

의 법을 시행하고 수사 역시 월봉 3등급의 법을 시행하고 묘당에서 더 엄하게 신칙하여 (저들 프랑스인들) 접대에 힘쓰게 해서 소홀하여 빠뜨리는 것이 없게 하는 것이 좋겠다."

17-7

○ 문장 형식 : 계문啓文

○ 국사편찬위원회 번역문 제목 : 狀啓 내용이 荒亂한 全羅右水使 李熙章을 譴罷할 것을 청하는 備邊司의 啓

○ 원문 제목 : 장계에 쓴 말이 황당하고 어지러우며 죄를 청하지만 이 치에 맞지 않는 전라도 우수사를 처벌하여 파직시키고 그를 대신할 정관政官을 차출할 것[狀辭荒亂, 請罪不襯之全羅右水使譴罷, 其代開政差出]

○ 일자 : 헌종 13년 1847년 8월 3일음

○ 출처 : 『비변사등록』 제234책

사건 처리 과정에서 전라우수사 이희장李熙章이 실수가 많았음에도 불구하고 정작 우수사는 아랫사람들을 탓하는 장계를 올리자 조정에서는 우수사가 거론한 아랫사람들을 벌주는 외에 우수사도 파면시키고 다른 사람과 교체하기로 결정한다.

　비변사에서 아뢰었다.

　"전라우수사 이희장李熙章의 장계를 보니 '물을 수 있는 것은 묻지 않았고, 검사를 해야 할 것은 검사하지 않았습니다. (청나라로) 돌아가는 거룻배를 막지 못하고, 양표糧標를 받지 못한 일 등에 대해서 수우후水虞候 이탁李鐸, 위도첨사蝟

島僉使 차익현車益顯, 검모포만호黔毛浦萬戶 윤익래尹翊來, 여산부사礪山府使 성화진成華鎭, 익산군수益山郡守 권영규權永圭, 고부군수古阜郡守 서형순徐逈淳, 만경현령萬頃縣令 박종진朴宗鎭의 죄상을 모두 해당 부서로 하영금 품처하도록 하십시오'라고 하였습니다. 그러나 어휘를 나열해 놓은 것이 하나같이 합당하지 않고 처신이 해괴망측하나 우후 이하 여러 수령들에게 죄를 청하는 한 가지는 그대로 두소서. (다만) 그 장계 내용 중 의미가 황당하여 혼란스럽고 심지어 죄를 진 채 직접 문죄한다는 등의 말은 단순히 망발 정도에 지나지 않습니다. 이렇게 어리석고 몰지각한 사람을 그대로 곤수梱帥[374]의 막중한 직임에 둘 수 없습니다. 즉시 파면시키는 조치를 시행하시고 그 후임 정관政官을 부르시고[牌招][375] 인사이동[開政][376]을 단행하여 특별히 (인물을) 가려 뽑아 결재[下批][377]를 마친 후 곧바로 내려 보내는 것이 어떻겠습니까."

왕이 답했다. "윤허한다."

17-8

○ 문장 형식 : 계문啟文

○ 국사편찬위원회 번역문 제목 : 앞바다에 표류한 외국인들에 대한 答書를 지어 보낼 것을 청하는 備邊司의 啓

○ 원문 제목 : 저 (프랑스) 사람들이 보낸 편지에 대한 전라도 수령의 답서를 승문원에서 써서 보내줄 것[彼人書示辭意完伯答書令槐院撰送]

---

374 곤수(梱帥) : 병마절도사와 수군절도사를 통틀어 이르던 말.
375 패초(牌招) : 승지가 왕명을 받아 나무 패에 해당 신하의 이름을 써서 부름.
376 개정(開政) : '政'은 정사기록부인 '正案'을 말한다. 즉 인사기록부를 펼친다는 뜻은 인사이동을 단행한다는 의미.
377 하비(下批) : 문서를 올리면 왕이 가부를 내리는 것. 즉 오늘날의 결재와 유사한 의미.

○ 일자 : 헌종 13년 1847년 8월 3일음
○ 출처 : 『비변사등록』 제234책

천주교인을 탄압한 것을 항의하고 통상을 강요할 것으로 생각하여 편지[書封]를 열어보기를 부담스러워했지만 막상 편지 내용을 보니 우려와 달리 전라도 감사에게 음식과 배를 지원해 주기를 요청하는 글이었다. 이에 조정에서는 안도를 느꼈고 여기에 대한 답신을 전라도 담당자들에게 맡기지 않고 승정원에서 직접 짓게 해서 내려보내기로 결정한다.

한편 『너는 주추 놓고 나는 세우고 – 최양업 신부의 편지 모음』2021의 다섯 번째 편지에서 최양업은 천주교를 탄압한 것에 대해서 따지는 글을 쓰고 싶었으나 함장이 자신의 뜻을 들어주지 않아 실망하는 내용이 나온다. 조선정부, 최양업, 함장의 입장과 처지가 각각 매우 달랐던 것이다.

비변사에서 아뢰었다.

"저 (프랑스) 사람들이 올린 서봉書封을 이제야 겨우 베껴 왔기에 그 등본謄本을 올립니다. 그 쓰인 말들은 양식과 배를 요청하고자 본도本道의 전라도 감사에게 보낸 것에 불과합니다. 따라서 이 편지는 작년의 (항의하는) 편지와 같은 예例로 볼 수 없습니다. 전라도 감사의 답서에 양식과 배를 바라는 대로 각별히 베풀어 주겠다는 의미로 잘 써서 답변을 만들면 업무적으로나 체면상으로나 원만할 것 같습니다. 내용 가운데 이미 회문回文378을 받겠다는 말이 있으

---

378 회문(回文) : 돌아가며 읽는다는 뜻으로 오늘날의 회람과 유사한 의미.

므로 결정[發落]³⁷⁹이 없어서는 안 될 것이니, 전일에 연석筵席에서 아뢴 대로 뜻을 써서 보여주어 승정원[槐院]에서 문장을 짓도록 하여 내려보내서 심문관 [問情官]에게 통역과 동석하여 이치에 맞게 타이르도록 하시고, (전라) 감사의 답서도 (승정원에서) 같이 만들어서 완백完伯³⁸⁰에게 내려 보내는 것이 어떻겠습니까."

하니 윤허한다고 답하였다.

17-9

○ 문장 형식 : 계문啟文

○ 국사편찬위원회 번역문 제목 : 萬頃 앞바다에 표류한 프랑스 사람들에 대한 咨文을 지어 曆行에 부쳐 보낼 것을 청하는 備邊司의 啟

○ 원문 제목 : (표류한) 프랑스인과 관련된 전후 사정을 연유를 갖추어 외교문서로 작성하여 책력을 받으러 가는 사행단에 부쳐서 보낼 것[佛蘭國人前後事案, 具由撰咨, 付送曆行]

○ 일자 : 헌종 13년 1847년 8월 11일음

○ 출처 : 『비변사등록』 제234책

프랑스 쪽에서 써서 보낸 편지를 지방에서 해독하지 못해서 이를 베껴서 한양으로 갖고 와서 판독하는 과정에서 시간이 많이 흘러 결국 저들이 답신을 못 받고 떠났다는 것과, 이 때문에 저들이 어떻게 반응할지 몰라서 염려하는 내용을 담고 있다. 또한 저들의 편지 안에는 자신들이

---

379 발락(發落) : 사안에 대해 논의를 거쳐 결정을 내림.
380 완백(完伯) : 전라도 감사, 즉 전라도 관찰사를 가리킴.

이미 청나라와 화친하였다는 말이 있으므로 이미 마카오와 무역을 하고 있는 자들일 수 있다는 의견이 제시되고 있다.

비변사에서 아뢰었다.

"전라감사 홍희석洪羲錫의 장계를 보니 말하기를 '만경萬頃 지방 고군산古群山 소관 경내에 있던 이양선이 이미 떠났으며 저들이 (섬 안에 머물 때) 설치했던 장막들 가운데 2개의 장막은 남겨 두었고 선박 재료용 밀봉된 철물, 종, 거울, 그리고 밀봉된 편지[書封]를 맡겨두고 갔습니다'라고 합니다. 이른바 서봉은 어떤 내용인지 모르겠지만 저들이 이미 떠났으니 물리칠 수도 없습니다. 그렇다고 변방의 상황에 관여된 것을 그대로 둘 수도 없으니, 뜯어 본 후에 내용을 베껴서 비변사에 올려 보내고 원본 및 물건들은 우선 해당 진의 장수에게 잘 봉하여 갖고 있으라고 하고 두 개의 장막도 잘 싸서 잘 간수하라고 하고 소홀함이 없게 하십시오. 또 경사에서 파견한 역관은 즉시 철수하게 하십시오. 섬 백성들이 한 달이나 (사람들을) 접대하느라 폐단이 많았을 것이니 본도本道에서 각별히 조치하여 흩어져 떠돌아다니는 폐단이 없도록 해당 도의 관찰사에게 분부하소서. 이번 일은 갑작스럽게 임기응변으로 처리하게 되면서 마땅함을 잃은 경우가 많을 것입니다. 답서를 써주는 일 또한 늦어지는 바람에 미처 보내지 못하여 결국 저들이 배를 돌려 하릴없이 돌아가게 만들었고, 물건도 그대로 남겨 두고 떠났으니 뒷일이 염려되지 않을 수 없습니다. 저들의 편지 중에 이미 대청국大淸國과 화친和親했다는 말이 있으니, 필시 마카오[澳門]에 살도록 허락받은 자들의 일종일 것입니다. 일찍이 임진년순조32년, 1832과 을사년헌종11년, 1845 영국배가 와서 정박하였을 때를 생각해 보면 (저들은) 곧장 다시 돌아갔지만 그때 모두 이런 이유로 (청나라의) 예부禮部에 외교문서를

보낸 일이 있었습니다. 이번 건은 (이전의) 두 해에 비해 더욱 상황을 헤아릴
수 없는 것이 있으니, 프랑스 (표착선과 관련한 사건발생) 전후의 사실과 기해
년^{현종 5년, 1839} 양인^{洋人}과 관련해 적용한 법률에 대해 승문원^[槐院]에서 연유를
갖추어 외교문서를 작성하여 중국으로 책력을 받으러 가는 사행단 편에 보내
어 (청나라) 예부에 주고, 더불어 황제로 하여금 양광총독^{兩廣總督381}에게 알려
서 다시는 (저와 같은 사람들이 조선에) 오는 폐단이 없게 해주십사 청하는 것이
어떻겠습니까."

왕이 답했다. "윤허한다."

사건번호 18
충남 홍주^{洪州} 장고도^{長古島}와
태안^{泰安} 안흥진^{安興鎭}에 출현한 프랑스 이양선

철종 7년 1856년 7월 19일을 지금의 충청도 홍성^{옛 지명 洪州} 장고도^{長古島}
에 프랑스 사람 800명이 승선한 선박이 정박하고 민가의 소·돼지·닭·
야채 등의 물건을 요구한다. 이 과정에서 의사소통이 제대로 되지 않아
주민들 일부가 저항하자 프랑스인들이 총과 칼로 공격을 가해와 주민들
중에 다치는 사람이 발생하기도 했지만 다행히 큰 사건으로는 이어지지
않았으며 프랑스인들은 자신들이 먹을 것을 가져간 대가로 은전^{銀錢}을
주었다. 이 사건을 통해서 갈수록 대형 이양선이 조선 바다에 많이 왕래

---

381 양광총독(兩廣總督) : 중국 광동성과 광서성의 총독.

하고 있다는 점을 확인할 수 있으며, 조선 역관 중에는 프랑스어를 하는 사람이 여전히 1명도 양성하지 않은 상태임을 알 수 있다. 또한 그 동안 표착민이 발생하는 경우 이처럼 대규모 사람들이 온 경우가 없었기 때문에 심문을 할 때에도 이전의 양식과 다른 매뉴얼을 적용하기 어려운 상황임을 감지하지만 특별히 새로운 계획을 세우지는 않고 있다.

18-1

○ 문장 형식 : 계문啓文

○ 국사편찬위원회 번역문 제목 : 洪州에 표류해 온 프랑스 사람들에 대해 보고한 뒤 언어가 통하지 않으므로 서울의 譯官도 보내지 말 것 등을 청하는 備邊司의 啓

○ 원문 제목 : 홍주에 표도한 이국인에 대해서 서울의 역관을 내려보낼 필요가 없음[洪州漂到異國人京問情譯官不必下送]

○ 일자 : 철종 7년 1856년 7월 19일음

○ 출처 : 『비변사등록』제243책

이양선에 탄 사람들의 행태가 그동안 조선의 표도민 처리 원칙을 적용하기 어려워 조선의 조정에서 당황하는 모습을 보여준다. 저들은 백성들에게 물건을 빼앗고 나중에 값을 치러주기도 하고, 백성들이 물건을 주지 않으려 하면 총칼로 위협하여 강제로 빼앗기도 했다. 조선 정부가 그동안의 표도민 처리 방식에 따라 돈을 돌려주고 무료로 양식을 제공하려고 했으나 거부했다. 역관들 가운데 프랑스 말을 할 줄 아는 자가 없어서 당혹스러워하고 있다.

비변사에서 아뢰었다.

"충청감사 이겸재李謙在[382]와 수사水使 조태현趙台顯[383]의 장계를 보니, '이양선 한 척이 홍주洪州 바깥의 장고도長古島 등의 섬에 상륙하여 민가의 소·돼지·닭·야채 등의 물건을 탈취하였습니다. 마을 사람들이 못하게 말리다가 총칼에 상해를 당하는 사람이 있었습니다. 그런데 심문을 해보니 (저들은) 프랑스 사람들이었고, 소와 돼지 등을 물건을 배에 싣고는 은전銀錢 1백 22원을 전해주었습니다. (심문을 하면서) 우리나라에서는 비록 그냥 주는 물건은 있어도 돈을 받지는 않는다는 내용을 글로 써서 보여주었는데, 저들은 끝내 (은전을) 도로 받지 않아서 만류할 수 없었습니다. 내일 가서 돌려줄까 생각하고 있습니다. (이들이 물건을) 강제로 빼앗고 (무기를) 휘두른 행동이 놀랍습니다. 먹을 것을 제공해 주고 잔치를 열어주는 것은 규정대로 진행하겠습니다. (저들이) 이미 프랑스 국적의 선박이라고 하니 심문할 역관을 내려보내도록 비변사[廟堂]에 뜻을 알려 분부를 내리십시오'라고 하였습니다. 이 일은 한 달 전에 안변安邊에 표류해온 것과 같은 경우일 따름입니다. 우리나라의 심문하는 절차에 의거하여 전례대로 하라고 요구하기는 어려울 듯합니다. 다만 저들이 물건을 강제로 빼앗는 태도는 과연 전에 없던 것으로 변괴變怪입니다. 이른바 돈을 치러주었다고는 해도 중간에 오로지 약탈을 일삼고 총칼을 써서 (우리 백성이)

---

382 이겸재(李謙在, ?~?) : 1855년 충청감사로 임명되었으며 해당 사건이 발생한 1856년 병진년 9월에 충청도 증평군 도안면 도당리에 '관찰사이겸재선정비(觀察使李謙在善政碑)'가 남아있는 것으로 보아 선정을 베풀던 인물임을 짐작할 수 있다.

383 조태현(趙台顯, 1815~?) : 조선후기의 무신으로 자는 덕재(德哉), 본관은 평양(平壤)이다. 부친은 군수(郡守) 조희민(趙羲民)이고 모친은 김노첨(金魯瞻)의 딸이다. 조태현의 처는 수군절도사(水軍節度使) 김일(金鎰)의 딸이다. 1836년(헌종 2)에 정시무과에 급제하였다. 1856년(철종 7)에는 충청도수군절도사(忠淸道水軍節度使)에 임명되었고, 이후 경상좌도병마절도사(慶尙左道兵馬節度使) 등을 역임하였다. 1874년(고종 11)에는 평안도청남암행어사(平安道淸南暗行御史) 홍만식(洪萬植)에 의해 재직 중 저질렀던 죄목이 드러나 고산(高山)으로 유배되었다. 한국역대인물종합정보시스템 참조.

부상을 당하는 지경에 이르니 실로 더 이상 이런 일이 일어나면 안 될 나쁜 폐단입니다. 그러나 정황상 매번 저들이 무역을 요구하고, 백성들은 물건을 잃어버리지 않습니다. (그래서 저들은) 먼저 소요를 일으키고 끝에 가서는 값을 쳐주는 것입니다. 멀리 떨어진 사람을 회유하여 변경의 시끄러움을 막는 도리는 아교처럼 굳게 한 가지 원칙만 고수한다고 되는 게 아닙니다. 저 사람들이 던져준 은전을 되돌려주고 (저들에게) 양식을 제공하고 음식을 차려주는 등의 절차는 일반적인 표류 사례와 같은 경우로 논할 수 없습니다. 저들이 요구하는 것에 따라서 적절히 들여 주어야 합니다. 심문하는 일은 이미 글로써 묻고 대답한 것이 있으니 달리 또 물을 필요가 없습니다. 원래 보고서[謄本] 중에 각 인물별로 구분하여 심문한 대목이 애초에 없습니다. 변경의 (급박한) 정황을 헤아려 볼 때 (이는) 매우 소홀히 처리한 것이니 관찰사와 수사를 모두 추고하소서. 서울의 역관을 내려보내 달라는 요청은 고려할 필요가 없습니다. 저 (프랑스) 말을 못 알아듣는 것은 매 한 가지이기 때문입니다. 또한 저들과 같은 부류들은[384] 가고 머무는 것이 예전부터 정해진 것이 없었으니 지금 꼭 별도로 (역관을) 내려보낼 필요가 없으므로 그만두십시오. 잡인들의 접근을 금지해서 잘 지키고 앞으로 해야 할 절차에 대해서는 (지방관들을) 엄격히 타이르시고 관찰사와 수사에게 잘 분부하는 것이 어떻겠습니까?"

왕이 답했다. "윤허한다."

18-2

○ 문장 형식 : 계문啓文

---

384 저들과 같은 부류라는 것은 서양 사람들을 지칭.

○ 국사편찬위원회 번역문 제목 : 異樣船과 관련하여 罷職을 청했던 洪州牧使 등을 용서하고 戴罪擧行하게 할 것을 청하는 備邊司의 啓

○ 원문 제목 : 표류해 온 프랑스 선박이 갑작스럽게 떠난 것에 대해서 는 (담당 관리들을) 힐문할 수는 없으나 홍주목사의 죄상에 대해서는 분명히 할 것[漂船徑發不能詰問, 洪州倅罪狀分揀]

○ 일자 : 철종 7년 1856년 7월 22일음

○ 출처 : 『비변사등록』 제243책

프랑스 선박이 무슨 이유에서 왔고 왜 떠났는지에 대해서 아무런 정 보를 얻지 못한 것에 대하여 한꺼번에 모두를 벌주기보다는 잘잘못을 따져보고 벌 줄 사람은 벌 주되 벌을 주지 않아야 하는 사람은 벌을 주 지 않을 것을 결정한다.

당시 프랑스 선박에 탑승했던 사람의 수가 8백 명이나 되었고 칼과 총으로 공격했다는 것만으로도 배의 규모를 짐작해 볼 수 있다.

비변사에서 아뢰었다.

"충청감사 이겸재李謙在와 수사水使 조태현趙台顯의 장계를 보니, '홍주목洪州牧 바깥의 장고도長古島에 표류해온 이양선 한 척이 오늘 18일 돛을 펴서 서해로 떠나갔습니다. 그런데 수우후水虞候 이동규李東奎와 홍주목사洪州牧使 정재용鄭在容 에게 문의해 보니 (답변이) 너무 엉성하고 (프랑스인들에게서 받은) 은전銀錢도 되돌려주지 못했다고 합니다. 필경 저 선박이 곧바로 출발하는 바람에 저들 이 왔다가 가는 의도를 따져 묻지 못하였을 것이기는 하나, 변방의 상황과 크 게 관계되므로 결코 그대로 두기 어렵습니다. 모두 우선 파직시켜 내치고 그 죄상을 조사하여 해당 기관에서 국왕에게 여쭙고 처리하도록 하십시오. 원산별장元山別將 홍만원洪萬源은 토교土校[385]로서 승진한 자입니다. 함께 파직시키고 병조로 이송시키십시오. 은전銀錢은 우선 홍주목에 두게 하고 비변사[廟堂]에서 적절히 처리하시기를 기다리겠습니다"라고 하였습니다. 표류해온 선박이 이른 곳의 지방관은 몸소 나아가 심문[問情]하여 얼굴 생김새와 성명과 (표류인의) 물건의 종류를 낱낱이 조사하고 표류해온 내력과 양식을 제공해야 합니다. (표류인이) 수로와 육로 가운데 원하는 바에 따라 송환시킵니다. 이상의 규정은 공교롭게 풍랑을 만나 표류해온 일반적 상황에 적용됩니다. 그런데 서양 선박의 경우는 표착해 오기 전후에 도착했던 곳에 대해서 일찍이 규례와 같이 심문을 하지 않았습니다. 왜냐하면 특별히 가고 머무는 것이 멋대로이고, 애초에 (저들은) 동정을 바랄 의도가 없기 때문입니다. 비록 이번에 (저들이) 약탈한 행태로 보자면, (우리 쪽에서는) 이미 저들에게 위엄을 드러내려 하지도 않았고, (표착한) 8백 명의 성명을 문정관問情官이 기록하지 못했습니다. 이에 대해 전부 문정관問情官 탓을 하기는 어렵다 하나, 변방의 정세와 관련하여 기록한 것을 보니 심문 태도가 일반 상례에 어긋나는 점이 있습니다. 따라서 관찰사가 올린 계문에서 그를 파면시키라고 청하는 것은 진실로 법률을 살펴서 정상적인 도리를 지키려는 뜻에서 나왔습니다. 이러한 점에 대해서는 조정에서도 특별히 융통성을 발휘하는 조치를 안 할 수 없습니다. 또 일전에 관찰사의 계문에서 저들 선박이 태안泰安의 경계를 지날 때에 이미 이임里任이 급보로 알려준 것을 듣고도 애초에 몸소 나아가 살펴보지 않은 일에 대해서 당해 군수 오치영吳致永의 죄상을 관련기관에 품처하도록 한 바 있습니다. 계

---

385 토교(土校) : 지역 출신 장교.

문의 내용을 살펴보면 이양선이 경유한 곳과 정박한 곳에 대해서도 역시 그 사이를 참작하지 않을 수 없습니다. (따라서) 홍주목사와 수우후를 파직시키는 것 및 태안군수의 죄상을 따지는 일은 먼저 다 구분해야 하며, 우선 (상황이 급하니) 죄를 지은 채로 업무를 진행하게 하십시오. 또한 원산별장에 대해 (그의 죄상을) 해당 조^曹에 보고하는 것 또한 시행하지 말며 저 (프랑스) 사람들이 던져주고 간 은전은 그대로 해당 목^牧에서 봉해서 보관해 두라고 분부하시는 것이 어떻겠습니까?"

왕이 답했다. "윤허한다."

18-3

○ 문장 형식 : 계문啟文
○ 국사편찬위원회 번역문 제목 : 異樣船을 직접 살피지 않은 安興僉使 金順根도 泰安의 경우처럼 용서할 것을 청하는 備邊司의 啓
○ 원문 제목 : 이양선을 문정하지 못한 안흥진 수령의 죄상을 분간할 것[異船不得問情之安興鎭倅罪狀分揀]
○ 일자 : 철종 7년 1856년 7월 26일음
○ 출처 : 『비변사등록』 제243책

홍주목 장고도에 와 있던 프랑스 군함이 이동하는 과정에서 안흥진을 거쳐 갔음을 알 수 있는 자료이다. 충청감사는 안흥첨사가 보고만 받고 직접 현장을 시찰해보지 않았다는 이유에서 그에게 죄를 줄 것을 주장하고 있다.

비변사에서 아뢰었다.

"충청감사 이겸재李謙在의 장계를 보니, 안흥첨사安興僉使의 보고서[牒呈]를 낱 낱이 열거하고, '이양선異樣船 한 척이 오늘 18일 처음 남쪽 바다에 나타났는 데, 본진本鎭386의 가의도賈誼島 바깥 바다로 방향을 바꾸고 이어서 모습이 사라 졌으니, 심문하여 조사하는 것은 이야기조차 꺼낼 수 없는 상황이었다고 합 니다. 망을 보던 감관監官의 긴급 보고를 듣고도 (그가) 직접 가보지 않았다는 점이 정말 놀랍습니다. 해당 안흥첨사 김순근金順根의 죄상을 관련 기관에 품 처해 주십시오'라고 하였습니다. 홍주에 표류해온 선박이 서쪽으로 돌아간 날이 바로 안흥진安興鎭에서 감영에 보고한 날이니, (위에서 거론한 프랑스 선박 과) 동일한 서양 선박인 것 같습니다. 그런데 안흥첨사의 죄상은 태안泰安의 수령의 죄상과 다를 것이 없으니, 죄가 같은데 처벌은 다를 수 없으므로 한꺼번 에 판단하도록 하는 내용을 분부하는 것이 어떻겠습니까?"

왕이 답했다. "윤허한다."

사건번호 19
제주도 대정현大靜縣에 표류한
유구국琉球國 중산왕도中山王都 나패부인那覇府人

철종 11년 1860년 7월 22일음 제주 대정현에 표도漂到한 유구국 중산 왕도中山王都 나패부那覇府 사람들을 육로로 송환시키기 위해 제주를 출발

---

386 본진(本鎭) : 여기서는 안흥진(安興鎭)을 의미한다.

하여 한양 홍제원을 거쳐 심양을 통해 중국으로 보내기까지의 처리에 대해서 기록하고 있다.

이 사건은 『승정원일기』 동년 7월 22일과 『각사등록各司謄錄』 23의 「황해도편黃海道篇 2 황해감영상계등록黃海監營狀啓謄錄 14」 동년 10월 9일의 기록에서도 찾아볼 수 있다.

19-1

○ 문장 형식 : 계문啟文

○ 국사편찬위원회 번역문 제목 : 大靜縣에 표류해 온 琉球國 사람을 육지로 돌려보내도록 청하는 備邊司의 啓

○ 원문 제목 : 대정현에 표착한 유구국 사람들을 육로로 보낼 것[大靜縣漂到流球國人由陸治送]

○ 일자 : 철종 11년 1860년 7월 22일음

○ 출처 :『비변사등록』제247책

제주 대정현大靜縣 변수포邊水浦에 표착한 사람들은 유구국琉球國 중산왕도中山王都 나패부那覇府에서 표착한 사람들임을 파악하고 저들의 희망에 따라 육로로 중국을 거쳐 귀환시키기로 한다.

비변사에서 아뢰었다.

"방금 전라감사 임긍수林肯洙387와 제주목사 강면규姜冕奎388의 장계를 보니,

---

387 임긍수(林肯洙, 1800~1876) : 조선 후기의 문신. 1856년 부사로 청나라에 다녀온 후 전라도 관찰사와 이조참판을 지냈다. 1864년 철종의 부음을 전하고 고종의 승습을 인정받는 사명을

'대정현大靜縣 변수포邊水浦에 표류해온 이양선 한 척에 대해 자세히 심문해보니, 바로 유구국琉球國 중산왕도中山王都[389]에 속해 있는 나패부那覇府에 사는 사람 6명이었습니다. 세곡稅穀인 백미白米를 싣고 중산도中山都에 바치려고 팔중산八重山[390]으로 돌아가다가 풍랑을 만나 표류해오게 되었는데, 배가 썩고 손상되어 육로로 귀환하기를 원합니다. 그러니 육로로 호송할 방도와 선박 소각燒却, 짐을 교대로 전하여 운송하는 등의 절차는 모두 비변사[廟堂]에서 품처하시고 논의해 주십시오. 유구국에서 표류해온 사람을 육로로 송환한 예는 이미 많이 있으니 이번에도 원하는 대로 육로로 돌아가게 허락하시되, 육로로 가는 길에 의복을 만들어 주고 조석으로 먹을 것을 보내는 것에 대해서 각별히 신칙하여 조정에서 긍휼히 여기는 뜻을 보이십시오. 또 저 사람들의 물건 중 운반할 수 있는 것은 쇄마刷馬로 번갈아 옮겨 운반해 주고 짐이 무거워 나르기 어려운 것은 되도록 후하게 값을 매겨주시며, 폐기할 선박의 재목材木과 물건들은 소각하고, 배에 실린 철물들은 바다에 던지며, 차출된 인력과 역학譯學이 저들을 호송하게 하는 등의 절차는 모두 기존의 사례대로 처리해 주십시오'라고 하였습니다. 절일사節日使[391] 사행단의 행차가 머지 않았으니 재자관齎咨官[392]을

띠고 다시 부사로 청나라에 다녀왔다. 1873년 두 번째로 전라도관찰사가 되어 외직에 나갔던 것을 제외하고는 대체로 중앙정부에서 요직을 거쳤다. 대사헌으로 재직중이던 1860년에 천주교도 남종삼(南鍾三)·홍봉주(洪鳳周) 등을 극형에 처할 것을 주장하였다(『한국민족문화대백과사전』 참조). 따라서 본 사건이 발생한 해는 그가 청나라에 다녀온 후 전라도 관찰사로 활동하던 때임을 알 수 있다.

388 강면규(姜冕奎, 1804~1862) : 조선 후기의 문신.
389 중산왕도(中山王都) : 일본 오키나와현 나패시(那覇市)와 포첨시(浦添市)를 중심으로 활동하던 왕국. 당시 중산왕국의 수도는 현 오키나와현 나패시(那覇市) 동북부 일대에 있었음.
390 팔중산도(八重山島) : 지금의 오키나와현[沖繩縣]을 구성하는 3개의 주요 섬 가운데 하나. 3개의 주요 섬은 각각 오키나와제도[沖繩諸島]와 미야코열도[宮古列島], 야에야마도[八重山島]임. 본문과 유사한 사례로는 『비변사등록』 제182책 정조 18년 1794년 10월 22일(음) 기록을 참고할 수 있다.
391 절일사(節日使) : 절일을 축하하기 위하여 보내는 사신(使臣).
392 재자관(齎咨官) : 외교 공문을 전하기 위해 파견하는 관리.

따로 정할 것 없이 사행단 편에 보내시고, (제주에서) 올라올 때 연로沿路에서 쇄마를 바꾸어 지급하는 것과 잡인雜人의 접근을 금지시키는 등의 일을 모두 엄히 신칙시하며, 외교문서[咨文]는 승문원에서 지어 보내게 하시는 것이 어떻겠습니까?"

왕이 답했다. "윤허한다."

19-2

○ 문장 형식 : 계문啓文

○ 국사편찬위원회 번역문 제목 : 大靜縣에 漂流해 온 琉球國 사람을 弘濟院에 入接한 뒤에 다시 問情하도록 청하는 備邊司의 啓

○ 원문 제목 : 대정현에 표도한 유구국 사람들을 홍제원에 묵게 한 후 다시 심문할 것[大靜縣漂到流球國人, 入接弘濟院後, 更爲問情]

○ 일자 : 철종 11년 1860년 9월 15일음

○ 출처 : 『비변사등록』 제247책

제주도에 표착한 유구국 사람들이 제주를 출발하여 한양으로 오고 있다. 이에 전례대로 이들이 한양에 도착하면 홍제원에 머무르게 하고 의복과 음식을 제공할 것을 논의하고 있다.

비변사에서 아뢰었다.

"제주 대정현大靜縣 변수포邊水浦에 표류해 온 유구국琉球國 사람 6명이 조만간 (한양으로) 올라올 것입니다. 근래의 예에 따라 곧바로 홍제원弘濟院에 입소하게 한 뒤에 다시 심문하고, 입을 옷가지는 각 관아에 분부하여 전례대로 지급하게 하며, 연로沿路에 역학譯學과 각 도에서 차출된 사람은 차례대로 (저들을) 인솔하여 의주[灣府]로 보내어, 절일사節日使 사행단에 인계하여 데리고 가게 하고, 또한 의주부義州府로 하여금 미리 (중국 국경을 지키는) 봉성장鳳城將에게 알려서 강을 넘어간 뒤에는 그들이 호송하게 하는 것이 어떻겠습니까?"

왕이 말했다. "윤허한다."

19-3

○ 문장 형식 : 계문啓文과 문정별단問情別單

○ 국사편찬위원회 번역문 제목 : 琉球國의 漂流한 사람을 하룻밤을 머무르고 떠나보내도록 청하는 備邊司의 啓와 問情別單

○ 원문 제목 : 유구국 사람들을 하룻밤 유숙시킨 후 보낼 것[流球國人, 留一宿發送] 및 제주 대정현 변수포에 표도한 유구국 사람의 문정별단[濟州大靜縣邊水浦漂到琉球國人問情別單]

○ 일자 : 철종 11년 1860년 9월 21일음

○ 출처 : 『비변사등록』 제247책

제주 대정현 변수포에 표도한 사람들은 유구국 중산왕도中山王都 나패부那覇府 사람들로서 팔중산八重山에서 중산왕도中山王都로 세미를 수송하는 사람들이었음을 확인하고 이들이 조선의 국경을 떠나는 날까지 의복과 음식을 잘 제공하겠다는 내용을 담고 있다.

비변사에서 아뢰었다.

"제주 대정현大靜縣 변수포邊水浦에 표류해 온 유구국琉球國 사람 6명을 홍제원弘

濟院에 묵게 한 뒤에 비변사의 낭청郎廳과 역관을 시켜 상세히 심문하게 하고 첨부문서[別單]로 써서 들이겠습니다. 그런데 이번에 표류해 온 사람들은 모두 속히 돌아가기를 원하니 하룻밤만 재워서 떠나보내는 것이 어떻겠습니까?" 왕이 답했다. "윤허한다."

제주 대정현 변수포에 표도漂到한 유구국 사람에 대해 심문한 첨부문서[問情別單]

문 : 당신들은 바다에서 표류하였는데 질병은 없었소?

답 : 덕분에 무사합니다.

문 : 당신들은 어느 나라 어느 지방 사람들이오?

답 : 유구국 중산왕도中山王都 나패부那覇府 사람들입니다.

문 : 당신들은 무슨 일로, 어느 해 몇 월에, 어느 항구에서 출항하여 어느 곳으로 가려 했고, 어떻게 (제주에) 표도하게 되었소?

답 : 우리 6명은 한 배에 함께 타고 금년 3월 7일에 고향에서 출항하여 11일에 팔중산八重山에 당도하였고, 세미稅米를 싣고 중산왕도에 공물貢物을 납부하고 공문公文을 받아 돌아가 확인을 받은 후, 5월 8일 다시 팔중산을 향했는데, 14일[393]에 갑자기 태풍을 만나 돛대가 꺾이고 키가 부서졌으며, 6월 13일에 겨우 귀국에 닿았습니다.

문 : 5월 8일에 출항하여 6월 13일에 표도漂到하였다면 30여 일간이나 어디에 머물렀단 말이오?

답 : 바다 한가운데에 떠 있었습니다.

문 : 당신들은 여러 날 동안 폭풍 속에서 많이 놀랐을 텐데, 먹는 것은 어떻

---

393 참(站) : 여기서는 '日'과 같은 의미로 사용된 것으로 생각된다. 왜냐하면 이하 진술 내용에도 날짜를 말할 때 모두 '站(참)'으로 적고 있기 때문이다.

게 했었소?

답 : 살아난 것만도 천만다행입니다. 먹을 것이 어디에 있었겠습니까?

문 : 당신들의 성명과 나이를 분명히 밝히시오.

답 : 선주船主 관중지寬仲地는 28세이고, 선두船頭 강비가江比嘉는 68세이며, 초
공梢工 소여좌召與座는 43세, 희중촌집喜仲村集은 48세, 장석령長石嶺은 28
세, 상궁리常宮里는 39세입니다.

문 : 당신들은 분명히 공문 형식의 허가증이 있을 것인데, 우리에게 보여주
시게.

답 : 전혀 없습니다.

문 : 공납公納한 세미稅米는 무슨 세였소?

답 : 민세民稅였습니다.

문 : 세미는 몇 포包였소?

답 : 모두 6백 70포였습니다.

문 : 1포는 몇 두斗이고, 1두의 값은 얼마요?

답 : 1포는 3두인데, 저희가 가져간 것은 세미라서 정해진 값이 없습니다.

문 : 8권卷의 책은 누가 갖고온 것이오?

답 : 관중지가 몸에 지니고 있던 책입니다.

문 : 해인초海人草는 무엇이고, 양은 얼마나 되며, 한 근당 값은 얼마요?

답 : 모두 50근인데, 한 근의 값은 10냥이며 전적으로 복통을 치료하는 약
재입니다.

문 : 누구의 것이오?

답 : 반은 관중지의 것이고 반은 강비가의 것입니다.

문 : 또 다른 물건이 있소?

답 : 다른 것은 없습니다.

문 : 공미公米에 관한 공문公文은 어디에 간수하였소?

답 : 표류할 때에 바다에 빠뜨렸습니다.

문 : 당신들의 배는 공선公船이오, 사선私船이오?

답 : 나패부那覇府의 관선官船입니다.

문 : 관선이라고 말하면서 또 어떻게 선주가 있다 하오?

답 : 그것은 저희 나라의 규정입니다.

문 : 팔중산은 어디에 속해 있으며, 몇 사람의 관원이 있고, 그 관원들은 몇 품品이오?

답 : 나패부에 속하고 세 사람의 관원이 있는데, 그 품계는 알지 못합니다.

문 : 나패부에는 몇 사람의 관원이 있고, 몇 품이오?

답 : 관원이 1명이고, 품계는 마찬가지로 알지 못합니다.

문 : 무슨 관직이며, 성명은 무엇이오?

답 : 저희들은 고용되어 온 사람이라 그런 것은 모릅니다.

문 : 나패부에서 중산왕의 도읍까지는 수로로는 몇 리이고, 육로로는 몇 리요?

답 : 수로는 없고, 5리쯤 되는 육로만 있습니다.

문 : 나패부에서 팔중산까지는 수로로는 몇 리이고, 육로로는 몇 리요?

답 : 수로만 있는데, 거리는 1백 50리쯤 됩니다.

문 : 우리나라에서는 먼 나라 사람들을 편안히 접대하는 뜻으로 당신들에게 의식을 넉넉히 제공하고 관원이 호송할 것이니, 모름지기 그 뜻을 깊이 새기고 잘 가도록 하시오.

답 : 죽다가 살아나 다행히도 귀국의 산과 바다와 같은 은혜를 입었습니다. 고향으로 돌아갈 날만 손꼽아 기다리고 있던 터에 그 은혜를 가슴에 새

기겠습니다. 고개를 들 수가 없습니다.

사건번호 20

제주도 대정현^{大靜縣} 사계포^{沙溪浦}, 파잔포^{波潺浦}, 죽도^{竹島}에 표류해 온 일본국^{日本} 살주인^{薩州人} 및 소유구^{小琉球} 대도^{大島人}

일본인과 유구국 사람이 한꺼번에 표류하여 제주도에 도착한 사건이다. 내용만으로는 일본인과 유구국 사람이 같은 배를 타고 표착한 것인지 각각 다른 배를 타고 오다가 제주에 표착한 것인지를 본문을 통해서 명확히 파악할 수는 없다. 둘 중 어떤 경우이건 유구국 사람들이 일본 사람들과 함께 일본으로 가기를 원하는 것으로 보아 두 곳의 사람들이 매우 긴밀히 교류하고 있음을 알 수 있다.

이 사건과 관련한 보다 상세한 내용이 『각사등록^{各司謄錄} · 전라좌수영계록^{全羅左水營啓錄}』1861년 10월 7일과 8일 자에도 실려 있으니 참고할 수 있다.

20-1

○ 문장 형식 : 계문^{啟文}

○ 국사편찬위원회 번역문 제목 : 大靜縣에 표류하여 온 異國人을 육지로 돌려보내도록 청하는 備邊司의 啓

○ 원문 제목 : 제주 대정현에 표도^{漂到}한 이국인들을 육로를 통해 보낼

것[大靜縣漂到異國人送陸治送]

○ 일자 : 철종 12년 1861년 8월 29일음

○ 출처 :『비변사등록』제248책

비변사에서 아뢰었다.

"전라감사 김시연金始淵**394**과 제주목사 신종익申從翼의 장계를 보니 '대정현大
靜縣 사계포沙溪浦에 표류해온 29명과 파잔포波潺浦에 표류해온 9명과 죽도竹島에
표류해온 11명을 심문하니 46명이 일본국日本國 살주薩州**395** 사람이고 3명은
소유구小琉球 대도大島 사람인데 선박이 파손되어 모두 육로를 통해 돌아가기를
바라고 있으니 이들을 송환할 방도와 선박 소각, 짐 운반 등의 절차를 모두
비변사[廟堂]로 하여금 (전하에게) 보고하여 결재를 받으라고 분부하시기를 청
합니다'라고 하였습니다. 이국 사람이 표류해오면 물길이든 육로이든 응당
원하는 대로 해주지만 본 비변사의 등록謄錄을 찬찬히 살펴보니 이전부터 왜
선倭船이 다른 도에 표류해 오면 육로로 가지 못하게 하고 배를 찾아주고 파견
할 인원을 정하여 물길을 따라 교대로 동래부東萊府까지 맡기는 것이 상례가
되어 있습니다. 지금은 옛 규정을 어길 필요가 없고, 대정현에서 동래부까지
물길이 다소 멀기는 하지만 성급하게 육로로 가도록 허가하는 문제는 경솔하

---

394 김시연(金始淵, 1810~?) : 1842년(헌종 8) 규장각직각(奎章閣直閣)을 지냈고 철종조에는 이
조참의 · 개성부유수 · 이조참판 · 성균관대사성 등을 역임한 뒤, 외직으로 나가 1861년에 강원
도 · 전라도관찰사가 되었다. 전라도관찰사로 재임할 때 국고를 부정한 방법으로 취득한 죄로
사헌부의 탄핵을 받아 1864년(고종 1) 제주도에 위리안치(圍籬安置)되고, 자자형(刺字刑)까
지 받았다. 그 뒤 고종의 특지(特旨)로 위리안치에서 풀려나 향리로 추방되었다가, 다시 관직
에 등용되어 1873년 좌승지가 되었다. 1875년에 주청부사(奏請副使)가 되어 정사(正使) 이유
원(李裕元)을 수행하여 청나라에 다녀왔다. 같은 해 12월 형조판서에 올랐으나 강화도조약 체
결로 민심이 어수선해져 조정을 비방하는 문자가 횡행하자 그 책임을 지고 이듬해 정월 파직당
했다.『한국민족문화대백과사전』참고.
395 살주(薩州) : 살마주(薩摩州), 오늘날 가고시마현(鹿児島県) 서부.

게 논의하기에는 어려움이 있습니다. 가까운 전례에 따라 튼튼하고 완전한 배를 택하여 부근의 수령이나 변경의 장수들이 차출할 인력을 정하여 차례대로 교대하여 동래부까지 인솔하게 하고, 유구도琉球島 사람은 육로로 가는 것이 전례가 없는 것은 아니지만 그들이 일본으로 함께 돌아가기를 원하므로 서로 다르게 해서는 안 되니 모두 같이 동행하게 하고 버리는 배는 왜인들이 보는 곳에서 소각 처리하고 그 나머지 가지고 온 짐들은 따로 신칙하여 보내 주도록 전라도와 경상도의 두 관찰사 및 동래 부사와 제주 목사에게 분부하는 것이 어떻겠습니까."

왕이 답했다. "윤허한다."

사건번호 21
제주도 무주포無注浦에 표류한
일본국 평호도인平戸島人 10인

표류하여 제주에 도착한 일본 평호도平戸島 사람 10명을 우선 동래부에 도착시켜 왜관을 통해 귀국 조치하는 방안을 논의하고 있다.

이 사건과 관련한 보다 상세한 내용이 『각사등록各司謄錄 · 전라좌수영계록全羅左水營啓錄』 1866년 1월 17일음에 실려 있으니 참고할 수 있다.

21-1

○ 문장 형식 : 계문啓文

○ 국사편찬위원회 번역문 제목 : 濟州 無注浦에 표류한 倭人에게 船

隻을 주어 돌려 보내기를 청하는 議政府의 啓

○ 원문 제목 : 제주에 표착한 일본인을 저들이 편하다고 여기는 방식
으로 귀국시키기로 함[濟州漂人從便還歸]

○ 일자 : 고종 3년 1866년 1월 4일음

○ 출처 : 『비변사등록』 제251책

의정부에서 아뢰었다.

"제주목사濟州牧使 양헌수梁憲洙396의 장계를 보니, '본 주州 무주포無注浦에 표류
해 온 10명을 심문하였더니 일본국 평호도平戶島 사람들로 배가 부서져서 모두
육지를 통해 돌아가기를 원하여 보내줄 방도와 파선된 배의 소각, 짐 운반 등
의 절차에 대해서 비변사에 명하시어 (국왕께) 보고를 올려 허락을 받고 처리
하라고 해 주십시오,'라고 되어 있습니다. 표류한 왜인들이 육지를 통해 돌아
가는 것을 허락하지 않는 것은 일반 규례가 그러했습니다. 갑자년고종1, 1864의
예에 따라 튼튼한 배를 정해 주고 인력을 차출하여 차례로 교대로 인계하여
동래부東萊府까지 인솔해 가게 해서 귀국시켜야 할 것입니다. 버린 배는 전례
대로 소각하고, 가지고 있던 짐들은 특별히 신칙하여 대신 운송해 주도록 두
관찰사 및 동래부사와 제주목사에게 분부하는 것이 어떻겠습니까."

왕이 답했다. "윤허한다."

---

396 양헌수(梁憲洙, 1815~1888) : 조선 후기의 무신으로 병인양요 때 강화도 정족산성에서 프랑
스군을 격파하였고, 척화론자로서 형조와 공조판서를 거쳐 지삼군부사가 되었다. 1865년(고
종 2) 제주목사로 부임하였을 때 관리로서 탐욕을 부린 전판관(前判官) 백기호(白基虎)를 징
계하여 도민들로부터 칭송을 들었고, 태풍으로 제주에 심각한 흉년이 들자 구휼미를 풀어 주민
구제에 나섰다. 이듬 해 정족산성(鼎足山城) 수성장(守城將)으로 부임하였다가 1866년 승정
원(承政院) 동부승지에 임명되었을 때 프랑스 로즈(Roze) 제독이 7척의 전함을 이끌고 강화
도를 침략하는 병인양요가 발생하였다. 양헌수는 공격 선발대 500명의 포수를 이끌고 강화도
정족산성으로 잠입하여 승리를 거두었다. 출처 : 두산백과 두피디아.

사건번호 22

독일 상인 오페르트Ernst J. Oppert의 위협적 통상 요청

1866년 7월 『비변사등록』의 기록은 이양선의 출몰과 이양선의 통상 요구를 거절하기 위해 애쓰는 내용이 다수이다. 지면의 한계로 여기에서는 몇 건의 기록만 소개하기로 한다. 관련 내용을 좀 더 자세히 알고자 한다면 7월 12일부터 말까지 전체 기록을 찬찬히 살펴보기를 제안한다.

본 사건은 유태계 독일 상인 오페르트Ernst J. Oppert, 1832-1903가 중심이 되어 일어났다. 그의 한자식 이름은 대발戴拔이며, 상해에 오래 체류하는 과정에서 일본의 개항과 중국 상인들이 조선에 오가는 것을 보면서 조선에 대해 관심을 갖기 시작했으며 세 차례에 걸쳐 조선 항해를 감행했다. 제1차는 1866년 2월음력 영국 상선을 빌려 타고 우장牛莊으로 가는 도중 5일간의 말미를 얻어 조선을 거쳐 간 것이다. 이 때문에 조정에서는 그를 줄곧 영국인이라고 생각했다. 당시 그는 흑산도를 거쳐 아산만 일대를 탐사하고 해미에 도착해서 지방 관리를 만나는 것에 그쳤다. 제2차는 1866년 7월에 이루어졌다. 그는 자비를 들여 기선 엠페러Emperor호를 마련하고 선장과 선원, 무기 등을 준비해서 상해에서 출발하여 조선의 흑산도, 아산만, 덕적도를 거쳐 강화도에 이르러 통상을 시도했으나 거부당했다.노혜경, 「오페르트 E. Oppert의 조선 인식」, 『歷史와實學』 55집, 2014. 204쪽

『비변사등록』에는 며칠 후 '평양 방수성防水城에 들어가 총을 쏘는 등 조선인 12명의 사상자를 발생시키는 이양선에 대한 기록이 등장하는데 정황상 이 사건 또한 오페르트의 엠페러호와 관련된 사건으로 보인다.

물론 평양 방수성 침입에 대해서는 그의 저서 *Ein verschlossenes Land*^{영문명 *A} *Forbidden Land : Voyages to the Corea*, 한국어 번역 제목 『금단의 나라 조선기행』에서 찾을 수 없지만, 그의 저서에서는 자신의 잘못에 대한 기록은 드러내지 않으려는 모습이 여기저기서 드러나므로 외교도 맺지 않은 남의 나라에 가서 공격을 가한 부분에 대해서는 일부러 거론하지 않았을 가능성이 높다. 그러나 『개성부원록開城赴援錄』과 같은 기록에서는 강화도에서 발생한 사건과 동일 사건으로 간주하고 있기 때문에 이 책에서 함께 분류하여 소개하였다. 더불어 본 사건에 관한 기록은 『각사등록各司謄錄』 1의 「경기도수영장계등록京畿道水營狀啓謄錄 2」 1866년 7월 10일 자부터 7월 20일 자 사이에도 등장하고 있으므로 참고할 수 있다.

그가 세 번째로 조선에 온 1868년 6월에는 자신을 러시아 사람이라고 지칭하면서 관청을 습격해서 무기를 탈취하고 흥선대원군의 아버지인 남연군 묘의 도굴을 감행하였다. 『비변사등록』에는 이와 관련한 기록이 없어 싣지 않으며, 만약 관심이 있다면 『고종실록』 5년 4월 21일 자 기록을 통해 살펴볼 수 있다.

22-1

○ 문장 형식 : 계문啓文
○ 국사편찬위원회 번역문 제목 : 江華에 來泊한 異樣船을 問情할 譯官을 下送하기를 청하는 議政府의 啓
○ 원문 제목 : 강화에 와 정박한 영국 이양선을 심문할 역관을 내려보낼 것[江華來泊異船問情譯官下送]
○ 일자 : 고종 3년 1866년 7월 12일음

○ 출처 : 『비변사등록』제251책

　영국 이양선 한 척이 월곶에 정박하여 통상을 요구하고 한양으로 가는 물길을 묻자 조정에서는 부담을 느끼고 어떻게든 설득해서 돌려보내려고 한다.

　　의정부에서 아뢰었다.

　　"강화유수江華留守 이인기李寅夔의 장계에 대한 등보謄報[397]를 보니, '이양선 한 척이 월곶진月串鎭 앞바다에 와서 정박했는데, 영국 상인이라면서 통상 교역을 요구하였고, 경성京城으로 가겠다며 길을 묻고 있습니다. 심문할 때에 말이 통하기 어려우니, 역관 한 사람을 내려보내도록 비변사[廟堂]으로 하여금 결재를 받고 처리하라고 분부하소서'라고 하였습니다. 이미 영국인이라고 하고 통상과 재화의 교역을 요구하였다면 이는 해미海美에 정박했던 배가 이곳저곳 전전하다가 이곳에 도착한 것 같습니다. 이 일은 어쩔 수 없이 엄하게 막아야 멈출 것이므로, 일을 아는 역관 한 사람을 하직下直[398]을 생략하고 밤을 새워 내려보내서 (저들을) 일깨워 물리나게 하는 것이 어떻겠습니까."

　　왕이 답했다. "윤허한다."

22-2

○ 문장 형식 : 계문啓文

397　등보(謄報) : 원본을 그대로 필사하여 올린 자료.
398　하직(下直) : 임지로 떠나는 관리가 임금이나 소속 장관을 찾아서 작별을 아뢰는 일. 『한국고전용어사전』 참조.

제1장_ (선역)비변사등록 – 조선 정부의 외국 표착 선박 취재문서　383

○ 국사편찬위원회 번역문 제목 : 江華에 來泊한 英國 商船에 糧饌 등을 題給하기를 청하는 議政府의 啓

○ 원문 제목 : 강화에 와서 정박한 이양선에게 양식과 반찬을 제공할 것[江華來泊異船糧饌題給]

○ 일자 : 고종 3년 1866년 7월 13일음

○ 출처 : 『비변사등록』 제251책

영국 이양선이 강화도 월곶에 정박하고 통상을 요구함과 동시에 몇 가지 음식 재료를 요구하자 통상은 불허하고 음식 재료만 보내줄 것을 지시한다.

> 의정부에서 아뢰었다.
>
> "강화유수 이인기李寅夔의 장계를 보니, '월곶진月串鎭에 정박한 영국 상선에 대해 다시 문정하였더니, 오로지 양국 간에 재화를 교역하기를 청하였습니다. 물이 얕은 까닭에 승천보昇天堡 앞바다에 물러나 머물고 있는데, 몇 가지 진상물이 있다고 하였습니다. 그리고 닭, 생선, 과일, 채소 등을 요구하였습니다. 그러나 전례가 없어 마음대로 처리하기가 어려우니, 비변사[廟堂]에 명하시어 품처稟處하라 하소서'라고 하였습니다. 서양 선박이 지금도 머물고 있다니 실로 매우 놀라운 일입니다. 그러나 진헌하려는 물품의 종류와 관련 상황에 대해서는 심문할 역관으로 하여금 알아듣게 타일러서 물러나게 하고, 식량과 반찬 등은 후하게 제공해서 먼 곳 사람을 따뜻이 대해 주는 뜻을 보이는 것이 어떻겠습니까?"
>
> 왕이 답했다. "윤허한다."

22-3

○ 문장 형식 : 계문啟文

○ 국사편찬위원회 번역문 제목 : 江華 昇天堡에 來泊한 英國上船에 問情官을 다시 보내 물러가도록 曉諭하기를 청하는 議政府의 啓

○ 원문 제목 : 강화에 와서 정박해 있는 영국 배에 문정역관을 별도로 뽑아서 내려보낼 것[江華來泊英船問情譯官另爲下送]

○ 일자 : 고종 3년 1866년 7월 16일을

○ 출처 : 『비변사등록』 제251책

영국 상선이 완강히 통상을 요구하며 떠날 기미를 보이지 않자 이들에게 좀 더 강력하게 떠날 것을 요구하기 위하여 새로운 문정역관을 뽑아 보내기로 한다.

의정부에서 아뢰었다.

"강화유수 이인기李寅夔399의 장계 등보謄報를 보니, '승천보昇天堡에 와서 정박한 영국 상선을 한양의 역관이 심문하였는데, 통상을 하자는 내용을 간절히 당부하면서 아무리 일깨워주려 해도 끝내 말을 듣지 않을 뿐더라 오히려 물러가려는 뜻이 없습니다. 다시 일깨워 기필코 돌려보내도록 하겠습니다'라고 하였습니다. 영국인이 시종일관 간절히 요구하는 것은 교역을 하자는 한 가지 일에서 벗어나지 않지만, 저들의 말이 비록 통행通行을 하자고 하지만 우리나

---

399 승정원일기 고종 2년 을축(1865, 동치) 3월 10일(을사) 맑음 강화 유수에 이인기를 제수하였다.
   ○ 의정부가 천망하여 이인기(李寅夔)를 강화 유수로 삼았다.

라는 예로부터 바뀔 수 없는 법도[彝憲]가 있는데, 어떻게 상국上國을 경유하지 않고 갑자기 (서양과의 통상을) 하자고 허락할 수 있겠습니까? 사리로 보더라도 말이 안 되고 법례法例로 보아도 시행할 수 없는 일입니다. 심문한 지 여러 날이 되었는데도 정박한 배가 언제 떠날지 기약이 없으니, 진실로 말을 잘 전했다면 어찌 이럴 리가 있겠습니까? 다른 문정관問情官을 해당 기관에서 특별히 엄선해서 하직 인사는 생략시키고 밤을 새워 내려 보내어 다시 엄한 말과 좋은 뜻으로 반복해서 일깨워 물러나 떠나도록 시도해 보면 어떻겠습니까?"

왕이 답했다. "윤허한다."

22-4

○ 문장 형식 : 계문啓文

○ 국사편찬위원회 번역문 제목 : 江華 異樣船의 問情譯官에게 施賞하기를 청하는 議政府의 啓

○ 원문 제목 : 강화에 와서 정박한 이양선의 문정역관을 위해 상을 청함[江華所泊異船問情譯官請賞]

○ 일자 : 고종 3년 1866년 7월 23일음

○ 출처 : 『비변사등록』 제251책

이양선에 승선하여 내부를 살펴보고 통역을 담당한 통역관 이응인에게 상을 내리기를 청하는 의정부에서 올린 계문.

의정부에서 아뢰었다.

"서양 선박이 갑자기 왔다가 갑자기 사라지는 것이 비록 사리나 언어로 미치는 바는 아니지만, 강화의 문정역관問情譯官 이응인李應寅이 여러 번 그 배에 들어갔으므로 수고가 없지 않았으니, 해당 기관에서 상을 내리게 하소서. 의주[灣上]의 통사通事 박삼흥朴三興·김윤흠金胤欽이 자원하여 내려가서 (그 배에) 출입하며 (저들을) 타이르는 과정에서 속내를 대략 알아내었으니 이 또한 매우 가상합니다. 모두 상을 주어 장려하고 권면하는 뜻을 보이심이 어떻겠습니까?"

왕이 답했다. "윤허한다. (그리고) 오위장五衛將[400] 자리를 늘려서 (저들을) 단독 추천[單付][401]으로 올려라."

22-5

○ 문장 형식 : 계문啓文

○ 국사편찬위원회 번역문 제목 : 異樣船과 潛通한 죄인 安春得 등을 捕盜廳에서 조사하여 보고하게 하기를 청하는 議政府의 啓

○ 원문 제목 : 이양선과 내통한 죄인들을 포도대장이 심문하여 죄상을 밝히라고 함[異船潛通罪人令捕將窮覈以聞]

○ 일자 : 고종 3년 1866년 7월 18일음

○ 출처 : 『비변사등록』 제251책

사사로이 이양선의 서양인과 내통하고 거래를 한 사람들이 생겨나고

---

400 오위장(五衛將) : 조선시대 오위도총부(五衛都摠府)에 딸려 오위의 군사를 거느리던 으뜸 벼슬.

401 단부(單付) : 조선시대 관리 임명에 있어서 단 1인의 후보자만 기입한 망단자(望單子 : 임용대상자 명단), 또는 그것으로써 왕의 낙점(落點, 裁可)을 받아 관직을 제수하던 관리임용제도. 조선시대는 관리의 임명에 3망(三望 : 3배수 후보자 추천)을 갖추는 것이 원칙이었으므로, 단망제는 예외적인 상황임(『한국민족문화대백과사전』 참조). 이양선이 자주 출몰하는 비상 상황에 대처하기 위한 처사로 보임.

있음을 알 수 있다. 이에 대해 조정은 강력히 대응하기로 결정하는데, 여기에 싣지는 않았으나 7월 26일을 기록에 의하면 관련자들을 효수하여 본보기로 삼았다. 이들이 구체적으로 이양선과 어떻게 내통했는지에 대해서는 자세한 기록이 없어 알 수 없지만 본문과 26일 자 내용을 함께 고려해 보면 안쪽 바다로 들어오는 물길을 알려주고 인도했고 물건을 주고 은전銀錢을 받았던 것 같다.

> 의정부에서 아뢰었다.
> "강화유수 이인기李寅夔의 보고를 보니, '이양선과 몰래 내통한 죄인 안춘득安春得·장치경張致京·이두성李斗成에게 겨우 첫 공초供招402를 받아 시말을 끝까지 조사해 보았으나 본부에서 마감하기에는 어려운 점이 있어 포도청으로 압송하였습니다'라고 하였습니다. 외국 배와 몰래 내통한 것만도 죽여 마땅할 죄인데, 더구나 몰래 내통하기를 그치지 않고 마침내 안 바다[內洋]까지 끌어들인 자이니, 그 정상과 범한 죄를 헤아려 보면 만 번 살을 발라내어도 오히려 가볍다 하겠습니다. 좌·우포도대장이 당일에 동석하여 도당徒黨이 몇이나 되고, 우두머리가 누구인지를 하나하나 캐내어 아뢰게 하는 것이 어떻겠습니까."
> 왕이 답했다. "윤허한다."

22-6

○ 문장 형식 : 계문啓文과 전교傳敎

---

402 공초(供招) : 범죄 사실에 대한 죄인의 진술.

○ 국사편찬위원회 번역문 제목 : 平安監司 朴珪壽의 狀啓에 대해 異樣
船에 붙잡혔다 구출된 中軍 李玄益을 遞差하라는 傳敎

○ 원문 제목 : 이양선에 붙잡혔던 중군을 체직하고, 앞장서 나아가 그
를 구출한 퇴직장교에게 상을 줄 것[被留異船中軍遞職, 挺身救出退校論賞]

○ 일자 : 고종 3년 1866년 7월 22일음

○ 출처 :『비변사등록』제251책

강화에 왔던 영국 이양선이 며칠 사이에 평안도로 올라왔으며, 조선
의 군인이 이양선에 억류되었다가 탈출하는 사태까지 발생하는 발생하
였다.

　평안감사平安監司 박규수朴珪壽의 장계를 보니, '중군中軍 이현익李玄益이 이양선
에 억류되어 퇴직 장교 박춘권朴春權이 이양선으로 급히 뛰어들어 구출해서 돌
아왔으니, 중군이 직무를 감당하지 못하고 부끄러움을 끼친 것은 더 논할 것
도 없으니 우선 파면시켜 내쫓고, 그 죄상을 해당 기관에 품처하라 하십시오'
라고 하였습니다.

　(이 장계에 대해 왕이) 전교傳敎하였다.

"중군이 저들의 배에서 곤욕을 당한 것은 잘못을 논하자면 중죄로 다스려
야 하지만 (그도 또한) 뜻하지 않은 일이어서 미처 손을 쓸 수 없었을 것이니,
이는 우직하고 어리석은 소치에 불과하다. 그러니 어찌 깊이 책망하겠는가.
그러나 수치를 끼친 일은 작은 일이 아니므로, 그냥 소임자를 교체하고 그 후
임으로 통진부사通津府使 양주태梁柱台를 정해서 보내되 인사는 생략하고 말을
지급하여 밤을 새워 내려가게 하라. 퇴직 장교 박춘권이 앞장서서 힘을 내어

저들의 배에 들어가 중군을 구하여 돌아온 것은 공로가 적지 않고 매우 가상한 일이니, 조정의 뜻을 보이지 않을 수 없다. 특별히 상을 주고 단독 추천으로 오위장五衛將 자리에 추가해 주어라."

22-7

○ 문장 형식 : 계문啓文
○ 국사편찬위원회 번역문 제목 : 平壤 防水城에 정박한 異樣船을 剿滅시키기를 청하는 議政府의 啓
○ 원문 제목 : 평양에 정박한 이양선을 섬멸할 것[平壤所泊異船剿滅]
○ 일자 : 고종 3년 1866년 7월 25일을
○ 출처 : 『비변사등록』 제251책

강화에 왔던 영국 이양선이 평양 방수성防水城까지 들어와 약탈을 자행하고 총을 쏘아 조선인 12명을 살상하였다.

의정부에서 아뢰었다.
"평안감사 박규수朴珪壽가 올린 장계의 등보謄報를 보니, '평양 방수성防水城에 정박한 이양선이 조금도 물러가지 않고 장사하는 배를 약탈하고 총을 쏘아 우리나라 사람을 살상한 것이 열두 명에 이릅니다. 그래서 관아[營府]에 단단히 타일러서 화포로 포격하게 해서 상황에 맞게 응변하여 기필코 섬멸하겠습니다'라고 하였습니다. 흉하고 추한 무리들이 이미 들어오지 못하게 금했음에도 이를 무릅쓰고 틈을 타서 들어왔으니, 무찌르고 섬멸하는 데만 관심을 둘 것이고 (저들을) 조금도 봐주지 않을 것입니다. 특별히 먼 곳 사람을 회유하려는 의도에서 좋은 뜻으로 타이르고 후하게 양식으로 도와주었으므로, 의당 감사히 여기며 곧바로 물러나 돌아가야 하는데, 도리어 갈수록 더욱 방자해져서 그 악행이 처음에는 중군中軍을 붙들어 잡아 두더니 나중에는 또 백성을 해쳤습니다. 일이 이 지경에 이르렀으니 어찌 (저들이) 창궐하도록 그냥 둘 수 있겠습니까? 모두 공분共憤하는 것은 이치나 형세로 보아 당연한 것입니다. 무릇 여러 군무軍務에 대해 관찰사는 편의에 따라 일하되, 변화에 대응하여 적절히 처리하여 (저들을) 모두 섬멸하고 나서 기일에 맞춰 보고하도록 삼현령三懸鈴으로 처리하는 것이 어떻겠습니까."

왕이 답했다. "윤허한다."

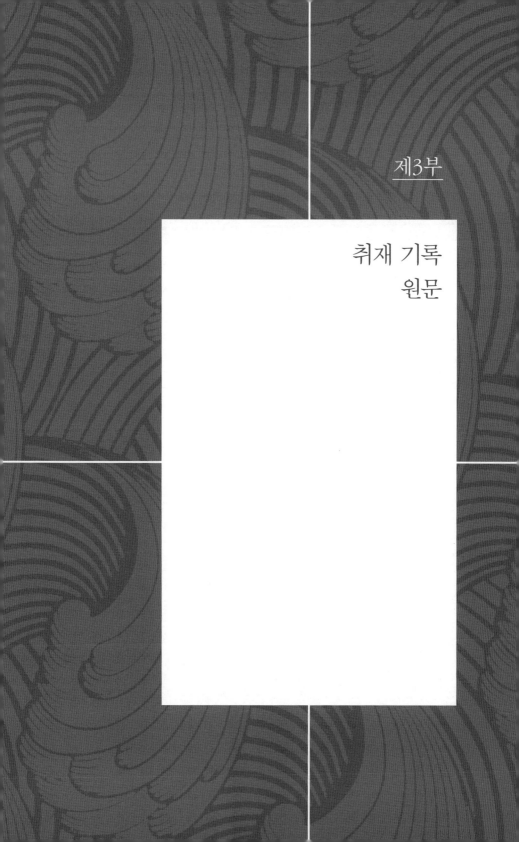

제3부

취재 기록
원문

游房笔语

游房筆語序

蓋自國家興，皇華之使，不聘于上國，游方之路，絕蹤于禹服，則一葦之所航，彼我霄壤，參商弗啻，纔有瓊浦互市地，一二有司外，不許接華客．矧自東都至於瓊浦，四千里而遙．又奚立客舍門外，而望其狀貌，聞其聲咳之能得久矣哉．學者甘心於其弗能，未嘗不神飛乎逖矣，西土之人也．

學者甘心于其弗能，未嘗不神飛乎逖矣，西清南京賈船，客冬來瓊浦，海上遇大颶風，漂泊于溟渤中七閱月，今茲夏至于我日本山東房之千倉，土人救之．闔船七十八人，咸獲上岸，是為我安永九年庚子五月二日．龜年不佞聞之，投袂而起，以吾黨二三子買小舟，颺海如房，與南京沈天協・福州鄭茂盛輩，傾蓋於千倉之濱．雖言語不達，代舌以筆，班荊莫逆，為驪終日．顧千倉距都下雖三百里而近，蜑戶艖丁之僻陬，村夫子之蔑有，則沈鄭二子，得余而大說．至曰："登岸以來，未曾有如公慰藉者．"闔船良賤，又向余合掌羅拜，至效〇，邦音云先生先生，真千載一遇．雖則商賈，要華夏之人，豈可與朝鮮・琉球同年而道也哉．不佞喜而後可知也．余輒以謂方當窮日之力於千倉之濱，飽問大邦之今日於漂客，以廣異聞也．惜也，屬有事故，弗果吾所欲乃還，是為遺憾．然筆語數十蹏，已成卷庶，其少酬宿昔也，亦可以令控諸夏致譏於隔轊者，由是卷舌以箝其口歟．

安永九年庚子秋八月藍田東龜年撰

游房筆語

日本 東都 東龜年著

越中 墜正則校

淸南京市船，客冬十一月五日，浮海來吾西海長崎，中路值大颶風，漂泊大洋中七閱月，偶至於吾山東安房州千倉濱，土人救而獲登岸. 是為吾安永九年庚子夏五月二日，千倉濱在大岡兵庫侯別邑忽戶村後.

朝廷命朝夷縣尹稻垣藤左衙門，往問其狀，便宜從事，不佞龜年聞之甘心，伎懩不禁. 依所善越中墜正則士準，得良緣于稻垣縣尹吏目，且賄其奴，獲書信數道. 遂乃誘東都山生精·常陽田生順·越後樋生寬三人與俱，以其審信誕，因致議擬，纔不月廿一日發夕. 夜買回舫于江戶橋下，候曙相風，廿二日昧爽解纜過永代橋下，至支那海擧帆，時西北風劉劉而起，水路百八十里，飽船如飛，崇朝到總南百首港上岸，就飯店治朝食，時日上始三竿也. 一行四人皆窟舟太甚，故呼酒命浴，而憩久之. 午後又買葉如一小艇，沿海岸舟行七十里，到安房那姑村，捨舟就陸，涉一小溪，取田間路，徑數村，暮夜至岡田村，倚莊長宿山寺. 廿三日夙發，踰一山，東行二十餘里，至槇田村. 縣尹館其莊長家，於是余乃呼莊客，通縣尹家丁，出數道書信，以敘殷勤吏目，則吏目已諾許觀華客. 然不許四人與俱，於是先行借宿忽戶鄰村，曰北朝夷，去千倉濱厝數百步，華船及其人影歷歷可指數，而後吾輩喜可知也.

越翌日廿四，余與田生昧且蓐食，如槇田村，則吏目令餘更衣裹腳，穿記號黑布外套為輕卒，從三小吏後. 平明先往，則又經北朝夷至忽戶村後海畔處華客所. 竹落具外三重，置門二重，入內門左，作數楹小屋為廳，大岡侯家有司, 譏察漂人迸出, 奴卒執白挺, 誰呵土人出入竹落中. 廣袤二三百步, 造三長屋, 皆長可四十步, 蘆荻葺屋, 編薦為壁障, 宇高僅四五尺, 傴僂而出入, 踈惡極甚, 猶如都下小兒畜母狗圈.

漂人自其中出, 多少箱籠曝羅綌·藥餌·罇罍·磁器及衣衾之屬, 數十村民應募者, 相雜分其勞. 漂人良賤皆髠形, 頂上圓存髮少許, 辮而結束, 覆以小帽, 形如此方小笠, 若不戴帽者, 編其髮纏以下垂背後. 良人概必戴帽, 色皆緇, 上施金梢, 飾以絳線, 足不著韤而躡無跟絲履, 豈草鞋歟? 其服窄袖無袂, 邪幅為袴, 以穿圓領, 衣制如本邦襪褲, 不設袪, 長纏至髀而無裳. 良賤不異制, 但賤者皆用赤黑色木棉布, 全身純色, 徒跣不屨, 良人用素紬, 袖袴同色, 衣用黑綾, 圓領下皆以珠玉金銀之紐鈕, 緘束兩襟, 顧有官君子別必有制, 大清太祖皇帝自韃靼統一華夏, 帝中國而制胡服, 蓋是矣.

其餘書案筆硯, 帷幕調度, 雖廼在艱虞, 皆灑落雅麗, 甚可愛也. 又有桁竿曝厚蓐大被, 錦繡綀氈粲目, 真素封大賈哉. 時以其屋舍踈惡, 漂人不堪容膝, 廼輒鳩工撤古屋來, 改作客舍, 紛宂雜遝, 尤為可厭.

余先隨二小吏至水際, 觀其漂舶, 漂舶距水際三十許步, 而在水中. 船身長三十間, 中艙廣十間, 檣柱高八丈二尺云. 船首又施一小檣, 船尾有樓, 方八間高常云, 蓋皆黑塗. 樓左右各設三牕, 牕格白塗, 凸而外出, 上有朱棚, 其柱楣梁桁亦皆塗朱, 扁曰海若安瀾云. 然以其在三十步外, 且斜視之扁樣字形不復可諦, 船腹黑塗, 飾以白圓眼一, 白方眼三, 船脚入水處, 又皆白塗.

漂舶雖已膠于淺潮沙淤中, 多樹短柱沙上, 引數條火索維之, 以備漂流. 蓋此地在窮海之小曲, 平沙如布而面正東, 時東風起, 狂瀾人立, 雖則纔距三十許步, 不可艤小舟上漂舶, 以故還穿客舍間行, 觀華人到束裝場. 時漂客有荷藥物行, 有取衣將曝, 有倚牕外捫虱, 有在牕中偶語談笑, 有坐地執

椎鑿修治械器, 有坐廡下割蘚, 有踞竈下執爨. 漂客每見頭目輩誇權矜勢,
乃指笑曰:"日本馬鹿." 日本馬鹿, 顧舟子輩並市舶, 屢來長崎, 略解邦語,
以佐罵吻. 馬鹿本二世馬鹿事, 故謂白癡.

時三小吏皆已去, 余獨留在其間遲回, 則舟子廝養來, 而牽余所穿記號外
套賤之, 狎侮調戲者狀. 於是余即拔腰下筆, 立書敘殷勤云:

"諸客幸脫危難上岸無恙, 至祝至祝!"

第不爲答, 特止狎侮調戲, 相視絮話, 蓋似不識字者. 尋又一人來, 則先一
人便展余筆語視之, 余於是復書而問云:

"船主人安在? 幸指以見示."

後來一人廼指而示, 則走就船主人, 而撫其背書曰:

"巨舶往値大颶風, 漂流今至於此, 闔船之人, 平穩淸福, 至祝萬萬."

蓋船主人, 都雅白晳一富商, 年四十許, 時指揮治束箱籠, 在束裝場, 看余
筆語自挾腰間援筆書答曰:

"承蒙貴國所救, 感恩不淺矣, 謝謝!"

藍田:"貴姓何? 華名誰?"

天協:"南京船主沈敬瞻."

藍田:"表字爲何?"

天協:"天協."

藍田:"難讀枚然. 倉卒之際草書有不可辯者, 故再問."

天協:"天協."

藍田:"船主大商, 雖在此鬧熱, 幸不見遐棄, 非徒獲接芝眉, 且審貴姓字,
　　　猥辱靑眄, 斯眞千載一遇, 抃躍曷勝."

天協含笑頷, 甚喜者狀, 而援筆書曰:"上岸以來, 至於今日, 未曾有如公

慰藉者."

藍田："罹此難, 在何月日?"

天協："去冬十一月初五, 往長崎, 中路值難風."

時觀者皆就手奪二人筆語, 甚則至入其手於余懷, 以揆取余書, 誤為華人. 後余輯筆語時, 又忘之矣, 非敢為忌諱, 故秘其語焉.

藍田："先過客舍間時, 見如船主者三人居焉."

時海風颯翻筆語, 飛數步, 漂人爭逐奪去.

藍田："如公等者三人歟?"

天協："此乃船上月侶人."

藍田："侶即似字歟? 將侶字歟?"

天協："侶字."

藍田："闔船幾多名?"

天協："七十九人, 內病故一人, 今實七十八人."

藍田：不佞自童丱學貴邦聖人之道, 性又好讀貴邦之書, 以至斑白, 以故聞諸賢漂泊至于此, 投袂而起, 與一二親知, 不遠數百里, 泛小舟而來. 今七十八名中, 必有儒雅大學如公者, 幸為紹介, 便就而受教. 苟獲如所云, 則何喜如之, 非所感望也.

天協：通船人皆為生理, 行商遠方, 不暇學問, 況復有敵公者.

天協："我輩登岸, 居此海潟, 無賴太甚, 舉動艱難, 至修治屋舍, 起上箱籠, 皆請王府, 是以等王令來每多日, 且具所上請, 大底多難通達, 公幸獲為通事人居此間, 幸孔幸孔."

藍田："吾儕小人, 雖不敢知大廷之上令, 為漂客修治屋舍, 起上箱籠, 瑣瑣小事, 雖廼政府, 亦不親小事, 矧敢汚聖聽哉? 凡為縣尹者隸計

曹, 則此等小事皆計曹長職所當指揮處置也. 今小吏目大率不識字,
且此窮海蜑戶僻陬, 村學究亦掃地蔑有, 故事事似沮格耳. 伏惟朝
廷至仁, 況公等鄰國漂客, 豈無愛護愍恤之典哉? 上裁必不日下,
公等上請回復, 亦少待之, 勿深為念. 且以不佞代譯舌固不可以私
議, 然本是小事, 要在縣尹之處置爾."

天協: "此去長崎幾多里?"

藍田: "凡四十里."

天協: "今我為通船七十八人父母妻子, 欲作一道書報知無恙, 達之長崎,
乃有唐船在, 則蒙公恩甚重."

藍田: "難客之至情, 真為愴神, 然是亦縣尹之所當處置, 吾儕小人, 決弗
可得私作致書郵, 請恕請恕."

時莊長輩, 率莊客來, 在場作擔兒, 乃問稿繩多少, 豎指相示, 不肯通曉,
於是余試問繩多少于莊長, 則曰'若干房'. 邦俗謂繩一束為一房, 然余亦不
知其長為幾何丈, 則又問總計幾何尋, 曰'五百尋', 即書示沈'五百尋'.

天協: "備足."

相視而笑. 時人物紛然, 俄奴卒傳呼縣尹公來, 莊客皆伏地致敬, 余則走
到門左廳後避焉. 漂客追余來集三四十人, 圍余團坐, 此蓋在門左廳後廡下,
橫厓十笏, 縱厓二十笏許, 蓋為從奴輩所息, 漂客旋後者, 逼促立不能坐, 從
奴輩便立其外而觀, 甚者至鑿壁而窺, 真如堵牆哉. 有一漂人年可二十四五,
來前把筆, 自書其掌曰: "有貨物賣歟?"

藍田: "邦有典刑, 豈可奸賣."

尋問. 藍田: "華名為何?"

元輝亦書掌曰: "元輝."

又問, 藍田:"表字何?"

頗有忸怩狀, 廼取筆展紙予之, 強使書, 不肯書, 於是又問.

藍田:"表字有無?"

元輝復書掌中云:"無."

時諸漂客唯一班白年可五十三四, 來以使對余共筆語, 班白翁與余對榻安坐, 成一拜, 余答拜.

藍田:"大船浮海, 不幸遇大颶風, 帆破舵折, 漂流大洋中七閱月, 其間憂
　　　虞艱難. 聞尚病悸, 矧公等親涉其危險乎? 雖然闔船七十八名, 天
　　　幸介福, 至此上岸. 真破塚出也, 萬萬可賀."

匆遽間皆草書.

天臻:"我不慣草書, 見改書."

今輒更書而示.

天臻:"登岸以來未曾有如先生慰勞備至者."

鄭回顧諸難人云先生先生, 諸難人三四十人皆指余, 異口同辭云先生先
生. 與邦音無甚異.

藍田:"華姓名為何?"

天臻:"福州產, 姓鄭, 名岱."

藍田:"貴字為何?"

天臻:"茂盛."

藍田:"華號?"

天臻:"天臻."

藍田:"不佞自髫齓聞中華聖人之道, 耽學嗜典籍, 不知老至, 以故承大清
　　　諸客漂泊到于東海, 甘心一遇, 飛揚弗禁, 乃輒與一二親知, 俱裹十

日糧, 泛葉如小艇, 不遠數百里而來于此. 幸諸客中有儒雅如老丈者, 雖廼在此艱虞, 辱眄容接, 則至幸極福, 死且不朽."

天臻:"乍乃如先生所言, 卻覺汗顏."

藍田:"七十八名中, 又必有儒雅君子如鄭先生者為誰?"

天臻搦管踟躕, 相視冷笑, 廼遂書.

天臻:"皆相似."

藍田:"然則於諸賢中, 先生尤為大學, 可欽可欽."

天臻:"我自幼學一二年之書, 乍敢稱為大學."

藍田:"先生謙光, 益可起敬."

時田生蹤余來, 諸漂人知其為醫, 便即延腕請診者數人, 或有解衣出小腹, 示其所疾苦, 或有脫袴示腫, 田生援筆書症處劑. 會縣卒來將田生去, 使觀漂人旅舍. 於是復得與天臻筆譯, 顧漂客望田生髡形, 知其為醫, 則可知舟子輩頻來長崎者耳.

藍田:"福州距南京幾多里?"

天臻:"三百廿里."

藍田:"以六町為一里歟?"

藍田云, 三百步為里, 今以六町問里者, 倉卒之際, 雖余未免俗習歟, 叛然叛然.

天臻:"福州十里為一圃."

此答似與問齟齬, 顧圃與鋪通歟.

藍田:"茂盛足下好言詩否?"

天臻:"我出外生理, 筆硯久踈, 不可見笑."

藍田:"勿敢深為謙遜, 今老丈在衆中, 如野鶴在雞群."

鄭色甚喜，向余合掌成拜，又把筆書．

天臻："此距王府幾多里？"

藍田："此去東都纔三百里．"

天臻："去長崎幾多里？"

藍田："凡四千里．"

天臻："我欲作數行書，與通船人為音信，公能見達之長崎唐館乎否．"

藍田："公等之至情，實為愴神．然是縣尹之所處置，吾儕小人私達之，獲
　　　罪于官，幸恕勿為無人情．"

天臻："貴國頭目輩，絕莫有識字者，是故事多沮滯矣．只有如先生者一
　　　人，事沒沮滯而得緊要．"

藍田："不佞於此答，進退維谷，渠輩素海陬小吏耳，在都下者，三尺童子，
　　　亦能學而識字，然要貴邦之人，天性文華，真可欽真可欽．"

　諸飄客看余答，甚喜者狀，而悉皆向余合掌羅拜，云可欽可欽，無復與邦
音大異．飄客或來就而撫余背，或拊余髀，皆合掌成拜，余亦合掌答拜．屬田
生復來面余，取余筆，與天臻筆語數四．時余欲烟甚，飄客有把烟管，長三四
尺而立，相去可尋，余捫烟草以實烟盃，將欲乞一星火，以指書席，纔作烟字，
即傍一人直起，取其長烟管，合余烟盃，吸而傳火，拭以授余．余却觸其嘴而
後吸，則舉坐粲然而笑．時縣卒復來呼田生，從縣尹先還，余則猶留而筆譚．

藍田："先見沈天協相共筆語數次，將欲贈以巴調一章，幸見達．"

天臻："諾．"

於是書所宿構詩，附鄭．

漂泊憐君到海東．艱虞兩歲紫瀾中．懷鄉絕域看斜日，上岸殊方恨颶風

客似孤飄破塚出, 船如長劍斷蛟龍. 窮愁猶有新編就, 應奪玄虛賦筆工.

率爾走筆, 貽大清南京船主沈大賈天協旅窓下, 暗投之贈, 勿按劍見怒, 幸甚幸甚.

日本 東都逸民拜

鄭高哦數四而又傳觀諸飄人, 云先生先生.

天臻:"先生華姓字為誰?"

藍田:"敝名豈足以汚先生之耳乎哉. 幸期再會, 告以實, 不恭之辜, 恕而
海容."

余成童時, 嘗問華音于長崎譯師伊快鳳, 非特粲楚咻之, 三十年之久, 今
皆忘之矣. 但書大學首章試問.

藍田:"大學之道云云, 敢煩先生試數遍誦讀, 不佞謹聽. 夫言語之所以不
通者, 以音韻之異響, 讀方之顛倒也. 伏請伏請."

鄭誦讀數遍. 大學之道在明明德, 在親民, 在止於至善.

余亦誦讀數遍, 已記得矣, 而後又附以國字也.

藍田:"記得矣. 謝謝."

於是賦一詩贈鄭:

班荆海畔坐濤聲, 日擊相歡莫逆情. 援筆無論言語異, 風流醞藉鄭先生.

天臻先生 梧右 東都逸民拜贈

鄭誇示諸飄人, 後把筆書.

天臻:"陽春高調, 我不才, 乍敢得作和."

余以不携行廚, 先是饑乏已甚, 竊沽村酒救饑, 至此醉甚, 廼與諸飄客交

臂, 戲謔成驩. 忽有縣卒來趣, 余使去再三, 時日亦落西山, 然而難人尚牽余袂髏而強留, 愈滋驩呼喧挐, 則縣卒復來趣, 余強使去. 於是援筆, 書而示鄭諸人.

藍田："今日奇會, 真千載一遇. 請以詰朝, 重覿青眄, 幸孔幸孔."

天臻："期明日."

其餘諸難人皆云, 期明日期明日, 起而送餘, 或撫背, 或握手, 合掌低首, 以成禮意. 余亦合掌低首, 以答禮意, 出門而去.

奴卒執白梃, 遮諸難人弗令出門送去而止. 余已出門, 獨尋舊路而還, 行私自喜, 雖遊長崎者, 有法之不許與華客接, 則今日之事, 真如盲龜之值浮查. 翌蚤蚤往, 重會沈鄭諸人, 飽醺宿志耳. 先至縣尹館, 解記號外套及裹脚, 反之. 又請翌蚤復往觀, 厚鳴謝而出. 還到忽戶, 諸村縱觀華舶之禁轉嚴, 不許旅客信宿, 三子者既去. 賴有宿緣, 到村西西養寺投宿. 余亦尋徑到西養寺, 未解裝, 縣吏令里正來, 急召余與田生, 至則昨所見傔出, 問余與飄人筆譚狀百方, 余為遁辭, 豈敢告以其實乎哉, 則傔入聽出問數矣. 其卒也主簿吏出, 責讓吾二人曰：

"華人以二子筆語故邪, 船主沈敬瞻有所上請, 以我之聽二子使觀華人, 今乃有所請, 則其為不可也已甚矣. 故今命沈敬瞻諸人杜口勿言, 便即二子雖歸都後, 慎卷其舌, 毋敢公言. 若乃公言, 罪在二子, 矧肯許再觀乎."

於茲吾二人者頓首謝罪而去, 反乎西養寺, 與餘子議, 乃治歸裝. 翌日廿五, 夙發取故路, 過岡田村, 致謝于莊長家, 至于那姑, 雨不可舟, 乃沿海陸行, 踰木根嶺, 度諸海嶠, 夜宿南總百首港上. 頻聞之海上父老, 百首港航, 歲時必有覆沒之患, 雖則土人, 其自重者無敢棄其險云. 吾輩未始知之, 輕信道上之言, 卒乘其險, 雖幸而免, 然苦舟亦已甚矣. 因而記之, 以為後來之戒, 其無乃為叔敖埋蛇之意歟? 越廿六, 候曙陸行, 至木更津, 買漁艇, 夜半還家.

安永九年庚子夏五月廿八日, 藍田東龜年識于東都郭北新莊草堂.

筆語附錄

墅正則 校

飄人懇求

本船無舵無帆, 難走進港, 求貴國速著小船, 榜進救命, 幸勿再遲, 感恩不淺. 南京船主 沈敬瞻

又

本船乃唐船, 同日本通商已久, 所在難船多相救, 現在船身打破, 各貨物俱被水浸透, 遲則貨物無用, 兼之七十八人, 衣物箱籠皆未起上. 現在各人寒冷至甚, 倘則生病, 有死無活.

又

大頭目潤恩, 必今日起上, 感恩不淺, 否則今日先將衣物箱籠起上, 余再候王令. 沈敬瞻

又

本船被難貴國, 現在打破, 各貨入水如等王法來, 各貨物俱已壞去. 今先求大頭目沙吟, 付著小舟數十艘, 務要今日起清. 現在今日風息浪靜, 倘則有風, 不能起上, 現被難三日, 各樣貨物衣箱等入水, 遲則毫無陶程, 速予著小船取上. 沈敬瞻

通船人數計開

船主	沈敬瞻	年四十二歲	蘇州	祀媽祖
財副	顧寧遠	年二十九歲	松江	仝
副船主	方西園	年四十五歲	新安	仝
夥長	蘇孟堪	年四十歲	廈門	仝
總管	林天從	年三十九歲	福州	仝
舵工	簡得意	年四十三歲	廈門	仝
仝	龍廷玉	年四十四歲	浙江	仝
仝	童兩使	年三十九歲	廈門	仝
目侶	李達使	年三十八歲	仝	仝
	王廷顯	年四十二歲	仝	仝
	林得海	年三十七歲	仝	仝
	王太山	年四十三歲	仝	仝
	陳丕光	年三十七歲	仝	仝
	周柔使	年三十二歲	仝	仝
	陳伯俊	年三十歲	仝	仝
	陳友富	年二十八歲	仝	仝
	鄭朝興	年三十三歲	仝	仝
	周文使	年四十五歲	仝	仝
	林諒使	年二十八歲	仝	仝
	李同寶	年四十歲	福州	祀關帝
	張以修	年三十八歲	仝	仝
	劉則帥	年四十歲	仝	仝
	朱守濆	年三十八歲	仝	仝
	林得星	年三十歲	仝	仝
	陳相習	年三十三歲	仝	仝
	陳尚丹	年三十一歲	仝	仝
	陳來福	年二十二歲	仝	仝
	姜得傳	年三十八歲	仝	仝

張清第	年三十三歲	仝	仝
劉蘭弟	年三十歲	仝	仝
姜來進	年三十歲	仝	仝
王振元	年二十八歲	仝	仝
林金順	年三十歲	仝	仝
鄭久使	年三十八歲	仝	仝
黃希使	年二十六歲	仝	仝
劉叔遠	年三十四歲	仝	仝
黃魏使	年三十七歲	仝	仝
高棉使	年二十八歲	仝	仝
劉良清	年二十八歲	仝	仝
錢安慶	年二十八歲	浙江	祀三官
陳邀使	年二十二歲	廈門	仝
林天伸	年三十四歲	仝	仝
林得興	年二十四歲	仝	仝
陳得祖	年二十八歲	仝	仝
高潤第	年三十二歲	仝	仝
陳孝立	年四十四歲	仝	仝
蔡元魁	年二十八歲	仝	仝
林其棟	年三十歲	仝	仝
陳朝華	年三十七歲	仝	仝
劉良興	年三十九歲	仝	仝
林良光	年二十三歲	仝	仝
魏惠候	年三十八歲	仝	仝
張謨弟	年二十八歲	仝	仝
李禮弟	年三十歲	仝	仝
劉益弟	年三十歲	仝	仝
陳孝國	年三十六歲	仝	仝
紹河松	年三十四歲	仝	仝
周夫明	年三十八歲	仝	仝
尤德通	年四十歲	仝	仝

劉敦祈	年三十三歲	同安	祀媽祖
陳雲卿	年四十歲	仝	仝
馮賢用	年四十二歲	仝	仝
吳象使	年三十七歲	仝	仝
陳友和	年三十二歲	仝	仝
高尊光	年三十四歲	仝	仝
劉爾嵩	年四十歲	仝	仝
楊立候	年四十一歲	仝	仝
郭送弟	年二十三歲	仝	仝
鄭鳳弟	年二十八歲	仝	仝
鄭子位	年四十二歲	仝	仝
朱豐	年三十歲	仝	仝
高龍文	庚子年四月初三日在船病故		
曹永安	年四十歲	湖州	仝
陳榮	年三十歲	蘇州	仝
姚才	年三十歲	仝	仝
紀高	年三十四歲	仝	仝
王三隆	年二十八歲	仝	仝
李永興	年二十二歲	仝	仝
王進財	年二十六歲	松江	仝

通船共計七十九人(內病故一人) / 實七十八人

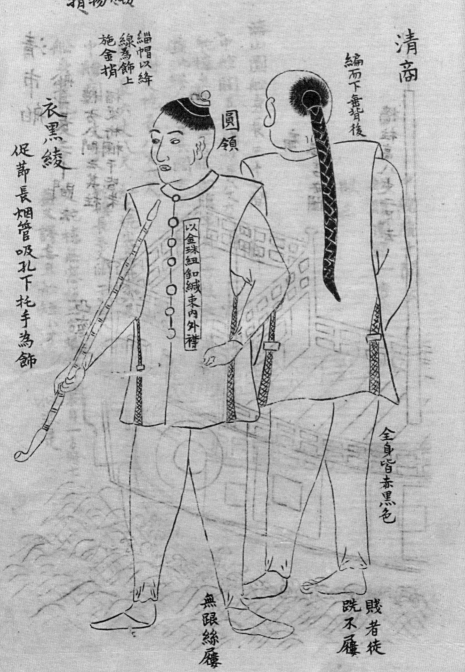

清商

編而下無髻後

字典挡所交切
音箭
自闗以西凡取物
之上者為橋挡

緷帽以絳
線為飾上
施金挡

圓領

衣黑綾

促節長烟管吸孔下托手為飾

以金珠紐釦絨束内外裳

全身皆赤黑色

賤者徒
跣不履

無跟絲屨

中艙廣十間云
船腹圓眼一方
眼三

勝山圖船身長三十七間
中艙闊五間檣柱長八丈六尺　小檣
舵權無窜拖二方眼船腹半月一方眼六
蓋紎繆太甚且長闊亦不相副

行人圖大桅長八丈六尺
頭桅長六丈八尺　紅木桅尖長二丈六尺
中艙闊二丈九尺　舵權長三丈闊二丈四尺
船身長九丈二尺　又舵權無窜拖二方眼船腹半月一方眼七
　　　　　　蓋又譯言且舫短小可疑要似非是

清市舶

船身長三十間云
檣方八間云其柱
檣梁桁梱干管米

凸竈三

檣柱高八丈二尺云

扁
海若安瀾

圓鼾

一. 筆語以此方一里為十里, 但六尺為一步, 一步為一間, 六十步為一町

一. 鄭岱·元輝二人不見人數計開, 可異焉. 顧計開例納於長崎行省者, 第仍舊套, 大概塡人名而合其數, 不必署其實歟. 又間有似緯號.

一. 以本朝設左道之禁最嚴, 而人必有菩提寺者, 故人數計開, 又記祀媽祖·開帝之類, 以證其非奉西洋教者耶.

一. 緣海圖, 多出乎意想, 杜撰太甚, 要竢後人之是正焉耳.

游房筆語畢

高麗風俗記

天台 獨孤損 跛仙

高麗國，在遼東東北，女直之南，卽古朝鮮，箕子所封地也．晉末陷入高麗，隋煬帝征之不服，彼此疲斃．至明洪武詔封高麗國王，賜以金印，歲時入貢．後復更爲朝鮮，相沿至今，朝貢尤謹．《廣輿記》載其男女羣聚，相悅卽婚，非也．

至雲知文字，喜讀書，官吏嫻威儀，良然．

乾隆辛酉夏，其國之全羅道有衆二十餘，同舟航海易米，突遭颶風，飄至山東，又風折其桅而至福建，又風至台州．聞於有司，館於天寧寺，官膳之．予特指章安觀焉．

其人面頗黑而肥，首戴烏氈大帽，式如草笠，衣大袖．飲食不用箸而用銅瓢，柄長可七入寸許，飲食鹹宜，各席地而坐，老者居上，壯子次之，少者旁立而服役．衆食畢，少者始食，率以爲常，雖患難，其長幼不苟，有如此者．

常命少者沽酒，酒有度，偶而酒淺，衆疑其盜飲，少者辯，衆詰之，辭果服，乃自眠受杖，杖畢，向老者揖，再揖執杖者，並揖衆人，名曰謝罪，然後避入房中慟焉．寺僧問："盜酒小事也，何以卽責？"伊雲："盜酒事小，盜長者酒則爲不敬．且文過強辯，故責．"其刑罰不苟，有如此者．

時天方暑，衆猶春服．有司製葛衣，命吏分授，衆悉受而藏之．吏誠雲："不服，則虛所賜矣．毋乃不可乎？"未幾，因間有服者．僧雲："爾輩尚不服，何也？"伊雲："未經面謝，是以不敢．"僧又雲："何以衆中有服者？"伊雲："此因吏促使然，寔不知禮之鄉愚也．"越三日，邑令至寺，拈香讀律，衆各陳衣服於前，排班叩謝而後服，其服馭不苟，有如此者．

內有宋生者，雲是秀才，頗通文墨而斂藏．適僧案上有予《需郊錄》一卷，伊見而喜, 察其意似欲丐而訥, 僧卽持贈, 伊喜甚, 遂使之朗誦以試其音. 則迥異難省. 次日不見宋生, 僧瞯之, 見其閉戶展卷而運筆, 徐命沙彌竊而觀之, 卽所贈《需郊錄》也. 題曰《偶得集》, 中有所序雲:"予以暮春, 偶然飄海至台, 寄寓天寧古寺, 得與台之高僧名士會, 且並得《需郊錄》一卷. 潛心展玩, 茅塞頓開, 恍然如有所得, 此真偶然之萬幸也. 因題曰《偶得集》以誌異雲."觀此則秀才不誣矣. 其行文不苟, 有如此者.

案有《廣輿記》, 予指其風俗相示. 伊見婚姻條, 擧手卽抹, 似甚不慊於懷. 予雲:"然否?"伊雲:"大謬不然."曰:"畢竟如何?"曰:"亦由父母之命, 媒妁之言耳."其婚姻不苟, 有如此者.

予問:"設官造士之典如何?"曰:"鄉擧裏選, 先品行而後文章, 必爲衆所信服者始可."其擧賢不苟, 有如此者.

兩月餘, 奉旨由陸路遞送回籍. 沿途縣官給費, 伊必率衆於公庭外稽首而後行. 觀者如覩, 無不起敬. 其交際去就不苟, 有如此者.

竊思伊等, 偶爾同舟, 非父子、兄弟、伯叔、甥舅也. 又非同堂共業之朋友、師生也. 殊方淪落, 海角逃生, 非盛會宴安, 莊飾儀節時也, 且突如其來, 悠然而去, 遙遙萬裏, 再見無期, 非圖後會有光, 故爲是大小矜持於夏日也, 乃造次顛沛, 四維畢張, 五常克篤, 寔爲中國所不如. 豈果箕子之教未泯也, 抑實天性使然耶? 何其風俗之厚乃爾耶. 亟改《廣輿》, 無汙禮義之邦, 更爲遠樹風聲, 是亦君子之責也夫.

海印 跋文

高麗與中國, 語音不相通, 幸書同文也. 遂各執紙筆條對, 頗知其詳. 然觀其日用動靜, 無一毫苟且, 已群服其禮義矣. 巨山先生聞其風, 不遠百裏相訪, 時與郡中少曾葉先生, 抹雲秦先生, 若翰蔣先生, 同盤桓於敝寺者五日. 其風俗之美, 無不周知. 誠如記中所雲, 無虛詞也. 予曾以先生之《需郊錄》見贈, 而彼喜不自勝, 且卽能序. 予乃復為一絕雲: "海風送客泊南天, 患難堪矜禮義全. 爲贈《需郊》歸故國, 巨山文教被朝鮮." 附記於此.

天寧寺僧海印

侯嘉繙 跋文

零星雜事, 難於貫串, 直倣《儒行篇》逐段分記, 便自相盡. 末後極意悠揚慨嘆, 令人追想上古之人心風俗不置. 巨老向有志於海外之國, 不覺高麗自來相就, 亦可謂天作之合矣.

愚表兄臨海侯嘉繙舜門

濟州漂還人, 問情別單(備邊司謄錄)

徒等俱以濟州牧官下人, 今年二月二十九日, 司僕寺求請馬鞍十八部, 載船出來是白如可, 行到洋中, 猝遇狂風, 不能制船, 尾木折傷之後, 莫適所向, 或東或西者, 凡四十二日, 其間萬念消盡之中, 猶慮漂泊於琉球國, 則該國素嫉濟州之人, 不無殺害之患, 所持號牌濟州二字, 所書之文書及錢文四十餘兩, 竝爲投諸海中是白乎, 三月二十一日午時量, 漂泊小島無人處矣, 相望之地結幕處, 人見矣徒等夜中四十餘名, 乘二隻船, 作飯汲水糧米載來見之, 以書字問之曰, 何國人乎, 矣徒等以文字書示曰, 以朝鮮國全羅道靈巖郡所安島居生之人, 因年事凶歉, 貿穀次乘船, 向本郡都市浦矣, 漂風到此云爾, 則仍卽賜飯是白去乙, 得食之後, 神精稍定, 又書問貴國, 卽何地方耶, 彼又書之曰, 卽大唐浙江台州府臨海縣地方田鼊島云云, 又書示曰, 救活人生云云, 則又答書曰, 明日更來, 當活汝等云云, 仍卽乘船歸去矣, 翌日果小船五隻, 各乘二十餘人來之, 而矣徒等, 都載於其矣船隻後, 矣等船隻, 仍繫於彼船之後, 搖櫓作行之十餘里, 風急水淺, 不能曳船, 碇留水中, 經宿一夜矣, 彼船七隻加來, 仍爲曳船, 泊於其矣所居處, 下船率入, 仍爲結幕於其矣所居近處, 給糧供饋, 留住三日後, 西南間洋中大船二隻, 揷旗來之是白去乙, 矣徒等書問曰, 彼何船也, 答書曰, 此台州兵船, 當載汝等, 俱歸云云, 果來泊浦口, 而待翌日朝, 使其小船, 率其軍卒六七名下陸, 其中二人, 乘轎位坐之, 招矣徒等問情是白去乙, 矣徒等以當初問答, 更書呈納, 則仍各分載十名式, 擧帆歸去, 而矣徒船, 則繫於彼船之尾, 行船二日後, 始到台州地方海門關卸下, 率入於所謂千摠所, 使之饋飯矣, 其處無非瓦屋, 官舍皆層, 層閣大如我國監兵營, 男人頭着勹屹羅, 身着靑衣, 足着黑履, 或着綵水靴, 女人頭結於髻, 身着長衣, 足着分土, 分土之狀, 如錐觜是白乎旀, 留住二日後, 替乘小船, 定將校受官文, 押送台州府, 卽四月初一日也, 台州府

亦爲問情是白去乙, 又答前供, 則置之天寧寺, 炊飯以食, 使勿出入於寺外,
留住殆近三朔, 其時所見言之, 四月初牟麥方張, 收穫豆太, 亦爲刈取, 畓租
或發蕙, 或未發蕙, 黍粟亦爲付種, 而米則粒長而味不好, 市街男人織綵, 萬
物遍市, 甚爲繁華, 而所謂台州, 卽古之越國, 台州所在府使, 乃堂上官也,
常時出入, 乘駕轎張紅蓋, 項掛念珠, 吹手羅將使令, 具囉叭以軍容行之, 臨
海縣似是堂下官也, 亦駕轎張靑蓋, 無念珠, 常時出入之威儀, 不及府使之
行, 而台州府使姓則憑哥, 臨海縣監姓則陳哥, 而台州府臨海縣, 同是一城
之內, 此外又有三四官員所在之處云云是白乎旀, 在海門關時見之, 則前江
左右船隻無數, 大如我國戰船, 而皆爲丹靑, 揷旗放砲, 將帥在船號令, 而所
謂福建大老爺云云, 軍卒皆着紅衣, 儼若我國水操之制, 二日而罷, 其後更
不見之是白乎旀, 海門關卽台州地方, 相距百餘里, 以水路言之, 兩潮水而
得達云云, 矣徒等船隻, 自海門關出送台州而出來時, 以船價是如, 銀子十
二兩給之是白乎旀, 留住台州, 自四月至六月, 其間單衣靑衣襪鞋等各一件
造給, 每日酒一瓶給之, 看則無別給之事是白置, 每以速還之意, 書呈于台
州府, 則自同府轉報杭州巡撫都院布政衙門, 受到付後六月十一日, 台州府
以酒餠宴饋後, 定差員以草轎, 每一人各擔二人, 陸路作行四日, 而所見處
言之, 山川秀麗, 大道之中十里許, 設一堡而經過八疊橋, 新昌縣天台縣嵊
縣等四處, 而所謂八疊橋, 四面疊疊, 樹木蔥鬱, 所謂天台山, 狀如圓峯, 其
下有天台縣, 而城堞皆以石築之, 亦以塗灰, 城郭人物, 比他甚盛, 而城中經
過之時, 來觀者騈闐, 僅僅作行, 出城二三里許, 而始止之是白乎旀, 至嵊縣
由江水, 故以竹作筏, 載矣徒等一日而後, 有大江故下筏乘船, 經一日後到
紹興, 替船到杭州, 則入置于東嶽廟, 此亦寺刹也, 俯而見之, 其三面臨江,
一面大海, 城郭人物, 比他尤勝, 城中有巡撫都院御史 · 布政使 · 按敎使 · 給

事·仁和縣云云是白乎旀, 供饋稍優, 頗有矜恤遠人之色, 布政衙門, 則各給二兩銀, 巡撫衙門則各給一兩銀, 留住十餘日後, 七月初二日, 使小船三隻, 次次替送于北京, 而一隻則差員乘之, 二隻則矣徒等載之, 而其中金赤, 到山南皮地方, 因病致死, 故埋置厥處是白如乎, 下船二日, 由陸到北京, 乃八月二十二日也, 自禮部點考後, 入置會同館, 在北京時, 矣徒等十九名處, 每日糧米一斗九升, 羊肉二兩, 鹽醬蔬菜等物備給, 故親自炊飯食之, 而三十二日留在之時, 只給二次饋酒而已, 此外元無贈給之物, 而九月二十六日, 使通官徐宗孟領送, 而行路供饋, 不過粟飯, 或給鹽醬, 而已到瀋陽, 日寒頗甚, 幾不能前進, 故通官貿得羊皮背子各一件給之, 則到鳳城至義州, 只得一時粟飯是白乎旀, 矣徒等雖值漂流, 莫重京司求請, 不可棄置, 司僕寺納馬鞍十八部行裝中, 同爲輸來, 而此物, 爲彼人到處問之故, 答以換貿穀物次, 載持者是如爲白在果, 其中登子一介, 則爲彼人見奪是白置, 矣徒等生還本國, 莫非我聖上如天之德敎是白置, 相考處置敎事.

(選)備邊司謄錄

1-1

○ 원문 제목 : 없음

○ 일자 : 숙종 10년 1684년 1월 16일음

○ 출처 : 『비변사등록』 제38책

今正月十六日受灸入侍時, 上曰, 全羅道智島荒唐人, 今若依水使狀啓, 下送譯官問之, 則非但時日遲延, 必不能詳細盤問, 譯官則勿爲下送, 令本道別定差使員, 着實押領趁速上送事, 分付備局, 可也.

1-2

○ 원문 제목 : 없음

○ 일자 : 숙종 10년 1684년 1월 27일음

○ 출처 : 『비변사등록』 제38

司啓辭, 以全羅監司所報觀之, 則智島漂漢, 押到京下, 當在四五日之內, 則預令該曹修治南別宮家丁所入之房, 以爲接置之所, 供饋等事, 亦依前例擧行, 而且擇禁軍中解事者一人, 領率留衛軍七八名, 別爲防守, 俾無雜人出入之弊, 本司郎廳一員與數三譯官, 盤問其漂到情實後稟處, 何如? 答曰, 允.

1-3

○ 원문 제목 : 없음

○ 일자 : 숙종 10년 1684년 2월 1일음

○ 출처 : 『비변사등록』 제38책

(問情別單, 二月三十日, 下書錄) 司啓辭, 智島現捉漂漢三人, 昨夕押到, 依前啓辭, 令本司郞廳與譯官等問情, 則果是漁探漂到之人, 以其問情辭緣別單書入. 而旣已押到京下, 勢須依前轉送北京, 分付該院·該曹, 撰出文書, 差定齎咨譯官, 從速發遣, 何如? 傳曰, 依啓, 纔已押到京下, 更加從容問情後, 入送未晚, 姑勿急速發遣可也.

1-4

○ 원문 제목 : 없음

○ 일자 : 숙종 10년 1684년 2월 6일음

○ 출처 : 『비변사등록』 제38책

本司郞廳以領左相意啓曰, 漂漢人等, 今無更問之事, 爲先使譯官押領發行, 而文書則追後修正, 別定禁軍, 傳給於未越江之前宜當. 此意再昨已爲定奪於榻前, 以此分付擧行之意敢啓. 答曰, 知道.

1-5

○ 원문 제목 : 표류 한인의 문정별단^[漂漢人, 問情別單]

○ 일자 : 숙종 10년 1684년 2월 30일음

○ 출처 : 『비변사등록』 제38책

漂漢人, 問情別單

(甲子二月初一日, 啓下)

問, 爾等在何地, 而姓名云何?

答, 俺等三人, 一則張文學年二十九居在離城四十里劉家王舍莊, 一則顧一論年二十八, 一則李守長年二十三, 俱在離城四十里綠楊舍, 而三人皆是登州府蓬萊縣所管之民.

問, 爾等在登州時應何樣身役, 而以某事爲業耶?

答, 俺等三人, 俱以登州村民, 使船爲業, 授吏部沙尙書船隻, 一年納稅銀子十五兩.

問, 爾等何時, 以某事出往何處, 漂到本國耶?

答, 俺等在鄕井時, 每於春夏則打魚, 秋冬則賣炭爲業. 上年九月二十二日, 俺等十人, 以載炭事發船到黃城島, 黃城島卽登州所屬, 而相距一日程矣. 二十三日回船之際, 猝遇狂風, 檣摧碇絶逐波漂蕩, 以至九日水漿俱竭, 舟中之人飢餒昏倒, 不省人事, 忽然船薄石壁之下, 進退之間, 俺等三人, 蒼黃跳出浮水而登岸, 匍匐昏仆. 翌朝始省人事, 起見洋中, 則風濤接天, 所乘船隻不知去向, 必以沈沒, 同騎崔三 · 高二 · 盧大 · 張明志 · 王三 · 李祿 · 河禮等七人, 亦無去處應是淪死.

問, 爾等敗船在於十月初, 則十二月二十七日, 始爲現捉, 計其日月, 幾至三朔, 其間留住何處, 而何以糊口耶?

答, 不知島名而島中二十餘戶, 輪回饋食, 或飯或粥僅僅連命.

問, 爾等若同騎一船, 則敗船之後, 自當一時偕來, 而其所捉處不同, 日字亦有先後者何耶?

答, 俺等適値南草載去之船, 李守長 · 張文學與之同騎, 顧一論則登山未下, 不及同船, 追乘他船, 又爲嶼草所掛, 風勢不順, 遲留累日, 追到他所矣.

問, 雲貴 · 泗川 · 陝西等地聲息何如耶?

答, 俺等俱以年少之人, 道路亦且隔絶, 曾無往來之事, 南方事情, 雖未詳知, 傳聞天下安穩無事矣.

問, 爾等知東寧島鄭錦舍聲息耶?

答, 鄭錦舍姓名全然不知.

問, 近年海路, 有水賊出沒之事耶?

答, 南方雖或有之, 山東則無之矣.

問, 爾等曾見北京耶?

李守長曰, 俺十八歲時, 以賣買事入往北京, 經年還家矣.

顧一論·張文學曰, 俺等二人曾無北京往來之事, 而上年聞海邊金汶等處, 以皇命修築城池矣.

問, 緣何事而修築城池耶?

答, 未知修築曲折, 而曾前適以貿米事, 往見金汶等處, 舊城頹圮, 只有土城矣.

問, 登州有何官員, 而且有軍兵耶?

答, 明朝時有軍門·衙門矣, 今則革罷軍門, 而衙門設置, 知府·知縣·通判, 三官以漢人差定, 且有摠兵三營, 一營則統率舟師三四百名, 一營則統率騎兵三四百名, 一營則統率步兵三四百名, 而軍兵技藝, 則或持弓弩, 或持鳥銃, 每年三次操鍊, 摠兵官則遼東假㺚子李姓人矣.

問, 登州旣設知府, 則必有通報, 爾等亦有所聞知耶?

答, 所謂通報爲名者, 未知何物也.

1-6

○ 원문 제목: 표류 한인의 추후 문정별단[漂漢人, 追後問情別單]

○ 일자: 숙종 10년 1684년 2월 30일음

漂漢人, 追後問情別單

(甲子二月初三日啓下)

問, 爾等旣已捉魚爲業, 則常時捉魚, 處在洋中下碇擧網, 或有別島磯嶼否?

答, 每於擧網打魚之時, 緣崖傍岸, 洋中則水勢緊急且深, 不能下手擧網. 而皇城島西南間, 有大竹島小竹島, 在明朝時, 曾有居民, 今則只餘基址, 島邊水勢甚惡, 不得泊船捉魚矣.

問, 漂海時自何處過而所遭惡風, 則南風否, 抑北風否, 遇風幾晝夜到我國地方, 而所乘之船, 到何處觸碎, 聞爾言海中泅水游涉至岸云, 大海非游涉之地, 能游得幾里出岸乎?

答, 自皇城島回船之時, 西北風大作, 一晝夜下雨, 故漂流顚倒之際, 又起西南風, 任其漂蕩, 以至九日, 得到本國地方. 而船隻所觸之地, 未知何許島, 而去岸不過百步之地, 故死中求生, 蒼黃跳出船中, 游涉出岸矣.

問, 當初漂風之時, 可辨西北風, 而漂出大洋之後, 爾等昏倒飢餒, 不分東西, 則其何以的知西南風耶?

答, 離皇城不遠, 而稍有精神, 且船家素有定南鍼, 夜看紫微星所在處, 故可辨西南風矣.

問, 定南鍼所持者何人, 今何置之, 以紫微星何能辨西南風耶?

答, 定南鍼則當初十人中河禮以沙工身佩而死, 紫微星辨方位云者, 非但紫微一星, 參星·亢星所在, 亦辨東西矣.

問, 爾等旣不識字, 則何以知星名, 而此三星之外, 亦有所知耶?

答, 紫微星在正北, 參星·亢星出自東方, 而聞諸古來之言知此三星. 此外七星狗星亦爲知之, 而他星則不知矣.

問, 爾等旣知星名, 掃星亦知耶?

答, 掃星現於康熙十八年, 而不記日月, 出自西方矣.

問, 此呈現出之後, 人謂何象耶?

答, 俺等別無所知, 而星現之後, 傳聞連歲出兵于南方, 而卽今則安穩矣.

問, 船體若小則必不能駕得重溟, 若大船則又非爾輩十人所能制, 其船長廣幾許, 而其中能容幾人耶?

答, 俺等所乘船, 體長七把廣二把半, 或可近島往來, 故俺雖十人, 可以制船, 而至於大海之中難以駕出矣.

問, 想爾漂流時, 初遇北風, 又以西風轉來, 爾旣入大洋, 則必不能分別東西, 初遇時猶可知之. 或言海路中間, 有綠海·白海·赤海, 爾等漂流時不經此海否?

答, 當初遇風曲折, 旣已陳白, 而所謂綠海·白海·赤海, 曾無所聞矣.

問, 爾等所在距皇城島爲幾里, 自皇城距鐵山嘴幾里, 距章子島幾里, 距皮島幾里? 皮島明時毛文龍駐兵處, 被陷已久, 爾輩又不能知之, 然古老相傳之語, 爾必聞知, 須以所聞言之. 所謂杏島·鼉磯島, 在於何處耶?

答, 自登州北距皇城島水路六百里, 自皇城島北距鐵山嘴六百里, 章子島·皮島, 則只聞島名, 曾無往來之事, 不知其幾里. 而聞古老相傳之言, 皮島則明朝時毛摠兵駐兵之處, 而毛摠兵爲奸臣所害, 被斬于雙島云. 杏島自登州北距四十里, 鼉磯島自杏島北距六十里, 自鼉磯島北有黔島, 不知里數矣.

問, 南方漕運, 皆從登萊轉入天津, 而浙江·福建商賈, 亦有來到山東之時耶? 抑官船之外不得過海耶?

顧一論答, 聞諸我父, 在明朝時南方商賈之船往來於登州, 而今則南方漕運商賈之船, 皆從西湖經過天津, 轉入通州云矣.

李守長·張文學答, 山東·扶桑·寧海·汶登等邑漕運船隻, 則皆過登州東洋矣.

問, 曾聞南方有海賊, 淸國極禁海邊漁採等事云, 近來自何間禁令始緩耶? 山東地方, 則距南方絶遠, 本無此禁耶? 七八年前, 則絶無漂海之人矣, 近間海邊往往望見海外之船, 抑果海禁稍緩耶?

答, 康熙十八年以前, 則海禁甚嚴, 商賈船·海採船不得往來, 十八年以後, 皇旨一下, 除其禁令, 故今則尋常往來矣.

問, 曾聞明朝舊人, 或有全家避入於海島, 不爲剃髮, 自作生理云, 登萊近處, 或有遠島, 此人等所居處否?

答, 俺等年少無知, 而明朝舊民避入島嶼, 長髮居生者, 絶無所聞, 而雖或有之, 發覺則輒卽誅戮, 豈有此類乎?

問, 爾等皆有父母兄弟, 而何樣役名耶?

答, 顧一論則父母俱存, 且有兄弟五人, 張文學則父母俱存, 且有一弟, 李守長則父存母沒, 無兄弟而皆無屬處之民矣.

問, 登州府旣設摠兵三營, 則爾等兄弟, 亦必有屬處, 何謂無役之民耶?

答, 摠兵官所屬軍兵, 則有技藝者充定, 而俺等則無技藝, 故一年內, 只出銀子三錢六分, 以應民丁之役矣.

2-1

○ 원문 제목 : 없음

○ 일자 : 숙종 12년 1686년 8월 22일음

○ 출처 : 『비변사등록』제40책

司啓辭, 湖南金鰲島漂到人九名, 押解北京事, 既已入啓定奪矣. 辛酉年漂漢二十六名入送時, 以漂到辭緣及將爲入送之意, 撰出咨文矣, 別定譯官, 爲先報知牙門, 押去武臣及譯官, 又爲差官, 隨後領去矣. 甲子年漂漢三名入送時, 使齎咨官仍爲領去, 而入柵門之後, 漂漢則交付鳳城, 以爲次次押送之地, 譯官則只齎咨文入往北京云. 今此漂漢人押解之由, 不必前期報知於彼中, 齎咨譯官, 與領去官員, 先後發送, 亦涉有弊, 依甲子年例爲之, 似涉便當. 令該曹撰出文書, 差定齎咨譯官, 使之預爲治裝, 待其上來, 卽爲領去. 而南桃浦漂到人發回之報, 若到於齎咨官未發之前, 則枚擧其曲折, 竝及於咨文, 宜當, 以此分付擧行何如? 答曰, 允.

2-2

○ 원문 제목 : 없음
○ 일자 : 숙종 12년 1686년 8월 28일음
○ 출처 :『비변사등록』제40책

司啓辭, 全羅道金鰲島漂到之人, 既令押送京中, 不久似當來到. 依甲子年例, 預令該曹修治南別宮家丁所入之房, 以爲接置之所, 供饋等事, 亦依前例擧行, 而且擇禁軍中解事者一人, 領率留衛軍七八名, 別爲防守, 俾無雜人出入之弊, 本司郎廳一員與解語譯官數人, 更爲盤問其漂到情實後, 押送北京宜當, 以此分付何如? 答曰, 允.

2-3

○ 원문 제목 : 없음

○ 일자 : 숙종 12년 1686년 9월 16일음
○ 출처 :『비변사등록』제40책

啓曰, 全羅道金鰲島漂到人九名, 卽纏押來, 依前啓辭, 接置於南別宮, 令本司郎廳與譯官等, 同往問情之意敢啓. 答曰, 知道.

2-4

○ 원문 제목 : 계문은 제목이 없고, 문정별단의 제목은 "표류 한인의
  문정별단[漂漢人, 問情別單]"임
○ 일자 : 숙종 12년 1686년 9월 17일음
○ 출처 :『비변사등록』제40책

啓曰, 金鰲島漂到人九名, 昨日入來之後, 令本司郎廳與譯官等問情, 則居住根脚與敗船曲折, 一如當初所對於湖南者, 以其問情辭緣, 別單書入矣. 此外更無可問之事, 亦不可久留京中, 依前定奪, 卽當仍爲押送於北京. 而其中一人, 自在道之時得寒疾, 久未解和云, 强迫登程, 不無添重之慮, 令醫司, 別定醫官之解藥理者, 覓給當劑, 善爲救療, 待其向差, 卽爲發送宜當. 且漂人等上來之時, 分付本道, 雖已造給襦衣, 而前頭日氣漸寒, 難以所着之衣得達於遠路, 自戶曹依前例, 襦衣·袴·戰笠·靴·襪·帽·帶等物, 預爲措備以待矣, 使之分給, 以示朝家優待之意, 何如? 答曰, 依啓.

漂漢人, 問情別單
問, 爾等姓甚名誰, 而何處人耶?

答, 俺等九人, 洪添年四十二, 洪勝年二十五, 曾宜年三十六, 曾富年二十八, 柯富年二十八, 五人, 居在福建泉州府同安縣, 郭棟年五十三, 陳苗(年)二十九, 葉喜年二十八, 陳芳年二十一, 四人, 居在漳州府龍溪縣矣.

問, 爾等在於福建泉州漳州時, 應何樣身役, 而以某事爲業耶?

答, 俺等八人, 皆以商賈爲業, 曾富, 以船匠爲業, 而無身役矣.

問, 爾等何時以某事, 自何處發船, 往于何處而漂到本國, 同船者幾人耶?

答, 俺等六月初二日, 以買賣事, 自同安縣廈門港發船, 將向日本, 而到洋中猝遇大風, 漂到本國, 而同船之人則五十一人矣.

問, 爾等船到何處, 遇何方風而致敗耶?

答, 俺等七月初五日曉頭, 於洋中遇東南風, 初六日日暮時敗船, 四十二人渰死, 俺等九人則緣敗船之板, 漂到海岸, 僅得生活矣.

問, 爾等六月初二日, 出港口發船, 七月初五日, 遇風敗船, 則日字已過一朔, 其間住在何處耶?

答, 俺等下碇洋中, 候俟順風, 猝遇狂風, 以至漂到矣.

問, 爾等欲往日本, 則何方風可以爲順風行船, 幾日當到日本, 而到日本何境泊船買賣耶?

答, 自廈門港遇西南風則發船, 七日可到日本, 而買賣處長崎島矣.

問, 爾等以商賈爲業, 則所持者何樣物貨, 而所貿者何物耶?

答, 俺等所持者, 方絲紬·白絲段子·白糖·茶葉·藥材·牟邊紙, 而所貿者, 乃金·銀·銅三品矣.

問, 同安縣有何官員耶?

答, 同安縣有知縣一員·參將一員, 而知縣則治百姓管錢穀, 參將則專管軍兵, 而領率一千, 屬於廈門港水軍都督矣.

問, 泉州府有何官員耶?

答, 泉州, 有陸軍都督一員・道爺一員・知州一員, 而都督治軍兵, 道爺管魚鹽收稅, 知州治百姓管錢穀矣.

問, 福建有何官員耶?

答, 有部院一員・軍門一員・布政一員, 部院則一品, 軍門則二品, 布政則三品, 而部院則摠治福建屬八州軍民, 軍門・布政則治福建屬八州錢穀矣.

問, 同安縣知縣・泉州知州・福建三官及參將, 以何人差之耶?

答, 皆以漢人差之矣.

問, 治兵之官則以何樣技藝操習耶?

答, 水・陸軍兵技藝則皆鳥鎗・弓矢・大刀・長鎗・防牌, 而一年春・秋操錬矣.

問, 自同安縣至福建幾日程, 而曾有往來之事耶?

答, 自同安縣至福建六日程, 而曾有往來之事耳.

問, 爾等以騎船行商爲業, 則海路無禁令, 任意往來耶?

答, 在前, 有海禁矣, 去年爲始開海路, 收稅於行商矣.

問, 在前, 緣何有禁, 而今則何以勿禁耶?

答, 在前, 鄭之龍之子國信, 國信之子錦喜, 錦喜之子克塽, 在於台灣島, 有時來侵於漳州・泉州等處, 故海禁至嚴矣. 今則, 克塽甲子年歸順於淸國, 方在北京, 故海路始通矣.

問, 自同安縣距台灣幾日程耶?

答, 若遇北風, 二日可到台灣矣.

問, 克塽, 旣在北京, 則台灣必有人物, 以何人主管, 幅員幾許耶?

答, 自上年, 始置都督一員・知州一員・知縣三員, 皆以漢人差之, 而都督則治兵, 知州·知縣治百姓管錢穀. 而幅員則南北平地七十外皆有大山, 東西可爲一月程, 而土地磽薄, 居民不多, 財穀不敷矣.

問, 台灣與爾等所居地, 程道旣遠, 則何以詳知, 抑有往來之事耶?

答, 俺等曾無往來之事, 而自克塽歸順之後, 淸國畫出台灣地圖行於國中, 故歷略其幅員, 且有彼此往來之人, 故亦聞其財穀之豐嗇人物之多少矣.

問, 爾等皆有父母兄弟, 而應何樣身役耶?

答, 洪添, 父沒母存, 只有一弟, 以商賈爲業. 洪勝, 父沒母存, 只有一兄, 以儒爲業. 郭棟·曾宜, 父母俱沒, 只有妻帑. 曾富, 有父母而其父與兄, 皆以商賈爲業. 陳苗, 父沒母存. 柯富, 父沒母存, 只有一兄, 亦以商賈爲業. 葉喜, 父母俱沒, 兄弟亦無. 陳芳, 父母俱存, 而父以商賈爲業, 有一弟而年幼矣.

問, 近來海路, 有水賊出沒之事耶?

答, 鄭克塽歸順之後, 別無海賊矣.

問, 爾等往來日本時, 有路引耶?

答, 福建有戶部郎中·兵部主事, 故成出行狀, 敗船之際見失矣.

問, 爾等乘其敗船之板子, 僅得生活云, 而多有所持物件, 其故何耶?

答, 當初敗船之時, 所持物貨沈失矣. 登岸之後, 若干物件, 因波漂來, 故拯出矣.

問, 爾等敗船登岸後, 不得菽粟, 至於八日之多, 其間何以餱餕耶?

答, 俺等登岸之後, 只喫海菜, 幾至死境, 幸遇貴國之人, 如是生活矣.

問, 自廈門港往日本, 則所謂台灣在於所經近處耶?

答, 台灣則在於正南, 日本則在東南, 不是所經之處, 而廈門與台灣, 距日本俱是七日程矣.

3-1

○ 원문 제목 : 없음

○ 일자 : 숙종 13년 1687년 4월 17일음

○ 출처 : 『비변사등록』 제41책

司啓辭, 濟州漂到淸人等, 押送京中之意, 旣已啓下知委矣. 六十餘人遠路押來之際, 不可無譯舌通語者, 令該院別定善漢語譯官一員, 急速下送, 待候於海上, 以爲領來之地, 且押送北京時齎咨譯官, 預爲擇定治行, 咨文亦令該院前期撰出, 以待漂人到京後, 卽爲發送宜當, 以此分付何如? 答曰, 允.

3-2

○ 원문 제목 : 없음

○ 일자 : 숙종 13년 1687년 5월 12일음

○ 출처 : 『비변사등록』 제41책

司啓辭, 濟州漂到之人, 旣令押送京中矣. 連接差使員馳報, 則數日內似當來到, 依前例, 預令該曹, 修治南別宮家丁所入之房, 以爲接置之所, 供饋等事, 亦依前擧行, 而擇定禁軍中解事者一人, 領率留衛軍十餘名, 別爲防守, 俾無雜人出入之弊. 且自湖南押來之際, 譯官在途問情, 報知於本司, 觀其辭意, 與當初到濟州問答無異. 而入京後, 令本司郎廳一員, 與解語譯官數人, 更爲盤問其漂到情實後, 押送北京. 而齎咨譯官到鳳城交付之後, 則自彼次次押送, 譯官則只齎咨文, 入往北京, 自是前後已行之例. 而許多人

所乘車輛, 必須預爲整待, 然後可無彼此狼狽之患. 上年漂漢入送時, 鳳城
人以義州之不先相通爲言云, 分付義州府尹, 使之預爲送人通報於鳳城, 何
如? 答曰, 允.

3-3

○ 원문 제목 : 계문은 제목이 없고, 문정별단은 "제주에 표류해 온 한
　　인의 사정을 물은 별단[濟州漂漢, 問情別單]"
○ 일자 : 숙종 13년 1687년 5월 15일을
○ 출처 : 『비변사등록』 제41책

　司啓辭, 濟州漂到人六十五名, 再昨入來, 而日勢已暮, 未及問情, 昨日始
令本司郎廳與譯官等, 偕往詳問其居住根脚, 與敗船曲折, 南方事情, 則與
當初所對, 與濟州 · 湖南者, 大意一樣, 以其問情辭緣, 別單書入矣. 此外更
無可問之事, 許多異國之人, 不宜久留京中, 依前定奪, 卽當押送於北京, 故
衣袴 · 戰笠 · 靴 · 襪 · 帽 · 帶等物, 依前例令戶曹措備分給, 則各人等, 皆下
庭叩頭稱謝云. 而其中數人, 自在道之時, 得病未差, 或有時方苦痛者, 勢難
强迫登程, 令醫司別定醫官之解藥理者, 覓給當劑, 善爲救療, 姑觀一二日,
發送宜當, 以此分付何如? 答曰, 允.

濟州漂漢, 問情別單

問, 爾等姓各誰, 而何處人耶?

　答, 俺等六十五人, 顧如商年四十七住蘇州府吳縣人, 張文達年四十四住
蘇州府嘉定縣人, 王俊侯年六十住江西省撫州府樂安縣人, 沈從先年五十七

住蘇州府崇明縣人，李得甫年四十三住蘇州府長州縣人，許明義年六十四住
松江府華亭縣人，李秉公年三十八住松江府華亭縣人，沈肇先年四十九住浙
江省湖州府烏程縣人，龔盛之年四十一住江寧府江寧縣人，朱仁宇年三十二
(住)蘇州府吳縣人，洪瑞圖年四十三住江寧府漂水縣人，姜雲昇年四十六住
江西省撫州府臨川縣人，陶子祥年三十七住浙江省紹興府山陰縣人，周體乾
年五十住寧國府寧國縣人，陳心嘉年三十住蘇州府長州縣人，劉雲召年二十
一住蘇州府吳縣人，王天武年四十住蘇州府常熟縣人，曾象功年三十二住蘇
州府常熟縣人，楊茂生年四十住楊州府江都縣人，樊義年三十五住蘇州府崇
明縣人，曹大年五十五住湖廣省漢陽府漢陽縣人，郭瑞年四十三住長州府江
陰縣人，吳林年三十九住蘇州府吳縣人，劉山年四十六住蘇州府吳縣人，王
潮年五十五任蘇州府崇明縣人，蔡先年二十六住蘇州府崇明縣人，李道年三
十七住松江府上海縣人，陳敬年四十一住蘇州府常熟縣人，林大年四十住長
州府靖江縣人，王麻年二十七住長州府江陰縣人，吳三年三十住蘇州府崇明
縣人，李二年二十七住松江府上海縣人，姜太年三十住蘇州府崇明縣人，季
四年二十四住蘇州府崇明縣人，樊三年二十八住蘇州府崇明縣人，寶乙年四
十三住蘇州府吳縣人，王選年三十三住蘇州府長州縣人，王文年四十四住蘇
州府嘉定縣人，仲二年二十九住蘇州府長州縣人，李桂年二十九住蘇州府長
州縣人，陳壽年三十四住蘇州府吳縣人，周勝年五十住淮安府山揚縣人，蔡
二年三十五住松江府上海縣人，陶二年二十九住蘇州府崇明縣人，吳聖年四
十三住徽州府休寧縣人，李宇年四十二住蘇州府長州縣人，許詳年二十五住
蘇州府長州縣人，李龍年二十五住蘇州府長州縣人，翁八年五十六住福建省
福州府閩縣人，翁耐年三十住福建省福州府閩縣人，翁五年三十六住福建省
福州府閩縣人，江捷年三十八住福建省福州府侯官縣人，鄭章年四十六住福

建省福州府侯官縣人, 陳壽年四十八住福建省福州府侯官縣人, 江五年三十
六住福建省福州府侯官縣人, 江三年三十六住福建省福州府侯官縣人, 徐元
年二十三住松江府華亭縣人, 朱明年二十八住蘇州府崇明縣人, 吳義年二十
六住長州府無錫縣人, 石明年二十五住蘇州府崇明縣人, 朱華年二十一住蘇
州府吳縣人, 朱二年十五住蘇州府吳縣人, 許元年十六住松江府華亭縣人,
李福年十八住松江府華亭縣人, 楊寶年二十五住蘇州府嘉定縣人矣.

問, 爾等在本土時, 有何身役, 而以何事爲業耶?

答, 俺等素無身役, 以商賈爲業耳.

問, 爾等何時·何處發船, 往于何處, 漂到本國, 而同船者幾人耶?

答, 俺等今年二月十六日, 納稅于戶工部, 十七日乘船, 十八日由吳松口,
仍向大洋, 二十二日晚夕, 卒過東南風, 是夜三更量, 到濟州旌義界, 敗船升
陸, 而同船者七十人, 渰死四名, 其餘則僅得生活, 而又一人病死矣.

問, 爾等以乘船行商爲業, 則所欲往者何處耶?

答, 俺等各持物貨, 將向日本長崎島矣.

問, 爾等所持者, 何樣物貨, 而所欲貿者何物耶?

答, 俺等所持者白絲·抗綾·走紗·人蔘·麝香·藥材, 而所貿者銀·銅·
蘇木·海參·卜魚·胡椒等物矣.

問, 爾等曾行商於長崎島者, 未知幾次耶?

答, 俺等自乙丑至丁卯, 三遭往來矣.

問, 爾等往來長崎島時, 自吳松口發船, 幾日當到耶?

答, 俺等若遇西南風, 則四晝夜可到矣.

問, 爾等同時發船, 欲向長崎島者幾船耶?

答, 俺等蘇州三船同發, 而卒遇狂風, 船行如飛, 故二隻則不知去向矣.

問, 爾等年年海行, 必有公文, 然後可以行商, 而今則無之, 其故何耶?

答, 俺等納稅於戶工部, 例出標帖, 而今因敗船, 漂失海中矣.

問, 爾等年年往來海中, 則海邊地方及海中諸島, 必歷見而詳知, 台灣島在於何方, 古之閩越亦在於何方耶?

答, 閩卽今之福建省, 越卽今之浙江, 台灣島, 鄭之龍所居之地云, 而曾無往來之事矣.

問, 台灣島卽鄭之龍所居之地, 則鄭之龍之後, 世居其地耶?

答, 鄭之龍之孫克塽, 癸亥歸順之後, 始置都督一員・知州一員・知縣二員, 皆以漢人差之, 留兵以守云矣.

問, 爾等以騎船行商爲業, 則海路無禁令, 任意往來耶?

答, 癸亥以前, 則鄭克塽・吳三桂・尙可喜等, 不歸順, 故海防極嚴矣, 今則天下太平, 海路洞然矣.

問, 近來海路, 有水賊出沒之事耶?

答, 鄭克塽歸順之後, 別無海賊矣.

問, 辛酉年間, 蘇州人高子英等, 漂到本國, 自此領送北京矣, 未知何年歸道本土耶?

答, 高子英本以蘇州常熟縣胎生之人, 壬戌四月間, 自北京轉向厥居, 仍移家蘇州城內云, 而相距百餘里, 故不見其人, 只聞傳播之言矣.

問, 高子英一時同歸者, 多至數十餘人, 其中必有相知之人, 未知逢着打話耶?

答, 高子英同時還家者, 數十餘人中, 趙恩相・許二・許三・岑有生・鄭公違五人, 則還家後相見, 而亦聞其言, 每於朔望, 焚香祝手, 永思本國鴻恩云云.

問, 爾等皆在蘇州屬縣, 蘇州府官員及城周, 可以歷指耶?

答, 蘇州有撫院一員治軍民, 布政司一員管銀錢, 督糧道一員管田租, 兵備道一員管軍民人等, 蘇州知府一員管錢糧, 其他管糧同知・督糧同知・摠捕同知・通判織造府等八十餘員, 皆統屬撫院. 城周五十里, 而有閶門・胥門・齊門・樓門・盤門・對門六門矣.

問, 爾等或在江西省, 或在浙江省, 或在福建省, 或在湖廣省, 或在江南省, 其官之數, 一如蘇州耶?

答, 四省官員多少, 無加於蘇州府矣.

問, 蘇州府似不及此四省之大, 而官員之多少同之, 其故何耶?

答, 蘇州幅員, 雖不及省, 人物之衆多, 財貨之所聚, 又有加於諸省而然矣.

問, 四省及蘇州官員, 以何人差之耶?

答, 皆以漢人差之矣.

問, 治兵之官, 有時有鍊習之擧耶?

答, 一年內, 春之二月望, 秋之七月望, 例爲操鍊, 騎・步參半, 而至於江南省, 則有三員大將, 二員則淸人, 各率一萬淸兵, (一)在省城內, 一在鎭江京口, 一員則乃漢人也, 領十萬餘兵, 鎭守于松江府矣.

問, 騎・步軍兵所用機械, 可以歷指耶?

答, 騎兵所用, 筒箇・長槍・腰刀, 步兵所用, 或箭, 或長槍, 或鳥銃, 或防牌, 或腰刀矣.

問, 蘇州府距北京幾里耶?

答, 三千六百里矣.

問, 江西省距北京幾里耶?

答, 五千二百里矣.

問, 松江府距北京幾里耶?

答, 三千八百里矣.

問, 江寧府距北京幾里耶?

答, 三千二百里矣.

問, 浙江省距北京幾里耶?

答, 四千里矣.

問, 寧國府距北京幾里耶?

答, 三千六百里矣.

問, 楊州府距北京幾里耶?

答, 三千里矣.

問, 漳州府距北京幾里耶?

答, 三千五百里矣.

問, 淮安府距北京幾里耶?

答, 二千八百里矣.

問, 徽州府距北京幾里耶?

答, 三千八百里矣.

問, 福建省距北京幾里耶?

答, 七千里矣.

問, 山東省距北京幾里耶?

答, 一千二百里矣.

問, 陸軍有操鍊之事, 水軍摠治者何官, 以何技藝鍊習耶?

答, 蘇州有戰船三百餘艘, 水軍七千餘人, 技藝則鳥鎗・弓箭・長槍・大砲等物, 而水軍摠兵主之矣.

問, 爾等在本土, 農桑及徭役何如耶?

答, 康熙十九年, 酷被水患之災, 厥後迄今年事豐實, 銀一錢之價至米十斗, 徭役則一畝之稅, 只大米二斗之外, 別無雜役矣.

問, 爾等年年往長崎島行商, 則日本之商賈, 亦來江南交易耶?

答, 俺等以營生牟利之徒, 不計海路危險, 往商日本, 而日本之人, 則邦禁至嚴, 故元無往來之事矣.

4-1
○ 원문 제목 : 없음
○ 일자 : 숙종 13년 1687년 5월 2일음
○ 출처 : 『비변사등록』 제41책

司啓辭, 全州府被捉漢人一名, 自本道定差員押送, 卽纔入來矣. 姑爲留置於本司, 令有司堂上親問, 而別定善漢語譯官, 詳細問情, 得其實狀, 以爲更稟處置之地. 供饋守直等事, 依前例擧行之意, 分付該司何如? 答曰, 允.

4-2
○ 원문 제목 : 없음
○ 일자 : 숙종 13년 1687년 5월 3일음
○ 출처 : 『비변사등록』 제41책

司啓辭, 全羅道上送漂漢人, 押來本司之後, 使善漢語譯官, 詳細盤問, 則其言語侏㒖, 雜以本國語音, 及反覆抽繹, 終不能解聽. 但就其可解者言之, 問來此幾年, 則屈指計七而止, 問年幾何, 則稱以二十四歲, 問緣何漂到, 則

高子英是其親戚，同時漂泊云．高子英即辛酉年智島漂到漢人，似是其時流
落之人，問其居住，則稱以福建，而此則以本國音傳說，問其姓名，則姓稱卯
金刀，名稱連里，而不能詳知．問前日漂到人高子英所傳生死人中，何以無
汝姓名，則但指胸間，以意推解，似稱有病而落後．問七年之間，栖止之處，
則稱以山間，以手撫頭，似是依僧行乞之狀．但問以留置本國，則甚爲喜幸，
以入送北京爲言，則以手指頸，顯有畏被斬頭之狀．且言高麗，大受朱夫子
之恩，仍乞免死，有時悲泣手指南天，口稱不詳．觀其情狀，則漂到之後，流
落島嶼，轉乞山間，似解本國之言，而語不可了．其本來語音，則似是福建深
處土音，而與話有異，雖解語譯官，亦不能諳得．若移置靜處，使一二譯官，
與之同處，察其動靜，聽其言語，或可以究得本末．姑爲擇處，使善語譯官二
人，同處一室，從容問情後，報知於本司，何如？答曰，允．

4-3

○ 원문 제목 : 없음

○ 일자 : 숙종 13년 1687년 5월 9일음

○ 출처 : 『비변사등록』 제41책

司啓辭，全羅道押送漂漢，自本司問情後，移置於司譯院，別定解語譯官
數人，使之常常同處，從容盤問，觀其形止，聽其言語，報知於本司矣．今見
譯官等手本，則其所問答之語，比前頗詳，故別紙書入，以備睿覽．而第其所
言之處，實有不可測知者，渠雖稱辛酉年漂來人，高子英則乃是蘇州府居生
之人，此漢則自云居在福建者，子英則將往山東膠州之際，逢風漂泊云，而
此漢則以爲以和賣事，向南蠻地方，仍致漂風云，其言相左，不無可疑之端．

且渠以爲當初落留智島之時, 島中居人朴立爲名者, 憐而留之, 遂爲救活,
子英以寶劍一把, 謝其主人云. 所謂朴立, 不畏國法, 私自接置異國之人, 不
告官家, 至受賂物, 事極痛駭, 不可不重究. 而其間曲折, 爲先查問, 知其情
僞, 然後此漢可以處置. 令本道監司, 捉囚朴立於營下, 嚴加推問, 得其實狀,
急速啓聞之意, 分付何如? 答曰, 允.

4-4

○ 원문 제목 : 없음

○ 일자 : 숙종 13년 1687년 5월 16일음

○ 출처 : 『비변사등록』 제41책

司啓辭, 以全州被捉漢人所招, 智島人朴立, 自本道捉囚營下, 推問實狀,
急速啓聞之意, 曾已入啓行會矣. 濟州漂來漢人押送時, 此漢竝爲入送事,
旣已定奪. 而朴立推問辭緣, 當入於咨文中, 本道啓聞, 若循例上送, 則必未
免遲延之患, 各別急速啓聞之意, 別定禁軍, 發馬知委, 何如? 答曰, 允.

4-5

○ 원문 제목 : 없음

○ 일자 : 숙종 13년 1687년 5월 16일음

○ 출처 : 『비변사등록』 제41책

啓曰, 全州被捉劉姓人, 押送南別宮, 與濟州漂來各人接話, 以驗其情僞
之意, 旣已稟定於榻前, 故以此意, 分付於譯官輩矣. 卽接其手本, 則所謂劉

姓人率往濟州漂漢所在處, 與各省之人, 會坐一處, 各其方語, 多般詰問, 則彼此之語, 頓無相通. 漂漢等以爲決非中原之人, 劉漢氣色, 惶㤼失措云. 手本辭緣, 則別紙書入, 而漂漢輩所言如此, 其非漢人, 則可以斷定. 今無入送北京之事, 亦無譯官輩同處更問之端, 令刑曹姑爲拘留, 以待智島人朴立推問狀啓之來, 知其根脚然後, 更稟處置, 何如? 答曰, 允.

4-6

○ 원문 제목 : 제주에 표류해 온 한인과 전주에서 압송해 온 사람이 문답한 이야기의 보고서 [濟州漂漢, 全州押來人, 問答說話手本]

○ 일자 : 숙종 13년 1687년 5월 16일음

○ 출처 : 『비변사등록』제41책

濟州漂漢, 全州押來人, 問答說話手本

卑職等, 聽分付後, 卽詣館所, 招蘇州張文達·江西人王俊候·浙江人沈肇先·湖廣人曹大·福建人翁八等五六人謂之曰,

"有一乞人自稱漢人云云, 而語言不似中原之音, 我等未知其眞僞, 故欲使爾等, 相見接話, 互相問答, 以釋疑似何如?"

文達等曰,

"果是中原之人, 則相逢殊方, 不亦幸乎, 因固請見"

卑職等, 卽招全州押來劉姓人者, 使之接話, 則各省之人, 會坐一處, 各其方語, 多般詰問, 則彼此之語, 頓無相通. 文達等回顧職等拍掌而笑曰,

"此人決非中原之人也, 若非風癲者, 必是貴國之人, 何以謂中原之人, 而使俺等以之接話耶?" 蓋聽衆人之言, 則非但一無相通, 劉漢氣色, 惶㤼失措,

顯有戰慄之狀, 的非漢人, 斷可知矣. 敢達.

4-7

○ 원문 제목 : 없음

○ 일자 : 숙종 13년 1687년 5월 27일음

○ 출처 : 『비변사등록』 제41책

司啓辭, 卽見全羅監司李濡啓本, 則智島人朴立捉來推問後, 以其所供辭緣, 枚擧馳啓矣. 朴立以爲四五年前, 異國人三名, 漂到本鎭, 又有一漢人, 適來渠家, 其父應龍, 憐其飢困, 饋飯饋酒, 一夜止宿, 周行乞食於島中, 盡則往來於渠家, 將至十餘日之後, 不知去處云. 此與劉連稱名人所謂智島人朴立, 憐而留活之語, 大意相同, 而其他說話, 多有違錯. 且以自本道捉得問情, 屢發登州之言觀之, 則似是甲子年登州人張雲守等, 同船漂到者, 而其間情僞, 有難的知. 令譯官等, 以此啓本內辭緣, 更爲盤問於劉漢處, 觀其所答, 以爲處置之地, 何如? 答曰, 允.

4-8

○ 원문 제목 : 계문은 제목이 없고, 문정별단은 "전주의 표류 한인에게 사정을 물은 별단[全州漂漢, 問情別單]"

○ 일자 : 숙종 13년 1687년 6월 1일음

○ 출처 : 『비변사등록』 제41책

司啓辭, 司譯院接置劉連稱名人處, 以全羅監司啓本辭緣, 令譯官張炫·

李承謙等, 更加反覆詰問矣. 譯官等以其問答說話手本, 報知於本司, 故別單書入, 以備睿覽, 而厥漢前後所對之語, 變幻不一, 今此手本中問答, 亦多不成說話者. 且問答之際, 皆用我國之語, 而漢語則或發一二句語, 亦不能慣熟. 頃日濟州漂漢等, 對坐詰問之時, 不得通一語, 漂漢等皆以爲決非中原之人, 而我國譯官, 亦或以爲似非漢人, 且其爲人, 外而愚蠢, 而不無凶譎之態, 以其容貌擧止觀之, 則決非我國之人云, 其間情僞, 實爲難測, 必明知其根脚來歷, 然後可以有所處置. 渠旣以爲與高子英一時漂到事, 與陳起雲·朴立等, 一處面質, 則虛實可以立辨云. 陳·朴兩人, 不可不捉來對辨, 而對辨之際, 或不無更引他人之端, 遠道多人推捉上京, 其弊可慮, 若以移文往復, 則不但有稽延之患, 亦難得其情實. 厥漢還爲押送本道, 使之留置營下, 嚴加守護, 與其援引各人等, 一處面對, 究覈其虛實, 俾得歸一後, 枚擧啓聞, 以爲處置之地, 而在京時同處問情譯官中, 曉事者一人, 亦爲一時下送宜當, 以此分付何如? 答曰, 依啓.

全州漂漢, 問情別單

卑職等, 卽詣本院, 與全州漂漢劉姓人, 說話之際, 因其語端, 而問之曰,

"當初汝在全州監營問情時, 以爲原係登州之人是如爲有如可, 到京後, 又改以福建人變說, 何其前後之相左耶?"

答曰, "登州之於羅原, 僅七日程, 同是一省, 不甚相遠, 故在全州時, 則以登萊人答之, 而到京問情時, 直以所居地, 爲答云云."是白齊.

又問, "汝曾言漂泊智島, 止接朴立家, 經年之後, 始得下陸云云, 而今聞朴立所言, 則僅過旬日後, 無端出去, 不知去向是如爲旀, 且汝言止接于老人朴立家云, 而所謂朴立者, 年纔二十餘歲之人, 當初問情時, 何以謂之老

人乎?"

答曰,"俺漂泊智島, 留朴立家者, 既以經年是白去乙, 旬日後出去之說, 誠是無據."是如爲白乎旀, 又言, "俺留接朴立家時, 隣居之人, 咸稱朴立家云云, 故俺以童稚無知, 平日耳熟之致, 適然而發, 豈有他意哉, 蓋觀大主人容貌, 則鬚髮斑白者."是如爲白齊.

又問, "甲子年分, 登州漂漢張雲守等三人, 亦是漂泊於紅衣島者也, 汝無奈與張家同船, 而落後者耶?"

答曰, "俺係是辛酉年高子英同船之類, 其與張家素昧平生者, 何以知之乎?"

又問, "汝與高子英有叔姪之分, 而辛酉年同船, 敗泊於智島, 子英等段仍爲上京, 而汝則因痛獨爲留落云者, 似不近理, 故問其隣近之人, 則元無是事云, 何爲其然耶?"

答曰, "不須多言, 辛酉年智島漂泊漢人領來營下時, 通事陳起雲稱名者, 受官令入來智島, 漂泊事情, 及點檢名數之時, 子英以俺爲童稚有病是如, 請於陳通事, 願爲留置而去, 陳家憐俺幼稚, 且憫病重, 仍留於島中, 故以至今日. 而俺與子英一時漂事, 與陳·朴兩人, 一處面質, 則此間虛實, 可以立辨矣."

又問, "汝言子英相別時, 子英以劍一把, 贈於主人, 使之救活云, 而我等得聞於朴立隣人之言, 則全無贈劍之事云, 汝之所言, 無乃荒說耶?"

答曰, "私與之物, 朴也必當隱諱, 萬無直說之理, 雖是隣居, 奚知其詳云云!"爲白臥乎所, 陳朴兩人事段, 雖未能詳知, 而大槪此漢之前後說話, 變幻相左者, 不止一二, 其間實狀, 有難的知矣.

5-1

○ 원문 제목 : 없음

○ 일자 : 숙종 30년 1704년 8월 7일음

○ 출처 : 『비변사등록』 제50책

啓曰, 連見慶尙左兵使鄭弘佐·監司金演狀啓, 則蔚山舊開雲浦前洋, 及同府東江日山津前洋, 未辨唐船二隻, 連次漂到, 以文字問答, 則俱係福建人商販於日本者, 而已自本道, 依本司戊辰定奪關文, 使之發還云. 又見全羅右水使申璨前後狀啓, 則珍島南桃浦前洋, 又海南甑島前洋, 異國船二隻, 亦爲連次漂到, 以文字問答, 而南桃浦漂船, 則自稱以淸國漳州地人, 往販日本者, 折失楫木, 所騎一百十六人內, 一人墮水, 二人則在海島山上, 要令率來, 故卽送船格與一(?)中一人, 同騎發送. 其餘一百十三人, 則水已滿船, 方在飢餓中, 故回泊其船於珍島郡船滄, 而接置其人於公廨, 饋食救護. 甑島漂船, 則自稱福建同安縣人, 行商日本者, 而自本邑, 方定軍人守直, 依例供饋云. 漂到唐人, 雖不從陸路解送, 人數物貨, 則開報於進貢便事, 曾有己巳回咨. 今此漂船, 初未泊岸下陸, 則自其地方官, 問知爲何國人後, 卽令下海, 任其所之, 乃是戊辰定奪本意, 而初旣不然. 蔚山漂船, 則地方官旣與之親面問答, 至令鎭堡邊將發船同守, 則所當詳細問情, 各人等姓名·居住, 及船中物貨一一開錄, 且考船票, 謄書上送後, 柴·水·糧·饍間, 如有告急之物, 亦宜參酌覓給, 以示優恤之意. 而當初兵使之守護留置, 其後監司之但令發送, 俱未免失宜, 事在遠外, 今雖無及, 而此後則使之更詳定奪本意, 申飭邊堡, 以爲應變之地爲當. 南桃浦漂船, 則旣已致敗下陸, 宜令地方官, 善爲供饋救護, 修補其船隻後, 備酒食犒饋, 優給糧資, 趁卽還送. 甑島漂船,

則船體既不傷破, 人物又未下陸, 則只當依戊辰定奪事目, 自其鎭堡, 問知
爲何國船後, 任其所往, 而既未卽送, 似已移船泊岸, 亦宜饋酒食給柴糧, 使
之還去. 而兩船當依例問情, 詳其姓名·居住, 及船中貨物, 且考船票, 謄書
啓聞, 以爲移咨之地. 問答之際, 不可無譯舌, 令司譯院, 擇差漢譯一人, 給
馬罔夜下送, 使之詳問事情宜當. 以此意分付該院及當該監·兵·水使處, 而
所謂日山津漂船來到形止, 監司則因本邑所報馳啓, 而兵使則不卽啓聞, 水
使竝前後漂船, 尙無馳啓之事, 邊情所關, 殊極疏緩, 兵·水使竝推考, 何
如? 傳曰, 允.

5-2

○ 원문 제목 : 계문은 제목이 없고, 문정별단은 "전라도 진도에 표류
해 온 한인의 문정별단[全羅道珍島漂到漢人, 問情別單]"

○ 일자 : 숙종 30년 1704년 10월 19일음

○ 출처 : 『비변사등록』 제55책

啓曰, 南桃浦漂到人一百十三人名, 再昨入來, 而日已昏暮, 故昨日始令
本司郎廳與譯官等問情, 則與當初在珍島時問答辭緣, 大略相同, 別單書入.
而渠輩感祝朝廷優恤之德, 作爲謝恩啓帖, 出給于問情郎廳云, 其啓帖捧入,
以備睿覽. 而漂人不可久留, 數日內當爲發送前路, 其所持物貨價銀, 前已
下送譯官, 使我國商賈, 有所商確折定矣. 令戶曹憑考本道上送成冊, 依其
數卽爲出付于次知譯官, 分給各人, 襦衣·袴·戰笠·靴·韈·帽·帶等物,
亦依前例造給事分付, 何如? 傳曰, 允.

全羅道珍島漂到漢人, 問情別單

問, 爾等居在何地, 而姓甚名誰耶?

答, 俺等一百十三人, 船主王富, 卽使觀年五十五, 福建泉州府住. 船戶王有利, 卽臣觀年三十四, 福建汀州府住. 財副李時芳年五十八, 浙江湖州府烏程縣住. 財副蔡陣年五十, 福建漳州龍溪縣住. 附客林森年四十, 福建泉州府同安縣住. 陳鷥年三十二, 福建泉州府同安縣住. 王攀年三十二, 福建泉州府同安縣住. 施同年二十九, 福建泉州府晉江縣住. 李仕年六十五, 福建泉州南安縣住. 陳球年五十六, 福建泉州府同安縣廈門所住. 黃旋年三十六, 福建泉州府南安縣住. 李德聞年二十三, 浙江湖州府烏程縣住. 黃雙年二十七, 福建泉州府晉江縣住. 蔡七年三十八, 廣東潮州府海陽縣住. 吳明年二十七, 福建泉州府同安縣住. 周興年四十八, 浙江寧波府勤縣住. 杜泰年三十一, 福建泉州府住. 陳連年四十三, 福建漳州府漳浦縣住. 陳明年三十五, 福建興化縣住. 熊二年六十七, 福建漳州府龍溪縣住. 陳福年三十五, 福建泉州府同安縣住. 黃却年三十八, 福建泉州府同安縣住. 沈暢年三十, 福建漳州府漳浦縣住. 曾添年四十五, 福建泉州府晉江縣住. 李壯年三十, 福建泉州府同安縣住. 潘榮年二十六, 浙江抗州府仁和縣住. 徐子法年二十, 浙江寧波府勤縣住. 林士年五十七, 浙江寧波府住. 吳成年四十, 福建泉州府同安縣住. 林壽年二十五, 福建泉州府同安縣住. 周天祚年二十四, 福建泉州府同安縣住. 陳怨年三十一, 福建泉州府同安縣住. 許夏年四十九, 福建泉州府同安縣住. 葉公年五十, 福建泉州府晉江縣住. 林祿年四十九, 福建泉州府同安縣廈門所住. 楊苗年二十八, 福建漳州府龍溪縣住. 林宣年四十, 福建漳州府龍溪縣住. 林盛年三十, 福建漳州府龍溪縣住. 蔡盤年三十三, 福建漳州府龍溪縣住. 洪南年二十三, 福建泉州府南安縣住. 李居年二十四, 福建泉州府南安縣住. 洪雙年二十八, 福建泉州府南安縣住. 黃欽年二十四, 福建泉州府南安縣住. 林吉年四十四, 福建泉州府同安縣住. 孫助年二十二, 福建泉州府同安縣廈門所住. 陳勝年三十, 福建泉州府南安縣住. 黃燦年三十五, 福建泉州府晉江縣住. 李君甫年三十三, 浙江寧波府勤縣住. 楊起龍年三十九, 浙江寧波府勤縣住. 鄭德普年二十五, 浙江寧波府慈溪縣住. 楊茂盛年三十八, 江南蘇州府吳江縣住. 楊五年三十一, 福建泉州府晉江縣住. 陳鵬年三十二, 福建泉州府同安縣廈門所住. 何宗年十九, 福建泉州府同安縣廈門所住. 張蘇年二十四, 廣東廣州府新會縣住. 駕船夥長何已年六十五, 福建泉州府同安縣住. 叫人總趕陳大年五十四, 廣東潮州府澄海縣住. 拿舵舵工林媽年三十五, 福建漳州府海澄縣住. 管帆亞班白笏年四十六, 福建泉州府安溪縣住. 管什用押工鄭一年五十, 福建泉州府同安縣住. 管貨直庫黃治年五十, 福建泉州府同安縣住. 管椗頭椗黃喜年四十七, 福建漳州府海澄縣住. 管帆繚大繚楊蔭年三十, 福建泉州府同安縣住. 管小船移板工陳備年五十六, 福建漳州府龍溪縣住. 祀神香公李元弼年四十八, 浙江潮州府烏程縣住. 叫人付總趕張藍年三十八, 福建漳州府龍溪縣住. 管桅繚一仟林喜年三十二, 福建漳州府龍溪縣住. 管桅繚二仟沈長年四十三, 福建漳州府漳浦縣住. 管桅繚三仟蘇應年二十七, 福建汀州府永定縣住. 管椗二椗戴成年三十九, 福建泉州府同安縣住. 管帆繚二繚王亮年二十九, 福建泉州府同安縣住. 管小船付杉板工林泰年二十二, 福建漳州府海澄縣住. 管帆付亞班林尾年二十三, 福建漳州府沼安縣住. 裝貨付直庫余起雲年四十五, 浙江寧波府勤縣住. 煮飯總鋪陳喜年三十六, 廣東廣州府東浣縣住. 船梢吳聰年二十八, 福建泉州府同安縣住. 莊爲年三十五, 福建泉州府同安縣住. 阿代年三十, 廣東廣州府新會縣住. 吳天年二十九, 福建泉州府同安縣廈門所住. 陳二年三十, 福建泉州府同安縣住. 杜鳳年三十, 福建泉州府同安縣住. 沈旋年三十九, 福建漳州府漳浦縣住. 薛主年三十, 福建泉州府同安縣住. 陳孫年四十一, 廣州潮州府澄海縣住. 吳世獜年三十四, 浙江寧波府勤縣住. 施和年三十三, 福建泉州府晉江縣住. 王郎年三十五, 福建泉州府同安縣廈門所住. 陳却年二十七, 福建泉州府同安縣廈門所住. 劉貴年四十六, 廣東廣州府南海縣住. 郭六年三十二, 廣東廣州府南海縣住. 吳軟年二十一, 福建泉州府晉江縣住. 楊午年三十八, 福建泉州府同安縣住. 林伴年二十四, 福建泉州府同安縣住. 林習年二十七, 福建泉州府同安縣住. 林和年三十七, 福建泉州府住. 趙發年二十四, 福建泉州府同安縣廈門所住. 藍六年二十七, 廣東潮州府澄海縣住. 王郎年十九, 浙江寧波府勤縣住. 蔡勝年三十一, 福建泉州府同安縣廈門所住. 郭妹年四十二, 廣東潮州府潮陽縣住. 陳清年三十六, 福建泉州府晉江縣住. 林孫年三十七, 福建漳州府沼安縣住. 任葉之年二十七, 浙江寧波府勤縣住. 薛隨年三十七, 福建漳州府沼安縣住. 李福年四十一, 福建泉州府安溪縣住. 鄭壽年三十六, 福建興化府莆田縣住. 林乞年五十, 福建泉州府同安縣廈門所住. 黃福年六十四, 福建泉州府同安縣廈門所住. 洪才年二十八, 福建泉州府晉江縣住. 王材年三十一, 浙江寧波府勤縣住. 小厮亞在年十九, 福建泉州府住. 起鳳年二十六, 浙江潮州府歸安縣住. 亞朝年三十二, 福建汀州府住.

問, 爾等在本土時, 有何身役, 而以何事爲業耶?

答, 俺等素無身役, 以商販爲業耳.

問, 爾等因何事往何地方, 緣何漂到我國耶?

答, 俺等生理爲難, 往販日本長崎島, 洋中遇風, 漂到貴國耳.

問, 爾等幾月幾日開船, 幾月幾日漂到我國耶?

答, 俺等今年六月十一日離發廈門, 將向長崎島, 七月二十四日晚, 猝遇大風於洋中, 失舵折檣, 幾乎沈沒, 幸於二十五日漂到貴國耳.

問, 爾等離發廈門時, 作伴向長崎島者幾船, 而爾們同船者幾箇人耶?

答, 俺等一百十六人中, 渰死者三人, 生存者一百十三人, 而廈門開船時, 別無作伴船矣.

問, 日本不曾通款於大國, 而爾們因何往來買賣耶?

答, 日本雖不曾通款, 朝廷許民往來買賣耳.

問, 曾前大國海禁至嚴, 不許往來外國云, 而許民買賣, 自何年始耶?

答, 曾前南方不平, 故海禁極嚴, 自康熙十九年, 始通水路, 許民往來矣.

問, 南方不平云者, 未知緣何事耶?

答, 鄭克塽據守臺灣, 故有海禁矣. 康熙十九年克塽歸順後, 始無海禁矣.

問, 爾等往日本交易之際, 語音不同, 何以通情耶?

答, 長崎島亦有解華語者矣.

問, 爾等將何樣物件, 貿來何樣物件耶?

答, 齎去蘇木·白糖·烏漆·烏糖·犀角·象牙·黑角·藤黃·牛皮·鹿皮·魚皮·烏鉛·莪藤·大楓子, 檳榔·銀硃·水粉等物, 貿換紅銅·金·銀·鮑魚·海蔘·漆器·銅器等物以來矣.

問, 大國旣許通市, 則必有互市之擧, 日本國人, 亦往販大國地方耶?

答, 日本國, 則不許本國人往販他國耳.

問, 爾等往日本時, 船有定數, 而物貨亦有定限耶?

答, 船是八十艘, 銀是一百二十萬兩定數耳.

問, 商船八十隻, 貨銀一百二十萬兩, 誰爲的定耶?

答, 日本國王定之耳.

問, 凡政令施爲, 宜自大國定而行之, 船隻・物貨之多寡, 日本國王何以擅定耶?

答, 此是日本國買賣, 故自其國定數耳.

問, 長崎島開市時, 官人監市耶?

答, 我船到日本, 交易之時, 有二位官人, 照管買賣事矣.

問, 爾等行商外國時, 有文引耶?

答, 文引原有之, 而因洋中遇風, 船尾被浪打破, 將人竝衣箱一摠下水, 故漂失文引矣.

問, 爾等文引, 何等官人主管成給, 而有收稅商人之事耶?

答, 文引則有戶部收稅文引一張・知縣官本地方文引一張, 而收稅, 則小船銀子二十兩, 中船銀子三十兩, 大船銀子四十兩, 貨物則隨其多寡, 增減其稅矣.

問, 長崎島在於福建何方, 而水路亦幾許里耶?

答, 長崎島在於福建東北方, 而水路三千里矣.

問, 爾等曾有往來長崎島者耶?

答, 俺等中曾往長崎島者, 多多人矣.

問, 爾等年年往來海洋中, 必有可聞奇異之蹟, 可得聞耶?

答, 海中往來之路, 別無奇異可聞之蹟耳.

問, 爾等多在福建泉州府, 官員及城池周遭, 可以歷指耶?

答, 泉州府有府官二員・知縣七員・提督一員耳.

問, 府官・提督・知縣, 各管何事耶?

答, 提督管兵, 知縣管錢糧, 府官管海務及屯糧耳.

問, 海務是何事件耶?

答, 主管商船耳.

問, 提督一員所管兵幾何, 而兵是陸軍耶水軍耶?

答, 提督管八府兵九千名, 而皆是馬步軍, 而水軍則水師提督主管, 而衙門則在廈門所耳.

問, 提督所管水軍幾許名耶?

答, 有五營兵一萬名, 而一提督所管, 則二千名耳.

問, 旣有水軍, 則當有兵船, 未知幾許隻耶?

答, 俺等卽業商輩, 未能的知其數矣.

問, 旣有軍兵, 則有時有鍊習之事耶?

答, 每五日一鍊習耳.

問, 一提督所管兵, 則五日一鍊習, 而一省內諸府提督, 或有合兵鍊習之擧耶?

答, 各營提督, 各自五日一鍊習而已, 元無合兵操鍊之事矣.

問, 軍兵鍊習時, 所用器械, 可以歷指耶?

答, 鍊習時軍兵所用者, 或火砲·或鎗·或長刀·或弓箭·或藤牌等持耳.

問, 爾等本土, 農桑賦役如何?

答, 上年年事, 有八分收, 而徭役, 則一畝稅米四升八合之外, 無他賦役矣.

問, 南方土沃人富, 一年之內, 兩穫兩蠶, 力於農桑則衣食自裕, 何必遠涉江海, 有此漂到之擧耶?

答, 福建九府中, 七府一年兩穫, 而至於兩蠶, 則福建所無之事, 而南方雖曰樂土, 士·農·工·商, 各有其業, 遠商異國, 將欲求利, 而有此漂到, 莫非天也.

問, 七府之名, 可得聞耶?

答, 福建州府, 建寧府·邵武府·延平府·興化府·江州府·漳州府·臺灣府耳.

問, 汀州距北京幾里耶?

答, 五千里矣.

問, 泉州府距北京幾里耶?

答, 八千里矣.

問, 烏程縣距北京幾里耶?

答, 五千里矣.

問, 龍溪縣距北京幾里耶?

答, 八千里矣.

問, 同安縣距北京幾里耶?

答, 八千里矣.

問, 晉江縣距北京幾里耶?

答, 八千里矣.

問, 南安縣距北京幾里耶?

答, 八千里矣.

問, 海陽縣距北京幾里耶?

答, 九千里矣.

問, 勤縣距北京幾里耶?

答, 六千里矣.

問, 漳浦縣距北京幾里耶?

答, 八千里矣.

問, 莆田縣距北京幾里耶?

答, 七千七百里矣.

問, 仁和縣距北京幾里耶?

答, 五千五百里矣.

問, 寧波府距北京幾里耶?

答, 六千里矣.

問, 安‧溪縣距北京幾里耶?

答, 八千里矣.

問, 慈溪縣距北京幾里耶?

答, 六千里矣.

問, 新會縣, 距北京幾里耶?

答, 九千里矣.

問, 海澄縣距北京幾里耶?

答, 八千里矣.

問, 石碼所距北京幾里耶?

答, 八千里矣.

問, 廈門所, 距北京幾里耶?

答, 八千里矣.

問, 永定縣距北京幾里耶?

答, 八千里矣.

問, 沼安縣距北京幾里耶?

答, 八千里矣.

問, 東院縣距北京幾里耶?

答, 八千里矣.

問, 潮陽縣距北京幾里耶?

答, 九千餘里矣.

問, 長泰縣距北京幾里耶?

答, 八千里矣.

問, 貴省尙文耶, 尙武耶?

答, 文武俱有, 而文官, 則吏部天官李光地・翰林學士陳僞鶴・鄭開極・科道彭鵬・兵部職方司許貞等, 在朝武官, 則福建水師提督吳英・福建陸路提督王萬祥・摠兵杅彩・天津提督藍理・寧波摠兵官施世澤, 其餘文武, 難以盡記矣.

問, 大國文武試取之規何如?

答, 文試則三年一次試取, 而其始童生則秀才, 鄕試則擧人, 會試則進士, 殿試則三及第也. 擧人一府定六十人, 進士天定三百六十人, 及第就於三百六十進士, 殿試選三人. 武試則以弓・馬・論・策試取, 而武進士之數, 一如文試耳.

5-3

○ 원문 제목 : 없음

○ 일자 : 숙종 30년 1704년 10월 22일음

○ 출처 : 『비변사등록』 제55책

啓曰, 南桃浦漂人處, 別爲添給五百兩之銀事, 昨已定奪於榻前矣. 退而更問漂人形止於譯官, 則渠等以其物貨價減少之故, 顯有落莫歎恨之意, 屢發於辭色云, 當彼此論價之際, 數次相爭, 終至於從輕而後已, 蓋其操縱之權在此, 而彼以困急之勢, 不得盡其情, 口雖不敢明言, 其心之不快, 固可想也. 今以折定之價, 參之以倭館·燕市之價, 則高下懸絶, 倭館之價, 雖不必論, 與燕市之價, 大相不同, 則不但漂人之含恨如此, 彼中之議, 亦必有抑買之疑矣. 取考譯官所納論價時漂人再次書出一紙, 則有曰, 實價無價虛, 此則乃所以示其以實斷定之意也. 一從此數而准給, 則已定奪五百兩之外, 所加者不過四百六十一兩, 合而計之, 當給之數三千九百二十兩一錢一分, 固不可以此計較, 而致令異國之人, 失望而歸. 且其物貨, 今雖准給其價, 亦無因此落本之慮云. 依此數更爲磨鍊出給譯官, 使之分給各人, 而朝家特矜渠輩顚沛之狀, 或慮物貨折價之不足, 着令商賈添給之意, 明白曉諭, 亦似得宜. 竝爲分付該曹, 而許多銀磨鍊分給之際, 今日則勢未及離發, 趂明日發送. 而盤纏銀, 則雖有戊辰年使管餉每人給二兩之例, 今此物貨價銀, 旣已准給, 足爲路資, 不必又給盤纏之銀, 此則勿爲分付平安監營何如? 傳曰, 允.

5-4

○ 원문 제목 : 없음
○ 일자 : 숙종 30년 1704년 10월 27일음
○ 출처 : 『비변사등록』 제55책

啓曰, 珍島南桃浦漂人, 旣已發送, 而咨文未及撰出, 不得一時付送矣, 今始撰出, 正書啓下後, 別定禁軍騎撥, 追送於齎咨官所到處, 何如? 傳曰, 允.

5-5

○ 원문 제목 : 없음

○ 일자 : 숙종 31년 1705년 2월 11일음

○ 출처 : 『비변사등록』 제56책

今二月初六日大臣·備局堂上引見入侍時, 左議政李所啓, 南桃浦漂船所
拯物貨, 只是上層所載之數, 其船有中下粧檻, 所載尤多, 而封鎖堅固, 不得
游水取出, 仍置不拯矣. 漢人去後, 朝議或云, 此物旣不入於給價中, 朝家不
當取爲國用, 只宜仍以置之, 一任民人取用, 或拯或不拯, 不必檢問云. 或云,
此旣爲重貨, 其令民人, 各自私取, 則强者必專之, 難免雜亂之弊, 且許多之
物, 若流遍於國中, 則終不可謂之非國家所知, 宜有所檢飭云. 兩言俱有所
見, 而時當嚴冬, 姑令本郡及本堡看守矣. 近日連見水使報狀, 漂船沈在水
中, 爲風波所蕩, 杉板連續浮出云, 粧檻亦必不堅, 而場市中有偸買黑角蘇
木等物而見捉者云, 此宜有區處之道. 而廟堂諸臣中, 多以爲拯出之後, 數
若許多, 則移咨彼中, 聽其所處, 最爲得宜云, 此言似勝. 今則解凍不遠, 令
水使, 檢飭拯出知數上聞後處之, 何如? 上曰, 前秋筵中有此說矣. 右議政李
曰, 其時果有所定奪, 而或以爲物貨元數旣多, 拯出之後, 若或未准則入送
彼中, 反不無致疑之端, 不若置之任其民人之拯取作, (非)朝家之所可預知
云, 故上敎亦如此矣. 到今更爲思量, 且聞其形勢, 初雖以爲決不可拯出, 彼
人之言, 亦皆謂之難容人力, 而實狀則似不然云. 試令本道, 着實拯出, 觀其
所拯之數, 移咨彼中, 以待其指揮而處之爲宜, 不如是任使民人拯取, 許多
物貨, 遍滿國內, 則雖非朝家之所預知, 取以爲利者, 卽是我國之民, 則誠爲
不安於心. 毋論多少, 移咨彼中, 則足以見我之信義, 而必無致疑之理矣. 兵

曹判書兪得一曰, 漂海人過去時, 渠輩以爲物貨之珍貴者, 多在下粧云, 初
若竝與沈船物貨而棄之則已, 上層拯出之物, 旣已折價以給, 而下粧物貨,
雖使民人, 任其拯取, 彼必疑之矣. 頃日齎咨官手本中, 漂海人回到彼地, 盡
賣所持物件, 自備行糧, 或間關步還云, 亦可矜憐也. 分付拯出之後, 物貨數
多, 則移咨禮部, 以俟處置, 似合於柔遠人之道矣. 右議政李曰, 我國之民,
漂到他國, 失其物貨而來, 自他國, 追後收拾以送, 則在我國, 豈不稱其信義
乎? 易地皆然, 此所以不可不拯出以送也. 上曰, 物貨之沈水者, 其數多於拯
出者耶? 左議政李曰, 不翅倍多云矣. 上曰, 先令知數後稟處可也. 李曰, 以
此分付水使, 何如? 上曰, 依爲之.

5-6

○ 원문 제목 : 없음

○ 일자 : 숙종 31년 1705년 4월 13일을

○ 출처 : 『비변사등록』 제56책

今四月十二日晝講入侍時, 知事趙泰采所啓, 南桃浦漂漢人敗船拯物, 使
之輸致, 其中蘇木多至五萬五千斤, 而我國用度不廣, 經費之外, 竝與雜物,
除出許賣, 以充其浮費之數, 似宜, 故敢此仰達, 上曰, 依爲之.

5-7

○ 원문 제목 : 없음

○ 일자 : 숙종 31년 1705년 5월 18일을

○ 출처 : 『비변사등록』 제56책

右議政李所啓, 此乃全羅右水使申燦, 以南桃浦漂船物貨未得拯出之意, 啓聞者也. 蓋其拯出之難, 勢固然矣, 而聞南來人言, 則或不能着實爲之云, 此言不可准信, 或自軍門, 定送解事之人, 更爲拯出, 未知如何? 兵曹判書兪得一曰, 異國之人, 沈沒許多物貨, 空手以歸, 朝家使之拯出者, 蓋欲還給彼人, 而珍島素多定配無賴之人, 似不無潛自拯出之弊, 沈沒旣久, 亦必腐傷, 今雖自軍門送人, 難保其善爲拯出, 設或有若干拯得之物, 朽腐不可以入送彼國, 則反有難處之事, 臣意則輟罷守直, 棄置之似爲得宜矣. 禮曹判書尹世紀曰, 得一棄置之言是矣. 沈沒旣久, 浦民輩, 必有昏夜拯出之弊, 設或若干拯出, 旣拯之後, 又有傷破之患則運送難便, 自公家用之不可, 初如善處之爲宜矣. 李曰, 檣升鐵釘等物, 旣皆留置于南桃浦, 而其所沈之船, 仍爲守直, 若不更令拯出, 則必有分付而後, 可無等待之弊矣. 上曰, 兵·禮判所達是矣. 沈沒旣久, 設或拯出, 必皆腐朽, 仍罷守直, 勿令拯出, 可也.

又所啓, 北評事李晩堅, 有八十餘歲老母, 且以其所後前母, 死於丙子兵禍之故, 有所嫌礙於兼管淸差開市之任, 以此呈狀備局, 已久矣. 其爲情理, 有難强赴, 揆以法例, 亦依許遞, 敢此仰達. 兵曹判書兪得一曰, 北評事, 例以吏曹郎官或玉堂中差遣, 而南就明, 雖是無故之人, 以一人累次首擬, 其在政理, 極涉未安. 此外無他可擬之人, 不得不以銓郎出入之臣擬差, 而李晩堅, 有八十四歲老母, 且有嫌礙於接待淸差之任, 則法當許遞, 而卽今玉堂空虛, 無人入直, 曾經銓郎之人, 皆有老親, 實無擬差之道. 在前或以兩司遴擇差送, 下詢于大臣而處之, 何如? 上曰, 近來則以玉堂差送評事之時, 稀罕矣. 李濡曰, 李東彦, 亦以兩司差送矣. 卽今玉堂, 曠直已久, 經筵重地, 不得備員如此, 亦難暇及於評事矣. 上曰, 李晩堅, 則許遞, 以兩司中擇擬, 可也.

○ 원문 제목 : 없음

○ 일자 : 숙종 32년 1706년 5월 2일음

○ 출처 :『비변사등록』제57책

又所啓, 全羅道南桃浦漂人敗船物貨拯出事, 徐文裕爲監司時狀啓, 以待朝家處分爲辭矣. 朝家旣已棄置之後, 金俊拯出, 頗多云, 此雖非渠之職分, 而拯出之際, 頗費功力, 蘇木等物, 雖曰不關, 黑角則最緊於軍器, 宜有酌處之道矣. 刑曹判書徐文裕曰, 臣在湖營時狀啓, 旣已詳盡矣. 守直撤罷之後, 便爲等棄之物, 而金俊, 私費價物, 多募浦民, 其所拯出者, 蘇木三萬斤, 黑角八十箇, 象牙八箇也. 此非渠職分之事, 而其誠意則可嘉, 令本道監司, 量宜給價, 且有激勸之道則似好. 戶曹判書趙泰采曰, 彼人累鉅萬財貨, 當初不能拯給, 到今一任浦人輩, 私自拯取, 其在待遠人之道, 不當如是, 前頭亦當連續拯取, 待畢拯後, 移咨鳳凰城, 以待彼中區處, 宜矣. 金俊所拯物種甚夥, 所當計減出給, 而未及區處之前, 先給所拯之物, 事未穩當, 以京中所置蘇木, 出給似好, 而不然, 則依納粟例加資, 亦或一道也. 領議政曰, 物件出給, 與加資之典, 不可疊施云者, 戶判之言是矣. 物件則令本道監司及水使藏置, 以待區處, 似宜矣. 右議政金曰, 金俊之私拯, 不無希覬之心, 臣未知其費用物力之幾何, 而以其物件計給固當, 賞加則不宜疊施, 且彼人留此之時, 諉以難拯, 旣出之後, 始爲拯出, 私力能爲拯出之物, 豈有官力不得拯出之理乎? 當初地方官等, 亦難免罪責矣. 上曰, 當初諉以決難拯出, 到今拯出, 誠極無據矣. 金俊, 則朝家無拯出之命, 而渠自私拯, 有何可賞之功乎? 領議政曰, 其在愼惜名器之道, 聖敎允當矣. 泰采曰, 更令金俊盡數拯出後,

或給物件, 或加賞典, 似爲酌處之道矣. 文裕曰, 其時水使, 親往看檢, 而以
爲終不可拯, 浦民拯取者甚多, 而地方官, 不報于監司, 極爲非矣. 領議政曰,
水使方以他罪在囚, 以此罪, 則別爲罷職, 地方官及萬戶, 或從重論罪, 似宜
矣. 上曰, 水使及地方官, 不無輕重之別, 申璨罷職, 地方官·萬戶, 欺罔國
家之罪, 不可不治, 拿推, 可也. 右議政曰, 金俊拯出之物, 固宜計給, 而若
其取爲國用, 則實涉苟且矣. 泰采曰, 去冬, 臣以移咨鳳城, 使之輸去事仰達,
其時筵臣, 或慮彼人致疑於所拯者多, 而所給者少, 此則不然, 我以誠信待
之, 則彼豈有致疑多少之理乎? 領議政曰, 臣聞彼人多失物貨, 過平壤時, 至
垂泣而去云, 移咨一事, 誠得宜矣. 上曰, 彼人在時, 終不拯給, 去後拯取以
用, 誠極苟且矣. 副提學尹趾仁曰, 地方官有罪, 誠如上敎, 而未有朝令, 私
自拯取之人, 豈無其罪, 且所拯之物, 國家取用, 甚未妥當, 具由移咨云者,
實爲合宜矣. 上曰, 咨文中, 宜竝及地方官論罪事, 而不必別爲移咨, 皇曆去
時, 附送, 可也. 金俊處, 亦爲分付, 使之畢拯後, 當有所量處焉.

5-9

○ 원문 제목 : 없음

○ 일자 : 숙종 33년 1707년 1월 14일음

○ 출처 : 『비변사등록』 제58책

今正月初十日, 鞫廳大臣以下請對入侍時, 右議李所啓, 有事關彼國者,
欲於備局諸宰入侍時稟定矣, 至今遷就, 亦甚未安, 故敢達矣. 南桃浦敗船
之物, 漂漢人入送後, 自官掘取, 臣則自初以爲不當矣, 及其掘取, 不過無用
蘇木累萬斤及黑角等物耳. 廟堂又以爲, 不可不通聞於燕京, 以請處分矣.

今見其回咨, 禮部則以黑角禁物竝象牙帶解, 蘇木變價以送覆奏, 皇帝以爲黑角係是無用, 且累驛遞, 蘇木不必變價, 令該國酌量處之云, 以其所謂無用累驛, 不必變價等語, 觀之, 則乃是不必送之意, 其所謂酌量處之云者, 語意不明, 若欲觀我何以處之者然, 此事儘合商量. 以亂初事言之, 雖如此少恩, 亦當送使謝恩, 近來則不必然矣. 臣以此事問于判府事崔及備局有司堂上, 亦不知何以處之則爲可, 而凡事過謹則無傷. 臣之迷見則移咨該部, 雖不必以轉奏爲請, 而多稱謝其恩旨, 仍言皇恩則至矣, 而弊邦雖貧弱, 此乃大邦海民血本, 今旣拯得, 何忍攬而自有, 理當還其漂民, 而皇旨如此, 今不敢輸解京師, 其黑角・象牙及蘇木價銀, 送置邊界, 更候處分云, 則事體似爲曲盡矣. 彼中雖小事, 不如其言, 則必稱違旨, 不可直爲輸送矣. 上曰, 以咨文觀之, 無輸送之語, 而無的知之道, 一番咨文于禮部可也. 李曰, 令承文院, 依此撰出咨文, 令司譯院, 差定齎咨譯官, 似可矣. 上曰, 依爲之.

6-1

○ 원문 제목 : 없음

○ 일자 : 영조 8년 1732년 11월 27일음

○ 출처 : 『비변사등록』 제92책

司啓辭, 卽接濟州牧使鄭必寧狀啓, 則淸人船一隻, 漂到於大靜縣, 爲風濤所破碎, 淸人十八名內, 二名渰死, 十六人生活, 以從旱路回還爲願, 拯出卜物, 則計數逢授, 渠等破碎船材姑置浦邊, 以待朝家分付爲請矣. 淸人船隻旣破碎, 從旱路回還又其情願, 則依前例, 令本道差使員, 押領上送於京中, 以爲轉送北京之地, 而渡海之時, 亦令本州別定解事軍官, 押付差使員.

沿路上來之際, 所騎刷馬, 別爲定給供饋糧米, 亦依例擧行, 所經各邑, 嚴飭
守護, 俾不得外人相通. 所拯物件, 可以運致者, 亦給刷馬, 次次轉運, 而差
使員一同領來, 俾無遺失之弊, 其中卜重難於運來者, 問其情願, 或以布木
換給, 破碎船材, 亦依例燒火, 而或有換給布木之道, 則亦依其情願爲之. 漢
學譯官一人, 自京亦爲擇定, 給馬下送, 以爲問情押來之地, 咨文亦令槐院
撰出, 宜當. 以此意分付本州及所經諸道 · 司譯院 · 承文院, 何如? 答曰, 允.

6-2

○ 원문 제목 : 없음

○ 일자 : 영조 9년 1733년 2월 1일음

○ 출처 : 『비변사등록』 제93책

司啓辭, 大靜漂人今當上來矣. 入京後接置于南別宮, 而禁軍一人領率衛
軍別爲防守, 供饋及所着衣製給等事, 分付該曹, 依前例擧行. 本司郞廳一
員, 解事譯官數人, 別爲定送, 漂到情實, 更加盤問, 入送北京時盤纏銀, 亦
令關西依例題給, 分付義州府, 預爲通報於鳳城將, 以爲彼境一路護送之地,
何如? 答曰, 允.

6-3

○ 원문 제목 : 계문은 제목이 없고, 문정별단은 ① "전라도 대정에 표
류해 온 한인을 인솔해 온 역관 한수희가 그들의 사정을 물은 별단
[全羅道大靜漂漢人, 領來譯官韓壽禧, 問情別單]", ② "전라도 대정현에 표류해온
한인들에게 본 비변사 낭청이 사정을 물은 별단[全羅道大靜縣漂漢人等, 本

○ 일자 : 영조 9년 1733년 2월 4일음
○ 출처 :『비변사등록』제93책

　司啓辭, 昨日大靜漂人入來後, 使本司郎廳與譯官等問情, 則與領來譯官
韓壽禧所問答者一樣, 故前後問答, 竝爲入啓. 而漂人等久留, 雖似有弊, 冒
寒遠來, 不可旋卽發送, 姑留五六日, 以爲發送之地, 而今此漂人, 係是南京
之人, 則依例仍使領來譯官入送北京, 何如? 答曰, 允.

全羅道大靜漂漢人, 領來譯官韓壽禧, 問情別單

　卑職於上年十二月在海南時, 以歲齡後, 到康津留待之意, 旣已馳是白在
果, 本月十二日巳時本縣寶巖面里任等告目內, 十一日夜分後, 淸人所載船
隻來泊于本面月串之前洋是如爲白去乙, 聞卽馳往仍爲領來, 止接於公廨,
而以夜深之故, 翌日問其姓名鄕貫及漂到緣由, 則十六人俱係江南省松江府
上海縣, 而擧皆貿貿, 元無知識是白乎矣, 其中客商王敬思一人, 粗知文字,
言有次序, 故仍與通話, 反覆問情, 則王敬思言內, 咱們本以商販資生之人,
上年五月將本銀八百兩, 買本地茶葉·布疋等貨物, 賃載於周隆順船, 閏五
月十五日發船出淏淞口, 放大洋, 六月初八日到遼東西錦州, 賣畢收賬, 得
本利銀共九百四十兩. 又買瓜子及榛子·松子等物, 裝載候風至, 二十三日
出浦, 二十九日至童子溝, 海島累日占風, 至十月十一日果得北風, 晝夜行
船矣. 至十五日, 猝遇大西風, 出沒波濤, 生死未分矣, 十七日午後望見東方
有山, 意以爲山下有島, 望山逃逃命之際, 舟已薄石上, 船底粉碎矣. 伊時我
們望水中一跳, 各自圖生, 及其上岸, 只有十六人, 查名時, 始覺蘇州元和縣

客商馮惟峯及上海縣船戶周隆順渰死矣. 萬死餘魂, 益切生死之悲, 聚首號哭, 而天又風雪, 寒威透骨, 生者亦與死者, 將無同矣. 幸遇地方官來救, 煖以火, 飲以粥, 得蒙生活, 死者亦令拯出, 理棺埋葬, 感及幽明, 鴻恩如天, 糜粉難報是如爲白乎旀, 彼人物件則無他所持, 只有鋪蓋·衣服及唐錢數十貫等物, 故濟州軍官, 開錄成冊, 交付於本道差使員. 而但輸運之際, 慮其夫馬之有弊, 鋪蓋之屬, 添付於彼人各其所騎馬是白遣, 其餘衣服及錢兩, 則不得已作馱定刷馬三匹載運爲白乎旀, 彼人中陳興及王蘇允等三人, 俱爲身疼, 食飲專廢, 而其中陳興段尤以年老, 喘息危綴, 長臥不動, 勢難强驅作行是白乎矣, 本縣饑饉孔慘, 決難留滯乙仍于, 同月十六日押領離發, 而彼人病勢如此, 入京日字有難的知是白置, 到中路更爲馳告計料爲白乎旀, 問情事件段, 後錄仰呈爲白去乎, 緣由並以馳報爲白臥乎事.

問情事件

問, 爾們漂到委折, 略聞其概. 敗船之際, 二人渰死云, 聞來慘憐, 一人之屍, 則拯出埋葬, 一人之屍, 則終未拯得云. 今所埋葬者, 果是誰某之屍耶?

答, 渰死者馮惟峯·周隆順, 而貴國官長, 卽發人丁拯得一屍, 乃馮惟峯也. 周隆順之屍, 終不拯尋, 此亦他的命分, 非不慘然, 亦無奈何云.

問, 松江府管轄幾處, 官員幾人, 幅員幾里, 接界何地耶?

答, 松江府隸江南省, 管下四大縣華亭·劉縣·上海·靑浦, 俱有縣令矣, 間者以錢糧之浩大, 分作八縣, 華亭分於奉延, 劉縣分於金山, 上海分於南滙, 靑浦分於福泉. 府尹一員四品文官, 縣令八員七品文官, 管民. 地界則南連杭州省嘉興界, 西接本省蘇州東北濱海, 而幅員則周圍廣闊, 未知幾許里也云.

問, 江南省官員幾人, 接界何地也?

答, 本省, 東連海洋, 南接杭州, 西界江西, 北至山東. 官員則摠督一管軍民, 將軍一管軍兵, 按察使司一管刑政, 蘇州撫院一管巡狩, 布政司一掌錢糧云.

問, 南方節候與北有異, 寒暑早晚及農桑好否何如?

答, 南方節候與北無異, 只夏天多暑, 冬天頗暖, 農作則每年一稻一麥, 稻立夏而種, 立秋而收, 麥八九月而種, 明年四五月而收, 蠶桑每歲一造, 三四五月而養云.

問, 爾地賦稅所納甚麼物耶?

答, 賦稅輕重之田, 本土之田, 每年每畝納米一斗一升, 納銀一錢二分, 完輸之後, 他無差役, 聽民各爲生理去也云.

問, 爾說賦稅輕重云者, 必有分等之差, 分田幾等, 而納稅多少, 亦隨田品, 則各等納稅之數, 分開詳言, 且爾言每畝, 一畝可種幾斗穀, 而秋收當爲幾許斛耶?

答, 田則上中下三等, 上等者照前納稅, 中等者納米五升·銀一錢二分, 下等者只納銀而不納米也. 每畝之田, 下種一斗二升, 豊年則秋收六十斗穀, 如荒年難可定數云.

問, 文武科制, 可以詳聞歟?

答, 凡民之子, 讀書業儒者, 候京中發提學考官, 來進場, 出四書中一題, 則作八股文章, 被選者進學卽秀才, 而秀才候子午卯酉年擧考官來, 齊赴省鄕試, 取三場文章, 精通者爲擧人, 每省共取九十九人, 爲首者卽解元也, 遂得中擧, 又待辰戌丑未年, 本縣各給銀子五十兩, 俾作盤費, 進京赴會試, 則座師取中進士三百六十人, 爲首者卽會元, 而竝進士三百六十名, 又赴殿試, 居首爲壯元. 武科則未詳其制, 而大槪與文科, 一般矣云.

問, 爾地方兵馬之數, 共幾許, 土産何物, 風俗尙文乎, 尙武乎?

答, 松江府提督標下五營, 卽前後左右中, 加遊戟官・總營參將, 每營四千總・八把總・兩守備, 每營, 馬軍二百, 步兵八百. 土産則白布・靑布・花布, 有鱸魚, 有水密桃及古繡衣, 此則進貢者也. 江南之俗, 重文而武次之, 習文者比習武, 居多云.

問, 古繡之說, 是何謂也, 繡亦有古今之異歟?

答, 上海古有業繡衣者, 是繡衣乃皇上之衣龍衣也. 初出於顧姓之家, 而顧姓之後, 無人繼業, 傳之於徒弟, 徒弟又傳之於今, 能繡者數十人矣云.

問, 爾地距北京, 水陸程路凡幾許里, 距蘇杭州亦幾許里?

答, 從我們所居地至北京, 旱路三千七百餘里, 水程不能的知, 而蘇州三百里, 杭州六百餘里云.

問, 爾與蘇杭相連, 蘇杭古所稱佳麗之地, 名山佳水及樓臺寺觀, 可得聞歟?

答, 所居與姑蘇頗近, 而衣食於奔走, 不能遊覽, 只聞臺有姑蘇, 觀有玄都, 寺有寒山, 山有觀音, 杭州之景, 果未得聞也.

問, 爾們部牌中, 有今因海洋頻劫, 恐有奸究, 巧冒商賈等語, 何省何地, 有何許盜賊耶?

答, 曾聞老人之言, 海中有一種賊盜, 出於福建地方, 頻劫商賈, 故行商不通, 朝廷令松江提督・杭州將軍・崇明總兵將, 勦捕平靖, 故商船如舊通販矣云.

問, 部牌中今因之今者, 非謂古也, 而爾言曾聞於老人云者, 是何謂也?

答, 此牌印板, 非近年之所刻, 乃多年印板也, 如有船戶, 願得部牌者, 於舊刻印板, 印出一張, 塡新年月日, 書人名於印上, 此乃舊例, 故有今因頻劫之語也云.

問, 爾們業事海商, 以船爲家, 海賊事情, 想必聞知, 且近聞臺灣水賊, 出沒於海洋, 侵犯州縣, 或摅劫商旅, 爲患於南邊云, 所謂臺灣, 在於何方, 而果有是事乎? 爾須明白說道.

答, 福建省, 在江南之南, 相距甚遠, 且臺灣又在其南, 且隔海洋, 但聞數年前, 有背叛之事, 後來平復, 俺等實不知其詳云.

問, 琉球·安南等國在何邊, 而水程幾里, 日本亦在那邊, 而買賣何物也?

答, 琉球·安南在俺等所居之東邊, 水程未知其里, 日本在東南云, 而俱未身到, 不敢糊言云.

雍正十一年二月初九日啓

全羅道大靜縣漂漢人等, 本司郎廳, 問情別單

問, 爾等十六人, 居在何地方?

答, 俺等十六人內十五人, 則居在松江府上海縣, 一人則居在松江府寶山縣.

問, 爾等姓名云何, 年紀幾何?

答, 客商王敬思年三十一

　　舵工陸喜年四十三

　　水手吳太年三十四

　　　　周貴年四十三

　　　　王二年二十四

　　　　張二年三十一

　　　　單生年二十九

程元年四十二

姚二年三十二

陳興年五十九

仇天年三十一

石大年三十五

蘇允年三十二

趙全年二十八

潘松年十六, 俱是江南省松江府上海縣人

錢富年三十五, 江南省松江府寶山縣人

問, 爾等同來的二人渰死云, 貫鄉姓名, 亦言之.

答, 俺等十八內二人渰死, 一則江南省蘇州元和縣客商馮惟峯, 一則江南省松江府上海縣船戶周隆順也.

問, 渰死二人之屍, 其能拯出而埋瘞否?

答, 貴國大靜官長, 多發人丁, 拯得一屍, 乃馮惟峯也, 已蒙造棺埋葬. 而周隆順之屍, 終未尋得, 慘憐慘憐.

問, 爾等漢人幾何, 淸人幾何?

答, 俺等都是漢人.

問, 爾等何年月日, 因何事往何地方, 緣何故, 漂到我國?

答, 俺等本以商販資生之人, 去年五月, 將本銀子八百兩, 買得本地布疋·茶葉等物, 載船戶周隆順之船, 閏五月十五日, 發船出淏淞口放大洋. 六月初八日, 至遼東西錦州, 轉賣收得本利銀合九百四十兩, 買得榛子二十包·松子五十包·瓜子三百五十包, 裝載候風, 至二十三日出浦, 二十九日至童子溝海島, 待風數(月)至十月十一日始得北風行船矣. 十五日猝遇大風, 波

濤接天, 不能制船, 自分必死, 十七日午後, 望見東方山, 庶有圖生之望矣,
暫時船已薄石上破碎, 俺等僅僅逃命, 幸以登陸, 則乃貴國地方也, 地方官
聞卽來救, 實有生我之恩, 更生難報.

問, 爾等舟船破碎, 衣服·鋪蓋·錢貫, 何能免漂失?

答, 俺等敗船時, 隨身衣服·鋪蓋·錢貫, 僅免漂失, 此亦幸幸.

問, 松江府距蘇州幾里, 而管轄幾處, 官員幾員?

答, 松江府距蘇州三百里, 隷江南省, 管四縣華亭·劉縣·靑浦·上海, 而
間者分作八縣, 華亭分爲奉延, 劉縣分爲金山, 靑浦分爲福泉, 上海分爲南
滙, 府尹一員四品文官, 縣令八員七品文官.

問, 松江府幅員幾許, 接界何境?

答, 松江府幅員廣闊, 俺等不能明知, 而地界則南連杭州省嘉興界, 東北
濱海, 西卽本省蘇州.

問, 江南省官員幾員, 幅員幾里?

答, 江南省南接杭州, 北至山東, 東連海西·江西, 官員摠督一員管軍民,
將軍一員管兵馬, 按察使一員管刑政, 其餘屬縣, 皆有縣令.

問, 江南古稱形勝, 乃所以連蘇杭也, 嘉山水好樓臺, 願一聞焉.

答, 江南幅員廣闊, 不能盡覽, 然姑蘇臺·寒山寺·虎丘寺·玄都觀·觀音
山, 皆古所稱名勝也.

問, 松江距北京水陸程道幾里, 距杭州亦幾里?

答, 松江距北京, 旱路三千七百里, 水路不能明知, 距杭州六百里.

問, 江南節候與江北寒暑早晚如何? 土地所出何時, 穀蠶桑何時, 賦稅輕
重及民役之規, 亦如何?

答, 江南不寒, 冬天頗暖, 農作則每年一稻·一麥, 稻立夏而種, 立秋而收,

麥八九月而種, 四五月而收, 蠶桑每年一造, 三四五月而養之. 賦稅則田有三等, 上等每畝納米一斗一升, 納銀一錢二分, 中等, 納米五升·銀一錢二分, 下等只納銀不納米, 而米銀完納之後, 則無他民役之規.

問, 爾地方兵馬之數幾許, 操鍊之方, 亦如何?

答, 松江府提督管下五營, 卽前後左右中, 每營千摠四員·把摠八員·守備二員·馬軍二百·步軍八百, 操鍊則一朔九鍊, 初三·初六·初九·十三·十六·十九·二十三·二十六·二十九日一鍊, 而規矩則不能詳知.

問, 爾們部牌中, 有海洋頻劫等語, 未知何省何方, 有何寇盜耶?

答, 十年前有賊起福建, 在海洋頻劫商賈, 朝廷命松江提督·杭州將軍·崇明摠兵勦捕, 今則行商如舊.

問, 爾們在海洋中行商, 則必知海賊之事, 近聞臺灣水賊出沒洋中, 然否? 臺灣在於何方?

答, 江南之南有福建省, 其南有臺灣, 隔海洋甚遠地, 俺等不能詳知.

問, 爾們地方近年豐歉何如? 而豐年一畝所收, 凶年一畝所收幾許?

答, 近年連豐, 而豐則每畝下種一斗二升, 秋收穀六十斗, 若逢凶年, 難以定數.

問, 爾們土產何物, 多有奇花異卉耶?

答, 土產則青布·白布·花布·鱸魚·青魚·黃魚·水蜜桃·桂花·蘭花·菊花·梅花·碧梧桐·松竹·柑橘·石榴·葡萄等, 而但無柏子·紅棗.

問, 爾們地方風俗, 尚文乎, 尚武乎?

答, 江南之俗, 貴文而賤武, 業儒者多, 習武者少.

問, 文武科制, 如何?

答, 業儒者候京中考試官到進場, 出四書中一題則作八股文章, 被選者入學, 謂之秀才, 秀才候子午卯酉年赴省同試, 取三場, 文章精通者爲擧人, 居首者爲解元, 又待辰戌丑未年本地方給銀子五十兩, 作盤纏, 赴京會試, 被選者謂進士, 居首者謂會元, 又赴殿試, 居首者謂壯元. 武科未能詳知, 而大抵與文科一規.

問, 爾們所居地方在南京, 則琉球·安南·日本國, 水路遠近, 必能詳知, 亦有買賣相通之事耶?

答, 琉球·安南, 在俺們所居東邊, 日本在東南, 而水路遠近, 未能詳知, 南方人或將紬緞等物往日本貿取紅銅·海蔘云云.

問, 皇上政令何如?

答, 俺等遠在海濱四千里外, 皇上政令, 未克詳知, 而民安物阜, 皆祝皇恩.

問, 我國山川, 比江南何如?

答, 松江則無名山, 而皆坪野, 不如貴國云云.

雍正十一年二月初九日啓

7-1

○ 원문 제목 : 없음

○ 일자 : 영조 9년 1733년 1월 5일음

○ 출처 : 『비변사등록』 제93책

啓曰, 珍島漂人, 今當上來矣. 入京後接置于南別宮, 而禁軍一人, 領率衛軍, 別爲防守, 供饋及所着衣製給等事, 分付該曹, 依前例擧行, 本司郎廳一員, 解事譯官數人, 別爲定送, 漂到情實, 更加盤問, 入送北京時盤纏銀, 亦令關西依例題給, 分付義州府, 預爲通報於鳳城將, 以爲彼境一路護送之地,何如? 答曰, 允.

7-2

○ 원문 제목 : 계문은 제목이 없고, 문정별단은 ① "전라도 진도군에
　표류해 온 한인에게 인솔해 온 역관 홍만운이 사정을 물은 별단[全羅
道珍島郡漂漢人, 領來譯官洪萬運, 問情別單]", ② "전라도 진도군에 표류해 온 한
인들에게 본 비변사 낭청이 사정을 물은 별단[全羅道珍島郡漂漢人等, 本司郎
廳, 問情別單]"
○ 일자 : 영조 9년 1733년 1월 7일음
○ 출처 : 『비변사등록』 제93책

司啓辭, 昨日珍島漂人入來後, 使本司郎廳與譯官等問情, 則與領來譯官
洪萬運所問答者一樣, 故前後問答, 竝爲入啓. 而漂人等久留, 雖似有弊, 冒
寒遠來, 不可旋卽發送, 姑留五六日, 以爲發送之地, 而今此漂人係是南京
之人, 則依例仍使領來譯官入送北京, 何如? 答曰, 允.

全羅道珍島郡漂漢人, 領來譯官洪萬運, 問情別單
問, 爾等居在何地, 而姓何名誰?
答, 俺等十六人居在江南省楊州府所管南通州, 皆是親戚, 同居一邑之內,
而姓名則夏一周‧高漢章‧成茂元‧成龍生‧熊連玉‧潘茂生‧朱進臣‧李
召衣‧張陳穀‧許喜之‧馬駿卿‧江臨照‧楊茂甫‧崔遂元‧夏壽遠‧周大生
等, 而俱是漢人矣.
問, 南通州是楊州府所管, 則自南通州至楊州府, 幾許里耶?

答, 三百七十里矣.

問, 南通州有何官, 而楊州府有官幾人耶?

答, 南通州有知州一員, 狼山摠鎭一員, 楊州府有知府一員, 鹽道·鹽院各一員, 狼山摠鎭, 以武官差之, 鎭守海口, 鹽道·鹽院, 以文官差之, 以管錢糧地稅矣.

問, 爾等所居地方, 謂之南通州, 又有北通州耶?

答, 南通州, 乃是南京摠督所管, 而皇都, 又有北通州矣.

問, 自南通州至北京, 道路幾許里耶?

答, 三千三百里矣.

問, 自江南省至北京幾里耶?

答, 四千五百里矣.

問, 爾等居在本土時, 有何身役, 而以何事爲業耶?

答, 俺等本以梢工, 在家種田, 常以船爲各處商人之所僱, 往來山東地方, 受僱貰爲生, 而別無身役矣.

問, 爾等因何事, 何時發船, 而往于何處, 那時遇風漂到我國, 而爾等所持公文中, 同船者十七人也, 奈何今無一人耶?

答, 於雍正十年正月二十日, 徽州商人吳仁則, 僱俺等的船, 裝載綿花二百五十三包, 自南通州開船, 正月二十九日到山東萊陽縣卸下, 二月二十八日自萊陽發船, 三月二十八日轉到關東南金州地方, 則又有蘇州府所管太倉州商人周豹文, 僱此船, 裝炭三百八十擔, 五月十八日自南金州開船, 六月十七日到山東寶定府所管天津衛卸下. 而後, 又有商人徐夢祥, 亦僱此船, 到山東大山口海豐縣, 貿大棗二百八十七石一斗裝載, 十月十二日自海豐發船, 回家之際, 十四日大洋中, 猝遇惡風, 漂到貴國地方. 而十七日夜, 天地昏黑, 雨雪大下, 風浪滔天, 驅船觸磯, 勢甚危惡, 而夜且深黑, 無計救船, 失措驚遑之際, 船體與物件, 俱爲漂沒, 僅僅圖得幾死殘命. 而登陸, 十八日幸遇貴國人朴時華之所救, 以得生活. 而當初同船者十七人內, 周先九稱名者, 到天津衛時, 已病死矣.

問, 爾等所持物件, 無一物遺留者乎?

答, 船板物件, 俱爲漂沒, 而若干衣服衾褥, 則各人僅得收拾矣.

問, 爾等以船路往來山東及關東地方, 幾度耶?

答, 俺等年年到山東, 裝載物貨往來, 而關東則今始初來矣.

問, 自南通州到山東, 水路·陸路各幾許里, 而所過有州郡幾處耶?

答, 自南通州到山東萊陽縣, 陸路二千餘里, 而水路亦二千餘里, 而其間有太州淮陽府·海州衛·幹餘縣·十照縣等地矣.

問, 爾等行中有狗二首, 有何用狗處帶來, 而敗船時狗何能生耶?

答, 船上狗無用處, 而常時隨身不離, 故不得已帶來, 而俺等上岸時, 狗亦隨而得生矣.

問, 爾等不幸漂到我國, 而欲速回家, 則水路似可近矣. 欲從旱路, 則自此至京城, 因轉往北京, 共通五千餘里程, 道路遙遠, 欲何爲耶?

答, 俺等非不知旱路遙遠, 而船旣漂敗, 豈能從水路乎? 幸使從旱路歸送, 得父母之面, 則是生之日, 如天如地之恩德, 永世不忘也.

問, 江南地方昨今年農桑何如?

答, 上年農事有好處, 或有旱乾不好處, 而大凡平平, 今年則俺等自正月離家, 尙不得回家, 未知豐旱之如何矣.

問, 佛像乃是寺庵中所宜有, 而爾等行路之人, 爲何帶來耶?

答, 佛是神也, 敬奉則必不無陰助之德, 故在家日夕供奉以盡其誠, 在路亦奉身邊, 時時焚香叩頭, 以展暫時不忘敬尊之意也.

問, 爾等供佛之誠, 極其至矣, 而今致漂流之患, 所謂陰助之德, 果安在哉?

答, 俺等幾死回生, 亦是陰助之功矣.

全羅道珍島郡漂漢人等, 本司郎廳, 問情別單

問, 爾等十六人居在何地方?

答, 俺等十六人居江南省楊州府所管南通州地方.

問, 爾等姓名云何, 年紀幾何?

答, 船戶夏一周年五十一

　　舵工高漢章年四十一

　　水手楊茂甫年四十一

　　　　李召衣年四十七

　　　　熊連玉年五十九

　　　　成茂元年五十九

　　　　許喜之年五十一

　　　　朱進臣年三十五

　　　　江臨照年二十五

　　　　崔邃元年二十八

　　　　張陳穀年四十六

　　　　潘茂生年三十九

　　　　夏邃元年三十九

　　　　馬駿卿年二十四

成龍生年四十七

周大生年二十一

問, 爾等路引中十七人書塡, 而怎無一人?

答, 俺等十七人內, 水手周先九, 前年六月到天津衛地方, 病死.

問, 爾等十六人中, 漢人幾何, 淸人幾何?

答, 俺等十六人, 俱是漢人.

問, 爾等何年月日, 因何事, 往何地方, 緣何故, 漂到我國?

答, 俺等本以稍工, 雍正十年正月二十日徽州商人吳仁則, 僱俺等的船, 裝載綿花二百五十三包, 自南通州開船, 正月二十九日到山東萊陽縣卸下. 二月二十八日自萊陽發船, 三月二十八日轉到關東南金州地方, 又爲蘇州府所管太倉州商人周豹文所僱, 裝炭三百八十擔, 五月十八日開船六月十七日到山東寶定府所管天津衛地方卸下, 又爲商人徐夢祥所僱, 到山東大山口海豐縣, 貿載大棗二百八十七石一斗, 十月十二日發船回家之際, 猝遇惡風於大洋中, 漂到貴國地方. 而十七日夜半, 雲霧四塞, 雨雪大下, 風浪滔天, 不能制船, 爲嶼所觸, 終至破船, 裝載物件, 俱爲漂失, 十六人命, 僅僅圖生, 幸而登陸, 仍爲貴國人朴時華所救濟, 是日卽同月十八日.

問, 爾等物件, 俱皆漂沒, 則衣服衿褲等物, 何能免漂失?

答, 衣衿等物, 各自隨身, 故僅得收拾.

問, 爾等行中有二狗, 狗非船中緊物, 而緣何帶來?

答, 此狗蓄船中已久, 能護主防盜, 故居常不離, 而敗船之際, 隨人得生.

問, 爾等所持佛像乃是寺庵中所宜有, 而航海行商之人, 爲何帶來?

答, 佛爺是神也, 敬奉則必有陰助, 故在家行走俱皆供奉, 以盡其誠, 不敢造次離捨.

問, 南通州是楊州所管, 則距楊州幾許道里, 而楊州有何官幾員, 通州有何官幾員?

答, 南通州距楊州三百七十里, 而楊州府, 有知府一員, 鹽道·鹽院各一員, 南通州有知州一員管民政, 有狼山摠鎮一員管軍務, 而以武官差除鎮守海口, 鹽道·鹽院, 以文官差除, 管錢糧地稅.

問, 爾等所居地方, 云是南通州, 抑又有北通州耶?

答, 南通州乃是南京摠督所管, 而皇都又有北通州.

問, 南通州距北京幾許道里?

答, 距北京三千三百里.

問, 南通州屬於楊州, 楊州府屬於江南省, 則江南省距北京幾許道里?

答, 江南省距北京四千五百里.

問, 爾等所居地方有何土産?

答, 俺等地方僻在海曲, 別無奇物, 只産綿花·魚鹽等物.

問, 爾等地方近年農事豊歉, 何如?

答, 再昨年則稍豊, 間或有旱乾不稔處, 而昨年則俺等歲首離鄕, 東西漂流, 年事豊歉, 有未可知.

問, 爾等地方旱田·水田, 何多何少, 有何奇花異卉?

答, 俺等地方沿海平原, 畓多田少, 又多竹田, 只有狼山·君山如干松柏而已, 別無他奇異花.

問, 狼山摠鎮所管軍丁幾何, 操鍊之規何如?

答, 狼山鎮所管馬步兵合三千, 而左右中三營各統一千, 操鍊則一年六巡, 而三月·四月·五月·八月·九月·十月, 三·六·九日爲之, 摠兵所管兵船十隻, 三營兵船之數未詳, 而水操則五月·八月·九月必待風和日暖爲之, 別無定日.

問, 爾等慣行水路, 或有海賊出沒之事乎?

答, 沒有.

問, 賦稅民役之規, 何如?

答, 各省賦稅, 其規不一, 而本州則一畝地稅銀七分. 民役則一丁一年納銀三錢矣, 自雍正八年皇帝下旨意, 特爲蠲免.

問, 他地方民役, 亦皆蠲免乎?

答, 他地方蠲免與否, 俺等不知.

雍正十一年正月初十日啓

8-1

○ 원문 제목 : 없음

○ 일자 : 영조 35년 1759년 12월 19일음

○ 출처 : 『비변사등록』 제137책

司啓曰, 今見全羅前監司洪麟漢·兵使洪若水·右水使沈鳳徵前後狀啓, 則異國人十五名漂到於茂長縣上龍伏面浦口, 渰死者十名內, 七名拯出埋置, 三名尙未拯得云. 而右水虞候柳聖協問情記, 今始來到, 見其問情, 考其票文, 則俱是江南太倉州寶山縣商人矣. 漂人所着衣袴, 以右水營休番木, 精造以給, 朝夕供饋, 使之各別申飭, 以示朝家優恤之意. 回還之路, 則所騎船隻, 破失無餘, 渠輩情願, 亦在旱路, 依其願從旱路還送, 而分付五道道·帥臣, 別定差員, 領率上送於京城後, 自京城轉送灣府, 以爲入送燕京之地. 沿路刷馬·供饋等節, 亦從前例, 着實擧行, 而申飭所經各邑, 嚴

禁雜人, 毋得相通, 所拯物件之可以運致者, 亦以刷馬次次運給, 而差員
一同領來, 俾無遺失之弊, 或有卜重難運者, 則從其願以布木換給, 破失船
具之拯得者, 及所騎來之筏木, 竝燒火. 已拯之屍, 渠輩旣願仍埋, 右水營休
番木及該邑儲置米, 量宜除出, 使之厚殮善葬, 而令地方官親檢擧行, 未拯
三屍, 更加嚴飭, 斯速拯得後, 一體埋瘞, 未推物件, 亦令嚴飭, 或拯或推,
一一覓給. 漢學譯官一人, 令該院擇定, 給馬下送, 更爲問情後, 與差員一體
領來, 咨文亦令承文院預爲撰出, 以待齎官之行, 何如? 答曰, 允.

8-2

○ 원문 제목 : 없음

○ 일자 : 영조 35년 1759년 12월 22일음

○ 출처 : 『비변사등록』 제137책

司啓曰, 卽見全羅右水使沈鳳徵狀啓, 則異國人二十八名, 漂到於羅州牧
黑山島, 而見其票文參以問情記, 則乃是福建省興化府蕭田縣商人之駕海遭
風者矣. 所騎船隻, 旣盡漂失, 渠輩情願, 且在旱路, 今此漂人, 爲先移置於
羅州牧後, 依其願從旱路還送爲宜. 分付本道及沿道道・帥臣, 定差員領來,
自灣府入送, 所經地方刷馬・供饋, 物件運致或換給等事, 一依茂長漂人例,
嚴飭擧行. 渠輩出沒風濤, 當寒漂泊, 其衣薄可知, 所着衣袴, 以右水營休番
木, 急速精造以給, 朝夕供饋之節, 各別申飭, 以示朝家優恤遠人之德意事,
亦卽騎驛分付. 問情譯官纔已下往茂長, 今不必別送, 令此譯官, 茂長漂人
問情後, 仍爲馳往問情, 而兩處漂人, 使之一同領來, 咨文亦令槐院合撰, 俾
一齎官兼領入去, 何如? 答曰, 允.

8-3

○ 원문 제목 : 없음

○ 일자 : 영조 36년 1760년 1월 23일음

○ 출처 :『비변사등록』제138책

又所啓, 茂長漂人所失物件, 以問情記見之, 我地居民之多有偸竊, 可以知之, 而前後所推給者, 只是水中漂失之物, 至於見偸物件, 無一推給, 自廟堂嚴題申飭之後, 晚始查出, 推給者爲若干物矣. 事關紀綱, 誠極寒心, 此則罪在於地方官, 水營處在最近之地, 旣不能嚴飭推給, 若其所着衣袴, 自有前例, 所當一邊製給, 一邊狀聞, 而漂到許久, 不卽擧行, 大有失於朝家待遠人之道, 亦涉駭然. 此則責在於帥臣, 茂長縣監高信謙拿問定罪, 右水使沈鳳徵罷職, 當該監司・兵使, 亦有不善檢飭之失, 竝從重推考何如? 上曰, 依爲之, 聞涉寒心, 當該帥臣及守令先罷後拿.

8-4

○ 원문 제목 : 없음

○ 일자 : 영조 36년 1760년 1월 28일음

○ 출처 :『비변사등록』제138책

司啓辭, 昨日茂長・羅州漂人入來後, 使本司郎廳與譯官問情, 則一如領來譯官洪大成問情時所問答, 故前後問答竝爲入啓. 而漂人久留, 雖似有弊, 不但寒程遠來, 其中方有病難作行者云, 使之姑留五六日, 待病差卽爲發送. 今此漂人, 俱是南方之人也, 依前例, 仍以領來譯官, 差定齎咨官, 領送燕京,何如? 答曰, 允.

8-5

○ 원문 제목 : ① 무장에 표류해 온 사람들의 문정별단[茂長漂人, 問情別單],
　　②나주 흑산도에 표류해 온 사람들의 문정기[羅州黑山島漂人, 問情記]
○ 일자 : 영조 36년 1760년 1월 28일을
○ 출처 : 『비변사등록』 제138책

茂長漂人, 問情別單

問, 你們俱是淸人耶? 漢人耶? 所業何事, 居在何地方耶?

答曰, 小的等, 俱是漢人, 而居在江南省蘇州府太倉州寶山縣, 以船商爲業.

問, 你們何月日乘船往何處, 何月日遭風敗船, 漂到於我國耶?

答曰, 小的等, 上年八月十六日坐同鄕雷得順船上, 向關東南金州寧海縣地方, 裝載福興號, 靑荳外, 有防風十包, 十一月十六日回船, 十九日猝遇飆風, 不能制船, 任其所之, 二十一日漂到名不知之地方, 停船待風矣. 二十六日又遭虐雪獰風, 船隻蕩深, 櫓楫摧折, 仍漂泊於貴國地方.

問, 你們俱是商賈, 則必有票文, 出示以爲憑考.

答, 有四張票文, 一則船票, 一則米單, 一則關票, 一則荳票, 又有雷得順裝載元契一件呈上, 萬望憑考後還給, 使小的等, 回還本縣後, 得免肆行之罪.

問, 你們十五人之內, 十二人之名, 則昭載元票, 三人則不載票文何也? 且票文所載名數, 共十七人, 今竝票文外三人, 只是十五人何也?

答, 有票文十七人中, 五人淹死, 十二人生存. 無票文八人中, 五人淹死, 三人生存, 合十五人得生.

問, 你們姓名‧年紀, 各各陳告, 溺死人姓名‧年紀, 亦爲陳告.

答, 船主雷得順代, 徐叱年三十六

陳天發年五十三

黃永祥年四十二

趙子龍年三十四

曹聖文年三十一

鈕天祥年三十九

石俸年四十一

陳元卿年二十四

王永鳴年三十一

郭耀三年二十六

施永貞年三十五

范得順年二十六

等十二人, 名載元票生存者, 而俱是太倉州寶山縣人.

顧松年五十三. (屍體追後拯得)

葉聖臣年四十三. (屍體拯得)

潘章文年二十五. (屍體不得)

辛良式年四十六. (屍體拯得)

王貴生年二十五. (屍體拯得)

等五人, 名在元票溺死者, 而俱是寶山縣人.

葉天元年四十二

倪才年四十九

長生年四十六

等三人, 無票文生存者, 而亦寶山縣人.

劉德. (屍體追後拯得)

倪大. (屍體不得)

張來. (屍體追後拯得)

胡崔. (屍體不得)

陸求. (屍體拯得)

等人, 無票渰死, 故年歲一一記不得, 亦皆寶山縣人.

問, 八人無票, 而緣何偕乘一船耶?

答, 俱以顧吉船水手, 移坐雷得順船, 故公文在於顧吉船上, 不載於小的
等船票中.

問, 顧吉船, 在於何地耶?

答, 顧吉船, 在於福州.

問, 你們自南金州寧海縣, 發船回家, 則在福州地, 顧吉船中八人, 何得而
移坐你們船上?

答, 顧吉一船人, 俱是寶山縣人, 而其中八人, 先欲歸家, 聞我們船先發,
從旱路來同乘.

問, 雷得順旣是船主, 則何故不上船, 而以徐叱代上耶?

答, 船主元無上船的規矩, 而雷得順, 則年老, 徐叱則雷得順之表姪, 故代
行同乘.

問, 你們拯得屍身, 雖從你們情願, 厚加檢葬, 而猶有未拯之屍, 能不慘
然耶!

答, 漂泊渰死之時, 望斷拯得, 而其所拯得者七人, 是亦不幸中幸, 未拯三
屍, 則無可奈何.

問, 你們江南地方, 近年年事豐凶何如?

答, 小的等所住寶山地方, 再昨年則稻子‧木綿收得五六分, 昨年則旱甚, 稻子收一二分, 木綿則收得四五分, 遠地則不知.

問, 你們地方, 天旱水少, 則何以得水種稻耶?

答, 我們地方都是平地, 故開地引河水, 用水車灌漑.

問, 水車之制何如? 而開地之具, 用何物, 屈開深廣, 則幾許丈尺耶?

答, 水車之制, 小的等, 形不得, 開地之具, 則以鐵鍫屈土, 深廣則因地形, 或二三尺, 或四五尺.

問, 你們雖是船商, 必有係官之役, 而船亦有稅乎?

答, 小的等, 俱是民商無官, 而喫的穿的俱從買賣上過話, 船稅則出票文時, 大船則上稅五兩銀子, 其餘隨船大小而上稅.

問, 你們地方, 所產何物?

答, 寶山乃是小地方, 沒有好東西.

問, 江南去北京幾許里, 蘇州去江南幾許里, 太倉州去蘇州幾許里, 寶山縣去太倉州幾許里, 縣有幾箇官員?

答, 江南到北京二千四百餘里, 蘇州到江南則不知, 太倉州到寶山一百二十里, 寶山到蘇州二百四十里, 寶山到北京二千六百餘里, 縣有知縣一員管民, 參將一員管兵.

問, 參將所管之兵, 其數幾何?

答, 買賣船商, 不能知其數.

問, 江南一年再種云, 耕作何時, 收穫何時, 所種何穀, 而有水田‧旱田之別乎?

答, 水田種稻, 或移秧, 九月收穫後水乾, 則種麥, 旱田多種木綿.

問, 你們船載中, 防風產於何地, 用於何處?

答, 產於關東本處地方山上, 貿取和賣於藥鋪.

問, 朝家軫念你們死中得生, 衣食等節, 各別申飭, 而漂蕩之餘, 連日行役, 能免飢寒疾病耶?

答, 小的之等, 幾死之命, 竝得生路, 兼以暖衣飽食, 貴國恩德, 天高地厚, 中心感結, 而第桒內一人, 肚下有癰, 膿潰後連日騎馬, 尙不完合.

別單一度, 又爲入達

羅州黑山島漂人, 問情記

問, 你們二十八名居在何地方?

答, 小的俱是大淸國福建省興化府莆田縣人.

問, 你們俱是淸人耶? 漢人耶?

答, 四代以上, 俱是漢人, 而皆衣冠之人, 今則俱爲淸人.

問, 你們姓名·年紀, 各各陳告.

答, 船主范文富年四十一

保結甲林璘在家不來

舵工林松年三十七

水手許榮年二十七

林鐶年二十二

陳輝年三十二

莊泰年二十二

吳彭年年三十一

郭仁年二十六

黃寅年二十五

范爱年二十二

趙貢年二十二

林柳年二十八

黃森年三十七

林引年三十三

吳佐年二十四

林漢表年四十二

范清年二十五

黃溪年三十六

李三年三十二

胡清年三十一

劉順年三十四

翁梅年二十三

林福年二十

鄭恩年二十六

陳金年三十七　同省寓閩縣

陳官年三十七　同省寓閩縣

柯宣年四十七　同省寓惠安縣

柯中年二十二　同省寓惠安縣

問, 你們二十八人, 何年何月日, 因何事, 往何處, 緣何漂到乎?

答, 小的等, 俱以販商, 於上年閏六月十六日, 裝載茶·布, 自江南上海縣

淥淞用出海口, 七月二十三日到山東膠州唐島, 發賣茶·布後, 仍買豆餅及

靑·白豆, 十一月初一日出口回家之路. 至十一月十六日夜至大洋, 雨雪交下, 四面昏黑中, 猝遇西北大風, 波濤接天, 不得制船, 隨其所之, 二十一日始爲漂到貴國, 而桅蓬折摧, 水溢滿船, 故托命小船, 冒波上岸, 就在水島之西山, 而幸賴優恤恩德, 能得保生, 此所謂重生父母也.

問, 你們俱是商人, 則必有票文, 出示以爲憑考.

答, 有部票一張·縣票一張·米票一張·稅票一張呈上, 覽後還給小的等, 以爲回鄕後得免無票肆行之罪.

問, 票文所載二十五人, 而今漂到者二十八人何故, 而票文中, 林璘緣何不來耶?

答, 票文所載二十五人, 而林璘則本帶保船之任, 故名雖在票文中, 在家不來, 此外四人中, 陳金·陳官, 則同去買賣之人, 柯宣·柯申, 爲修船隻而同來者.

問, 福建省距北京幾許里, 興化府距福建幾許里, 莆田縣距興化府幾許里, 福建省有官幾人, 莆田縣有官幾人?

答, 福建省距北京六千餘里, 興化府距福建省二百七十里, 莆田縣在興化府內, 而爲屬邑, 閩縣在莆田之北界, 惠安縣在莆田南界, 里數不多, 而福建省有摠督, 莆田有知縣.

問, 豆餠, 靑·白豆俱是何物?

答, 豆餠以黃豆作末, 造以曲子樣, 用糞田, 靑·白豆, 則俱是人食之物, 而少有靑白之別, 亦黃豆之類.

問, 你們地方, 豐歉何如?

答, 上年豐登.

問, 江南一年再耕云, 你們所居地, 亦然乎?

答, 福建則一年三種, 聞江南則本來水多故一年再種云.

問, 你們地方土産何物?

答, 龍眼・荔枝・佛手・楊桃及絨絹有之, 而田則水好矣.

問, 軍兵多少及操鍊之規如何?

答, 小的等, 俱是民人, 軍兵之事, 安得知之?

問, 朝家矜念你們死中得生, 衣食等節, 各別申飭, 而連日驅馳, 能免飢寒, 且無疾病乎?

答, 小的等, 漂沒海中, 連日騎馬身神困倦, 恐畏致病, 且衆內有病者, 伏望恩寬十數日, 儘歇息後, 另日起程, 此恩銜結萬世, 圖報不盡, 伏乞恩惟.

問, 你們船稅幾何?

答, 大船一年稅銀三十兩, 中船十五兩, 小船七八兩, 而稅之多少, 在於行商之遠近.

問, 福建一年三種云, 耕作何時, 收穫何時, 所種何穀, 有水田・旱田之別乎?

答, 水田則三月種大米, 六月收穫, 又種大米, 十月收穫後去水, 而仍種大麥, 翌年二月收穫, 旱田則種大・小麥, 靑・黃・白豆一年再耕.

問, 你們地方旣種豆, 則何爲貿諸他方?

答, 小的地方, 所種不足故耳.

茂長・羅州漂人問情別單, 各一度又爲入達.

9-1

○ 원문 제목 : 추자도에 표착한 중국인을 인계받아 남별궁에 묵게 할 것[楸子島漂漢人接置南別宮]

○ 일자 : 정조 10년 1786년 3월 5일음
○ 출처 : 『비변사등록』제168책

司啓曰, 靈巖楸子島漂漢人, 不日當上來矣. 入京後, 接置于南別宮, 別定禁軍一人, 兩捕廳軍官各一人, 領率衛軍捕軍, 各別防守. 供饋等節, 着實擧行. 從前漂人之入京後, 所着衣服, 每有更爲造給之事, 令各該司考例擧行. 本司郞廳一員, 解事各差備譯官, 亦爲定送, 依例更爲問情, 姑留數三日後, 令領來譯官, 仍爲領送鳳城, 而定差員, 次次領往事, 分付各該道臣, 亦令義州府, 預先馳通于城將處, 以爲渡江後護送之地, 何如. 答曰, 各別嚴飭, 斯速領付可也.

9-2

○ 원문 제목 : 추자도에 표류해 온 사람들에 대한 문정[楸子島漂人問情]
○ 일자 : 정조 10년 1786년 3월 11일음
○ 출처 : 『비변사등록』제168책

司啓曰, 今日靈巖楸子島漂人入來後, 使本司郞廳及譯官問情, 則與領來譯官鄭思玄問情時 問答, 別無異同. 故正書入啓, 而漂人則留一宿後, 明日發送之意敢啓. 答曰, 嚴飭沿路, 着意供饋, 優給糧資, 各別禁雜人可也.

9-3

○ 원문 제목 : 영암 추자도 표착인 문정별단[靈巖楸子島漂人問情別單]
○ 일자 : 정조 10년 1786년 3월 11일음

問, 你們遭風漂到好辛苦了.

答, 辛苦辛苦.

問, 你們是邦裏的人.

答, 俺們是大國山東省登州府榮成縣人.

問, 你們民家麼, 旗下麼.

答, 俺們都是民家.

問, 你們雖是民家, 有何當差麼.

答, 無身役當差.

問, 你們緣何漂到我們地方.

答, 俺們在本地內洋, 張網打魚, 遭風漂到了.

問, 你們共幾箇人.

答, 四箇人.

問, 你們四箇人外, 有渰死人的麼.

答, 俺們原是九箇人, 一同上船, 五箇人爲喫飯下船, 只留四箇人坐在船上, 看守網子, 遭風漂洋, 幸無一箇渰死的.

問, 你們九箇人, 旣是一同上船, 何故五箇人下船喫飯, 四箇人守坐船上.

答, 俺們九箇人中, 五箇人會使船, 所以乘着他船, 爲喫飯下陸, 四箇人不會使船, 所以坐船守網, 五箇人未及回來, 遭風漂流.

問, 你們四箇人, 何不喫飯去.

答, 俺們在船上做飯喫.

問, 五箇人, 何不同在船上做飯喫.

答, 他們旣是慣水, 所以喫飯往來.

問, 你們何不與慣水人, 同去同來.

答, 俺們旣不慣水, 又守網無人, 所以船上喫飯.

問, 你們何月何日遭風.

答, 正月初七日晌午, 遭西風, 二十二日, 漂到貴國黑山島, 二十三日, 自黑山島發船, 二十六日, 到楸子島, 二月初二日, 自楸子島又發船, 初三日登陸. 問, 你們旣是正月初七日遭風, 二十二日漂到黑山島, 其間十四日住在何處, 二十三日, 自黑山島回船, 二十六日, 到楸子島, 其間二日, 又住在何處.

答, 隨風來往, 漂到洋中.

問, 你們漂蕩海中, 不得做飯, 多日飢餓, 何以得活.

答, 所有些少糧米, 生喫得活.

問, 你們初到黑山島, 何以知地名.

答, 漂洋之餘, 忽抵一處, 逢着漁探人, 引船救出, 有頃一大帽人, 來饋酒飯, 聞是地名黑山島.

問, 你們在黑山島, 曾見官人麽.

答, 只見大帽子一人, 未曾見官人.

問, 大帽子姓名, 你記得麽.

答, 不知其名, 但知姓金.

問, 旣到黑山島, 又何知楸子島之在於何方, 轉向其地.

答, 黑山島大帽子人, 說此處無官長, 此去東南千里, 始有官長, 你們乘爾船, 趁此西北風而行可到也, 仍給十斗米, 又給三箇板子, 改造柁子, 又給木錨一箇, 所以從他指揮, 二十三日發船, 二十六日得泊楸子島.

問, 你們在黑山島, 住幾日.

答, 過一夜了.

問, 你們到楸子島, 住幾日.

答, 過五夜了.

問, 你們自楸子島, 緣何經先登陸.

答, 萬死一生之餘, 出陸為急, 屢日懇求島中人, 引到陸地了.

問, 登陸處是何地方.

答, 聞是靈巖地.

問, 住靈巖幾日.

答, 住二十九日.

問, 黑山‧楸子兩島人, 都不會漢語, 何以通話.

答, 寫字問答.

問, 你們四箇人, 姓甚名誰, 年紀多少.

答, 張元周, 年二十九.

　　馮才孝, 年二十七.

　　張元瑞, 年二十八.

　　李鳳同, 年三十四.

問, 喫飯還家的五箇人, 姓名甚麼, 年紀多少.

答, 許德順, 年三十八.

　　許德平, 年四十三.

　　李士元, 年二十一.

　　張元祥, 年二十三.

　　李鳳玉, 年三十二.

問, 你們九箇人, 在城裏麼, 村里麼.

答, 俺們漂來四箇人, 居在城外南邊四十里瓦屋石村, 喫飯還家的五箇人中, 許德順·許德平, 居白奉村距瓦屋石村一里地, 李士元, 居鶩島距瓦屋石村二里地, 張元祥·李鳳玉, 亦居瓦屋石村.

問, 你們九箇人中, 有同家麼.

答, 張元周·元瑞·元祥三兄弟, 李鳳同·鳳玉兄弟, 許德順·德平從兄弟.

問, 你們四箇人, 都會寫字麼.

答, 會寫字, 只是張元周.

問, 你們遭風時, 有他船同漂麼.

答, 沒有.

問, 你們船, 是官的麼, 私的麼.

答, 私船.

問, 船主誰.

答, 張元周.

問, 有私號麼.

答, 私船無號.

問, 有船票麼.

答, 有號始有票, 無號豈有票.

問, 我聞你們地方, 俱有票文, 你們今無票文, 何以往來海上.

答, 俺們於本地方沿海數十里內洋, 往來釣魚, 所以元無告官取票了.

問, 你們無票越海, 回到你們地方, 能不得罪麼.

答, 漂風出境, 與故犯有異, 雖無公票, 必不得罪.

問, 你們漂來緣故例當具咨禮部, 你們今無公票, 何以憑據爲辭.

答, 俺們情實, 果然如此, 雖無公票, 恐無所礙.

問, 你們船中物件, 無遺失麼.

答, 後桅·布蓬·兩櫓·鐵錨·木柁五件, 漂洋時失了.

問, 你們在兩島時及登陸後, 帶來物件, 或有給人之事麼.

答, 沒有.

問, 你們旣不慣水, 何能以船爲業.

答, 俺們不能慣水, 所以守網打魚, 使船賣魚, 專靠他五人.

問, 你們何不水路回去.

答, 船梢破敗, 櫓竿折傷, 何能水路回去.

問, 修葺船梢, 改造櫓竿, 實是不難, 若從旱路回去, 道里絶遠, 豈不更加辛苦.

答, 貴國雖爲俺們改造船具, 俺們本不會使船, 且意外得活, 安能有更思水路之理, 旱路遠近, 實不關心.

問, 你們有甚麼物件帶來的麼.

答, 俺們帶來木桶·空樻·火炭, 及破傷船隻, 在靈巖已盡燒火, 今此帶物件隨身衣服外, 只有錢二十兩二錢九分.

問, 你們持來之物, 我欲查看.

答, 無妨.

問, 錢是誰的.

答, 同夥賣魚九人所用之物.

問, 馮才孝, 爲何素服.

答, 遭父喪.

問, 榮成縣, 有官人麼.

答, 有.

問, 幾位.

答, 有知縣・縣丞・千摠三箇官人. 問, 三箇官人, 是文的麽, 武的麽.

答, 知縣・縣丞, 是文官, 千摠是武官.

問, 榮城及登州府多少里.

答, 四百二十里.

問, 榮城距山東省多少里.

答, 一千二百里.

問, 你們在先看過麽.

答, 未曾看過了.

問, 榮成距北京多少遠近.

答, 一千八百里.

問, 你們曾看過麽.

答, 也未曾看過了.

問, 山東省, 有多少官人, 登州府, 有多少官人.

答, 省有布政使・按察使・巡撫提督等官, 府有知府等官云, 而但俺們不過村氓, 漁採爲業, 官人元額, 不能詳知.

問, 榮城縣, 城子有沒有.

答, 有.

問, 周圍多少里.

答, 只有小城, 不知周圍了.

問, 你們所居隣里, 有多少人家.

答, 五六人家.

問, 你們旣說打魚, 何無帶來漁網.

答, 張在海洋, 漂風之際, 何能收拾.

問, 你們自登陸到此, 能無疾病麼.

答, 都好.

問, 你們地方, 年成好不好.

答, 八分年成.

問, 水田·旱田, 孰多孰少.

答, 都是旱田.

問, 你們地方, 會文章的秀才, 多有麼.

答, 俺們都是漁戶, 雖有會文章的, 未能詳知.

問, 你們地方, 也有滿洲人麼.

答, 都是漢人.

問, 榮成與何縣相近.

答, 文登·寧海等地相近.

問, 你們登陸後, 地方官供饋, 起身後沿路接濟何如.

答, 俺們水路萬死之餘, 幸泊貴國地方, 供饋接濟, 無不過望, 俺們之得保殘命, 生還故土, 莫非貴國恩典, 惶恐感戴, 不知所達.

10-1

○ 원문 제목 : 표인들의 귀국 길은 모두 저들의 바람대로 따라주며 강
   요하지 말 것[漂人還故, 一從渠願, 俾勿抑勒]

○ 일자 : 정조 15년 1791년 12월 12일음

○ 출처 : 『비변사등록』 제179책

司啓曰, 因忠淸監司狀啓, 有草記稟處之命矣. 旣見其狀本, 則洪州地漂到彼人, 以旱路斯速發送爲辭矣. 漂到人之旱路水路, 從所願發送, 自是朝家柔遠人之政, 則今此道臣之依水軍虞候所報, 欲令從旱路還歸者, 固出於從其所願, 而第觀其問答措語, 欲從旱路者, 俱是船中雜人, 魂喪魄失於風波震盪之餘, 不顧船中許多東西物種, 惟議自己便宜. 而若其解事數人, 語及從旱路之際, 淚欲盈睫. 槪以其虞候所報船中物件論之, 米包恰過百數, 他般日用的器具, 亦且不貲, 如願變賣作銀, 以聖朝厚往之政, 雖曰從優折定, 在渠輩終不免爲半失, 豈不可矜乎, 湖西之去登州, 本不甚遼遠, 若令徐徐待風, 逐尋一帆所經之路, 則其必有天幸, 可坐而策, 似此利害, 若令譯舌, 從容開導, 善爲說辭, 則其墮淚者必如癢得搔, 其喪魄者必如醉得醒, 若然則在渠輩, 豈不爲有益而無失乎! 此非慮旱路之有些少貽弊, 實爲渠輩曲盡思量者, 令道臣知悉此意, 申飭問情譯官, 使之從長擧行, 恐合事宜, 然若以廟堂覆奏之如此, 勒令驅遣, 拂其所願, 使萬死一生之人, 含冤而去, 則實非朝家本意, 此意倂爲知委, 俾無一毫不善擧行之患何如. 答曰, 允, 草記論理, 曲盡事情, 以此嚴飭道臣, 一從渠願, 俾勿一毫抑勒可也.

10-2

○ 원문 제목 : 표착한 중국인들을 인솔하여 중국에 보내는 일에 대해
「자문」을 지어 보내는 일[漂漢人領付入送事咨文撰出事]

○ 일자 : 정조 15년 1791년 12월 17일을

○ 출처 : 『비변사등록』 제179책

司啓曰, 洪州長古島漂漢人, 不日當上來矣, 入接于弘濟院後, 更爲問情,所着衣袴, 分付各該司, 依例題給, 令領來譯官, 仍爲領付鳳城而定差員, 次次領往事分付各該道臣, 亦令義州府預先馳通于鳳城將處, 以爲渡江後護送之地, 卽令槐院撰出咨文, 定禁軍騎撥, 下送于灣府, 使之傳給鳳城將處, 轉致北京之地, 何如, 答曰允.

10-3

○ 원문 제목 : 표착인들의 물건을 시장에서 곧장 판매 처리할 것[漂人物件從市直發賣]

○ 일자 : 정조 15년 1791년 12월 18일을

○ 출처 : 『비변사등록』 제179책

司啓曰, 卽見忠淸監司朴宗岳·水使金明遇狀本, 則今番漂漢人物件中, 卜重難運者, 折價留置於洪州牧, 以待朝家處分云矣, 彼人留置物件, 以其問情中所定之價, 統以計之, 則銀爲六百五十一兩零, 而狀辭中其所劃給之方, 於京於外, 初不論陳, 事極疎忽, 該道道臣, 從重推考, 今則漂人旣到京師, 分付戶曹依數出給, 至於留置穀物, 仍屬該邑, 俾補元還, 而穀簿如或有裕, 則竝令綿花等物, 而從市直作錢, 上送戶曹, 恐似得宜. 以此分付道臣, 從便擧行後, 使之論報本司, 何如, 答曰允.

10-4

○ 원문 제목 : 충청도 홍주목 장고도 표착 중국인 문정별단[忠淸道洪州牧長古島漂漢人問情別單]

○ 일자 : 정조 15년 1791년 12월 18일을

○ 출처 : 『비변사등록』 제179책

司啓曰, 洪州長古島漂漢人, 入接弘濟院後, 使本司郞廳及譯官問情, 則
與領來譯官鄭思玄問情時問答, 別無異同, 故正書入啓, 而今此漂人, 皆願
速歸云, 卽爲發送何如, 答曰, 允.

忠淸道洪州牧長古島漂漢人問情別單

問, 你們漂風海上, 艱險屢日, 何以得全, 到泊之後, 旋卽旱路驅馳, 冒雪
觸寒, 能免疾恙否.

答, 我們逢風海中, 萬死一生的貌樣, 一口說不得, 天憐俺們, 幸到貴國,
曲蒙恩典, 賜衣搪寒, 饋食全飽, 俺們性命, 得有今日, 皆是貴國盛德, 叩頭
攢手而已, 俺們中曲當一一人, 傷了風濕, 右脚腫痛, 今已差好, 此亦恩德
攸曁.

問, 一路上供饋住接房堗, 能不齟齬.

答, 沿路饋的茶飯, 極其豐厚, 住宿房舍, 亦爲溫暖, 頓忘行役辛苦.

問, 你們通共幾人, 住在何處, 姓甚名誰, 年紀各爲幾何.

答, 我們俱是山東省登州府福山縣人, 而有女子一人, 又有寧海州客人二
人, 合爲二十一人, 名錄在此.

舵工安復檪年四十五福山縣人

陳裕恪年三十二福山縣人

水手安復振年四十四福山縣人

夏日明年五十六福山縣人

金坤年三十福山縣人

利輝年三十三福山縣人

王超年三十五福山縣人

王財年四十二福山縣人

夏元住年四十九福山縣人

王者仁年三十一福山縣人

陳均年四十一福山縣人

陳良年二十二福山縣人

陳生年二十三福山縣人

夏三年二十六福山縣人

劉義年二十八福山縣人

張煥年三十六福山縣人

曲當一年二十五寧海州人

于華國年五十七寧海州人

牟白學年三十一福山縣人

牟春元年六十一福山縣人

女人年十六福山縣人

問, 你們緣何事, 往何處, 何月日發船, 何處遭風, 何時漂到我國耶.

答, 我們要買穀物, 帶些銀兩, 本年五月二十九日, 自登州府福山縣開船, 往奉天省金州府, 買了各樣穀子及山繭涼花等物, 十一月二十三日, 自金州小平島發回, 纔行數里, 忽然遭大風, 桅竿摧折, 出沒險濤, 船幾覆敗, 故所裝糧米, 抛去折半, 以是稍輕, 僅免淪沒, 莫知所向, 二十九日, 艱泊貴國長古島, 十二月初二日, 轉到元山島.

問, 你們是漢人耶, 滿洲人耶.

答, 俱是漢人, 而福山·寧海, 元無滿洲人.

問, 你們所坐之船, 是官船耶, 私船耶, 亦有何字號耶.

答, 是安永和私船, 而船號則福字第十一.

問, 你們有票文耶.

答, 有票文.

問, 船票是何官府文引耶.

答, 山東省登州府福山縣正堂所成給者.

問, 票文中, 有安永和, 而今無其人何也.

答, 安永和, 以船主, 雖入於票文中, 上船不上船, 元不相干.

問, 票文中無曲當一·于華國·牟白學·牟春元及女人合五人名字, 而一同上船何也.

答, 我們中舵工水手十六人, 係是船戶, 行船之際, 必帶票文, 而曲當一等五人, 以傍縣客人, 因順便同舟, 所以不入於票文.

問, 票文外上船之人, 海口防訊, 無盤詰耶.

答, 來歷明白的客人, 例不稽查.

問, 你們四箇客, 因何事同船, 而女人是何人, 頭戴頂子者, 又是何人.

答, 于華國, 本是秀才, 丁亥成生員, 得了頂子, 而數奇不做官, 因家兄光國, 在奉天省旅順口水師營, 開布舖賣買, 故戊申往依家兄, 仍住舖內, 營中諸官員, 請爲門館先生, 教授其子弟, 今欲回見家眷, 將所得束金, 買了穀物, 以爲過活之資, 不幸遭風到此, 曲當一·牟春元·牟白學, 俱是貧窮之人, 曾往奉天省, 爲人雇傭, 亦欲還家, 同爲上船, 女人乃利輝之妹, 陳裕恪之甥女, 本是福山縣人, 而曾隨其母, 搬住奉天省牛庄, 年今長成, 其兄欲爲成嫁, 帶還本縣, 故亦同乘船.

問, 初旣隨母, 而搬往牛庄, 今何與兄而獨歸.

答, 其母已改適他人, 留住不來.

問, 你們當初船載穀物, 共爲幾許, 船中抛去者, 亦爲幾何.

答, 初滿入艙漂風時, 抛去一半, 所餘約爲一百餘石.

問, 帶去者何物件, 變賣者何物件.

答, 雜糧及涼花·山繭·烟草等物, 以卜重難運, 從願換賣, 其餘隨身要緊
東西, 盡數帶回, 此皆貴國恩典, 感激不盡.

問, 你們變賣之價, 共爲幾許.

答, 價銀總爲六百四十七兩零.

問, 你們各樣物種, 係是商販之物耶.

答, 米穀都是我們家用, 其中山繭·烟草, 受托他人貿去.

問, 關東年成何如, 福山·寧海年成, 亦何如.

答, 我們本年五月, 離家本縣, 年事未能詳知, 關東年事, 稍免凶歉.

問, 寧海州, 在福山縣那邊, 程道爲幾里.

答, 在福山縣東南八十里.

問, 福山縣, 距登州府幾里, 寧海州, 距登州府幾里.

答, 福山縣, 距登州府, 爲一百三十里, 寧海州, 距登州府, 爲二百十里.

問, 登州府, 距山東省, 爲幾里, 距皇城, 亦爲幾里.

答, 登州府, 距山東省, 爲九百二十里, 距皇城, 一千八百六十里.

問, 福山縣官員幾人.

答, 知縣·敎諭·訓導·海口巡檢·典史各一員.

問, 寧海州官員幾人.

答, 知州·州同學正·訓導·吏目各一員.

問, 登州府官員幾人.

答, 登州府則有摠兵·兵備道·知府·海防·水利·同知·敎授·訓導·經

歷·司獄等官.

問, 山東省官員幾人.

答, 我們係是船戶民家, 海口營生的人, 去官府稍遠, 不得明白, 槪聞有巡撫·提督·學政·布政使·按察使·經歷·鹽運使·司獄等官云.

問, 你們所往金州府官員幾人.

答, 知府·敎授·經歷·倉官各一員.

問, 金州府, 距奉天省幾里.

答, 我們只是往來金州, 故奉天省路程, 初不曉得.

問, 福山縣, 距金州府, 水陸共爲幾里.

答, 福山縣, 距金州府, 旱路爲六七百里, 水路只爲二百餘里.

問, 福山縣傍近, 是何州縣.

答, 縣南則棲霞縣, 距本縣二十里, 西北則登州府, 東則寧海州, 而寧海州東, 卽威海衛營成縣, 南卽文登縣.

問, 你們捨水由陸, 旣無風漂之慮, 道路雖遠, 歸家從此有期, 稍可爲慰耶.

答, 遭風漂海之際, 天佑吾們, 幸到貴國, 得保體命, 已極萬幸, 初意行止遲速, 不敢議, 登程以後, 歸心如矢, 惟願日夜趲程.

11-1

○ 원문 제목 : 유구국 표착인을 육로로 환송하라[流球漂人旱路還送]

○ 일자 : 정조 18년 1794년 9월 11일음

○ 출처 : 『비변사등록』 제182책

以濟州牧使沈樂洙狀啓, 琉球國漂海人問情馳啓事, 傳曰, 觀此狀辭, 不待稟處, 旱路順付可知其無例, 然十一人之漂流而生存者四人, 雖欲覓船裝送, 其能生還未可必, 到此前例有無, 不足說, 人命所關果何等至重乎, 藉使生存者只是一二人, 則亦足給船放海乎, 具由事狀, 別定齎官, 入送北京, 指路福州, 似合交隣國重人命之義, 況今使行不遠, 若能星火知委及期押來, 亦或順付於使行, 使之入去時率去, 則抵彼綽可周旋, 勿論如此如彼, 從旱路依願還送爲好, 令承文院問于在城內都提擧及原任大臣草記, 待批下三懸鈴, 分付道臣·牧使處.

11-2

○ 원문 제목 : 표인漂人

○ 일자 : 정조 18년 1794년 10월 18일음

○ 출처 : 『비변사등록』 제182책

傳曰, 琉球國漂人出來卽來貢以後初有, 初欲接置於弘濟院矣, 更思其所顧恤, 當有拔例, 今聞筵臣言, 初十日似已來泊古達島云, 數日後當上來, 日寒若此, 嚴飭畿伯, 造置衣袴及毛具等物, 待其渡江, 接置新營, 躬往慰諭, 發送時亦爲厚給, 應式外盤纏以爲順付使行之地事, 令廟堂行會.

11-3

○ 원문 제목 : 표착인들의 물건을 시장에서 곧장 매각 처리할 것[漂人物件從市直發賣]

○ 일자 : 정조 18년 1794년 10월 21일음

○ 출처 : 『비변사등록』 제182책

以全羅監司李書九狀啓, 琉球人問情事, 傳曰, 琉球國漂人之無事渡海可幸, 島中適有解語之通事, 能爲問情, 此後次次訓誨, 別設料窠各別勸課之意, 分付牧使事回諭, 當該通事李益靑, 待其上來, 令該曹別爲施賞, 昔則琉球人往來於我國, 我國亦知彼音矣, 近來不然, 所謂濟州入去之譯學爲無用之物, 今番則令譯院另定年少聰敏之人, 領至灣上, 或彼中, 學其言語, 如有未盡條件, 琉球朝貢之年, 更爲入送翻解音韻事, 令都提擧知悉.

11-4

○ 원문 제목 : 표인漂人
○ 일자 : 정조 18년 1794년 10월 22일음
○ 출처 : 『비변사등록』 제182책

傳曰, 濟州子弟之上來者, 亦有承旨宣諭之擧, 況異國漂人之生還者乎, 至於琉球國人, 昔有供職於我國者, 而特授摠管, 以寶劍差備近侍, 此不過二百年前事, 今來漂人, 其在懷柔之意, 別示顧恤, 於義爲可, 承旨一員待其住接館所, 往至畿營, 與道臣眼同慰問, 饋以酒食, 優給庇身之物.

11-5

○ 원문 제목 : 제주에 표류해 온 유구국 3명의 문정별단[濟州漂到琉球國人三名問情別單]
○ 일자 : 정조 18년 1794년 10월 22일음

問, 你們漂流海洋, 驅馳陸路, 必多辛苦, 能無疾恙耶.

答, 姑無痛恙.

問, 你們是何國何地方人.

答, 琉球國內八重山島人.

問, 八重山島距琉球國都幾里.

答, 距中山王都, 水路三百八十里.

問, 你們何月日因何事, 發船往何處·到何地·逢何風, 漂到我國耶.

答, 今年七月十一日持公事發船向與那國島, 同日東風大作, 漂流海中, 至八月十七日來到貴國地方.

問, 與那國島何地方, 公事何公事.

答, 與那國島卽八重山島內小島, 而島主所居處, 故各島來呈公文.

問, 與那國島距八重山島幾里, 官長幾人.

答, 水路四十八里, 官長在番三人士也.

問, 八重山島亦有官長耶.

答, 在番三人自本國定來, 三年交替, 頭三人本島人, 死後代立皆士也.

問, 你們居八重山島內何村.

答, 居新川村.

問, 同船幾人.

答, 十一人.

問, 你們十一人皆居新川村耶.

答, 俱居新川村.

問, 你們旣是十一人, 則今來者何爲三人.

答, 七人漂流月餘, 飢困溺死, 四人生到貴國地方, 其中一人病歿, 只有三人.

問, 十一人同舟, 而七人溺歿, 一人病死, 極爲慘憐.

答, 哀痛哀痛.

問, 你們十一人姓名·年紀詳細言之.

答, 船頭, 米精姓, 兼介段仁也, 名, 年二十八. 生存三人

兼, 年四十七. 生存三人

眞勢, 年二十六. 生存三人

三也之, 年四十一病死.

行也, 年二十五. 溺死

謹當, 年五十四. 溺死

古當月, 年三十一. 溺死

如行, 年三十八. 溺死

古當也, 年四十六. 溺死

渚月, 年二十九. 溺死

壽, 年四十五. 溺死

問, 你們十一人內, 七人溺死, 一人病死, 你們三人其間何以圖生.

答, 發船之時, 只帶五日糧, 漂流之際, 絶糧乏水, 七人飢困溺死, 我等嚼米飮溺, 僅保殘命.

問, 你們所乘船, 官船耶私船耶.

答, 官船.

問, 有船標耶.

答, 無.

問, 你們官人耶民人耶, 十一人俱是呈公事之人耶.

答, 我是本島文書持納人, 同船十一人, 或爲農或爲船人或爲木工.

問, 你們頭上無所着, 或漂流失之耶, 國俗本自如此耶.

答, 本無所着, 結髮作髻, 頂上挿簪, 上人銀簪, 下人錫簪.

問, 你們雖有船隻, 或慮水路之不好, 使之從陸還歸.

答, 願從旱路, 轉向大清福州, 有琉球人居處, 次次尋還.

問, 你國距福州幾里, 爾國人何以居在福州耶.

答, 福州路程不知, 而進貢之物, 船運福州, 故我國人多留住者.

問, 你國貢獻之物是何物種耶.

答, 未能詳知.

問, 幾年一朝貢耶.

答, 朝貢年次未能詳知, 而進貢物種每年運致於福州.

問, 你國王姓字何字, 年歲幾何.

答, 姓正, 年歲五十六.

問, 你國距日本國幾里, 與何國相近耶.

答, 海島之中, 故不知他國之遠近.

問, 爾國幅圓幾里, 國都周回幾里, 所屬諸島幾許.

答, 幅圓不知, 而國都周回十里, 所屬諸島不知.

問, 爾國用人之道以何技而取, 亦有文武之別耶.

答, 琉球武人無, 文人有.

問, 你國山多耶野多耶.

答, 山多有野多有.

問, 你國農作之法何時耕耘, 何時收穫, 亦有五穀耶.

答, 稻種子·靑種牟子·粟種子·大豆種子付十月, 明年六月始收.

問, 歲首用何月.

答, 寅月.

問, 你國所業何事.

答, 男人務農, 女人務織.

問, 你國土地厚薄何如, 年事豐歉何如.

答, 土多膏腴, 歲數豐登.

問, 你國官人着何色衣冠, 下人所着亦何如, 色取何色.

答, 官人髮有着八卷冠, 下人無着.

問, 你們旣從旱路, 所乘船隻何以處置耶.

答, 燒火.

問, 你們三人萬里漂流之餘, 又涉重溟, 雖幸無病, 而歸程尙遠, 何時可得回國.

答, 得生爲幸, 回國遲速, 有何可言.

問, 你們自始泊之時, 官給衣糧, 沿路供饌, 護行到京, 非不知眙弊上國, 而爲念水路之難, 使之旱路安歸, 從此可以放心作行耶.

答, 漂流之日無生還之望, 幸至貴國, 厚饌·厚衣, 乘馬而行, 一身平安, 恩德如天, 感祝感祝.

11-6

○ 원문 제목 : 표인漂人

○ 일자 : 정조 18년 1794년 10월 22일음

啓曰, 今此琉球國漂人入接京畿新營後, 使本司郎廳及譯官詳細問情別單書入, 而冬至使行期尙遠, 漂人則留一宿後, 以冬至使行帶去, 譯官中一人先爲領往灣府, 使行到灣後, 仍爲順付之意分付該院及灣府, 沿路供饋及禁雜人護送等節, 亦爲嚴飭於各該道臣何如, 答曰, 允, 水陸兩程, 於晨夜又卽領往灣上, 是豈軫恤之意乎, 姑留數日, 更爲草記後發送, 留館時供饋等節嚴飭畿伯, 時遣備郎考察可也.

11-7

○ 원문 제목 : 표인漂人

○ 일자 : 정조 18년 1794년 10월 24일음

○ 출처 : 『비변사등록』 제182책

啓曰, 琉球國漂人姑留數日, 更爲草記後發送事, 命下矣, 漂人今旣兩宿, 明日發送之意, 分付何如, 答曰, 更留一兩日發送可也.

12-1

○ 원문 제목 : 표인漂人

○ 일자 : 정조 18년 1794년 10월 27일음

○ 출처 : 『비변사등록』 제182책

以忠淸監司李亨元狀啓, 異樣船一隻漂到馬梁鎭前洋事, 傳曰, 問情譯官

斯速下送, 而雖於譯官下送之前, 令地方官及虞候, 以文字問情後, 船隻完
固, 風勢便順, 使之依願卽爲還送後狀聞事, 令廟堂分付道帥臣.

12-2
○ 원문 제목 : 표인漂人
○ 일자 : 정조 18년 1794년 11월 7일음
○ 출처 : 『비변사등록』 제182책

司啓辭, 馬梁鎭漂到大國人等處, 京譯官問情今纔來到, 依其願, 當從旱
路還送, 而漂人船隻與雜物燒火或給價等節, 已爲別關行會矣, 令槐院撰出
咨文, 別定禁軍騎撥下送于冬至使行所到處, 以爲齎去之地何如, 答曰, 允.

12-3
○ 원문 제목 : 표인漂人
○ 일자 : 정조 18년 1794년 11월 7일음
○ 출처 : 『비변사등록』 제182책

司啓辭, 馬梁鎭漂漢人不日當上來矣, 入接於弘濟院後, 更爲問情, 所着
衣袴, 分付各該司依例題給, 令領來譯官仍爲領付於冬至使行所到處, 以爲
帶去之地, 沿路供饋, 定差員次次護送, 禁雜人等節, 令各其道臣嚴飭擧行
之意, 分付何如, 答曰, 允, 領來備郞仍爲領率至灣上, 畿邑以外諸道, 此時
守令不可曠官, 只於各其地方交替領付事, 分付可也.

12-4

○ 원문 제목 : 표인문정漂人問情

○ 일자 : 정조 18년 1794년 11월 7일음

○ 출처 : 『비변사등록』 제182책

問, 你們漂蕩風濤, 驅馳寒程, 能無疾病.

答, 萬死餘生, 幸賴貴國保恤, 一路上走得好.

問, 你們何地方人共爲幾人.

答, 一共五十一箇人內, 中三十七人·女人四箇都是大淸國奉天府人, 舵
手六人係登州府蓬萊縣人, 一人係登州府福山縣人.

問, 有船票文麼.

答, 這裏有, 仍爲出示.

票文

舵手邱福臣, 年五十八, 蓬萊縣人.

王永光, 年四十七, 蓬萊縣人.

姜中治, 年三十八, 蓬萊縣人.

張述相, 年三十代, 夏祿公, 年五十二, 蓬萊縣人.

邹一亮, 年二十九, 蓬萊縣人.

胡煥琳, 年二十九, 蓬萊縣人.

陳乃佳, 年四十五, 福山縣人.

空客李美, 年三十五, 峀巖縣人.

隨連杯, 年二十三, 峀巖縣人.

張宗遙, 年二十四, 峃巖縣人.

談福, 年四十二, 峃巖縣人.

閆文永, 年二十四, 峃巖縣人.

姜先, 年二十四, 峃巖縣人.

吳永山, 年三十六, 峃巖縣人.

陳維經, 年三十八, 峃巖縣人.

董世永, 年四十二, 峃巖縣人.

董所, 年十九, 峃巖縣人.

初國筆, 年四十三, 峃巖縣人.

李仁學, 年六十, 峃巖縣人.

王日志, 年二十, 峃巖縣人.

肖奇福, 年四十二, 峃巖縣人.

肖玉, 年二十, 峃巖縣人.

姜日官, 年四十三, 峃巖縣人.

肖永志, 年四十, 峃巖縣人.

袁文竝, 年五十二, 峃巖縣人.

趙永祿, 年三十一, 峃巖縣人.

徐酥淸, 年二十六, 峃巖縣人.

姜卓魁, 年二十五, 峃巖縣人.

李永賓, 年二十, 峃巖縣人.

林士英, 年二十七, 峃巖縣人.

妻孫姓, 年二十五, 峃巖縣人.

劉俊元, 年四十, 峃巖縣人.

妻隨姓, 年四十四, 岫巖縣人.

女兒年十三.

子兒年七.

子兒年三.

孫聖九, 年四十四, 復州縣人.

妻徐姓, 年三十七, 復州縣人.

于文禮, 年二十二, 復州縣人.

姐于姓, 年二十四, 復州縣人.

喬明玉, 年四十二, 復州縣人.

孫孝思, 年四十一, 復州縣人.

刁太, 年四十, 復州縣人.

刁舉, 年十八, 復州縣人.

宋文章, 年二十三, 海州縣人.

林封, 年五十一, 海州縣人.

高玉山, 年二十三, 海州縣人.

宋福祿, 年二十五, 寧海縣人.

楊弘得, 年五十五, 寧海縣人.

宋參, 年三十二, 遼陽縣人.

宋去益, 年三十二, 遼陽縣人.

問, 邹一亮的邹字, 是甚麼字.

答, 鄒孟子的鄒字, 俗從便易, 這樣寫着.

問, 你們是漢人, 是滿洲人.

答, 都是漢人.

問, 何月日因何事往何處, 何月日到何地方, 遭風漂到此處.

答, 十月二十日自登州府發船, 向奉天府要買糧柴, 在中洋, 西北風大起, 二十三日漂到貴國地方.

問, 空客是何等人, 而爲何同往奉天府.

答, 空客是村民東西往來, 或做買賣, 或欲作農的.

問, 空客旣是奉天府人, 何爲自登州發船.

答, 奉天·登州不遠, 扯常往來, 今年登州年荒, 要往奉天就食.

問, 欲買糧柴, 何處不可, 而何必往奉天府.

答, 登州年荒, 奉天年成, 所以往奉天買糧柴.

問, 你們在中洋走幾日, 纔到我國地方.

答, 在中洋走三日, 到貴國地方.

問, 你們五十一人皆是同伴.

答, 舵手七人是夥計, 餘外四十餘人都是空客, 一時借涉, 同往奉天府的.

問, 你們欲買糧柴, 有帶本錢否.

答, 本錢沒有.

問, 旣無本錢, 何以買糧柴.

答, 奉天府地方有親眷, 要借本錢, 買取糧柴, 回到登州, 賣取利錢.

問, 空客中, 旣有做賣買之人, 則亦有所帶貨物否.

答, 沒有.

問, 三女人俱有其夫, 一女人獨無其夫, 何也.

答, 徐姓女人·孫姓女人·隨姓女人各隨其夫, 往奉天府, 那于姓女人其夫劉三, 現在復州, 其弟于文禮, 帶他要往其夫住處.

問, 劉三是何處人, 在復州何幹.

答, 本是復州農民.

問, 林士英·劉俊元·孫成九三人之帶其妻子, 何耶.

答, 貧窮無資, 只爲轉徙就食的意思.

問, 你們所乘船隻是官船是私船, 字號何字.

答, 是私船, 字號是黃字第十九.

問, 空客都是相親之人否.

答, 各處人, 有相親的, 有不相親的.

問, 你票文中, 蔣利順三字是人名否.

答, 蔣利順是船主姓號, 船票中, 例載船主姓號.

問, 票文中, 張述相一人, 有其名而無其人, 夏祿公一人, 有其人無其名, 何也.

答, 張述相在家娶婦, 夏祿公替來.

問, 張述相與夏祿公, 是朋友是親眷.

答, 是姑舅兄弟.

問, 那空客們, 是借乘是雇船.

答, 都收雇錢.

問, 一人船雇錢多少.

答, 船雇錢也不一樣, 或收大錢一百, 或收小錢一百.

問, 大錢一百爲幾何, 小錢一百爲幾何.

答, 大錢一百箇爲一百, 小錢以十六箇爲一百.

問, 空客船雇錢共計幾何.

答, 以大錢計賬爲十弔, 以小錢計賬爲四十三弔.

問, 船雇錢皆已收置否.

答, 早已收過.

問, 船雇錢現在帶來否.

答, 帶來.

問, 今年你們地方年事何如.

答, 諸處都好, 只是登州不好.

問, 空客中, 有秀才應舉人否.

答, 沒有.

問, 奉天府距登州府幾里.

答, 水路不過二百餘里.

問, 蓬萊縣・福山縣距登州府幾里.

答, 蓬萊縣是登州府治, 福山縣, 登州府一百三十里.

問, 奉天府距復州・海州・寧海・遼陽・峀巖等縣各幾里.

答, 奉天府距復州縣五百四十里, 距海州二百四十里, 距寧海七百二十里, 距遼陽一百二十里, 距峀巖五百里.

問, 奉天府到皇城幾里.

答, 一千五百里.

問, 你們中, 曾有往過皇城人否.

答, 沒有.

問, 自奉天府到邊門口鳳凰城幾里.

答, 五百餘里.

問, 蓬萊・福山・峀巖・復州・海州・寧海・遼陽等縣, 各有官員幾人一一說明.

答, 蓬萊縣有知縣・縣承・教諭・訓導・典史, 福山縣有知縣・教諭・訓導

·巡檢·典史, 峀巖縣有通判·巡檢, 復州縣有知州·學正·吏目, 海州縣有知縣·訓導·巡檢·倉官·典史, 寧海縣有知縣·教諭·倉官·典史, 遼陽縣有知縣·學正·倉官·吏目等官.

問, 你們旣從旱路, 則所乘船隻何以爲之.

答, 燒火.

問, 你們船隻旣已燒火, 所載卜物俱帶來否.

答, 貴國官人看檢打包, 錄出賬本, 打印護送, 都是貴國恩典.

問, 在前你們漂到我國者, 船隻傷毀, 仍爲修葺, 由水送回係是舊例, 而今則你們船隻雖是完固, 特念你們, 當此盛冬, 弱女稚兒似難涉海, 使之從陸作行, 庶可安穩歸家.

答, 我們漂蕩萬死之餘生, 天幸到貴國, 厚饋衣飯, 好生暖飽, 又念弱女稚兒有難過海, 特許從旱路回去, 都是規矩外恩典, 因此上許多人命, 捨險就安, 生還故土, 從今有日, 惟願速歸, 貴國德意, 天高地厚, 頂戴不起, 感祝無窮.

12-5

○ 원문 제목 : 표인漂人
○ 일자 : 정조 18년 1794년 11월 11일음
○ 출처 : 비변사등록 182책

司啓辭, 馬梁鎭漂漢人入接弘濟院後, 使本司郎廳及譯官問情, 則與領來譯官洪宅福問情時問答, 別無異同, 故正書入啓, 而今此漂人皆願速歸, 使行發程已久, 卽爲發送何如, 答曰, 允.

13-1

○ 원문 제목 : 하의도에 표도한 대국인을 육지로 송환시킬 것[河衣島漂到
大國人從陸還送]

○ 일자 : 순조 24년 1824년 11월 24일음

○ 출처 : 『비변사등록』 제212책

司啓曰, 卽見全羅監司朴綺壽狀啓則以爲, 羅州牧荷衣島漂到人三十七
名, 乃是大淸國福建省漳州府海澄縣人之行商漂到者, 而帆壞船漏, 駕海無
路, 願從陸路還歸, 待京譯官下來問情後, 當爲治送, 而船材燒火, 物件斥賣,
由陸回送等節, 恭俟廟堂行會擧行爲辭矣, 漂人船隻, 旣已破傷, 依其願從
陸還送, 而衣袴造給, 朝夕供饌, 使之着實擧行, 以示朝家優恤之意, 沿路刷
馬, 及禁雜人護送等事, 一體申飭, 而定差員, 次次交付上送于京城, 自京城
轉送灣府, 以爲入送北京之地, 彼人物件中, 可以運致者, 亦以刷馬替運, 卜
重難致, 及物貨願賣者, 從優折價, 以給, 破傷船隻, 棄置什物, 彼人所見處,
竝爲燒火, 漢學譯官一人, 令該院擇定, 給馬下送, 更爲問情緣由, 咨文, 亦
令槐院預爲撰出, 定咨官入送之意, 竝爲分付, 何如, 答曰允.

13-2

○ 원문 제목 : 홍의도에 표류하여 온 대국인을 육로로 환송하는 일[紅
衣島漂到大國人從陸還送]

○ 일자 : 순조 24년 1824년 12월 23일음

○ 출처 : 『비변사등록』 제212책

司啓曰, 卽見全羅監司朴綺壽狀啓則以爲, 羅州紅衣島漂到人十四名, 乃是大國江南鎭江府丹陽縣人之行商漂到者, 而船隻漂失, 願從陸路還歸, 以本州荷衣島漂人, 問情京譯官, 一體問情, 物件斥賣等節, 亦爲按例擧行後, 竝與兩處漂人, 一時率來事, 恭俟廟堂稟處擧行爲辭矣, 漂人船隻, 旣已漂失, 依其願從陸還送, 而衣袴造給, 朝夕供饋, 及物件斥賣等節, 依荷衣島漂人例擧行, 京譯官旣有前此下去者, 仍令轉向問情, 一體領來, 以爲入送北京之地, 而更以此自槐院撰出咨文, 使荷衣島漂人, 領送咨官, 同爲齎去之意, 竝爲分付, 何如, 答曰允.

13-3

○ 원문 제목 : 하의도 표인들을 인계받아 홍제원에 입소시킬 것[河衣島漂人入接弘濟院]

○ 일자 : 순조 25년 1825년 1월 14일음

○ 출처 :『비변사등록』제213책

司啓曰, 全羅道羅州牧荷衣·紅衣兩島漂人, 合五十一名, 當不日上來矣, 依近例, 直令入接于弘濟院後, 更爲問情, 所着衣袴, 分付各該司, 依例題給, 令齎咨官領往, 而申飭各該道臣, 使之定差員, 次次領送, 亦令灣府, 預先馳通于鳳城將處, 以爲渡江後護送之地, 何如, 答曰允.

13-4

○ 원문 제목 : '하의도와 홍의도 두 섬의 표착인들을 하룻밤 머물게 한 후 출발시키다[荷衣·紅衣兩島漂人留一宿發送]' 및 '문정별단問情別單'

○ 일자 : 순조 25년 1825년 1월 19일을
○ 출처 : 『비변사등록』 제213책

司啓曰, 全羅道羅州牧荷衣・紅衣兩島, 漂到大國人, 合五十一名, 入接弘濟院後, 使本司郎廳及譯官問情, 則與京譯官張舜相問情時問答, 別無異同, 故正書入啓, 而今此漂人, 皆願速歸, 留一宿, 卽爲發送何如, 答曰允.

全羅道羅州牧荷衣島漂到大國人問情別單

問, 儞們頭裏漂蕩大洋, 遇見大風大浪, 好幾天驚心弔膽, 吃盡辛苦, 却沒人落水淊死的麼.

答, 幸蒙天佑, 却沒有淊死的.

問, 儞們有甚麼事情, 去年那一月那一日, 出海往甚麼地方, 那一日遇見大風, 那一日漂到我們地方.

答, 我們本船, 裝各樣糖貨, 去年七月初一日, 往蓋平縣, 發賣糖貨, 交易各樣豆子, 十月初四日, 要回海澄縣, 初十日, 遇見大風, 漂到貴國外洋下椗, 二十四日晚晌, 又遭大風, 本船簸楊的好利害, 幾乎不得命, 忙忙的下小艇, 上岸圖生.

問, 儞們本船, 裝多少豆子, 再沒甚麼海貨麼.

答, 黃豆五百二十包子, 靑豆五百三十包子, 飯豆五十包子, 再有黑菜・粉條・牛筋・牛油・魚脯・糧食・燒酒等物.

問, 那時候兒咳有精神, 各樣東西都卸下麼.

答, 要命心急, 只帶要緊東西上岸, 此後蒙貴國官人, 打發人, 把那下剩的東西拿出來.

問, 儞們拿出來的是甚麽東西, 我們人拿出來的是甚麽東西.

答, 我們拿出來的是元寶七塊, 人蔘六封錢十六箇貴國人拿出來的是各種糧食零碎東西.

問, 儞們東西裏頭可以帶去的帶去, 帶去不得的却怎麽樣.

答, 我們用不了的, 憑儞們怎麽樣.

問, 爲念儞們一路盤纏, 不句把儞們帶去不了的這十多包子各種糧食也罷, 零碎東西也罷, 和那沈水的一百幾十包子糧食也罷, 東東西西都按時價, 饋儞銀子, 儞們心裏能句領會麽.

答, 這是貴國的特恩大德, 實在當不起當不起.

問, 儞們是那一省那一府那一縣的人呵.

答, 福建省廈門漳州府海澄縣人.

問, 儞們姓甚名誰, 年記多少, 住何處, 各道其詳.

答, 船主 石希玉 年三十六 住海澄縣

　水手 王党 年四十五

　　　石垯 年四十三

　　　蔡牛 年三十一

　　　林見 年五十

　　　蘇臣 年五十一

　　　石獅 年二十六

　　　王講 年五十二

　　　王到 年四十

　　　鄭清 年三十二

　　　陳永 年三十

石葵 年三十七

石乾 年四十二

彭取 年三十二

王萬 年三十六

石異 年二十九

張送 年四十三

王盾 年二十八

曾王 年三十六

方㪍 年二十七

王滾 年二十九

石菊 年三十一

王欽 年四十一

陳相 年四十九

石㪍 年二十四

王要 年二十七

王彭 年三十一

石恩 年二十五

鍾陶 年五十

徐愛 年三十

林米 年二十六

王寵 年四十六

石西 年十九 以上住同安縣

石茶 年二十五

石西封 年三十六

陳五倫 年二十二

陳溪 年四十 以上住龍溪縣

問，儞們都說是海澄縣的人，如今查看，也有住在海澄縣的，也有住在龍溪縣的，也有住在同安縣的，同安縣不是漳州府屬縣，這是甚麼緣故.

答，船主是海澄人，出票時候兒把我們姓名，都書在本縣票上，故此都說是海澄縣人.

問，儞們是旗下麼，却是民家麼.

答，都是民家.

問，船票‧身票，都饋我們瞧罷.

答，都有.

問，海澄縣票中，只有三十四箇人，如今查看，多這三箇人，甚麼緣故.

答，王寵‧陳五倫‧徐愛三箇人出票後，頭來的所以三箇人姓名，不在票上.

問，閩海關票上，儞們姓名不對，是甚麼緣故.

答，這關票，是造船時候兒出的，年年塘塘拿這個票出來的，良以姓名不對.

問，自海澄縣，離北京有多遠.

答，六千一百三十里.

問，儞們縣裏，也有知縣‧教諭‧訓導‧巡檢‧典史等官員麼.

答，有却是有，但是我們，住在屯裏，官員們姓名不知道.

問，儞們那裏風俗如何.

答，也有念書的，也有種地的，也有做生意的.

問, 儞們那裏, 年成如何.

答, 幸得十分年成.

問, 儞們頭裏跑過幾塘船.

答, 我們都是跑過好幾塘呵.

問, 儞們吃的也餓不了, 穿的也冷不了呵.

答, 我們漂蕩大洋, 萬死餘踪, 幸蒙貴國格外照顧, 饋我們好東西吃, 饋我們好衣服穿, 況且官人們大遠地來, 又十分疼顧我們, 貴國恩典, 天高地厚, 眞眞的頂戴不起咧.

全羅道羅州牧紅衣島漂到大國人問情別單

問, 儞們一路辛苦, 却都無蛬否呵.

答, 我們内中, 有兩個人, 有病咳沒大好.

問, 儞們那一有 省那一府那一縣的人呵.

答, 江南省鎮江府丹陽縣人.

問, 儞們有甚麼事情, 去年那一月那一天, 出海往甚麼地方, 那一天遇見大風, 那一天漂到我們地方.

答, 去年正月二十日, 贛楡縣靑口浦, 買豆餅, 二月二十四日, 往上海縣, 發賣豆餅, 八月初十日, 往關東大庄河, 收買靑豆, 十月初九日, 要回上海縣, 不想撑到大洋, 遭大風, 十一月初一日, 漂到貴國地方.

問, 儞們在上海縣六個月的, 工夫做甚麼句當.

答, 在那裏做買賣.

問, 牛庄, 離上海縣有多遠.

答, 在瀋陽近處地方.

問, 儞們本船, 裝多少豆子.

答, 裝九百七十五箇包子.

問, 儞們下船時候兒, 幾百包子, 都能句卸下麼.

答, 遭風時候兒, 安危在眼下, 先捨去幾百包子, 好幾百包子下剩的豆子船破, 那時候兒, 隨風浪沈在水裏.

問, 儞們一共幾箇人, 姓甚名誰, 都說饋我聽.

答, 潘明顯 年三十七

　　郭之昌 年二十三

　　冷洪祥 年三十六

　　冷洪青 年二十三

　　郭明周 年二十九

　　劉正坤 年五十三

　　王士能 年五十三

　　郭聰聖 年三十五

　　黃國雲 年三十六

　　張大林 年五十三

　　沈殿安 年四十三

　　王有年 年二十三

　　倪啓余 年二十七

　　朱元發 年六十 都住丹陽縣

問, 身票船票, 都饋我們瞧罷.

答, 都有.

問, 吳鼎元‧丁永璉‧李朝年‧王士饒‧倪加進, 寫在票上, 他都不來, 甚麼緣故, 王有年・倪啓余, 沒在票上, 他却能來, 甚麼緣故.

答, 王有年, 替他父親, 士饒, 來, 倪啓余, 替他父親, 加進, 來, 那姓吳的, 姓李的, 姓丁的三箇人, 出票時候兒懸保不來.

問, 這一封書信是誰的.

答, 這是船主王明選, 托潘明顯, 傳饋蔣聖佐的.

問, 蔣聖佐何處人.

答, 山東省登州府人.

問, 儞們是旗下麼, 却是民家麼.

答, 都是民家.

問, 儞們那裏, 得幾分年成.

答, 五六分年成.

問, 儞們那裏, 有幾位官員, 姓甚名誰.

答, 有是有姓名, 却不知道.

問, 儞們丹陽縣, 離北京有多遠.

答, 二千多路.

問, 一路接待, 或有不到處, 只望儞們將就將就罷.

答, 萬死餘生, 自分必死, 幸蒙貴國, 可憐見我們, 天天饋我們飯, 又饋我們衣服, 再則幾位老爺們, 都爲我們來, 又這般疼顧我們, 恩德如天, 報答無地, 但只感激感激而已.

13-5

○ 원문 제목 : 하의도에 표착한 한인들의 심문 시 배에 철물이 실려 있었음을 누락 보고한 전라도 우수사를 심문하고 엄밀한 수사를

진행하지 않은 전라도 관찰사를 파직하며 서울에서 파견한 역관을 관련기관에서 죄를 묻도록 함[荷衣島漢人問情時, 粧船鐵物漏報之全羅右水使拿問, 不爲嚴查之道臣罷職, 當該京譯令攸司科治]

○ 일자 : 순조 25년 1825년 2월 14일음
○ 출처 :『비변사등록』제213책

司啓曰, 羅州牧荷衣島漂漢人, 入接弘濟院, 更爲問情時, 始聞有粧船鐵物, 頃已行査該道矣, 卽見前監司朴綺壽報本司辭緣, 則以爲嚴査右水營及地方官, 則成冊所報外, 漏落粧船鐵物, 果爲三千五百四十三斤, 故今方星火輪送于箕營爲辭矣, 漂人問情, 關係至重, 自年紀居住, 以至所帶什物, 無論巨細, 逐件開錄, 不容一毫差爽, 自該營枚擧狀聞, 則自京司又撰出咨文, 其法例之審愼嚴密, 果何如也, 事關問情, 雖有邂逅過犯, 猶不可曲恕, 而今番該水使所坐, 有不可以邂逅言, 藉曰, 道臣行査, 姑未究竟, 其粧船鐵物之漏落於前報成冊者, 該水使已不敢以爲不然, 輪來掩置, 踰歷時日者, 該水使亦不敢以爲不然, 若欲報使區處之云, 卽不過現發後, 彌縫之辭, 事未前有, 萬萬驚駭, 爲先令該府, 拿問重勘, 雖以道臣言之, 始啓不審, 難免其責, 及見本司關文, 少無惕念嚴査之意, 直以成冊所報, 別無漏落樣, 措辭防報, 有若本道擧行, 曾已備悉者然, 然則全船粧鐵, 謂止於七十九斤之少, 而更無可以起疑乎, 由前由後, 徑遽疎漏, 擧行亦甚寒心, 該道臣, 施以罷職之典, 京譯官之下去問情者, 問情之外, 亦宜問似此事情, 而手本中無所槪及, 此例按例應行之事, 而猶不得採問, 殆同徒往而徒來者, 極爲駭然, 待竣事回還, 付之攸司, 嚴加科治, 旣有更現發之鐵物, 今方輪送於漂人所到處, 而斤兩數爻, 與前咨相左, 分付槐院, 卽爲改措語, 撰出定禁軍騎撥, 星火下送于灣府, 何如, 答曰允.

14-1

○ 원문 제목 : 홍주에 표도한 영국인을 문정할 경사의 역관을 내려보
  낼 것[洪州漂到英吉利國人問情京驛官下送]

○ 일자 : 순조 32년 1832년 7월 6일음

○ 출처 : 『비변사등록』 제220책

司啓曰, 卽見公忠監司洪羲瑾狀啓, 則以爲洪州地方不毛島後洋, 漂到異
國船一隻云, 是英吉利國人, 而問情一時爲急, 問情譯官下送事, 請令廟堂
稟處矣, 彼人問情, 事係時急, 解事譯官一人, 各別擇差, 星火下送之意, 分
付該院何如, 答曰允.

14-2

○ 원문 제목 : 영국인들이 교역을 요청함에 역관에게 문서를 잘 꾸며서
  예물과 함께 돌려주라고 함[英吉利國人要請交易, 令譯官措辭善爲奏文, 與禮物還給]

○ 일자 : 순조 32년 1832년 7월 8일음

○ 출처 : 『비변사등록』 제220책

司啓曰, 卽見公忠監司洪羲瑾狀啓, 則枚擧水虞候金瑩綬·洪州牧使李敏
會牒呈, 以爲洪州地古代島引泊漂人, 言語難通, 以書問情, 則乃是英吉利
國人, 要請設誼交易云, 而所謂奏文及禮物, 徑先逢授者, 揆以事體, 萬萬失
當, 該水虞候及洪州牧使, 爲先罷黜, 其罪狀令攸司稟處, 而彼人所請, 旣係

莫嚴之事, 且是無前之例, 請令廟堂稟處矣, 今以問情辭意觀之, 似是該國
商舶之自西南大洋轉到者也, 其云只要至此, 非風所漂者, 恐非實狀, 而至
於奏文禮物與設誼交易等事, 非但相去絶遠, 彼情難測, 揆以藩國事例, 有
不當與他國私交, 以此事意, 飭諭問情譯官處, 使之善爲措辭, 還給奏文與
禮物等屬, 俾得趁卽歸去, 而諸凡糧饌供饋之節, 另飭道臣徒優款接, 以示
柔遠之意, 當該水軍虞候·洪州牧使之前後措處, 俱未免錯誤, 該道請罷, 實
合事宜, 而目下邊情, 事係時急, 自京差代, 無以及期, 論罷一款, 姑爲勿施,
竝令戴罪擧行, 以待竣事後稟處何如, 答曰允.

14-3

○ 원문 제목 : 홍주에 표도한 영국인의 사서私書를 받아서 갖고 있던
   해당 수사를 파직시키고 홍주목사와 우수후는 파직 후 체포하여
   신문하며 관찰사는 철저히 조사할 것[洪州漂到英吉利國人私書, 受而留之之該水
   使罷職, 洪州牧使及水虞候罷拿, 道臣重推]

○ 일자 : 순조 32년 1832년 7월 18일음

○ 출처 : 『비변사등록』 제220책

司啓曰, 卽見公忠監司洪羲瑾狀啓, 則以爲洪州地古代島引泊英吉利國人
私書, 當引無外交之義, 據理還送, 而受而留之, 雖緣倉卒間未及周思之致,
揆以邊情, 未免失當, 水使李載亨罪狀, 請令廟堂稟處矣, 向以此事, 已請該
水使越俸之典罰, 而昨見問情譯官手本, 則彼人輩尙以奏文禮物之封進爲說,
頓無退去之意云, 此專由於問情官及水閫之不能以事體義理自初防遏, 以至
奏文禮物之逢授洞任, 水營私書之傳致捧留, 俱未免擧措顚錯故也, 且該牧

使與水虞候之姑寢請罷, 戴罪擧行者, 卽出於問情事繁, 慮致稽滯, 而該道
啓聞, 又以該牧使之身病, 至請問情官別爲差定, 則到今竝不可遲待竣事後
論勘, 公忠水使李載亨, 加施罷職之典, 洪州牧使李敏會‧水虞候金瑩綬, 竝
爲先罷黜, 令該府拿問處之, 其代令各該曹口傳擇差, 催促下送, 雖以問情
事言之, 鹿島東小島二島則旣云洪州地方長山所在, 則事當詳問其距本州程
里幾何, 而前後道啓未免疎漏, 當該監司洪義瑾, 從重推考, 仍爲一體嚴飭
於問情譯官處, 使之嚴辭曉諭, 趁卽還送何如, 答曰允.

14-4

○ 원문 제목 : 상주문과 예물을 넣어서 본 주에 보관해 둘 것[入奏文禮物
留置本州]

○ 일자 : 순조 32년 1832년 7월 21일음

○ 출처 :『비변사등록』제220책

司啓曰,　卽見公忠道洪州地古代島漂到異國船問情譯官吳繼淳前後手本,
則以爲彼人等所求牛猪菜蔬等十五種, 已爲入給, 而所謂奏文禮物, 屢度還
給, 終不持去, 十七日酉時量, 乘着潮落, 擧碇向西南間, 故卽爲追往, 則彼
船捷利, 我船質鈍, 漸漸落後, 竟不得還傳云矣, 大抵此船, 必是海中諸國之
行商者, 而偶到於我國地界, 將此奏文禮物, 以爲嘗試交易之計者也, 計旣
不遂, 彼亦不得不退去, 而但其奏文禮物之仍置者, 殊涉訝惑, 遠人事情, 雖
難測度, 在我處置, 所當審愼, 姑令地方問情官與譯官等, 一一照數, 堅加橫
封, 留置於本州官庫後, 修成冊報來, 而其外我人等處所給書冊, 係是不經
之物, 亦令無遺收聚, 同爲封置, 問情譯官卽爲撤還, 而該島民人之屢日供

億, 爲弊必多, 自道臣各別措處, 俾無失所渙散之弊事, 分付何如, 答曰允.

15-1

○ 원문 제목 : 흑산도에 표착한 사람들이 상경하는 연로沿路에 대한 당
부[黑山島漂人上來時沿路申飭]

○ 일자 : 헌종 2년 1836년 12월 29일을

○ 출처 : 『비변사등록』 제224책

司啓辭, 卽見全羅監司金興根狀啓, 則以爲羅州牧黑山島漂到大國人四十
一名, 乃是福建省漳州府詔安縣人之行商漂到者, 而所騎船隻, 多致破傷,
願從陸路還歸, 京譯官下來問情後當爲治送, 而船材燒火物件駄運等節, 待
廟堂行會擧行計料爲辭矣, 漂人船隻, 旣若是破敗, 依其願從陸還送, 而衣
袴造給, 朝夕供饋, 使之着實擧行, 以示朝家優恤之意, 沿路刷馬及禁裸[1]人
護送等事, 一體申飭, 而定差員次次交付, 上送于京城, 自京城轉送灣府以
爲入送北京之地, 彼人物件中可以運致者, 亦以刷馬替運, 所騎船隻與棄置
什物, 彼人所見處, 竝爲燒火, 京譯官, 依近例勿爲定送, 使問情之水營譯學,
仍爲領護上來, 漂人入送緣由咨文, 令槐院預爲撰出, 定咨官入送, 何如, 答
曰允.

15-2

○ 원문 제목 : 나주 우이도에 표착한 대국인들을 흑산도에 먼저 표착

---

1 원문의 '裸'은 '䄆'과 통용됨.

해 있던 사람들이 있는 곳으로 인솔하여 함께 모아서 문정할 것[羅州
牛耳島漂到大國人, 領送黑山島先漂人處, 相會問情]

○ 일자 : 헌종 3년 1837년 1월 13일음

○ 출처 :『비변사등록』제225책

司啓曰, 卽見全羅監司金興根狀啓, 則以爲羅州牧牛耳島漂到異國人三
名, 不解書字, 無以問情, 且船隻已盡破傷, 而第其衣樣, 似是淸人, 領送于
黑山島先漂彼人處, 問情後, 與共去就, 似合便宜, 爲辭矣, 船隻旣盡破碎,
水路還歸, 斷無其望, 兩漂之同爲從陸, 亦有已例, 實合方便, 而若於問情啓
聞後, 又待知會擧行, 則曠日濡滯, 爲弊可悶, 與先漂彼人, 相會問情, 果係
淸人漂到者, 則衣袴造給, 朝夕供饋等節, 一依先漂人例, 申飭施行, 而形止
一邊狀聞, 仍卽使之同爲上來, 以爲入送北京之地, 亦令槐院, 措辭添入於
緣由咨文, 何如, 答曰允.

15-3

○ 원문 제목 : 흑산도 표도인의 문정 때 제대로 살피지 못한 전라 우
수사의 죄를 조사하고 譯學의 죄를 다스릴 것[黑山島漂人問情時失檢之人全羅
右水使重推譯學科治]

○ 일자 : 헌종 3년 1837년 2월 18일음

○ 출처 :『비변사등록』제225책

司啓曰, 卽見全羅前監司金興根狀啓, 則枚擧前右水使任百觀牒呈, 以爲
羅州地方黑山島漂到彼人, 當初問情時, 不能詳審, 船艙中藏神閣下穀物之

追後搜出, 至爲一百四十餘包, 揆以邊情, 極爲駭然, 當該問情官右水虞候金彦柱, 主鎭將黑山島別將韓致敍, 地方官替代, 智島鎭假將金啓洙等, 所當嚴勘, 而該水使已先罷黜, 且請攸司稟處, 自本營, 無容更論云矣, 漂船問情之時所載物件, 無一遺漏, 詳細修啓, 法例甚嚴, 而今此穀物之追後現露, 至過百餘包之多, 雖曰別艙所儲, 全船搜驗之時, 有失照察, 久後始覺, 致此追啓者, 揆以邊情, 所關非細, 當該問情官, 旣已論勘, 而不能先事察飭, 該水使亦不可無警, 姑先從重推考, 該譯學竣事後, 令攸司科治, 雖以前後文報見之, 問情搜驗之際, 淹期稽緩, 今至幾朔, 不能趁卽津遣, 主客俱困, 貽弊滋甚, 更加嚴飭, 使之斯速登程後, 形止狀聞, 沿路看護等節, 無敢疎忽之意, 一體申飭, 何如, 答曰允.

15-4

○ 원문 제목 : 나주 흑산도, 우이도 두 섬에 표도한 대국인들을 데리고 오던 길에 礪山站에서 물건을 분실한 것에 대하여 찾아줄 것을 엄중히 신칙하고 지방관 및 호송차사원을 잡아 죄상을 따지고 역학의 죄상을 따지고 장계를 올려 보고하고 상고한 후 관찰사를 추고할 것[羅州黑山牛耳兩島, 漂到大國人上來時, 到礪山站見失物件, 嚴飭推給, 地方官及護送差使員拿勘, 譯學科治, 狀聞稽後之道臣推考]

○ 일자 : 헌종 3년 1837년 3월 14일음

○ 출처 : 『비변사등록』 제225책

司啓曰, 卽見忠淸監司沈宜臣狀啓, 則枚擧護送差使員, 鎭岑縣監池濟穆牒呈, 以爲全羅道羅州牧黑山島・牛耳島漂到大國人, 合四十四名及所持卜

物五十九馱半, 今月初九日來到恩津境, 而物件中銀二塊, 各重五十三兩,
紅氈三尺灰色繭紬十一尺, 自礪山站運來時見失, 故方以卽速推送之意, 星
火文移于該道監司處, 爲辭矣, 漂漢人之由陸還送者, 其所持物件, 沿路遞
傳, 自有法式, 雖等閑微細之物, 毋得遺漏相左, 前後申飭何等嚴明, 而今此
銀子毯紬之到礪山站見失云者, 事未前有, 貽羞莫甚, 領護之疎虞, 擧行之
慢忽, 萬萬可駭, 當該見失之地方官及護送差使員, 竝令該府拿問處之, 譯
學待竣事, 付之攸司, 嚴加科治, 不善檢飭之失, 不可無警, 起程日字之狀聞,
今始來到, 亦甚稽緩, 全羅監司李憲球推考, 所失物種, 嚴加搜緝, 卽地推給,
在所不已, 而今過多日, 尙無皁白, 尤極稽忽, 爲先各別嚴飭, 如數推尋, 劃
卽追傳後, 形止啓聞之意, 星火知委, 漂人計當不日來到矣, 依近例查令入
接於弘濟院後, 更爲問情, 所着衣袴, 分付各該司, 依例題給, 令齎咨官領往,
而申飭各該道臣, 使之定差員, 次次領送, 亦令灣府, 預先馳通于鳳城將處,
以爲渡江後護送之地, 何如, 答曰允.

15-5

○ 원문 제목 : '표인들을 하룻밤 묵게 한 후 보내기로 함[漂人留一宿發送]'
  및 '표인문정漂人問情'
○ 일자 : 헌종 3년 1837년 3월 17일음
○ 출처 : 『비변사등록』 제225책

司啓曰, 全羅道羅州牧黑山島牛耳島漂到大國人四十四名入接弘濟院後,
使本司郞廳及譯官, 詳細問情, 別單書入, 而今此漂人, 皆願速歸, 留一宿卽
爲發送, 何如, 答曰允.

全羅道羅州牧黑山島漂到大國人問情

問, 爾們大洋漂流, 能免淹沒, 而亦無疾恙否.

答, 一人病故, 三人中路得病, 尙今未差, 餘人俱幸免恙.

問, 三箇病人症形, 不甚危苦否.

答, 不甚緊重,

問, 爾們是那裏人.

答, 是大淸國福建省漳州府詔安縣人.

問, 是民家耶, 旗下耶.

答, 是民家.

問, 何年月日, 因何事, 往何處, 遭風到此.

答, 去年五月十八日, 自詔安縣出船, 同日到廣東省潮州府饒平縣裝糖, 二十四日出海口, 七月初一日, 到天津府賣糖裝酒, 九月十一日出口, 十七日到寧遠州裝豆棗, 二十九日發船回家, 十月十六日遭風, 二十九日巳時量, 漂到貴境.

問, 十月十六日遭風, 二十九日泊於我境, 則其間十三日, 在於何處.

答, 海面漂流.

問, 詔安縣管於福建省, 饒平縣管於廣東省耶.

答, 然也,

問, 死者姓名及各人姓名年紀竝說, 與我聽.

答, 船主沈拙年四十五.舵工吳權年四十五, 此是中路身死者.

沈楮 年四十八

沈阿大 年三十八

沈泰 年四十一

沈扁 年三十九

沈潤 年四十五

沈愈 年三十六

林愛 年三十九

鍾喜 年三十六

鍾朝 年四十五

傅鵠 年四十七

傅勵 年四十

鍾粒 年三十四

何群 年三十五

傅招 年三十三

吳愿 年三十九

陳白 年四十六

吳冗 年三十五

沈鹽 年六十二

沈鴨 年四十九

沈豆腐 年三十九

沈鷄 年四十四

沈捌 年四十二

方扁 年五十三

徐抱 年五十一

徐希荐 年三十四

黃闊口 年三十六

沈暢 年三十二

沈永 年四十九

吳騦 年三十七

謝勇 年二十九

客商徐時 年四十八

沈茶花 年三十

何山 年三十五

何詩 年四十四

傅習 年五十

沈軟 年二十七

陳的 年三十六

何烏 楮年四十

林怡 年二十七

黃計 年二十四

問, 吳權, 因何病致死於何地, 而或有遠近族黨同來者耶.

答, 吳權, 以腹漲症, 去年九月二十八日死於寧遠州, 而吳騦是此人再從弟.

問, 吳權, 父母兄第妻子皆有否.

答, 父母已故, 兄弟無, 只有妻子.

問, 爾們, 有甚東西帶來耶.

答, 黃豆八百十石, 菉豆六十五石十一斗, 黑豆二石十四斗, 白豆十二石八斗, 黑棗三十石, 左右燒酒五十壺, 而黃豆四百餘石, 菉豆四百餘石, 酒十餘壺, 棗十餘石, 漂流時卸解也.

問, 是官物耶, 私物耶.

答, 是私物.

問, 更無甚東西否.

答, 有金佛像五座, 各人銀子八千二百八十九兩, 錢一千二百三十九兩.

問, 金佛, 是甚麼佛.

答, 是天后聖母娘娘.

問, 爾船有何公文耶.

答, 有三張船票.

問, 三張船票, 是何處成出者耶.

答, 船商照票一張, 詔安縣成出, 執照票一張, 寧遠州成出, 印單票一張, 詔安縣下官掌船司成出者也.

問, 造船爲幾年, 價爲幾何.

答, 造成爲十七年, 而價銀一萬五千兩.

問, 詔安縣文武官幾員.

答, 文官一員, 武官一員.

問, 漳州府文武官幾員.

答, 不記數.

問, 寧遠州文武官幾員.

答, 不知.

問, 自詔安縣距饒平縣幾里.

答, 詔安縣饒平縣交界三十里.

問, 詔安縣, 距漳州府, 水旱路各幾里.

答, 旱路二百四十里, 水路順風二天可到.

問, 自詔安縣, 距寧遠州水旱路各幾里.

答, 旱路七千餘里, 水路不知.

問, 自詔安縣, 距天津府, 水旱路各幾里.

答, 旱路六千餘里, 水路不知.

問, 自詔安縣, 距皇城, 水旱路各幾里.

答, 不知.

問, 爾們南邊去年年成, 何如.

答, 有年.

問, 爾們萬里漂到之餘, 艱辛到此, 前路又遠, 極可悶憐, 而給衣給糧, 卽我國慰遠人之至意, 放心前去好好還家.

答, 我們萬死餘生, 漂蕩大海, 得到貴國, 保此殘命, 已極天幸, 而賜衣賜食, 慰恤備至, 從此可以生還故土之恩之德, 山高海深, 自顧此生, 無可報答, 只切感泣而已.

牛耳島漂到人問情

問, 你們是那裏人.

答, 是大清國鳳凰城首陽府首陽縣城外人.

問, 你們, 以何事, 何年月日往何處, 遭風到此.

答, 前年十月十三日乘船出口, 同日到錦州府丕水湖賃船, 二月初三日自丕水湖還家, 同日到中洋遭西北風, 十七日到貴境.

問, 你們十月十三日發船, 十二月初三日遭風, 則其間四十九日, 住何處.

答, 我們俱是賃船過活之人, 初持空船, 到錦州府賃與商人裝載穀物, 到丕水湖運給商船, 故其間多日, 住在那裏.

問, 運給之穀, 是何穀, 商人爲誰.

答, 穀是靑豆, 商人數多, 不記誰某, 而其中一人, 同騎我船運穀也.

問, 諸商人俱係何地方人.

答, 是寧波府人.

問, 你們, 自丕水湖還家時, 載有何物.

答, 沒有.

問, 丕水湖是何地方.

答, 是錦州府海關口也.

問, 你們乘船時, 人數幾何, 亦無疾病瘴死之患否.

答, 是我等三人, 而幸免疾病.

問, 你們是旗人是民家.

答, 是民家.

問, 你船, 是公船, 是私船.

答, 是劉星日, 私船.

問, 你船, 有公文耶.

答, 是小小私船, 本無公文.

問, 你們姓名云何, 年紀多少.

答, 船主劉日星年三十五, 舵工劉士元年三十九, 胡天宗年二十一.

問, 兩劉姓同, 或是眷黨否.

答, 只是姓同.

問, 首陽縣文武官幾何.

答, 文武官各一員.

問, 錦州府文武官幾員.

答, 不知.

問, 首陽縣距錦州府, 水旱路各幾里.

答, 旱路二百六十里, 水路一百二十里.

問, 自錦州府, 距丕水湖水旱路各幾里.

答, 旱路無, 水路一百二十里.

問, 首陽縣, 距丕水湖水旱路各幾里.

答, 旱路一百四十里, 水路一百十里.

問, 自首陽縣距皇城, 水旱路各幾里.

答, 不知.

問, 你船已爲燒火, 而裝船鐵物爲幾斤, 竝帶來否.

答, 小船也故元無.

問, 你們三人, 跋涉辛苦, 前路尙遠, 是可悶也.

答, 我們漂流餘喘, 幸賴神祐, 到泊貴境, 厚衣厚餽, 生還有期, 恩澤深厚
天地與同, 倘到家國, 只當沒齒不忘.

16-1

○ 원문 제목 : 울진 평해군에 표도漂到한 왜인들이 글자를 모르고 말을
　　이해하지 못하므로 심문을 할 수 없으니 일본어 통역관을 지체 없
　　이 내려보낼 것[平海漂倭人不辨字解言難以問情倭譯罔夜下送]

○ 일자 : 헌종 7년 1841년 5월 6일음

○ 출처 :『비변사등록』제229책

司啓辭, 卽見江原監司趙秉憲狀啓則以爲, 倭船一隻, 漂泊於平海郡南面

揮㩲津, 人爲八名, 而書不辨字, 言不解, 方難以通辭, 下送譯官, 以爲問情事, 請令廟堂稟旨分付矣, 漂船問情, 事係時急, 令該院別定善語倭譯一員, 罔夜下送, 使之詳細問情後馳啓, 而禁雜人守護供饋等節, 另加申飭之意, 分付何如, 答曰允.

16-2

○ 원문 제목 : 평해군에 표착한 왜인들에게 별도로 완전한 선박을 정해주고 차례로 교대하여 동래관 나루로 보내주고 배를 묶어둠에 흔들리는 데까지 이르렀음에도 살피지 않은 울진현령과 월송만호를 나포하여 조처하고 관찰사를 추고할 것[平海漂倭人別定完船, 交付萊館津. 繫船至於漂蕩, 不審蔚珍倅越松萬戶拿處道臣推考]

○ 일자 : 헌종 7년 1841년 5월 26일음

○ 출처 : 『비변사등록』 제229책

司啓辭, 卽見江原監司趙秉憲狀啓則以爲, 平海郡揮㩲津, 漂到倭人, 令京譯官, 詳細問情, 則乃是日本國北陸道屬縣加賀州安宅浦人之行商漂到者, 而船隻破碎, 依已例以地土船裝載, 領付於嶺南地界爲辭矣, 倭船旣已觸傷, 又非我國匠手所可修補者, 依已例漂倭所見處, 使之燒火, 所收鐵釘, 與餘外雜物, 並付倭人, 別定完固船隻, 次次交付於萊館, 而以附守令・邊將中定差員護送, 至於糧饌供饋等節, 亦令沿海各邑, 按例題給, 以示朝家優恤遠人之意事, 一體嚴飭於關東嶺南道臣及東萊府使處, 而雖以倭船致敗時狀啓言之, 藉曰夜中風濤, 有非人力所及, 苟使提飭得宜, 守直無泛, 則津邊入繫之船, 豈至於漂蕩破碎乎, 當該兼任之蔚珍縣令, 看護之越松萬戶, 並令該府拿問處之, 道啓之不爲擧論, 未免不審, 該道臣亦爲推考何如, 答曰允.

17-1

○ 원문 제목 : 부안 경내 화도火島 뒷바다에 표도해 온 프랑스인들이 요청한 양식에 대해서는 헤아려 지급하도록 하고 일을 알 만한 역관 한 사람을 선택하여 내려보내기[扶安界火島後洋, 漂到佛蘭國人, 所請糧米, 量宜題給, 解事譯官一人, 擇定下送]

○ 일자 : 헌종 13년 1847년 7월 9일음

○ 출처 :『비변사등록』제234책

司啓曰, 卽見全羅監司洪羲錫狀啓則以爲, 扶安界火島後洋, 萬頃薪峙茂永仇味, 漂到異樣船二隻云, 是佛蘭西國人, 而懇請米穀, 雖緣於飢渴, 糧饌之問情前不爲題給, 自是格例, 故姑不擧論云矣, 漂人雖未及如例問情, 彼旣稱以漂到, 因饑乞糧, 則何可膠守格例, 不思權宜之道乎, 姑先量宜題給, 以示柔遠之義事, 分付道臣, 問情, 亦令嚴飭星火擧行, 今此漂情叵測, 似非尋常行商之類, 則屢百人各問情擧行, 不容疎忽解事, 譯官一人, 各別擇定, 罔夜下送之意, 分付該院何如, 答曰允.

17-2

○ 원문 제목 : 고군산도를 담당하는 첨사를 새로 임명할 것[古群山僉使改差]

○ 일자 : 헌종 13년 1847년 7월 11일음

○ 출처 :『비변사등록』제234책

今七月十一日宗廟展謁入侍時, 右議政朴所啓, 今此漂船所泊處, 卽古群山掌內, 而該鎭適値空鎭, 此時擧行多端, 該僉使改差, 以將校中勤幹人, 令該曹口傳擇差, 罔夜下送何如, 上曰依爲之.

17-3

○ 원문 제목 : 만경지역에 표도한 이국인에 대해 양식과 쌀을 꾸물대고 제공하지 않은 해당 도의 관찰사를 추고推考하고, 심문하는 일을 꾸물댄 수사水使를 중추重推하며, 프랑스인들이 건넨 서한을 멋대로 받은 만경수령에 대해서는 대죄하도록 함[萬頃漂到異國人, 糧米靳持之該道臣推考, 問情稽緩之水使重推, 彼人書封擅受萬頃俟待罪擧行]

○ 일자 : 헌종 13년 1847년 7월 11일음

○ 출처 : 『비변사등록』 제234책

司啓曰, 卽見全羅監司洪羲錫狀啓, 則枚擧萬頃縣令朴宗瑱牒呈以爲, 扶安界火島後洋萬頃薪峙, 漂到異國人, 糧米懇請, 果緣饑乏, 則略略繼給, 恐合事宜, 請令廟堂稟旨分付, 而問情稽緩, 書封擅受, 大關邊情, 萬萬妄率, 該縣令朴宗瑱, 爲先罷黜, 書封, 還爲下送, 使之還給爲辭矣, 糧米量宜許給之意, 前已草記行會, 而蓋此事無論格例之有無, 夷情之如何, 彼旣絶糧望救, 則宜卽許施, 以示柔遠之意, 而尙此靳持, 今始至請廟堂稟處者, 難免生疏之失, 該道臣推考, 漂船問情, 專管水營, 水營之距船泊處, 程道雖曰稍遠, 今至十許日之間, 尙無形止之登聞, 揆以邊情, 萬萬稽緩, 該水使李熙章, 姑先從重推考, 萬頃縣令朴宗瑱問情之三日遲滯, 書封之徑先擅受, 俱未免錯誤, 道臣請罷, 固所當然, 而目下邊情, 事係時急, 自京差代, 無以及期, 論罷一款, 姑爲安徐, 使之戴罪擧行之意, 分付何如, 答曰允.

17-4

○ 원문 제목 : 만경에 표도한 이국인들에게 선박을 빌려줄 것^{[萬頃漂到異}
國人許借船隻]

○ 일자 : 헌종 13년 1847년 7월 13일음

○ 출처 : 『비변사등록』 제234책

司啓曰, 卽見全羅監司洪羲錫狀啓, 則萬頃縣古群山掌內漂到異樣船問情
中, 彼人有請借船隻事矣, 彼船之致傷如何, 我船之合用與否, 雖未可遙度,
而彼旣以無船可歸爲言, 而請借數隻船, 則其在柔遠之義, 不宜一切防塞,
且彼行不可不由水, 水路不可不以船, 則雖欲靳許, 無說可藉, 第以漕船中
稍大完固者幾隻, 泊待於該島近處, 使彼人詳審擇用事, 令任譯開諭事狀,
俾知朝家款待優恤之意, 邊情封啓, 事係時急, 而輒費多日, 極涉稽緩, 嚴飭
擧行事, 亦爲分付於道帥臣處何如, 答曰允.

17-5

○ 원문 제목 : 이국인 문정의 일에 있어 지방관 외에는 다 (그만두도록
하고) 환궁시키고 수우후의 죄상은 분간해서 처리할 것^{[異國人問情地方}
官外並令還官水虞候分揀]

○ 일자 : 헌종 13년 1847년 7월 18일음

○ 출처 : 『비변사등록』 제234책

司啓曰, 昨以問情之太近煩屑, 有所草記矣, 雖以水虞候問情記觀之一事
疊問, 已爲欠繁, 而許多人之屢要錄示諸件物之連請點視, 此係尋常漂船之
例問者, 而何可援引於今番, 視若莫可違越之事乎, 一島之內, 問情之官, 其
數甚多, 亦豈無貽弊民邑之端乎, 萬頃扶安兩地方官, 則勢當留待擧行, 而
其外別問情官, 竝令卽爲還官, 水虞候, 別無可罪之端, 分揀使之還任, 以日
探動靜, 陸續馳啓之意, 更爲申飭於該道臣處何如, 答曰允.

17-6

○ 원문 제목 : 저 (프랑스) 사람들이 답변을 요구하니 담당 역관으로
　　하여금 거절하도록 하고 문정관은 글로 써서 사양하는 뜻을 보여주
　　라. 승문원에서 글을 짓고 서봉을 돌려주라. 여전히 결말을 내지 못
　　하는 관찰사는 녹봉의 5/10을, 수사는 녹봉의 3/10을 감봉할 것[彼
　　人討答, 使任譯拒之, 問情官書示辭意, 令槐院撰出, 書封還給, 尙無下落道臣越俸五等水使越俸三等]

○ 일자 : 헌종 13년 1847년 7월 25일음

○ 출처 : 『비변사등록』 제234책

今七月二十五日大臣備局堂上引見入侍時, 右議政朴所啓, 異船之來爲日
已久, 間雖屢次問情, 而情固難測, 無以詳探, 至有船隻許借之擧, 而合用與
否, 姑未可知, 且彼小艇之忽然泛走, 云是雇船之行者, 似或無怪, 但不幾日
將有回信云者, 猶不能期必, 而今見京譯問情手本, 則彼輩亦知朝廷優恤柔
遠之意, 多有感謝底語云, 而無論以此以彼, 惟其雇船之遲待, 我船之鈍小,
捲歸之早晩, 無以預料, 目下所見, 誠爲悶鬱矣, 所謂書封一節, 最爲關緊而
還給與否, 其間多日, 仍無下落, 邊情所係, 極爲疎漏, 該道臣從重推考, 其

元本使之謄送者, 姑未來到, 而想其辭語, 必是復申昨年書意, 大抵彼言, 旣
云專爲討答而來, 則決無公然回棹之理, 究竟事勢, 誠難一例退却, 無所發
落而已也, 第以此雖貴國總帥, 抵我輔相之書, 而其在人臣無外交之義, 無
以領受作答之意, 使任譯答而拒之, 更以問情官之意, 隨其問答, 書示本事
顚末, 而折之以義理, 則彼雖異類, 亦有人心, 事之曲直, 自當分別, 然則在
我不失事面, 而在渠, 亦可以藉此歸報矣, 其書示之辭意, 則自當令承文院
撰出, 而姑俟渠書謄上之後, 參量事情, 更爲稟定何如, 上曰, 依爲之, 今番
異樣船事, 本道擧行矣, 失宜甚多, 誠如所奏矣, 糧米之不得卽施, 已非柔遠
之意, 書封之仍無下落, 亦欠綜察之擧, 該道臣爲先姑施越俸五等之典, 水
使亦施越俸三等之典, 自廟堂嚴加申飭, 使之務盡應接, 毋致疎漏之地可也.

17-7

○ 원문 제목 : 장계에 쓴 말이 황당하고 어지러우며 죄를 청하지만 이
치에 맞지 않는 전라도 우수사를 처벌하여 파직시키고 그를 대신
할 정관政官을 차출할 것[狀辭荒亂, 請罪不襯之全羅右水使譴罷, 其代開政差出]

○ 일자 : 헌종 13년 1847년 8월 3일음

○ 출처 : 『비변사등록』 제234책

司啓曰, 卽見全羅右水使李熙章狀啓, 則以可問不問, 當檢不檢, 至於歸
艇之未遏, 糧標之不受等事, 水虞候李鐸, 蝟島僉使車益顯, 默毛浦萬戶尹
翊來, 礪山府使成華鎭, 益山郡守權永圭, 古阜郡守徐逈淳, 萬頃縣令朴宗
瑱等罪狀, 竝令攸司稟處云矣, 而臚列全不襯當, 擧措極涉駭妄, 虞候以下
諸倅請罪一款, 竝置之, 蓋其狀啓中辭意荒亂, 至有戴罪躬問等語, 尤不可

但以妄發言, 如此昏憒沒覺之人, 不可仍置於梱帥之重任, 卽施譴罷之典, 其代政官牌招開政, 各別擇差, 待下批卽速下送, 何如, 答曰允.

17-8

○ 원문 제목 : 저 (프랑스) 사람들이 보낸 편지에 대한 전라도 수령의 답서를 승문원에서 써서 보내줄 것[彼人書示辭意完伯答書令槐院撰送]

○ 일자 : 헌종 13년 1847년 8월 3일음

○ 출처 : 『비변사등록』제234책

司啓曰, 彼人書封, 今纔謄來, 故謄本入啓, 而其書辭, 不過望救糧船, 抵本道監司者, 則此書與昨年書, 不可一例看, 監司答書, 以糧與船依願另施之意, 善辭作答, 事面穩便, 書中旣有領回文之語, 亦不可無發落, 依前日筵奏書示辭意, 令槐院撰出下送, 使問情官, 眼同任譯, 據理曉喩, 監司答書, 亦令一體撰出, 下送完伯處, 以爲傳致之地何如, 答曰允.

17-9

○ 원문 제목 : (표류한) 프랑스인과 관련된 전후 사정을 연유를 갖추어 외교문서로 작성하여 책력을 받으러 가는 사행단에 부쳐서 보낼 것[佛蘭國人前後事案, 具由撰咨, 付送曆行]

○ 일자 : 헌종 13년 1847년 8월 11일음

○ 출처 : 『비변사등록』제234책

司啓曰, 卽見全羅監司洪羲錫狀啓則以爲, 萬頃地方古群山掌內, 異樣船已爲離發, 而所住設幕中, 留置二幕, 封閉船材鐵物, 又有鍾、鏡及書封逢授者云矣, 所謂書封, 未知辭意之如何, 而彼旣發還, 未能斥退, 則邊情所關, 不容仍置, 卽爲折見後, 謄書上送于本司, 原本與物種, 姑令封留於該鎭將處, 封閉二幕, 亦爲着意看護, 無或虛疎, 京譯官卽爲撤還, 而島民之跨朔供億, 貽弊必多, 自本道各別措處, 俾無失所渙散之弊事, 竝爲分付於該道道臣, 今番事倉卒應變, 或多失宜, 至於書示答書之事, 而亦且緩不及, 竟使彼揚䑲而空還, 置物而留期, 他日之慮, 不可不念, 彼書中旣有大淸國和親之說, 則必是澳門許接中一種也, 曾於壬辰乙巳㗊舶之來泊也, 雖卽還去, 其時皆以此由, 有移咨禮部之擧, 今番則較之兩年事, 尤有情狀之叵測者, 以前後佛蘭事實, 與己亥洋人用律事, 令槐院具由撰咨, 因曆行付送禮部, 仍請皇旨, 飭諭兩廣總督, 俾無更來之弊何如, 答曰允.

18-1

○ 원문 제목 : 홍주에 표도한 이국인에 대해서 서울의 역관을 내려보낼 필요가 없음[洪州漂到異國人京問情譯官不必下送]

○ 일자 : 철종 7년 1856년 7월 19일음

○ 출처 : 『비변사등록』 제243책

司啓曰, 卽見忠淸監司李謙在·水使趙台顯狀啓, 則以爲異樣船一隻, 漂到於洪州外長古等島下陸, 奪取民家牛猪鷄菜之物, 則洞民輩挽止之際, 至有鎗刃被傷者, 而及其問情, 乃是佛蘭西國之人, 牛猪等物, 從船載去, 以銀錢一百二十二元傳給, 故我國則雖有饋遺之物, 不受價本之意書示, 而彼人終不還收, 挽執不得, 待明日往給計料, 而攘奪揮刺, 擧措驚駭, 供饋讌饗,

姑令依式擧行, 而旣云佛蘭西國船, 問情譯官下送事, 請令廟堂稟旨分付矣,
此是月前漂到安邊之一類耳, 在我問情之節, 雖難如例責之, 惟彼攘奪之習,
果係無前變怪, 而所謂銀錢傳給, 或有間於專事搶劫, 至於鎗刃揮傷, 實是
漸不可長之惡習, 然參以情狀, 每緣彼由求貿, 民不欲失, 故姑也起鬧, 終焉
給價者也, 其在柔遠人止邊釁之道, 不可膠守常法而已, 彼人所投銀錢, 期
於還給, 給糧供饋等節, 不可以尋常漂流, 一例而論, 隨其所求, 量宜入給,
問情一款, 旣有以書問答, 殊無更問之端, 原啓本中, 初無誰某區別問情之
句語, 揆以邊情, 極涉疎忽, 道帥臣竝推考, 京譯下送之請, 無足斬許, 其爲
不解語言則一也, 且此類去留, 自來無常, 今不必另爲下送, 置之, 其防守禁
雜, 向後瞭望之節, 嚴加操飭之意, 分付道帥臣處何如, 答曰允.

18-2

○ 원문 제목 : 표류해 온 프랑스 선박이 갑작스럽게 떠난 것에 대해서는 (담당 관리들을) 힐문할 수는 없으나 홍주목사의 죄상에 대해서는 분명히 할 것 [漂船徑發不能詰問, 洪州倅罪狀分揀]

○ 일자 : 철종 7년 1856년 7월 22일음

○ 출처 : 『비변사등록』 제243책

司啓曰, 卽見忠淸監司李謙在·水使趙台顯狀啓, 則以爲洪州牧外長古島
漂到異樣船一隻, 今十八日擧帆, 向西海離發, 而水虞候李東奎·洪州牧使
鄭在容問答則疎虞莫甚, 銀錢則未能還給, 畢竟彼船徑發, 不能詰問其來去
之意, 大關邊情, 決難仍置, 竝爲先罷黜, 其罪狀, 請令攸司稟處, 元山別將
洪萬源, 係是土校之陞差, 一體罷黜, 望送兵曹, 而銀錢姑令留置洪州牧, 以

待廟堂裁處爲辭矣, 漂船所到處地方官, 躬進問情, 容疤姓名, 物種摘奸, 漂
流來歷, 糧米題給, 水陸間從願發送, 此是適然遇風, 尋常漂到之謂, 而至於
洋舶則前後所到處, 未嘗如例問情者, 特緣去留恣意, 初無乞憐底意故耳,
雖以今番劫攘之習言之, 旣不欲示威於彼, 而八百名姓名, 有難一切責之於
問情官之不能錄出, 而第其邊情攸關, 問情常規則有違格例, 故道啓請罷,
固出於按法守經之意也, 此等處, 自朝家, 亦不無別般闊狹之擧, 而且日前
道啓中彼船過去泰安境時, 旣聞里任馳告, 初不躬進瞭察事, 該郡守吳致永
罪狀, 令攸司稟處, 而觀於狀辭, 其爲過去與到泊, 亦不無參酌於其間, 洪州
牧使・水虞候罷職, 及泰安郡守罪狀, 竝姑分揀, 姑令戴罪擧行, 元山別將
望報該曹者, 亦爲勿施, 而彼人所投銀錢, 仍爲封留該牧之意, 分付何如, 答
曰允.

18-3

○ 원문 제목 : 이양선을 문정하지 못한 안흥진 수령의 죄상을 분간할
것[異船不得問情之安興鎭倅罪狀分揀]

○ 일자 : 철종 7년 1856년 7월 26일을

○ 출처 : 『비변사등록』 제243책

司啓曰, 卽見忠淸監司李謙在狀啓, 則枚擧安興僉使牒呈, 以爲異樣船一
隻, 今十八日始現於南海中, 轉向本鎭賈誼島外洋, 仍無形跡, 則問情摘奸,
非可擬議, 旣聞候望監官之馳告, 初不躬往, 萬萬駭然, 該僉使金順根罪狀,
請令攸司稟處矣, 洪州漂船西歸之日, 卽安興鎭報營之日也, 似是同一洋舶,
而該僉使罪狀, 又與泰安倅無異, 則不可罪同罰異, 一體分揀之意, 分付何

如, 答曰允.

19-1

○ 원문 제목 : 대정현에 표착한 유구국 사람들을 육로로 보낼 것[大靜縣
漂到流球國人由陸治送]

○ 일자 : 철종 11년 1860년 7월 22일음

○ 출처 : 『비변사등록』 제247책

司啓曰, 卽見全羅監司林肯洙, 濟州牧使姜晃奎狀啓, 則以爲, 大靜縣邊
水浦漂到異船一隻, 詳細問情, 則乃是琉球國中山王都所屬那覇府人六名,
裝載稅白米, 貢納中山都, 還向八重山, 遇風漂到者, 而船隻腐傷, 願從旱路
還歸, 其由陸治送之方, 船隻燒火, 卜物替運等節, 竝請令廟堂, 稟處行會矣,
琉球漂人之由陸還送, 旣多已例, 今亦依其願, 從旱路許歸, 而衣袴造給, 朝
夕供饌, 各別申飭, 以示朝家優恤之意, 彼人物件中, 可以運致者, 以刷馬替
運, 卜重難致者, 從厚折價以給, 所棄船材什物之燒火, 粧船鐵物之投水, 與
差員驛學護送之節, 竝依已例擧行, 節行期在不遠, 不必別定咨官, 當爲因
便順付, 而上來時, 沿路刷馬替給, 禁雜人等事, 一體嚴飭咨文, 令槐院撰送,
何如, 答曰允.

19-2

○ 원문 제목 : 대정현에 표도한 유구국 사람들을 홍제원에 묵게 한 후
다시 심문할 것[大靜縣漂到流球國人, 入接弘濟院後, 更爲問情]

○ 일자 : 철종 11년 1860년 9월 15일음

司啓曰, 濟州大靜縣邊水浦, 漂到琉球國人六名, 當不日上來矣, 依近例直令入接於弘濟院後, 更爲問情, 所着衣袴, 分付各該司, 依例題給, 沿路譯學及各道差員, 次次領往灣府, 交付於節使之行, 使之帶去, 亦令灣府, 預先馳通于鳳城將處, 以爲渡江後護送之地, 何如, 答曰允.

19-3

○ 원문 제목 : 유구국 사람들을 하룻밤 유숙시킨 후 보낼 것[流球國人, 留一宿發送] 및 제주 대정현 변수포에 표도한 유구국 사람의 문정별단[濟州大靜縣邊水浦漂到琉球國人問情別單]

○ 일자 : 철종 11년 1860년 9월 21일음

○ 출처 :『비변사등록』제247책

司啓曰, 濟州大靜縣邊水浦, 漂到琉球國人六名, 入接弘濟院後, 使本司郎廳及譯官, 詳細問情, 別單書入, 而今此漂人, 皆願速歸, 留一宿發送, 何如, 答曰, 允.

濟州大靜縣邊水浦漂到琉球國人問情別單

問, 儞們, 漂流海洋, 能無疾病.

答, 托庇無恙.

問, 儞們, 是那國那地方的人麼.

答, 琉球國中山王都治下那覇府的人.

問, 倆們爲因甚麼事情, 那一年那個月那一站, 開船往那個地方, 爲甚麼漂到.

答, 我們六個人, 同坐一船, 本年三月初七, 站打該地方開船, 十一站到八重山, 裝載稅米, 貢納于中山王都, 受公文回去憑考, 五月初八天, 更向八重山十四站, 忽遇颶風, 刮倒桅竿, 壞着舵木, 六月十三站, 纔得漂到貴國地方.

問, 五月初八站, 開船, 六月十三站漂到, 有三十多站, 工夫住在甚麼地方.

答, 逗遛洋中.

問, 倆們好幾天漂風, 受驚不少, 喫的怎麼樣.

答, 幸得無恙, 那有喫的呢.

問, 倆們姓名年歲, 明白開示罷.

答, 船主寬仲地, 年二十八, 船頭江比嘉, 年六十八, 梢工召與座, 年四十三, 喜仲村集, 年四十八, 長石嶺, 年二十八, 常宮里, 年三十九.

問, 倆們一定有公文照票, 竝給我們看罷.

答, 都沒有.

問, 貢納稅米, 是甚麼稅呢.

答, 是民稅.

問, 稅米幾包.

答, 一共六百七十包.

問, 一包爲幾斗, 一斗價錢多小.

答, 一包是三斗, 這是稅米, 沒有定價.

問, 八卷書本, 是誰拿着呢.

答, 寬仲地, 隨身的書本子.

問, 海人草, 是甚麼, 多小斤兩, 每一斤, 多大價麼.

答, 一共五十斤, 每斤價錢十兩, 專治肚病的藥材.

問, 是誰的.

答, 一半是寬仲地的, 一半是江比嘉的.

問, 再有甚麼貨頭呢.

答, 沒有別的.

問, 公米的公文, 藏在那裏.

答, 漂流的時候, 甩在海中了.

問, 儞們的, 船是公的呢, 私的呢.

答, 那霸府的官船.

問, 儞說官船, 怎麼還有船主.

答, 這是咱國的規矩.

問, 八重山屬於那裏也, 有幾位官員幾品啊.

答, 屬在那霸府, 有三位官員, 品是不明白.

問, 那霸府呢, 幾位官弁甚麼品.

答, 一個官員, 品也是不分明.

問, 那官弁, 姓甚名誰.

答, 俺們, 係是雇來的, 所以不知道.

問, 那霸府到中山王都, 水路幾里, 旱路幾里.

答, 沒有水路, 只有五里遠的旱路.

問, 打那霸府, 到八重山, 水路幾里, 旱路幾里.

答, 只是水路遠是一百五十里光景.

問, 我國, 以綏遠之意, 從厚給儞衣食, 委員護送, 須悉此意, 好好回去罷.

答, 萬死餘生, 幸蒙貴國山海之恩, 指日還鄉, 銘感肺腑, 頂戴不起.

20-1

○ 원문 제목 : 제주 대정현에 표도^{漂到}한 이국인들을 육로를 통해 보낼 것[大靜縣漂到異國人送陸治送]

○ 일자 : 철종 12년 1861년 8월 29일음

○ 출처 : 『비변사등록』 제248책

司啓曰, 卽見全羅監司金始淵·濟州牧使申從翼狀啓則以爲, 大靜縣沙溪浦漂人二十九名, 波潟浦漂人九名, 竹島漂人十一名, 問情則四十六名, 乃是日本國薩州人, 三名, 乃是小琉球大島人, 而船隻破傷, 皆願從陸還歸, 治送之方, 船材燒火, 卜物替運等節, 竝請令廟堂稟旨分付矣, 異國漂人之從水從陸, 事當依願許施, 而謹稽本司謄錄, 自前倭船之漂到他道者, 不許陸行, 覓給船隻, 定差員從水路替付萊府, 便成恒例, 今不必違越古規, 大靜之於萊府, 水路雖似稍遠, 然遽許從陸, 有難輕議, 依近例擇定完固船隻, 以附近守令或邊將, 定差員次次交付, 領至萊府, 琉球島人, 則從陸非爲無例, 而渠旣願同歸日本, 則不宜異同, 一體使之同行, 所棄船隻, 倭人所見, 處燒火, 其餘所帶卜物, 竝令另飭輸給之意, 分付全羅慶尙兩道臣, 及東萊府使·濟州牧使處, 何如, 答曰允.

21-1

○ 원문 제목 : 제주에 표착한 일본인을 저들이 편하다고 여기는 방식으로 귀국시키기로 함[濟州漂人從便還歸]

○ 일자 : 고종 3년 1866년 1월 4일음

○ 출처 : 『비변사등록』 제251책

府啓曰, 卽見濟州牧使梁憲洙狀啓, 則以爲本州無注浦漂人十名問情, 則乃是日本國平戶島人, 而船隻破傷, 皆願從陸還歸, 治送之方, 船材燒火, 卜物替運等節, 竝請令廟堂稟處矣, 漂倭之不許從陸, 常例爲然矣, 依甲子年例, 定給完固船隻, 令差員次次交付, 領至萊府, 以爲還送之地, 所棄船村, 依例燒火, 所帶卜物, 另飭替運事, 分付兩道臣及東萊府使濟州牧使處, 何如, 答曰允.

22-1

○ 원문 제목 : 강화에 와 정박한 영국 이양선을 심문할 역관을 내려보낼 것[江華來泊異船問情譯官下送]

○ 일자 : 고종 3년 1866년 7월 12일음

○ 출처 : 『비변사등록』 제251책

府啓曰, 卽見江華留守李寅夔狀啓謄報, 則以爲異樣船一隻, 來泊月串鎭前洋, 稱以英國商人, 求通商交易, 要往京城, 且問路程, 而問情之際, 語音難通, 譯官一人下送事, 請令廟堂稟旨分付矣, 旣稱英國人, 又要通商交貨, 則似是海美所舶船之轉轉到此者也, 此不可不嚴防乃已, 解事譯官一人, 除下直, 罔夜下送, 使之曉諭斥退, 何如, 答曰允.

22-2

○ 원문 제목 : 강화에 와 정박한 영국 이양선을 심문할 역관을 내려보낼 것[江華來泊異船問情譯官下送]

○ 일자 : 고종 3년 1866년 7월 12일음

府啓曰卽見江華留守李寅夔狀啓, 則以爲月串鎭所泊英國商船, 更爲問情, 則專請兩國通貨, 以其水淺, 退住於昇天堡前洋, 而稱有數種進獻之物, 復求鷄魚菓菜等屬, 旣無已例, 有難擅便, 請令廟堂稟處矣, 洋舶之泆此逗留, 誠亦可駭之甚, 而至於進獻物種, 有關事體, 使問情譯官, 曉諭退却, 糧饌等屬, 從厚題給, 以示柔遠之意, 何如, 答曰允.

22-3

○ 원문 제목 : 강화에 와서 정박해 있는 영국 배에 문정역관을 별도로 뽑아서 내려보낼 것[江華來泊英船問情譯官另爲下送]

○ 일자 : 고종 3년 1866년 7월 16일음

○ 출처 : 『비변사등록』 제251책

府啓曰, 卽見江華留守李寅夔狀啓謄報, 則以爲昇天堡來泊英國商船, 令京譯官問情, 則以通商一事, 申申懇請, 而多般曉諭, 終不回聽, 尙無退去之意, 更爲開諭, 期於回送云矣, 英人之終始懇求, 不出交易一事, 而彼言雖曰通行, 我國自有彝憲, 此何可不由上國, 遽然許施乎, 事理之說不去也, 法例之行不得也, 問情旣至多日, 歇泊現無的期, 苟能善其辭令, 寧有是理, 別問情官, 自該院另擇, 除下直罔夜下送, 更以嚴辭好意, 反覆曉諭, 期於退送, 何如, 答曰允.

22-4

○ 원문 제목 : 강화에 와서 정박한 이양선의 문정역관을 위해 상을 청
함[江華所泊異船問情譯官請賞]

○ 일자 : 고종 3년 1866년 7월 23일음

○ 출처 : 『비변사등록』 제251책

府啓曰, 番舸之倏來倏往, 雖非事理言語之所可及, 而江華問情譯官李應
寅, 屢入彼船, 不無其勞, 令該院施賞, 灣上通事朴三興·金胤欽, 自願下往,
出入曉諭, 略悉裏許, 亦甚嘉尙, 竝賞加, 以示奬勸之意, 何如, 答曰允. 五
衛將加設單付.

22-5

○ 원문 제목 : 이양선과 내통한 죄인들을 포도대장이 심문하여 죄상
을 밝히라고 함[異船潛通罪人令捕將窮覈以聞]

○ 일자 : 고종 3년 1866년 7월 18일음

○ 출처 : 『비변사등록』 제251책

府啓曰, 卽見江華留守李寅夔所報, 則以爲異船潛通罪人安春得·張致京
·李斗成, 纔經初招, 姑未到底査得, 而有難自本府磨勘, 押送捕廳云矣, 番
舶潛通, 已是必誅之罪, 而況潛通之不已, 畢竟引入內洋者, 究厥情犯, 萬剮
猶輕, 令左右捕將, 卽日合坐, 徒黨之爲幾, 窩主之爲誰, 一一窮覈以聞, 何
如, 答曰允.

22-6

○ 원문 제목 : 이양선에 붙잡혔던 중군을 체직^{遞職}하고, 앞장서 나아가 그를 구출한 퇴직장교에게 상을 줄 것^[被留異船中軍遞職, 挺身救出退校論賞]

○ 일자 : 고종 3년 1866년 7월 22일^음

○ 출처 : 『비변사등록』 제251책

以平安監司朴珪壽狀啓, 中軍李玄益, 被留異舶, 退校朴春權, 突入彼船, 救下還歸, 中軍之溺職貽羞更無可論, 爲先罷黜, 其罪狀, 令攸司稟處事, 傳曰, 中軍之被困於彼船, 論其所失宜有重勘, 而但事出不意, 措手莫及, 則此不過愚直儱侗之致, 亦何可深責乎, 然而貽羞則大矣, 只遞其職, 其代以通津府使梁柱台差下, 除朝辭, 給馬罔夜下送, 至於退校朴春權, 挺身出力, 投入彼船, 救還中軍, 效勞非輕, 萬萬嘉尙, 不可無示意, 特爲賞加, 五衛將加設單付.

22-7

○ 원문 제목 : 평양에 정박한 이양선을 섬멸할 것^[平壤所泊異船剿滅]

○ 일자 : 고종 3년 1866년 7월 25일^음

○ 출처 : 『비변사등록』 제251책

府啓曰, 卽見平安監司朴珪壽狀啓謄報, 則平壤防水城所泊異船, 少不退去, 掠奪商船, 銃放所及, 我人殺傷, 至爲十二人, 故董飭營府, 砲擊火攻, 隨其應變, 期卽殄殲云矣, 兇種醜類, 旣冒禁闖入矣, 殄殄滅之何所顧惜, 而特以柔遠之義, 好意而諭之, 厚糧而資之, 則宜其感戴退歸之不暇, 而乃反

愈往而愈肆, 其惡始也, 執留中軍, 終又傷害民人, 事到此地, 亦何可一任猖
獗乎, 人心之共憤, 卽其理勢之然, 凡諸軍務, 道臣便宜從事, 應變調度, 盡
行剿除, 使之刻日啓聞之意, 三懸鈴行會何如, 答曰允.

역자 소개

허경진 許敬震, Hur Kyoung-jin

연세대 국문학과를 졸업하고, 같은 대학원에서 석사, 박사과정을 마쳤다. 저서로는『허균평전』(2002),『한국 고전문학에 나타난 기독교의 편린들』(2019),『허난설헌 강의』(2021) 등이 있고, 역서로는『허난설헌 시집』(1986),『서유견문』(2004),『삼국유사』(2006),『연암 박지원 소설집』(2006),『표해록』(2019) 등이 있으며,『조선후기통신사 필담창화집 번역총서』(40권) 등을 기획 편집하였다. 연세대 국문과 교수로 정년하고, 현재 사단법인연민학회 이사장으로 활동 중이다.

고인덕 高仁德, Ko In-duck

연세대 중어중문학과를 졸업 후 동 대학원 수학 중 교환학생으로 일본 게이오(慶應)대학에 파견되어 게이오대학에서 박사 학위를 취득하였다. 역서로는『한자의 세계-중국문화의 원점』(2008),『중국 명말의 미디어 혁명-서민이 책을 읽다』(2013),『서지학에의 권유-중국의 책 사랑 문화를 배우다』(2016) 등이 있고, 저서로는『한국문학의 해외수용과 연구현황』(공저, 2005),『문자개념 다시보기』(공저, 2013) 등이 있다. 연세대 인문학연구원 HK연구교수 등을 역임하였고, 현재 연세대 인문학연구원 전문연구원으로 재직 중이다.

전영숙 田英淑, Jun Young-suk

연세대 중어중문학과에서 박사 학위를 취득하였다. 역서로는『경학개설(經學槪說)-중국 고전 13경 해제』(공역, 1992),『돌의 미학 전각』(2004),『중국 역사를 바꾼 근대 4대 고승 홍일-그저 인간이 되고 싶었다』(2014),『아시아의 표해록』(공역, 2019),『韓國電影100年』(中譯, 2013) 등이 있고, 저서로는『중국문화의 주제탐구』(공저, 2004),『아시아의 이해』(공저, 2015),『다문화사회교육론』(공저, 2016) 등이 있다. 현재 연세대 중국연구원 전문연구원으로 재직 중이다.

안재연 安哉姸, Ahn Jae-yeon

연세대 중어중문학과를 졸업 후 비교문학과 박사를 취득했다. 역서로는『황금노트북』1~3(공역, 2007),『환령위 사람들 시비가 두렵다』(2010),『아시아의 표해록』(공역, 2019), 저서로는『바다를 건넌 사람들』2(공저, 2022),『인류 구전문학의 백미 천일야화 』(공저, 2023)등이 있다. 현재 국립한국문학관에서 재직 중이다.